*Jerusalén crucificada,
Jerusalén resucitada*

Jerusalén crucificada, Jerusalén resucitada

El Mesías resucitado,
el pueblo judío y la tierra prometida

Mark S. Kinzer

CASCADE *Books* · Eugene, Oregon

JERUSALÉN CRUCIFICADA, JERUSALÉN RESUCITADA
El Mesías resucitado, el pueblo judío y la tierra prometida

Título original: JERUSALEM CRUCIFIED, JERUSALEM RISEN
The Resurrected Messiah, the Jewish People, and the Land of Promise

Copyright © 2022 Mark S. Kinzer. Todos los derechos reservados. Salvo breves citas en publicaciones críticas o reseñas, ninguna parte de este libro puede ser reproducida, en modo alguno, sin permiso previo por escrito del editor. Dirigir para ello solicitud por escrito a: Permissions, Wipf and Stock Publishers, 199 W. 8th Ave., Suite 3, Eugene, OR 97401, Estados Unidos de América.

Cascade Books
Un sello editorial de Wipf and Stock Publishers
199 W. 8th Ave., Suite 3
Eugene, OR 97401 (EE. UU.)
www.wipfandstock.com

Traducido por: Diego Losada Macías

ISBN EN RÚSTICA: 978-1-6667-4926-7
ISBN TAPA DURA: 978-1-6667-4927-4
ISBN VERSIÓN DIGITAL: 978-1-6667-4928-1

Datos para catalogación de la publicación:

Nombres: Kinzer, Mark S., autor.

Título: Jerusalén crucificada, Jerusalén resucitada: el Mesías resucitado, el pueblo judío y la tierra prometida / Mark S. Kinzer.

Descripción: Eugene, OR : Cascade Books, 2022 | Incluye referencias bibliográficas e índice.

Identificadores: ISBN 978-1-6667-4926-7 (en rústica) | ISBN 978-1-6667-4927-4 (tapa dura) | ISBN 978-1-6667-4928-1 (edición digital).

Temas (LCSH = encabezamientos de materias de la Biblioteca del Congreso, Washington D.C., traducidos al español): Biblia. Lucas—Crítica, interpretación, etc. | Biblia. Hechos—Crítica, interpretación, etc. | Israel (teología cristiana)—enseñanza bíblica. | Jerusalén. | Escatología. | Judíos—Restauración. | Templo de Jerusalén (Jerusalén)—En la Biblia. | Judaísmo mesiánico. | Sionismo.

Clasificación: BR158 K56 2022 (impreso) | BR158 (edición digital).

Producido en Estados Unidos de América.

Todas las citas bíblicas, salvo otra indicación, son de la *New Revised Standard Version Bible*, copyright © 1989 National Council of the Churches of Christ in the United States of America. Utilizada con permiso. Todos los derechos reservados, en todo el mundo.

El autor y la editorial agradecen el permiso para incluir, en los capítulos 1 y 3, párrafos extraídos de la obra de Mark S. Kinzer «Zionism in Luke-Acts: Do the People of Israel and the Land of Israel Persist as Abiding Concerns in Luke's Two Volumes?», que apareció en *The New Christian Zionism: Fresh Perspectives on Israel & the Land*, editado por Gerald R. McDermott (InterVarsity Press, P.O. Box 1400, Downers Grove, IL 60515, EE. UU., www.ivpress.com).

Para Roslyn
Mi querida esposa, amiga y compañera
en nuestro común amor por Jerusalén

Índice

Agradecimientos   IX

Introducción: Jesús, Israel y el *euangelion* profético   1

1. El Mesías resucitado y Jerusalén   19
2. Jerusalén y el templo   52
3. El Mesías resucitado y el pueblo judío   112
4. El pueblo judío y la Torá   139
5. La *boulē* divina y el *euangelion* fracturado   196
6. La *boulē* divina y la historia judía moderna   209
7. El poder integrador del *euangelion* profético   236

Bibliografía   255
Índice de citas de las Escrituras y textos antiguos   265
Índice de nombres   279

Agradecimientos

La redacción de este libro fue una tarea penosa y difícil. Comencé el proyecto en 2011 y estoy haciendo estos tardíos reconocimientos siete largos años después. Si bien la tesis principal se ha mantenido sin cambios en todo momento, durante esos años he luchado por mejorar la forma de transmitir mi mensaje y demostrar su fuerza. A cada paso del camino he ido aprendiendo cosas nuevas y el texto —eso espero— ha madurado al tiempo que lo hacía su autor.

Doy las gracias a Markus Bockmuehl, Gerald McDermott, Isaac Oliver, Ray Pickett, David Rudolph, Kendall Soulen, el P. Justin Taylor y Joel Willitts, que leyeron un primer borrador de este trabajo y ofrecieron sabios consejos para mejorarlo. Sus indicaciones me ayudaron mucho, aunque supongo que cada uno encontrará cosas que aún podrían haberse expresado mejor.

También estoy agradecido a Gavin D'Costa, quien leyó un borrador posterior y me brindó la orientación y el aliento que tanto necesitaba.

Estoy muy agradecido a mi editor, Robin Parry, y a todo el comprometido personal de Wipf and Stock. Publicar es para ellos un llamamiento, una misión, y no meramente un negocio. Son colegas de confianza y también amigos en la fe.

Estoy muy en deuda con mi esposa Roslyn y su madre Helen, que me hacen poner los pies en el suelo todos los días. Es por ellas (además de Rivka, nuestra Boston Terrier) que no hay lugar en el que esté mejor que mi propia casa… excepto —claro está— Jerusalén. A Roz, el amor de mi vida, dedico este libro.

Introducción
Jesús, Israel y el *euangelion* profético

Un *euangelion* desjudaizado

> Quisiera recordaros ahora [...] la buena noticia [*euangelion*] que os proclamé [...] que Cristo murió por nuestros pecados según estaba escrito, y que fue sepultado, y que resucitó al tercer día según estaba escrito, y que se apareció a Cefas [es decir, a Pedro], luego a los doce. (1 Co 15,1.3-5)

> [...] el evangelio [*euangelion*] de Dios, que Él prometió de antemano por medio de sus profetas en las Sagradas Escrituras, el evangelio acerca de su Hijo, descendiente carnal de David y declarado Hijo de Dios con poder conforme al espíritu de santidad por su resurrección de entre los muertos, Jesucristo nuestro Señor [...] (Rm 1,1-4)

El *euangelion* («buena noticia» o «evangelio»), que proclamaron Pablo y los apóstoles que le acompañaban, transformó el mundo antiguo. Reformó la vida personal de los individuos, así como la vida colectiva de las sociedades en las que residieron. Si bien algunos consideraron que su mensaje no era creíble ni beneficioso, aquellos que abrazaron el *euangelion* lo celebraron como «el poder de Dios para la salvación» (Rm 1,16).

El mensaje en sí hablaba de un hombre judío en particular, que fue anunciado como el «Cristo», el Mesías rey «descendiente de David» a quien el pueblo judío había esperado durante tanto tiempo. El mensaje había sido prometido «de antemano [...] en las Sagradas Escrituras», los escritos sagrados compuestos, preservados y estudiados por generaciones de judíos. Todos los testigos apostólicos de su resurrección fueron judíos, como lo fueron los primeros destinatarios de su mensaje; y el movimiento que lanzaron tuvo su centro mundial en Jerusalén, la capital del pueblo judío.

Sin embargo, en un siglo, la comunidad nacida de este *euangelion* tendría una composición mayoritariamente gentil. Y lo que es más importante, la forma en que estos gentiles interpretaron el mensaje apostólico no se parecía a nada de lo que un judío llamaría «buena noticia». Se alegraron por la destrucción de la ciudad de

Jerusalén, y entendieron ese suceso como la terminación definitiva del papel sacerdotal del pueblo judío entre las naciones. Algunos esperaban una restauración escatológica de Jerusalén, mientras otros rechazaban una esperanza material tan burda, pero pocos de estos herederos gentiles del *euangelion* pensaron que los judíos tendrían una identidad distintiva o una función positiva en los tiempos venideros. Cuando los judíos individualmente lograban de alguna manera superar estos impedimentos y buscaban el bautismo, se les desalentaba o se les prohibía observar las prácticas judías o participar en la vida comunitaria judía. Si una multitud de judíos hubiera tomado ese camino, el pueblo judío habría sido diezmado como comunidad histórica. La «buena noticia», tal como la proclamaba ahora la *ekklēsia*, difícilmente podrían ser reconocida como «poder de Dios para la salvación» por el pueblo judío; ni como «buena» en sentido alguno, desde una perspectiva judía.

Pocos cristianos del siglo xxi aprobarían la virulenta retórica antijudía de esa contenciosa época de la Iglesia. La mayoría respeta a sus vecinos judíos y la tradición judía. Tomando en serio la afirmación paulina de que «los dones y el llamamiento de Dios son irrevocables» (Rm 11,29), muchos cristianos de hoy incluso creen que los judíos siguen siendo especiales para Dios. Pero esta creencia en el carácter imperecedero de la elección por Dios del pueblo judío no tiene una conexión discernible con el «evangelio» que estos cristianos afirman y proclaman, que en sus implicaciones judías difiere poco del anunciado en el siglo ii. La muerte y la resurrección de Jesús todavía no tienen un efecto positivo sobre la vida histórica o el destino escatológico de los judíos como nación sacerdotal. Puede que estos acontecimientos redentores ya no sean *malas* noticias para el pueblo judío, pero apenas son siquiera *noticias*.

Un *euangelion* judío y profético

En este libro sostengo que no siempre fue así y que ya no debería ser así. Propongo una interpretación del *euangelion* en la que la muerte y resurrección de Jesús son inseparables del viaje en la historia y el destino escatológico del pueblo judío. El mensaje recibido de los apóstoles tiene de esta forma un carácter inherentemente profético, que apunta a un acto redentor realizado por el Mesías de Israel, pero también a la futura repercusión de ese acto en la vida del Israel del Mesías. Además, el Mesías y su pueblo «según la carne» mantienen un vínculo especial con la tierra de Israel y la ciudad de Jerusalén, y la muerte y resurrección del Mesías están tan inseparablemente ligadas al destino de ese lugar como a la vida de ese pueblo.

Los primeros pasos de esa argumentación se han dado bajo la inspiración de los trascendentales escritos de N. T. Wright. Con gran poder de convicción, Wright rechaza la noción de que el *euangelion* sea «un sistema de teología abstracto y atemporal» que se dirige a las almas individuales y les promete la recompensa de una vida beatífica en el cielo.[1] Para Wright, la «buena noticia» tiene siempre como punto de mira la restauración de Israel. En su estudio de los evangelios sinópticos, Wright examina la «buena noticia del reino de Dios» (Mc 1,14-15; Lc 16,16) e identifica Isaías 52 como «temática de toda la obra de Jesús».[2] Estos son los versos que tiene en mente:

> 7 Cuán hermosos sobre los montes
> son los pies del mensajero que anuncia la paz,
> que trae buenas noticias,
> que anuncia la salvación,
> que dice a Sion: «Tu Dios reina».
> 8 ¡Escucha! Tus centinelas alzan sus voces,
> juntos cantan de alegría;
> porque ven a simple vista
> el regreso del Señor a Sion.
> 9 Prorrumpid en cánticos,
> ruinas de Jerusalén;
> porque el Señor ha consolado a su pueblo,
> ha redimido a Jerusalén.
> 10 El Señor ha descubierto su santo brazo
> ante los ojos de todas las naciones,
> y todos los confines de la tierra
> verán la salvación de nuestro Dios.

Wright sugiere que Jesús lee estos versículos sobre la «buena noticia» del regreso de Israel del exilio a la luz del capítulo siguiente (Isaías 53), que describe al siervo que sufre: «[…] si entonces preguntamos cómo se iba a llevar a cabo el mensaje de Isaías 52,7-12, la profecía tal como Jesús debió haberla leído tenía una respuesta clara. El brazo de YHWH […] se revelaba, de acuerdo con Isaías 53,1, en y a través de la obra del siervo de YHWH».[3] Si bien la reconstrucción que hace Wright del método de lectura del Jesús histórico puede estar abierta a debate, está claro que los autores de los evangelios sinópticos leyeron Isaías 52-53 de esta manera. Según Marcos, Mateo y Lucas, el *euangelion* trata de la restauración de Israel, y esta comienza a hacerse efectiva mediante el sufrimiento y la muerte del «siervo del Señor».

La exposición de Wright de las cartas paulinas llega a la misma conclusión. Primero destaca el papel de Jesús como el Mesías de Israel, que encarna a toda la nación en su propia persona. Comentando sobre Romanos 1,1-4, Wright señala que «[…] cuando Pablo dice "el evangelio", entonces, no está queriendo decir "justificación por la fe", aunque, por supuesto, la justificación es el resultado inmediato del Evangelio. La "buena noticia" que Pablo tiene en mente es la proclamación de Jesús, el Mesías davídico

---

1. Wright, *Jesus and the Victory of God*, 603-604; Wright, *Surprised by Hope*.
2. Wright, *Jesus and the Victory of God*, 601-602.
3. Wright, *Jesus and the Victory of God*, 601-602.

de Israel, como el resucitado señor del mundo».[4] Wright ofrece una reflexión similar acerca del uso de la palabra *Christos* en 1 Corintios 15,3: «Es importante, primero, que Jesús sea designado como "Mesías" con esta fórmula, *Christos*. Precisamente porque esta formulación es tan temprana, no hay ninguna posibilidad de que esta palabra pudiera haber sido un nombre propio sin connotación, y sí toda razón para suponer que los primeros cristianos pretendieron esa designación de realeza».[5]

Wright procede a explicar la expresión «de acuerdo con las Escrituras», que Pablo adjunta a cada afirmación central del *euangelion* —en este caso, que Jesús murió por los pecados y resucitó de entre los muertos al tercer día (1 Cor 15,3-4)—. Wright sostiene que esta expresión se refiere no a «uno o dos, ni tampoco a media docena, de pasajes aislados» empleados artificialmente como «textos de prueba». Al contrario, Pablo «se está refiriendo a toda la narrativa bíblica como la historia que ha alcanzado su clímax en el Mesías, y ahora ha dado lugar a la nueva fase de la misma historia, fase en la que ha irrumpido la era venidera, cuya característica central es (desde un punto de vista) el rescate de los pecados, y (desde otro punto de vista) el rescate de la muerte, es decir, la resurrección».[6] La historia en cuestión trata de la restauración nacional de Israel, que también podría describirse como «rescate del pecado» (esto es, «el Mesías murió por nuestros pecados») o «rescate de la muerte» (es decir, «el Mesías resucitó al tercer día»). Jesús logra ese rescate como el Mesías rey de Israel que reúne a su pueblo en sí mismo.

Al mismo tiempo, Wright reconoce que son pocos los textos bíblicos que se distinguen como particularmente relevantes para esta formulación del *euangelion* en 1 Corintios 15. En relación con la muerte de Jesús, él señala algunos pasajes de Isaías 40-55.[7] En relación con la resurrección de Jesús, destaca Ezequiel 37 (la vuelta a la vida de los huesos secos en el exilio de Israel) y Oseas 6,1-2. El último de esos textos dice:

> Venid, volvamos al Señor;
> porque él es quien nos ha desgarrado, y él quien nos sanará;
> nos ha herido y nos vendará.
> Después de dos días nos volverá a la vida;
> al tercer día nos resucitará
> para que vivamos delante de él.[8]

Lo que todos estos textos tienen en común es su primordial referencia a Israel como pueblo. Mientras que los llamados cánticos del siervo de Isaías 40-55 combinan la referencia a un individuo y la expresión colectiva «Israel», Ezequiel 37 y Oseas 6 solo hablan de la resurrección de la nación. Según Wright, el *euangelion*

---

4. Wright, *The Resurrection of the Son of God*, 242.
5. Wright, *The Resurrection of the Son of God*, 319.
6. Wright, *The Resurrection of the Son of God*, 320.
7. Wright, *The Resurrection of the Son of God*, 320-321.
8. Wright, *The Resurrection of the Son of God*, 321-322.

aplica estos textos nacionales a Jesús porque él es el Mesías rey, que resume la vida del pueblo en sí mismo: «[...] los primeros cristianos creían que Jesús había sido resucitado corporalmente y que este evento daba cumplimiento a las historias de las Escrituras. Estas se entendieron no como simples historias sobre un Mesías surgido inesperadamente, sino como historias acerca de Israel, sobre el final del tiempo de desolación de Israel, sobre la llegada de la nueva era que revertiría los efectos de la presente era maligna».[9]

Wright ha replanteado el *euangelion* como una buena noticia *para* Israel y *sobre* Israel. Pero, ¿quién y qué *es* este Israel redimido? ¿Se refiere, o incluye al menos, al pueblo judío como una nación identificable? ¿Y a qué tierra y ciudad regresa este Israel del exilio? En este punto, Wright vuelve a la interpretación eclesial tradicional del *euangelion*. El Israel en cuestión incluye a los judíos, pero solo a aquellos que se convierten en discípulos de Jesús, quien, como Mesías, redefine la identidad de Israel en torno a sí mismo. Es más, estos judíos miembros del Israel redefinido ya no tienen ninguna vocación o papel particular como judíos. Y, por supuesto, la restauración del pueblo que la resurrección del Mesías efectúa no tiene nada que ver con la ciudad de Jerusalén o la tierra de Israel.

Dado que los conceptos intrínsecos a la interpretación de Wright del *euangelion* son de carácter completamente judío, él reconoce que esta repentina desviación de una perspectiva judía requiere una explicación: «el historiador debe dar cuenta del hecho de que, siendo el cristianismo primitivo tan claramente un movimiento de "resurrección" en el sentido judío, el significado metafórico bien establecido de "resurrección" —la restauración de Israel en un sentido sociopolítico concreto— está casi por completo ausente, y en su lugar surge un conjunto diferente de significados metafóricos».[10] En el presente libro, argumentaré que no se requiere tal explicación, ya que el *euangelion* no sufre una disyunción tan radical con el judaísmo. El *euangelion* incluye la promesa de la redención nacional judía en la tierra ancestral y la ciudad santa de Israel —pero, por supuesto, incluye también mucho más.

N. T. Wright ha dado los primeros pasos para repensar el *euangelion* en términos judíos, pero debemos continuar el camino del que él finalmente se retira. Así, en los capítulos que siguen propongo que el mensaje apostólico sobre la muerte y resurrección de Jesús posee una dimensión profética que enlaza esos hechos de la vida del Mesías de Israel con la historia futura del pueblo judío. Por su sufrimiento y muerte, Jesús anticipa y comparte la destrucción de Jerusalén del año 70 d. de C. y el exilio judío que sigue, e imparte a esos sucesos posteriores un carácter redentor que se hace manifiesto en el curso de la historia judía. Por su resurrección, Jesús anticipa —y finalmente logrará— la glorificación de Jerusalén con el «regreso del Señor a Sion» (Is 52, 8). Por lo tanto, la buena noticia sobre la muerte y resurrección de Jesús es al mismo tiempo la buena noticia del reinado venidero de Dios en Jerusalén. Esta no es

---

9. Wright, *The Resurrection of the Son of God*, 322.
10. Wright, *The Resurrection of the Son of God*, 210.

solo buena noticia sobre lo que Dios *ha* hecho, sino también sobre lo que Dios *está* haciendo y *va* a hacer. Este es un *euangelion profético que habla de las obras salvadoras pasadas, presentes y futuras de Dios en la vida del pueblo de Israel por medio del Mesías de Israel resucitado*.

Mi objetivo en este libro es captar de nuevo una característica fundamental del *euangelion* que fue oscurecida en el siglo ii y nunca ha vuelto a recuperarse por completo. Así queda circunscrito el ámbito de cuanto sigue a continuación. No ofreceré una exposición amplia de la muerte y resurrección de Jesús. Sin embargo, si logro lo que me propuse hacer, esta discusión así enfocada facilitará un tratamiento más rico de la trascendencia universal de esos eventos redentores a la luz del significado profético particular que tienen para el pueblo judío.

Una lectura teológica de las Escrituras

El método que empleo para lograr mi objetivo implica una lectura teológica de las Escrituras. Si bien en este contexto es innecesario defender tal método, conviene una breve explicación de las líneas básicas que lo enmarcan.

La *escritura* a tener en cuenta es principalmente el Nuevo Testamento. Dado que la cuestión que se aborda se refiere al contenido del *euangelion* apostólico, los límites textuales de nuestra discusión están determinados desde el principio. Al mismo tiempo, el Nuevo Testamento, como escritura de Israel en controversia, no puede aislarse de la escritura no controvertida de Israel, el Tanaj[11]. Esto es evidente en la inclusión de la expresión «según las Escrituras» que Pablo hace en su explicación resumida del *euangelion* (1 Co 15,3-4) y el comentario de N. T. Wright sobre esa expresión.

Mi manera de leer las Escrituras es abiertamente *teológica*.[12] Lo que quiero decir con este término se puede expresar mejor con cuatro adjetivos. Primero, un modo teológico de lectura, tal como yo lo practico, es *compositivo*. Esto significa que tomo en serio el papel del autor final o editor de un libro bíblico como un intérprete teológico activo del material contenido en el libro. El autor o editor nunca debe ser visto como un recolector pasivo de tradiciones o un registrador mecánico de acontecimientos. Asimismo, no podemos asumir que las palabras, frases o ideas que se usan en un libro bíblico significarán lo mismo cuando aparezcan en otro libro. Se asume que cada libro y cada autor o editor tiene un conjunto distintivo de preocupaciones y objetivos teológicos, y la voz de cada uno debe ser oída en sus propios términos. Este

---

11. Acrónimo judío tradicional para referirse a la Torá, los Profetas (*Nevi'im*) y los Escritos (*Ketuvim*).

12. Se ha discutido mucho sobre esta noción durante la última década, y un intento coordinado de practicar tal modo de lectura se hace evidente de forma especial en el impresionante Comentario Teológico Brazos sobre la Biblia, una serie cuyo editor general es R. R. Reno. El volumen inicial que apareció fue el comentario de Jaroslav Pelikan sobre Hechos (2005).

primer aspecto de una lectura teológica de las Escrituras se solapa con la metodología histórico-crítica y se beneficia especialmente de los resultados del análisis de la redacción y la crítica literaria.

En segundo lugar, un modo teológico de leer las Escrituras es *canónico*. Si bien la voz de cada libro bíblico y de su autor o editor se toma en serio por sí misma, los lectores judíos y eclesiales que buscan sabiduría teológica escuchan cada voz solo en el contexto del coro de voces múltiples que es el canon bíblico. No esperamos que los libros digan la misma cosa exactamente de la misma manera, pero sí esperamos que formen un todo coherente. Además, una lectura canónica de las Escrituras presta atención a la forma del canon, es decir, al orden en que aparecen los libros. Así como el orden del material dentro de un libro en particular refleja las preocupaciones y convicciones teológicas del autor o editor, así la disposición de los libros dentro del canon conlleva su propio mensaje y arroja luz sobre cómo debe leerse cada libro.

En tercer lugar, un modo teológico de leer las Escrituras es *relativo a los pactos y comunitario*. Esto significa que los lectores judíos y eclesiales que buscan sabiduría teológica en el texto bíblico lo abordan como miembros de una comunidad histórica en pacto con Dios. Los libros bíblicos y su disposición canónica solo existen gracias a esa comunidad, y podemos leerlos solo porque la comunidad nos los ha transmitido. Como lo expresó Paul Van Buren, la Biblia es siempre un *libro transmitido*: «tenemos que darnos cuenta de que tenemos este libro en nuestras manos, no directamente desde sus autores originales ni incluso de las comunidades para las cuales y en cuyo contexto fueron escritos, sino de los que nos precedieron inmediatamente en el Camino y a través de toda la larga lista de los que anduvieron antes de ellos».[13] La Escritura surge de la vida del pueblo de Dios y debe entenderse en el marco de esa vida.

Una implicación importante de esta dimensión referida a los pactos y comunitaria de la lectura de las Escrituras es el papel que juega la tradición en el proceso. Leemos las Escrituras en medio de la comunidad en pacto con Dios y dentro del contexto establecido por la sabiduría que la comunidad ha recibido a través de las Escrituras en el pasado. Si bien esto implica que debemos prestar atención respetuosa a las interpretaciones tradicionales de textos bíblicos concretos, sugiere aún más que nuestra lectura debe guiarse por las verdades fundamentales que han definido la esencia y la existencia del pueblo de Dios a lo largo de su historia.

En este punto de mi introducción, un lector cauto podría estar desconcertado. ¿Cómo puedo defender y practicar un modo de lectura de las Escrituras que respete la tradición teológica y argumentar a partir de esa misma Escritura a favor de una revisión de la forma tradicional de entender el *euangelion* que yace en el corazón de la identidad eclesial? La respuesta a esta pregunta deriva de mi posición eclesial particular como judío mesiánico. Esa posición implica identificación con *ambos*, tanto el pueblo judío como la *ekklēsia*. Para mí, y para mi modo teológico de leer las Escrituras, ambas tradiciones tienen autoridad. El pueblo de Dios ha sufrido un

---

13. Van Buren, *A Theology of the Jewish-Christian Reality*, 121.

cisma, y un judío mesiánico como yo ve a estas comunidades históricas como socios de alianza separados, cada uno de los cuales necesita al otro para estar completo.[14]

Así pues, mi disposición crítica hacia la interpretación eclesial tradicional del *euangelion* está inspirada en su negación de las verdades fundamentales que definen la esencia y la existencia del pueblo judío. Si bien es cierto que tal orientación teológica precede e influye en mis decisiones exegéticas, la lectura de las Escrituras que resulte debe ser convincente en sus propios términos. En otras palabras, estoy aquí explicando mi enfoque teológico de la exégesis como un franco reconocimiento de mi punto de partida, no como una razón para aceptar esa exégesis. Es el punto final lo que importa. O mi lectura del texto tiene sentido, o no lo tiene.[15]

En cuarto y último lugar, un modo teológico de lectura (como yo lo practico) es *histórico-mundial*. Esto significa que asumo que el autor último del texto bíblico, quien revela la verdad divina a través de la mediación de agentes humanos, es también el señor de la historia, cuya actividad en relación con el pueblo de Dios en el período posbíblico será consecuente con lo que se encuentra en las Escrituras. Un enfoque histórico mundial para leer las Escrituras requiere que primero hagamos nuestro mejor esfuerzo para interpretar los ambiguos hechos de la historia a la luz de las Escrituras, y luego que regresemos al texto y releamos las Escrituras a la luz de esos hechos posteriores a ellas. En el presente libro emprenderé esta tarea en relación con los acontecimientos del siglo ii en la *ekklēsia* y el judaísmo, y en relación con los movimientos modernos del sionismo y el judaísmo mesiánico.[16]

En resumen, mi enfoque teológico de las Escrituras es compositivo, canónico, referido a pactos y a comunidades, e histórico-mundial. El conocimiento general de los componentes de este enfoque permitirá al lector comprender mejor las preguntas que hago acerca del texto y los detalles textuales que considero más relevantes para responder a esas preguntas.

Hechos de los Apóstoles a la luz del Evangelio de Lucas

En mi empeño por recuperar el carácter judío del *euangelion* como una buena noticia para Israel, me centraré en Hechos de los Apóstoles y su relación con el Evangelio de Lucas. Solo en Hechos encontramos relatos del anuncio apostólico del *euangelion* a audiencias predominantemente judías. Los eruditos bíblicos críticos pueden cuestionar la historicidad de esos relatos, pero tales cuestiones son irrelevantes para mi propósito. Mi modo teológico de lectura toma como punto de partida la autoridad

---

14. Explico e ilustro este enfoque hermenéutico judío mesiánico en «Finding Our Way through Nicaea», un artículo incluido como apéndice en Kinzer, *Searching Her Own Mystery*.

15. Por supuesto, las presuposiciones teológicas del lector también jugarán un papel en la evaluación del éxito o el fracaso de mi exégesis.

16. Para una discusión más detallada del componente histórico-mundial de una lectura teológica de las Escrituras, v. Kinzer, *Postmissionary Messianic Judaism*, 38-46.

canónica del texto bíblico, y solo me preocupa lo que sus autores humanos (y divinos) están tratando de decir a través de él.

Intentaré mostrar que Hechos de los Apóstoles (leídos a la luz del Evangelio de Lucas) presenta un *euangelion* que está dirigido especialmente al pueblo judío, y cuyo contenido se relaciona con la consumación de la historia judía. Esa consumación implica el exilio y el regreso del pueblo judío a su tierra y su ciudad capital. El pueblo judío permanece en pacto con Dios y en relación con el Mesías resucitado, incluso en el exilio; y la Torá sigue siendo la expresión constitucional de ese pacto. Además, la *ekklēsia* apostólica del Mesías tiene en su corazón a los judíos fieles a la Torá, y con ella se juntan otros de entre las naciones para unirse en comunión con el pueblo judío. Como tal, la *ekklēsia* de Hechos representa una anticipación profética del contenido escatológico del *euangelion*, en el que Israel y las naciones se unen a través del Mesías resucitado.

Al concentrarme en Hechos de los Apóstoles, también prestaré mucha atención al Evangelio de Lucas. Es evidente por sus prólogos dirigidos al mismo Teófilo (Hch 1,1; Lc 1,3) que la forma final de estos dos escritos deriva de un autor común. Durante la mayor parte del siglo pasado, los eruditos fueron más allá de la inferencia de una autoría común, afirmando una unidad literaria entre los dos libros. Lucas y Hechos no eran, pues, obras separadas compuestas por la misma persona, sino dos partes de una sola narrativa unificada, que los eruditos llamaron *Lucas-Hechos*.[17] Esta última tesis ha sido cuestionada en los últimos años.[18] Algunos incluso han cuestionado la aceptación de una autoría común, pero la mayoría está de acuerdo en que al menos la forma final del Evangelio de Lucas debe atribuirse al autor de Hechos.[19]

Reflexionaré más sobre la autoría y las cuestiones de datación de Lucas y Hechos en el capítulo 5, pero en este punto solo necesito señalar las hipótesis operativas que rigen mi exégesis. Si bien sigo impresionado por los resultados exegéticos obtenidos por aquellos que adoptaron la construcción académica de «Lucas-Hechos», en los siguientes capítulos solo asumiré que la edición final de Lucas está compuesta por el autor de Hechos, y que el Evangelio contiene numerosas anticipaciones literarias, conscientemente elaboradas, del material que aparecería en el libro posterior. Para mis propósitos, es irrelevante si esas anticipaciones son originales del Evangelio o agregadas por un editor posterior, o si Lucas fue escrito con Hechos ya en mente o Hechos fue concebido más tarde y compuesto con temas, conceptos y términos de Lucas a modo de bloques.

17. Esta tesis de la unidad literaria se remonta a Henry J. Cadbury y su libro de 1927 *The Making of Luke-Acts*.

18. Véase Parsons and Pervo, *Rethinking the Unity of Luke and Acts*; Gregory and Rowe, *Rethinking the Unity and Reception of Luke and Acts*.

19. La posición más radical ha sido defendida por Walters, *The Assumed Authorial Unity of Luke and Acts*. Ver también Pervo, *Dating Acts*; Tyson, *Marcion and Luke-Acts*; y Smith and Tyson, *Acts and Christian Beginnings*.

Jerusalén crucificada, Jerusalén resucitada

La importancia de Hechos de los Apóstoles para mi trabajo se hace especialmente evidente cuando el libro se considera en relación con el modo teológico de lectura expresado anteriormente: un enfoque de las Escrituras que es compositivo, canónico, relativo a pactos/comunitario e histórico-mundial. Primero, la *perspectiva compositiva* de Hechos (y Lucas) centra la atención en las preocupaciones y convicciones teológicas del autor, más que en las tradiciones de las que se vale o los acontecimientos históricos subyacentes que este[20] relata. Mientras que los exégetas críticos del siglo pasado a menudo han reflexionado sobre la teología de Lucas, raras veces tales estudios han guiado el pensamiento de los teólogos. En el contexto eclesial y normativo de la teología, Lucas y Hechos generalmente se ven independientemente uno del otro, con Lucas (al igual que Marcos) viviendo a la sombra de Mateo y Juan, y Hechos tratado como un libro histórico de consulta para la *ekklēsia* temprana y los escritos de Pablo. Como resultado, ni Lucas ni Hechos han jugado un papel importante en el discurso teológico. Yo veo esto como una deficiencia que los capítulos que siguen procuran rectificar. Cuando se trata de interpretar el significado del *euangelion* en relación con el pueblo judío, Hechos (leídos a la luz de Lucas) proporciona una visión teológica esencial.

En segundo lugar, la *perspectiva canónica* subraya la importancia única de Hechos dentro del Nuevo Testamento. Considerados juntos, Hechos y Lucas «dominan el panorama del Nuevo Testamento», comprendiendo «casi una cuarta parte del total de sus versículos».[21] Pero su significación única en el canon se debe tanto a su contenido como a su tamaño. Hechos proporciona una visión íntegra y coherente de la vida y las enseñanzas de la *ekklēsia* apostólica como adecuada continuación al relato de Lucas sobre la vida y las enseñanzas de Jesús. Así, estos libros enlazan diversos hilos del canon del Nuevo Testamento en un todo unificado.[22]

David Trobisch sostiene que Hechos de los Apóstoles desempeña una función especialmente crucial dentro del canon. Según Trobisch, la principal preocupación en la redacción final del Nuevo Testamento es minimizar el conflicto entre Pablo y los líderes de la *ekklēsia* de Jerusalén (es decir, Pedro, que representa a los Doce, y Santiago, que representa a la familia de Jesús). Trobisch sitúa Hechos en este contexto: «De todos los escritos del Nuevo Testamento, es el libro de Hechos el que muestra

---

20. No tengo reserva alguna en usar el pronombre masculino en tercera persona para el autor de Hechos o el autor/editor de Lucas, porque creo que es muy poco probable que el autor fuera una mujer.

21. Juel, *Luke-Acts*, 1.

22. «Ninguna otra Escritura conecta las [...] partes del NT tan bien como Hechos. Continúa la narración de Lucas, que es parte del Libro de los Cuatro Evangelios. También sirve como introducción a las epístolas generales, presentando en su primera parte a los autores de estos escritos: Santiago, Pedro y Juan. En su segunda parte, Hechos proporciona información biográfica sobre Pablo que ayuda a los lectores a comprender mejor el trasfondo de las cartas individuales» (Trobisch, *The First Edition of the New Testament*, 84).

más explícitamente esta tendencia armonizadora».[23] Aún más, llega a sugerir que el relato del Concilio de Jerusalén en Hechos 15 «podría incluso constituir el corazón del Nuevo Testamento».[24] Robert Wall está de acuerdo con Trobisch en su estimación de la significación canónica de Hechos, aunque resalta la *compatibilidad* de diversos puntos de vista apostólicos más que su estricta *armonización*: «Tal como quedan descritas en momentos estratégicos en la trama de Hechos, las relaciones entre Santiago y Pablo o entre Pedro y Santiago, son generalmente colaborativas, más que conflictivas, y enmarcan un enfoque de sus escritos bíblicos interpretados como esencialmente complementarios (aunque ciertamente no uniformes y a veces en conflicto), tanto en su significado como en su función».[25]

Además, la colocación canónica del libro de los Hechos antes de las cartas de Pablo implica que los compositores del canon pretendían que el primero guiara la interpretación de las últimas. Esa es la conclusión razonable a la que llega Brevard Childs:

> [...] el canon ha conservado las cartas paulinas, pero dentro del armazón constructivo de Hechos, que proporciona pautas hermenéuticas para su interpretación. No solo, ciertamente, el contenido de las cartas de Pablo y su retrato en Hechos deben verse identificados; tampoco puede permitirse que uno destruya el testimonio del otro. De cualquier forma, Hechos instruye a la comunidad de fe en una dirección en la que moverse, explicando la trascendencia de la vida y el mensaje original de Pablo a una generación diferente de lectores que no compartieron el ministerio histórico de Pablo.[26]

Los eruditos no están de acuerdo sobre si el autor de Hechos conocía a Pablo personalmente y si su retrato como apóstol para los gentiles es históricamente exacto. Independientemente, la estructura del canon sugiere que sus compositores querían que los lectores de las cartas paulinas tuvieran en cuenta Hechos al interpretar la vida, las enseñanzas y los propósitos de Pablo. Dado el papel que Pablo ha desempeñado históricamente en la formación de actitudes eclesiales hacia el judaísmo, esta función hermenéutica enfatiza aún más la importancia de Hechos para lo que a nosotros nos interesa.

En tercer lugar, la *dimensión relativa al pacto/comunitaria* de la exégesis teológica queda ejemplificada por el autor/editor de Lucas y Hechos en su propio enfoque de los materiales tradicionales que tiene a su disposición. Los dos prólogos demuestran su postura como miembro de una comunidad que es heredera y producto de la tradición apostólica.

---

23. Trobisch, *The First Edition of the New Testament*, 80.
24. Trobisch, *The First Edition of the New Testament*, 82.
25. Wall, *A Canonical Approach to the Unity of Acts and Luke's Gospel*, 182.
26. Childs, *The New Testament as Canon*, 240.

> Habiendo intentado muchos hacer un relato de los hechos que se han cumplido entre nosotros, tal y como nos los transmitieron [*paredosan*] los que fueron testigos presenciales y servidores de la palabra, yo también decidí, después de investigar todo con detenimiento [*akribōs*] desde el principio, escribírtelo ordenadamente, excelentísimo Teófilo, para que conozcas la verdad acerca de las cosas en las que has sido instruido [*katēchēthēs*]. (Lc 1,14)

> En el primer libro, Teófilo, escribí sobre todo lo que Jesús hizo y enseñó desde el principio hasta el día en que fue elevado al cielo, tras haber dado instrucciones [*enteilamenos*] a través del Espíritu Santo a los apóstoles que había elegido. Después de su sufrimiento se les presentó vivo a ellos con muchas pruebas convincentes, apareciéndoseles durante cuarenta días y hablándoles del reino de Dios. (Hch 1,13)

El autor del prólogo de Lucas se presenta a sí mismo como un receptor de la tradición apostólica (*paradosis*), que ha querido ser tan cuidadoso (*akribōs*) y preciso en su transmisión e interpretación como los fariseos en el manejo de su tradición (Hch 22,3; 26,5). Sabe que su lector ya ha sido «instruido» (es decir, «catequizado») por otros miembros de la comunidad, pero busca que el lector profundice en la comprensión de la verdad de esa instrucción. El prólogo de Hechos muestra una preocupación similar, resaltando el papel de los apóstoles como escogidos compañeros y discípulos de Jesús tanto antes como después de su resurrección, y poniendo el acento en la instrucción autoritativa (*enteilamenos*) que habían recibido de su maestro. El autor escribe la historia de la *ekklēsia* desde la perspectiva de uno de sus miembros leales y escribe a una audiencia que se encuentra en una situación similar.

Además, el autor de Hechos se identifica íntimamente con la figura de Pablo. Esto es evidente por el hecho de que los capítulos 13-28 de Hechos están dedicados a su historia. También es evidente por el uso frecuente que el narrador hace de la primera persona del plural (véanse Hch 16,10-17; 20,5-15; 21,1-18; 27,1-28,16) al contar la historia de Pablo —ya se entienda como hecho histórico o como recurso literario—. El narrador se presenta a sí mismo como miembro de la compañía de Pablo y, por tanto, como alguien que comparte la perspectiva paulina. Cuando Pablo habla de sí mismo en Hechos, constantemente se identifica como miembro leal del pueblo judío y un fiel seguidor de la tradición judía (por ejemplo, Hch 23,6; 24,14-21; 25,8; 26,5-7; 28,17). Como se verá en el capítulo 3, casi todos los discursos de Hechos adoptan un punto de vista similar. Por lo tanto, yo sugeriría que el autor considera esa posición social como paradigmática y que su enfoque de las Escrituras se hace desde esa perspectiva.[27] Esto significa que la perspectiva referente al pacto/comunitaria de Hechos es tanto *judía* como *eclesial*.

---

27. En el capítulo 5, abordaré la cuestión de si el autor/editor de Hechos y Lucas es gentil o judío. Aquí estoy simplemente sugiriendo que el autor ve la identificación con el pueblo judío y la tradición judía como parte del punto de vista retórico del narrador —y también de Pablo.

Introducción

Y en cuarto lugar, finalmente, Hechos (y Lucas) proporcionan el mayor respaldo posible a una interpretación de los acontecimientos *histórico-mundiales* a la luz de las Escrituras, y para leer las Escrituras a la luz de esos mismos hechos.[28] Ambos libros lo hacen en relación con la destrucción de Jerusalén en el 70 d. de C. y Hechos parece reflexionar sobre el subsiguiente ascenso de los fariseos y la desaparición de los saduceos. Dentro de la narrativa misma, Hechos presenta el Concilio de Jerusalén (Hechos 15) como un intento de interpretar teológicamente un conjunto de sucesos históricos en la vida de la *ekklēsia* (como que los gentiles se vuelvan al Dios de Israel por medio del Mesías resucitado). Hechos y Lucas afirman que el Dios de Israel resucitó a Jesús de entre los muertos y así demostró su suprema soberanía sobre los asuntos de los seres humanos. Esto significa que la historia del pueblo de Dios, por desconcertante que sea, contiene un significado que es potencialmente discernible con la ayuda del Espíritu Santo. El enfoque teológico dado por Hechos y Lucas a los acontecimientos de su época, así como el fondo de su reflexión histórica, guiarán mi exposición al reflexionar teológicamente sobre la historia posbíblica del pueblo judío y la *ekklēsia*.

Ya expuestos tanto el tema central que se aborda en los siguientes capítulos (es decir, la relación entre el *euangelion* y la vida en curso del pueblo judío), como las líneas delimitadoras de mi método teológico, las razones que me llevan a elegir Hechos y Lucas como textos primarios deberían estar claras. Ahora puedo proceder a hacer una introducción de los capítulos de este libro y su lógica dispositiva.

Descripción preliminar de los capítulos

El capítulo 1 aborda la cuestión del *euangelion* en relación con la tierra de Israel, examinando el papel desempeñado por la ciudad de Jerusalén en el Evangelio de Lucas y en Hechos de los Apóstoles. El Evangelio de Lucas presenta a Jesús como un profeta que prevé la destrucción venidera de la ciudad santa, y que superpone la imagen de ese juicio sobre los sucesos de su propio sufrimiento y muerte. De esta manera, la muerte expiatoria de Jesús está vinculada al sufrimiento futuro del pueblo judío. Yo sostengo que la estructura y el contenido de Lucas y Hechos también apuntan a una futura redención para la ciudad santa. Dado que la destrucción de la ciudad está conectada con la muerte de Jesús, podemos inferir que la redención de la ciudad está del mismo modo conectada con su resurrección. Así, el primer capítulo presenta nuestra tesis básica: *el* euangelion *del Mesías, crucificado y resucitado, es también el* euangelion *de Jerusalén, crucificada y resucitada*.

El capítulo de apertura situará esta visión de Jerusalén y del pueblo judío en el contexto de la complicada historia de las actitudes eclesiales hacia la ciudad. Si bien la *ekklēsia* gentil posapostólica llegó tardíamente a honrar a Jerusalén como central para su propia identidad, la Jerusalén a la que honró era más la ciudad de Jesús que la

---

28. Ampliaré este punto en el capítulo 5, donde se proporcionará la base exegética de mi valoración teológica de los acontecimientos posteriores al año 70 d. de C. en la *ekklēsia* y el movimiento rabínico.

capital del pueblo judío, el lugar de la redención cumplida más que el de la esperanza escatológica. Así como el pueblo de Dios y el *euangelion* sufrieron fracturas, así la visión integral de Jerusalén por la *ekklēsia* se rompió ahora en pedazos.

El capítulo 2 examina una pregunta planteada a resultas del primer capítulo: ¿la orientación del Nuevo Testamento hacia la destrucción y supuesta obsolescencia del templo de Jerusalén… echa por tierra la esperanza en la redención final de la ciudad? Este es el único capítulo en el que considero otro material del Nuevo Testamento fuera de Lucas y Hechos. Primero reflexionaré sobre la función del templo en la Biblia en su conjunto, argumentando que la institución muestra características únicas que la distinguen de la ciudad, de la tierra y de la gente. Por tanto, una conclusión alcanzada sobre el templo no puede aplicarse automáticamente a estas últimas realidades. Luego estudiaré la enseñanza acerca del templo que se encuentra en los escritos paulinos, la carta a los Hebreos, el Apocalipsis de Juan y el Evangelio de Juan. Estos textos, en línea con otros escritos judíos de la época y la tradición bíblica en su conjunto, ven el templo como una institución simbólica, que apunta a realidades que están más allá y son superiores al mismo templo; ellos hacen más profunda nuestra comprensión de las implicaciones cósmicas del *euangelion*, pero en coherencia con una visión de su mensaje que hace también hincapié en la significación imperecedera de Jerusalén, de la tierra y del pueblo judíos. Finalmente, el capítulo volverá al estudio de Hechos y Lucas, mostrando que estos libros resaltan la importancia continua del monte del Templo como el centro del mundo y el destino final del Mesías cuando regrese. La venida escatológica de Jesús representa «el regreso del Señor a Sion» (Is 52,8), que fue prefigurado proféticamente por la entrada triunfal del Domingo de Ramos (Lc 19,28-44).

La tesis de este libro se centra en la relación entre el *euangelion* de la muerte y resurrección de Jesús, el pueblo judío y la tierra prometida. El capítulo 1 aborda este tema directamente, mientras que el capítulo 2 considera una posible objeción a las conclusiones del capítulo 1. El capítulo 3 reanuda la exposición de la tesis básica al examinar la perspectiva sobre el pueblo judío que se encuentra en Hechos y Lucas. Comienza reflexionando sobre los discursos de Hechos, demostrando que su forma retórica y su contenido profético confirman la opinión de que la muerte y resurrección del Mesías tienen consecuencias redentoras para el pueblo judío. Luego, tomaré dos conjuntos de textos de Hechos que a menudo se consideran incompatibles con este punto de vista, y mostraré que, de hecho, cuentan como evidencia a su favor.

Así como el capítulo 2 sobre el templo apoya y elabora los resultados del capítulo 1 sobre Jerusalén, el capítulo 4 desempeña una función similar en relación con el capítulo 3. El nuevo capítulo estudia la enseñanza de Hechos y Lucas con respecto a la Torá, considerada esta como la constitución nacional del pueblo judío. Si el pueblo judío en Hechos y Lucas sigue siendo una realidad diferenciada por el pacto mosaico y es inseparable del *euangelion* de la muerte y resurrección del Mesías, entonces esperaríamos que estos libros afirmasen el papel imperecedero de la Torá como una marca definitoria de la identidad nacional judía. Como demuestra el capítulo 4, eso es exactamente lo que encontramos en estos libros. Además, su principal preocupación en relación con la Torá tiene que ver con la identidad judía dentro de la *ekklēsia*. Si la Torá continúa gobernando la vida de los judíos dentro de la *ekklēsia*, ciertamente cumple ese mismo papel para todos los judíos en todo el mundo. Además, el carácter ejemplar de los judíos eclesiales fieles a la Torá y de los gentiles eclesiales que honran la Torá sugiere que la *ekklēsia*, tal como se presenta en Hechos, funciona como un paradigma profético de la reconciliación escatológica de Israel y las naciones.

El capítulo 5 proporciona una transición de un análisis estrictamente exegético a una reflexión teológica más amplia sobre la base de ese análisis. El capítulo comienza examinando el punto de vista de Lucas y Hechos con respecto a la acción divina en la historia. Estos libros describen al Dios de Israel supervisando el caótico drama de la vida humana en el mundo, de tal manera que las malas acciones perpetradas por actores humanos libres se convierten en medios a través de los cuales se consigue la redención divina. Para el autor de Hechos, la historia de José en Génesis sirve como modelo para este patrón de acción divina, y la crucifixión de Jesús es su expresión principal.

Considero entonces el contexto histórico en el que el autor/editor de Hechos y Lucas completa sus libros, y sugiero que se encontró con dos movimientos posteriores al año 70 que estimularon su especial preocupación e interés. Por un lado, buscó contrarrestar una escuela de entusiastas paulinos que interpretaron sus cartas de una manera hostil a los judíos y al judaísmo. Por otro lado, reconoció el potencial positivo de la escuela de pensamiento protorabínica influenciada por los fariseos que estaba surgiendo a raíz de la ruina del templo y el sacerdocio. Al final resultó que los entusiastas paulinos antijudíos lograron fracturar el *euangelion* lucano. El mensaje proclamado por la *ekklēsia* gentil del siglo ii separó la muerte y resurrección de Jesús de la vida del pueblo judío en la tierra de Israel. Providencialmente, la parte del *euangelion* perdida por la *ekklēsia* fue preservada por los sucesores del mismo movimiento judío que despertó la admiración a regañadientes de nuestro autor/editor. Cuando estos acontecimientos históricos se evalúan teológicamente a la luz de los principios enunciados y encarnados en Hechos y Lucas, podemos concluir que Dios ha actuado para preservar el *euangelion* fracturado mostrando su fidelidad al pacto a las dos mitades del pueblo de Dios fracturado.

El capítulo 6 hace uso de las conclusiones de los capítulos anteriores para evaluar teológicamente dos movimientos modernos que parecen estar conectados de alguna manera con el *euangelion* lucano, y también entre sí, uno con otro. El foco de atención del capítulo es el sionismo como un movimiento comprometido con el establecimiento y la preservación de un hogar nacional judío en la tierra de Israel. Si bien el sionismo político tomó forma como un proyecto secular, estaba arraigado en los temas centrales de la vida religiosa judía tradicional que constituía la parte del *euangelion* transmitida a través de la historia por el pueblo judío. Propongo en este capítulo que los discípulos de Jesús deberían reconocer la acción de Dios en el restablecimiento de la vida nacional judía en Jerusalén y su tierra. Al mismo tiempo, también distingo entre esa vida nacional y el Estado que ordena sus asuntos, y propongo que el Estado sea visto como un instrumento necesario más que como un fin último. Además, las condiciones actuales no deben interpretarse como la meta redentora, ni siquiera como su primera fase, sino como una anticipación profética de algo mucho mayor que está por venir.

El capítulo 6 también considerará el movimiento judío mesiánico y su relación tanto con el sionismo como con el *euangelion* profético. En sus ideales, si no en su concreta realidad, el movimiento judío mesiánico representa un intento de recuperar la plenitud integral tanto del pueblo de Dios como del mensaje apostólico. La disolución del centro judío de la *ekklēsia* con la destrucción de Jerusalén en el 70 d. de C. amenazó los lazos eclesiales con la tierra de Israel, el pueblo judío y la forma de vida judía. La rotura de esos lazos se expresó internamente con la supresión de la vida nacional judía dentro de la *ekklēsia*. En un desarrollo sorprendentemente coincidente, un nuevo movimiento de discípulos judíos de Jesús que buscaban vivir una forma de vida visiblemente judía surgió al mismo tiempo que el restablecimiento de una presencia nacional judía en la tierra de Israel, y al mismo tiempo también de los intentos eclesiales de forjar una conexión constructiva, teológica y práctica, con esa presencia nacional. Propongo en este capítulo que los discípulos gentiles de Jesús deberían reconocer la acción de Dios en la recuperación de la vida judía dentro de la *ekklēsia* de la misma forma que reconocen la acción divina en la restauración de la vida judía en la tierra de Israel. Una vez más, tal reconocimiento no tiene por qué ser acrítico. Como el Estado de Israel, el movimiento judío mesiánico tiene muchas deficiencias evidentes. Pero uno se acerca a tales defectos de manera diferente si comienza afirmando que la realidad esencial es una obra histórica del Espíritu Santo.

El capítulo 7 concluirá el libro considerando la fuerza integradora de esta interpretación del *euangelion* profético. Obviamente, mi propuesta unifica la enseñanza eclesial sobre el pueblo judío y la tierra prometida al centrarla en el mensaje apostólico que dio origen a la *ekklēsia*. En este capítulo, mostraré cómo el *euangelion* profético abre también las puertas a nuevas y entrelazadas percepciones en materias como la interpretación bíblica, la soteriología, la escatología, la ética y la misionología. Finalmente, señalaré su impacto en la eclesiología y la unidad de todo el pueblo de Dios.

Jerusalén crucificada y sionismo cristiano

Al principio, muchos lectores podrían suponer que el presente libro defiende posiciones políticas y teológicas características del movimiento que ha venido a denominarse «sionismo cristiano». Un gran porcentaje de aquellos que se identifican como cristianos sionistas respaldan la ideología de los colonos religiosos en Cisjordania y se oponen por motivos teológicos (no tanto prudenciales) a cualquier concesión territorial israelí. A veces abrazan una teología dispensacionalista y, en consecuencia, sus convicciones políticas sionistas corresponden a expectativas bien definidas con respecto a la tribulación, el rapto, la segunda venida y el milenio. Los lectores cristianos sionistas de esta vieja corriente tal vez puedan entender y aprender de *Jerusalén Crucificada, Jerusalén Resucitada*, pero no encontrarán en él un argumento para la ideología expansionista con la que ha venido a asociarse su movimiento.

Mis propias convicciones políticas y teológicas sobre estos asuntos no son en absoluto lo que alguno esperaría de un «sionista cristiano». En términos de política israelí, soy de centro-izquierda y tengo poco entusiasmo por el proyecto de asentamientos. Teológicamente, nunca he sido dispensacionalista, e incluso he mantenido una posición escéptica con respecto al milenio. Por otro lado, comparto la opinión de N. T. Wright de que el orden escatológico se desarrollará con cuerpos reales y en un lugar real. En ese contexto, creo que el Israel genealógico conservará su identidad distintiva y su vocación sacerdotal en la era venidera, y que habitará una Jerusalén terrenal de algún tipo.

Si bien estas son mis convicciones personales, no las defiendo en *Jerusalén crucificada*. Uno podría estar en desacuerdo con muchas cosas del párrafo anterior y estar de acuerdo con todo lo que se incluye en los siguientes capítulos. Menciono mis puntos de vista personales solo para avisar a los lectores sobre el carácter del libro que están leyendo y para prevenirles de no hacer suposiciones sobre las opiniones del autor más allá de lo que se afirma en el texto.

Terminología

Una nota final con respecto a la terminología: como ya es evidente, en algunos casos se utilizan formas adaptadas de palabras griegas en lugar de sus traducciones habituales (*ekklēsia* en lugar del sustantivo *iglesia*; *eclesial* en lugar del sintagma *de la iglesia* o el adjetivo *cristiano*; *euangelion* en lugar de *Evangelio*; *boulē* en lugar de *plan* o *consejo* o *providencia*). En el caso de *ekklēsia* y *euangelion* lo hago porque las traducciones habituales (como el adjetivo *cristiano*) tienen connotaciones que ya implican la comprensión fracturada del pueblo de Dios y el mensaje apostólico que estoy tratando de combatir. (Esto también es cierto para el sustantivo *cristiano*.) A veces es necesario hacer que los términos familiares sean desconocidos para desafiar las suposiciones inconscientes respecto a su significado.

El caso de *boulē* es algo diferente. Aquí no pude encontrar una sola palabra que captara adecuadamente el significado que tiene en el corpus lucano. La riqueza del término se aclarará cuando miremos los textos donde se emplea en Hechos y Lucas.

Seguiré la convención de los eruditos bíblicos usando el nombre de Lucas al hablar del autor de Hechos de los Apóstoles y el autor o editor final del Evangelio que lleva su nombre. Por ello, usaré también el adjetivo *lucano* para hablar de lo que ambos libros tienen en común. Estos términos no deben interpretarse como un compromiso con ninguna teoría en particular con respecto a la identidad del autor/editor. Ahora estamos listos para comenzar nuestro viaje a través de lo que hasta ahora ha sido un territorio en gran parte inexplorado: el *euangelion* profético del Mesías de Israel crucificado y resucitado.

Capítulo 1

El Mesías resucitado y Jerusalén

¿Qué relación tiene el *euangelion* profético del Mesías crucificado y resucitado con el pueblo judío y la tierra otorgada a sus antepasados? El acto salvador de Jesús ofreciéndose a Dios, y la respuesta salvadora de Dios resucitándolo de entre los muertos, ¿tienen consecuencias redentoras para la vida del pueblo de Israel y su herencia prometida?

Estas preguntas ponen el centro de atención en el vínculo entre Jesús y su pueblo. Sin embargo, también *presuponen* un vínculo entre ese pueblo y su tierra. Comenzando con la llamada de Abraham (Gn 12,1.7), y continuando a lo largo de la narración bíblica, la tierra de Israel constituye la bendición esencial designada para el pueblo de Israel. Si bien el estatus de alianza de los judíos nunca ha estado supeditado a que habitasen la tierra, la identidad religiosa judía siempre ha incluido una ardiente esperanza por la posesión futura de la tierra. Como demuestra ampliamente la liturgia judía, la escatología del judaísmo se centra en la expectativa de la reunión del pueblo en la tierra prometida a Abraham, Isaac y Jacob.

Yo propongo en este libro que Jesús murió y resucitó como el representante mesiánico del pueblo judío, y que estos acontecimientos de su vida prefiguran y ordenan el curso de la historia judía. El sufrimiento y la muerte de Jesús constituyen una participación *proléptica*[1] en el intensificado exilio del pueblo judío que comenzará una generación más tarde, cuando los romanos destruyan Jerusalén. Esta participación prefigurada del Mesías imparte al exilio venidero un carácter redentor, de modo que la disolución de la existencia nacional judía centrada en Jerusalén funciona no solo como castigo sino también como fuente de purificación y renovación colectiva. En correspondencia con eso, la resurrección de Jesús sirve como garantía y causa eficiente de la redención final de Jerusalén. Dado que el asunto del exilio y restauración es tan central en mi tesis, comenzaré la exposición de esa tesis considerando el tema de la tierra.

1. [N. del T.: el autor usa a lo largo de todo el libro este término *proléptico-a* en el sentido de 'experiencia anticipada de un hecho, anterior a su plena realización y distinta del mero preconocimiento'.]

Como indica el párrafo anterior, el exilio intensificado del pueblo judío comienza con la destrucción de Jerusalén. La capital estaba en el centro del territorio y era símbolo de la tierra en su totalidad. Ya en el libro de Deuteronomio la bendición de la tierra se concentraba en un lugar concreto en el que el Señor «elegiría poner su nombre» (por ejemplo, Dt 12,5.11.14.18.21.26). Una vez que David estableció Jerusalén como su capital y Salomón construyó el templo en su cima, la ciudad se convirtió en representación de la tierra en su totalidad, y la promesa mesiánica a David se volvió inseparable de la promesa a Sion (por ejemplo, Sal 132,11-18). Como escribe Robert Louis Wilken, «Isaías, como Ezequiel, reorienta la bendición de Abraham para que se centre casi exclusivamente en Jerusalén, en el monte Sion [...] Lo que antes se atribuía a la tierra en su totalidad, ahora se transfiere a la ciudad y al monte santo [...] Al igual que Ezequiel, Zacarías utiliza las fórmulas tradicionales asociadas a la promesa de la tierra, pero las ha centrado únicamente en Jerusalén y Judá [...]».[2]

En este capítulo, examinaré el papel de la ciudad de Jerusalén en el Evangelio de Lucas y en Hechos de los Apóstoles. Argumentaré que estos libros miran a la ciudad santa como el punto de apoyo de la acción de Dios en la historia humana, y como indisolublemente ligada al Mesías crucificado y resucitado. Dado que la capital representa la tierra en su totalidad, la demostración del significado teológico de la ciudad continuamente en el Nuevo Testamento es motivo suficiente para afirmar el significado teológico de la tierra. Si Jesús se identifica con Jerusalén, se identifica con la tierra en su totalidad y con el pueblo judío al que fue prometida esa tierra.

Pero primero presentaré una breve historia de las actitudes eclesiales hacia Jerusalén. Eso proporcionará un contexto para comprender por qué Lucas y Hechos no se han leído tradicionalmente de la manera que propongo. También mostrará cómo los elementos clave del cuadro que estoy pintando ya están presentes en actitudes eclesiales pasadas, aunque en un estado fragmentado y confuso cuyo desorden puede atribuirse en gran parte a presupuestos antijudíos.

Jerusalén y la *ekklēsia* del primer milenio

N. T. Wright afirma que «en gran parte de la teología cristiana, la caída de Jerusalén no ha tenido ningún significado teológico».[3] Eso puede ser cierto para la teología en la era moderna, pero no acierta a describir con precisión el pensamiento eclesial del primer milenio. Para los miembros de la *ekklēsia* de esa época, la caída de Jerusalén en el año 70 d. de C. tuvo un enorme peso teológico: se forjó un vínculo visceral con la ciudad después de que Constantino la transformara en un centro eclesial y después de que la *ekklēsia* experimentara las conquistas de la ciudad por parte de los persas en 614 y los árabes en 637. Pero nunca hubo un período en el primer milenio

---

2. Wilken, *The Land Called Holy*, 15-16, 18.
3. Wright, *Jesus and the Victory of God*, 343.

en el que la caída de Jerusalén fuera teológicamente insignificante para los creyentes en Jesús.

Algunos discípulos judíos de Jesús en el segundo siglo parecen haber compartido el dolor de sus hermanos judíos en respuesta a ese acontecimiento. Deducimos esto del relato de Hegesipo que nos ha preservado el historiador y obispo del siglo iv Eusebio. Hegesipo —que, según Eusebio, era un judío creyente en Jesús— habla de Santiago el Justo, el hermano del Mesías y apóstol preeminente de la rama escrupulosamente observante de la Torá en el movimiento inicial en torno a Jesús. Hegesipo presenta a Santiago como un nazareo que mantenía un estricto código de pureza ritual y quien, como el sumo sacerdote en el Día de la Expiación, se dedicaba a la oración en el templo de Jerusalén, «pidiendo perdón para el pueblo» (Historia Eclesiástica 2.23.5-6). El autor también nos informa que a Santiago se le llamaba *Oblías*, que significa «muralla del pueblo» (HE 2.23.7). Richard Bauckham considera que este título dado a Santiago hace referencia a su papel como «el intercesor poderoso e infatigable cuyas oraciones protegieron la ciudad».[4] Hegesipo procede a relatar el martirio de Santiago, en el que el líder de la *ekklēsia* de Jerusalén sigue el ejemplo de su hermano orando por el perdón de quienes le están dando muerte (HE 2.23.16). Hegesipo concluye su relato señalando que el sitio romano de Jerusalén comienza poco después de la muerte de Santiago (HE 2.23.18). Para Eusebio, esto significa que Dios está juzgando a los judíos de Jerusalén por matar no solo al Señor sino también al hermano del Señor (HE 2.23.19). Para Hegesipo, sin embargo, el mensaje parece ser más sutil, y las oraciones de intercesión de este hombre justo, que amaba a su pueblo y a su ciudad, les habían preservado del mal: «quitado el muro protector, la ciudad cayó presa del juicio de Dios».[5] Independientemente de su valor histórico como descripción precisa de Santiago, esta narración demuestra que hubo discípulos de Jesús en el siglo ii que, como la figura ideal esbozada por Hegesipo, amaban Jerusalén y a sus habitantes judíos, y que se apenaron por su destrucción a manos de los romanos.

La mayoría de nuestros registros del siglo ii revelan en cambio una actitud muy diferente hacia Jerusalén dentro de la *ekklēsia*. Al igual que el Santiago de Hegesipo, escritores eclesiales como Justino Mártir e Ireneo amaron y añoraron la ciudad; pero, a diferencia de Santiago, la Jerusalén que amaban y anhelaban no era una ciudad judía arraigada en la memoria colectiva judía y que simbolizaba al pueblo judío en su conjunto. Su mirada, en cambio, se dirigió exclusivamente hacia una Jerusalén escatológica, en la previsión de un reino mesiánico restaurado y glorificado con su centro en una Sion terrenal, pero habitada y gobernada solo por miembros de la *ekklēsia*.[6] La Jerusalén judía había sido juzgada y llevada a un final decisivo; pero Cristo volvería, y una gloriosa Jerusalén *cristiana* resurgiría de sus cenizas.

4. Bauckham, *James and the Jerusalem Community*, 69.
5. Bauckham, *James and the Jerusalem Community*, 69.
6. «La escatología mejor documentada y más persistente en los dos primeros siglos cristianos fue el milenarismo, la creencia de que Dios establecería un futuro reino en la tierra centrado en Jerusalén» (Wilken, *The Land Called Holy*, 56).

Jerusalén crucificada, Jerusalén resucitada

El contraste entre esta actitud hacia la Jerusalén judía y la que se observa en Hegesipo se expresa claramente en las orientaciones opuestas que se adoptaron respecto al desolado monte del Templo en los siglos II y III. Tras la reconstrucción de Jerusalén (ahora rebautizada como Aelia Capitolina) después de la supresión de la revuelta de Bar Kokhba en el año 135, se prohibió a los judíos vivir en la ciudad.

Sin embargo, se les permitió reunirse en el monte de los Olivos, frente al monte del Templo, para llorar la destrucción del templo y de la ciudad judía y orar por su restauración. Como resultado, surgió un nuevo tipo de peregrinaje entre los judíos enfocado principalmente en la lamentación y el anhelo escatológico.

En el mismo período, los gentiles creyentes en Jesús también desarrollaron una forma de peregrinación a Jerusalén cuyo destino era el monte de los Olivos y cuyo objeto de meditación era el monte del Templo y sus ruinas. A diferencia de sus homólogos judíos, no venían a lamentarse sino a sentirse exultantes. Consideraban que la destrucción del templo y de la ciudad judía —y el exilio de sus habitantes judíos— era un acto de vindicación divina de Jesús. Para ellos, la vista de las ruinas del templo era «profundamente gratificante».[7]

Aunque esta forma particular de peregrinación gentil comenzó ya en el siglo II, perduró hasta el período bizantino, cuando los lugares sagrados asociados a la pasión, muerte y resurrección de Jesús se acabaron convirtiendo en el principal objetivo de los peregrinos piadosos.

> Durante siglos, los cristianos habían apelado a la evidencia visible de las ruinas del templo judío como prueba cierta de que *el cristianismo había triunfado sobre el judaísmo*. Una de las razones por las que los cristianos peregrinaban a Jerusalén era para ver con sus propios ojos el lugar donde una vez había estado el famoso templo judío. Solo visitando realmente Jerusalén se podía ver que *la ciudad de los judíos ya no existía. Esta visión reconfortaba y reafirmaba a los cristianos*. Una generación después de Jerónimo, Teodoreto de Ciro viajó a Jerusalén para «ver la desolación con mis propios ojos». De pie ante las ruinas, recordó las antiguas profecías sobre la ciudad (Mt 24 y Dn 9) y su *«corazón se regocijó»*. Los judíos han sido privados de su famosa casa —escribe— «como pueden ver los que la visitan».[8]

Para estos gentiles creyentes en Jesús, la caída de Jerusalén tenía un enorme significado teológico: significaba que «el cristianismo había triunfado sobre el judaísmo». Las piedras del monte del Templo daban testimonio de que los judíos habían sido rechazados por Dios y que ahora la *ekklēsia* constituía el pueblo amado de Dios.

En el siglo II, Justino Mártir e Ireneo combinaron esta orientación hacia la Jerusalén *judía* con una esperanza viva en una transformación escatológica de

---

7. Armstrong, *Jerusalem*, 172.
8. Wilken, *The Land Called Holy*, 143 (las cursivas en el texto son añadidas).

la ciudad terrenal en la segunda venida de Jesús. Orígenes atacó esta noción a principios del siglo III, argumentando que la Jerusalén de la esperanza eclesial era un destino final estrictamente espiritual y celestial. La teología no territorial de Orígenes floreció en la *ekklēsia* del siglo III, de modo que a principios del siglo IV la mayoría de los creyentes en Jesús no anhelaban ni la Jerusalén terrenal del pasado judío ni la Jerusalén terrenal del futuro *cristiano*. La significación teológica de la Jerusalén terrenal residía exclusivamente en sus ruinas.

Esto cambió dramáticamente con la conversión de Constantino. Siempre atento al poder de los símbolos, el emperador autorizó una excavación en el lugar de Jerusalén que generaciones de creyentes locales en Jesús habían identificado como el lugar de su ejecución y enterramiento. Según parece, esta tradición local era fiable, pues en el año 327 la excavación dio como resultado el descubrimiento de una tumba que se asumió era el lugar en el que el Hijo de Dios había sido resucitado de entre los muertos. Este descubrimiento provocó un terremoto cuyas ondas se expandieron por la *ekklēsia* en todo el mundo y, en última instancia, produjo un cambio dramático en la actitud hacia la Jerusalén terrenal. Los creyentes en Jesús del siglo IV no se centraron en la Jerusalén de la expectativa escatológica, como hicieran Justino e Ireneo; ni se preocuparon por la Jerusalén de la memoria judía, como Hegesipo; la ciudad que cautivó su imaginación en esta época fue la *Jerusalén de Jesús*.[9]

Constantino construyó una iglesia en el sitio de la tumba, que pronto se convirtió en el centro terrenal del universo eclesial y principal destino para peregrinos de todo el mundo. También se construyeron iglesias en otros lugares asociados con acontecimientos de la vida de Jesús, como la última cena y la ascensión. Jerusalén era ahora una ciudad santa *cristiana*, cuyas piedras terrenales tenían el poder sacramental de conectar a los miembros de la *ekklēsia* tanto con los acontecimientos redentores del pasado como con las realidades celestiales a las que apuntaban. A principios del siglo VIII, Juan de Damasco puede llamar a estos sagrados lugares «receptáculos de energía divina». Como comenta Wilken, «con esto quiere decir que no eran simplemente lugares históricos que señalan el lugar donde algo había sucedido hace mucho tiempo, sino signos palpables de la presencia continua de Dios en la tierra».[10]

El estatus de la Iglesia de Jerusalén también se transformó. Antes de Constantino, el obispo de Cesarea había tenido primacía sobre el de Jerusalén. Ahora los jerosolimitanos empezaron a hablar de su ciudad como la *madre de las iglesias*, y argumentaron que su obispo debía tener mayor dignidad y autoridad que el obispo de Cesarea.[11] Su reivindicación fue confirmada en el año 451, cuando la sede episcopal

---

9. Sin embargo, existe una correspondencia entre el tratamiento exegético de Jerusalén por parte de Eusebio y el de los milenaristas cristianos del siglo II. Como señala Wilken, Eusebio trata la Jerusalén de la iglesia de la Anástasis («resurrección») de forma muy parecida a como la tradición milenarista anterior había tratado a la Jerusalén terrenal del *eschaton* [N. del T.: «fin del mundo», «últimos tiempos»] (v. Wilken: *The Land Called Holy*, 96).

10. Wilken, *The Land Called Holy*, 253.

11. Armstrong, *Jerusalem*, 176.

de Jerusalén se convirtió en un patriarcado, uniéndose al grupo de Alejandría, Antioquía, Constantinopla y Roma como las iglesias preeminentes del mundo eclesial. La iglesia de Jerusalén de los siglos V y VI estaba alcanzando gradualmente el tipo de prestigio eclesial del que había gozado la comunidad judía de Jesús en Jerusalén bajo el liderazgo de Santiago el Justo. Wilken especula que «si los musulmanes no hubieran conquistado Jerusalén en el siglo VII, Jerusalén podría haber desafiado algún día la autoridad de la iglesia de Roma».[12]

Por eso fue una gran conmoción cuando los ejércitos persas pisotearon Jerusalén en el 614 y los invasores árabes tomaron la ciudad en el 637. En ese momento, los gentiles, que un día se habían burlado de los judíos por lamentarse de la caída de Jerusalén, adoptaron el lenguaje del lamento del que antes se habían mofado.[13] Ahora eran los judíos los que se alegraban de la humillación y el duelo de los creyentes en Jesús. Estos gentiles habían llegado a compartir un amor por la ciudad terrenal comparable al que animaba al pueblo judío, y por ello ahora experimentaban un dolor similar por su pérdida. Sin embargo, esta nueva experiencia común no sirvió para sanar la relación entre el pueblo judío y la *ekklēsia*, sino que solo sirvió para intensificar su mutua hostilidad. El amargo fruto de esa animosidad maduraría cuatro siglos y medio después, cuando los cruzados de Occidente recuperaron la ciudad santa en un intento de restaurar su gloria *cristiana*.

La historia eclesial da así testimonio del poder duradero de Jerusalén para inspirar una ferviente devoción como signo sacramental de la obra salvadora de Dios en el mundo. Los gentiles creyentes en Jesús llegaron a considerar la Jerusalén terrenal como el centro de su fe; pero la Jerusalén que amaban era la ciudad de Jesús, la Jerusalén de una redención ya realizada, no la Jerusalén del pueblo judío, la ciudad de una restauración escatológica aún no realizada. Así como el propio Jesús había sido arrancado de la gente de su misma carne y sangre, así también la ciudad de la esperanza judía se había convertido en propiedad exclusivamente *cristiana* (es decir, no judía). Ahora estamos preparados para tratar de comparar este cuadro con la visión de Jerusalén transmitida por el Nuevo Testamento.

El juicio y la redención de Jerusalén

Recurriendo a una forma habitual de describir el Evangelio de Marcos, N. T. Wright caracteriza *La guerra de los Judíos* de Josefo como «una narración de la pasión (la guerra propiamente dicha) con una extensa introducción».[14] Wright insinúa así un

12. Wilken, *The Land Called Holy*, 172.

13. «Los cristianos habían diferenciado claramente su experiencia en Jerusalén de la de los judíos. Ahora que les tocaba irse al exilio, recurrieron naturalmente a los gestos y salmos de sus predecesores en la ciudad santa y, como los judíos, hablaron de Dios y de Sion a un tiempo» (Armstrong, *Jerusalem*, 214). Véase Wilken, *The Land Called Holy*, 216-232, para un elocuente resumen del dolor expresado después de la invasión persa.

14. Wright, *The New Testament and the People of God*, 373. El dicho sobre el Evangelio de Marcos aparentemente proviene del teólogo alemán del siglo XIX Martin Kähler.

paralelismo entre la forma en que Marcos presenta el sufrimiento y la muerte de Jesús y la forma en que Josefo describe el sufrimiento y la destrucción de Jerusalén. Wright propone entonces que este paralelismo entre la pasión de Jesús y la pasión de Jerusalén ya existe dentro del mismo Nuevo Testamento, no en Marcos, sino en el Evangelio de Lucas: «La narración de Lucas tiene, en este sentido, un doble clímax frente al único de Josefo, y ahí está (según creo) parte de la cuestión: la caída del templo, vista como futura desde el mundo narrativo de Lucas, se sitúa en estrecho paralelo con la muerte de Jesús. La distinción entre Lucas y Josefo en este punto es una poderosa pista sobre el sentido teológico al que Lucas está apuntando».[15] La valoración de Wright es sagaz, aunque tergiversa ligeramente la preocupación de Lucas; este Evangelio muestra una preocupación única, no solo por *la caída del templo*, sino también por la *caída de toda la ciudad*. Lucas yuxtapone la muerte de Jesús y la caída de Jerusalén de tal manera que hace que cada una sea una interpretación de la otra. ¿Cuál es precisamente «el sentido teológico al que Lucas está apuntando» a través de esta yuxtaposición?

«Jerusalén, Jerusalén» (Lc 13,31-35)

Para responder a esta pregunta, comenzaré examinando cuatro pasajes del Evangelio de Lucas (13,31-35; 19,41-44; 21,20-24; 23,27-31) que anticipan los acontecimientos del año 70 d. de C. Los tres últimos textos son exclusivos del Evangelio de Lucas y muestran con mucha claridad el particular énfasis teológico del autor. El primero, Lucas 13,31-35, aparece también en Mateo; pero su contexto y forma, característicos de Lucas, manifiestan la misma perspectiva que los otros tres últimos pasajes. Este pasaje se inscribe en el extenso relato de Lucas sobre la partida de Jesús de Galilea y su viaje a Jerusalén.

> 31 En ese momento llegaron unos fariseos y le dijeron: «Vete de aquí, porque Herodes quiere matarte». 32 Él les dijo: «Id y decid a esa zorra de mi parte: "Escucha, hoy y mañana estoy expulsando demonios y haciendo curaciones, y al tercer día termino mi trabajo. 33 Sin embargo, hoy, mañana y pasado mañana, debo seguir mi camino, porque es imposible que un profeta sea asesinado fuera de Jerusalén". 34 ¡Jerusalén, Jerusalén, la ciudad que mata a los profetas y apedrea a los que le son enviados! ¡Cuántas veces quise reunir a tus hijos como la gallina reúne a sus crías bajo sus alas, y no quisiste! 35 Mirad, vuestra casa es abandonada. Y yo os digo que no me veréis hasta que llegue el momento en que digáis: "Bendito el que viene en nombre del Señor"».

Los versículos 31-33 se encuentran solo en Lucas. Los fariseos del versículo 31 advierten a Jesús de las intenciones asesinas de Herodes y, como grupo, se diferencian de las autoridades de Jerusalén de los versículos siguientes, que llevarán a cabo el deseo

---

15. Wright, *The New Testament and the People of God*, 374.

de Herodes.[16] Esto refleja la descripción moderada que hace Lucas de los fariseos tanto en su Evangelio como en Hechos, y refleja igualmente su presentación de los jefes de los sacerdotes como los principales actores que iniciaron el arresto y la condena de Jesús, y la posterior persecución de sus discípulos en Jerusalén. El versículo 33 destaca el papel especial que juega la ciudad de Jerusalén en Lucas como objeto a la vez de juicio y de redención. Los últimos dos versículos (34-35) también aparecen en Mateo 23 (vv. 37-39), donde funcionan como clímax de la larga denuncia de Jesús contra escribas y fariseos. A diferencia de Lucas, sin embargo, la colocación de estos versículos en Mateo hace resaltar la responsabilidad compartida de los fariseos por la crucifixión. El contexto más amplio de dura reprimenda en Mateo hace también que quede rebajado el tono de intenso dolor que estas palabras, en cambio, transmiten en el contexto del Evangelio de Lucas.

En Mateo 23, el discurso de Jesús a Jerusalén se produce *después* de su entrada triunfal en la ciudad, cuando las multitudes que lo acompañaban gritaban: «¡Bendito el que viene en nombre del Señor!» (Mt 21,9). La versión de Mateo de la promesa «no me veréis» contiene la expresión añadida «otra vez» (Mt 23,39), que sugiere que la entrada triunfal era un acto simbólico profético que anticipaba la futura venida de Jesús a la ciudad en gloria y victoria. El discurso de Jesús a Jerusalén en Mateo 23 también se produce *después* de sus discusiones con varias autoridades de Jerusalén (Mt 21,10-22,46), y la referencia a la respuesta de Jerusalén, reacia a sus propuestas, apunta a tales disputas. La versión de Lucas, sin embargo, ocurre *antes* de que Jesús haya llegado a Jerusalén, y antes de que haya puesto a prueba la disposición de Jerusalén a ser reunida bajo sus alas. ¿Cómo entiende entonces Lucas la tristeza de Jesús por el rechazo de Jerusalén en el pasado, y su afirmación de que la ciudad *no lo verá*? Parece que aquí Lucas presenta a Jesús como un profeta que habla en nombre de Dios. Como argumenta Robert Tannehill, las palabras «cuántas veces he deseado reunirte» (Lc 13,34) se refieren a «la larga historia de la relación de Dios con Jerusalén», y de igual forma las palabras «no me veréis» tampoco se refieren a Jesús, sino a Dios: «El versículo 35 habla de la partida del divino protector de Jerusalén, que no volverá a Jerusalén hasta que esté dispuesta a acoger a su Mesías, "el que viene en nombre del Señor"».[17] Esta interpretación da sentido a lo que de otro modo sería un texto difícil. Lucas alude aquí al tema del regreso del Señor a Sion, que N. T. Wright subraya como un elemento central, tanto de las esperanzas escatológicas judías del siglo I, como de las aspiraciones de Jesús.[18]

---

16. La narración de la pasión de Lucas es el único testimonio en que Jesús aparece ante Herodes después de su arresto (Lucas 23,6-12). El trato despectivo de Herodes hacia Jesús justifica la preocupación expresada por los fariseos en 13,31.

17. Tannehill, *Luke*, 225. Véase también Caird, *Saint Luke*, 174, y Wright, *Jesus and the Victory of God*, 642. Tannehill también señala que la entrada triunfal en Lucas no cumple la condición de esta promesa, pues no es *Jerusalén* la que pronuncia las palabras «Bendito el que viene en el nombre del Señor» sino *toda la multitud de los discípulos* que acompañaba a Jesús desde Galilea (Lc 19,37).

18. Véase Wright, *Jesus and the Victory of God*, 612-653. Véase también mi tratamiento de este tema en el próximo capítulo.

En resumen, Lucas 13,31-35 enfoca la atención en la ciudad de Jerusalén y las autoridades de su templo como quienes persiguen a los profetas y quienes darán muerte al Mesías. Los fariseos son distintos de este cuerpo de perseguidores y en cierta medida se oponen a él, al igual que los galileos que acompañan a Jesús en su viaje a la capital. El anhelo de una respuesta de bienvenida por parte de Jerusalén no es solo de Jesús, sino más incluso de Dios, cuyo amor por la ciudad y cuyo dolor por su maldad no es algo que se haya mostrado recientemente, sino desplegado a través de múltiples generaciones. El tono predominante de este texto, al igual que el de los cuatro pasajes que estamos considerando ahora, es de lamento.[19] Sin embargo, una nota más positiva emerge en las palabras finales: «no me veréis hasta que llegue el momento en que digáis: "Bendito el que viene en nombre del Señor"» (Lc 13,35). Hay motivos para esperar que la presencia divina, cuya partida hace que la ciudad sea vulnerable a sus enemigos («Mirad, vuestra casa es abandonada»), va a regresar de nuevo, presumiblemente para consolar y glorificar a Jerusalén. La condición para ese futuro retorno es clara: la ciudad —aparentemente todavía en su carácter de capital del pueblo judío— debe ofrecer al Mesías la misma acogida que él va a recibir de sus discípulos galileos el Domingo de Ramos.[20]

Jesús llora por Jerusalén (Lc 19,41-44)

Lucas 13 anticipa la respuesta inadecuada que Jerusalén dará a Jesús, el agente de Dios. Esa respuesta inadecuada se narra luego en Lucas 19. En comparación con los demás evangelios, la versión lucana de la entrada de Jesús a Jerusalén pone especial énfasis en el fracaso de la ciudad a la hora de recibir a Jesús de forma adecuada. Como reconoce Steve Smith «[…] son los seguidores de Jesús quienes le dan la bienvenida, no la ciudad […] Lejos de ser una entrada triunfal, como comúnmente se entiende el acontecimiento, es una entrada no triunfal […]».[21]

---

19. «Los cuatro pasajes que se refieren a Jerusalén y profetizan su destino tienen un papel importante en la trama (v. 13,33-35; 19,41-44; 21,20-24; 23,27-31). Es importante captar el tono emocional que domina en estos pasajes. Jesús pronuncia palabras de angustioso anhelo y lamentación (13,33-35; 19,42). Estas cuatro escenas, que construyen lo que culminará en la crucifixión y sirven para establecer el tono para ello, constituyen una razón mayor para hacer una interpretación trágica de la historia de Israel en Lucas-Hechos» (Tannehill, *The Shape of Luke's Story*, 134).

20. En un influyente artículo, Dale Allison demuestra que Jesús expresa las palabras «Bendito el que viene» no como una respuesta (alegre o triste) que Israel dará al Mesías después de que venga, sino como el catalizador que induce su venida: «"Hasta que digáis" puede entenderse como señal de una oración condicional. Entonces, el texto no quiere decir que cuando venga el Mesías, su pueblo lo bendecirá, sino que cuando su pueblo lo bendiga, el Mesías vendrá. En otras palabras, la fecha de la redención depende de la aceptación por parte de Israel de la persona y la obra de Jesús» (Allison, «Matt. 23:39 = Luke 13:35b as a Conditional Prophecy», 77). El argumento de Allison revela la debilidad de la interpretación cristiana tradicional de estas palabras, que las presenta como la respuesta forzada y triste del pueblo judío cuando contemplen el regreso de Jesús. Peter Walker se encuentra entre los que continúan defendiendo la visión tradicional que Allison refuta (Walker, *Jesus and the Holy City*, 99).

21. Smith, *The Fate of the Jerusalem Temple in Luke-Acts*, 58.

Jerusalén crucificada, Jerusalén resucitada

El fracaso de Jerusalén prepara el escenario para un añadido al relato, que es distintivo de Lucas:

> 41 Al acercarse y ver la ciudad, lloró por ella, 42 diciendo: «¡Si tú, siquiera tú, hubieras solo reconocido [*egnōs*] en este día las cosas que conducen a la paz [*eirēnē*]! Pero ahora están ocultas a tus ojos. 43 De hecho, vendrán días sobre ti en que tus enemigos [*echthroi*] levantarán baluartes a tu alrededor y te cercarán, y te asediarán por todos lados. 44 Te machacarán hasta el suelo, a ti y a tus hijos que estén dentro, y no dejarán dentro de ti piedra sobre piedra, porque no reconociste [*egnōs*] el tiempo de tu visitación [*epi-skopēs*] de parte de Dios». (Lc 19,41-44)

Aquí es inconfundible el tono de intenso dolor. Contemplando la ciudad mientras desciende del monte de los Olivos, Jesús llora por ella. Llora porque en una sola mirada contempla dos imágenes proféticas, una superpuesta a la otra: la primera es su propio sufrimiento y muerte, que revelará que Jerusalén no ha «reconocido [...] las cosas que conducen a la paz» o el tiempo de su «visitación»; la segunda es la destrucción de Jerusalén a manos de los romanos en el año 70 d. de C.

Uno de los rasgos más llamativos de estos versos es su alusión al cántico de Zacarías en Lucas 1,68-79. Ese cántico, pronunciado con ocasión de la circuncisión de Juan el Bautista, es una celebración del poder salvador de Dios en acción, dando cumplimiento a las promesas de Dios a Israel. El objeto de la alabanza es «el Señor, Dios de Israel» (v. 68), y su acto redentor es conforme con su juramento a Abraham (v. 73), su pacto misericordioso con todos los patriarcas (v. 72) y las palabras pronunciadas «por boca de sus santos profetas desde tiempos antiguos» (v. 70). Por lo tanto, el tono del cántico es diametralmente opuesto al de Lucas 19,41-44. Es más, el *contenido* de las palabras proféticas de Jesús al acercarse a la ciudad parece ser una negación directa del cántico de Zacarías. En los nacimientos de Juan el Bautista y de Jesús, Dios ha «visitado [*epe-skepsato*] a su pueblo para redimirlo» (1,68) y «para dar conocimiento [*gnōsin*] de la salvación a su pueblo» (1,77), pero Jerusalén no reconoció [*egnōs*] «el tiempo de su visitación [*epi-skopēs*]» (19,44). Dios ha venido a «dar luz a los que están en tinieblas» y a «guiar nuestros pies por el camino de la paz [*eirēnē*]» (1,79), pero ahora «las cosas que conducen a la paz [*eirēnē*]» están «ocultas a tus ojos» (19,42). La obra de Dios por medio de Juan y Jesús tendrá como resultado que Israel sea «salvado» y «rescatado» de sus enemigos [*echthroi*] (1,71.73), pero ahora Jesús prevé el próximo asedio de Jerusalén por parte de los «enemigos» [*echthroi*] de Israel y la destrucción total de la ciudad a manos de estos (19,43-44). Tenemos aquí mucho más que un incumplimiento de lo prometido; la dicción, idéntica, llama la atención sobre la flagrante contradicción entre lo que se anticipó y lo que realmente está sucediendo. Además, el problema no se puede eludir intentando distinguir el «Israel» del cántico de Zacarías de la «Jerusalén» a la que Jesús se aproxima, pues el relato de la infancia de Lucas considera la «redención [*lutrōsin*]» de Israel (1,68) equivalente a «la redención [*lutrōsin*] de Jerusalén» (2,38). Si Jerusalén es juzgada en lugar de redimida, entonces Israel es juzgado en lugar de redimido.

Robert Tannehill ha considerado que esta contradicción, entre la gozosa expectativa de la redención de Jerusalén en el relato de la infancia y los acontecimientos reales que ocurren en Jerusalén tanto en el año 30 como en el 70, es una prueba de que el relato lucano sobre Israel debe leerse como una tragedia.[22] Sin negar el elemento trágico de su narración, es muy poco probable que Lucas piense que las promesas a Israel de su relato de la infancia hayan sido, o puedan ser, definitivamente frustradas. Ver las relaciones de Dios con Israel como algo en última instancia trágico significaría que la relación de Dios con Jesús resulta un fracaso.[23] Jesús se lamenta por el sufrimiento venidero de Jerusalén al igual que muchos en Jerusalén se lamentan por su sufrimiento (23,27-31). El sufrimiento de Jesús y el dolor que causa son absorbidos por la alegría de su resurrección (Lc 24,41.52); si Lucas considera que las promesas a Israel citadas en el cántico de Zacarías son de origen divino, ¿no esperaría que el sufrimiento y el dolor de Jerusalén fueran igualmente absorbidos por la alegría?

La mayoría de los comentaristas coinciden en que Lucas nunca contemplaría la idea de que las relaciones de Dios con Israel pudieran acabar en fracaso. Muchos de ellos, sin embargo, proponen que él reinterpreta radicalmente lo que esas relaciones implican: que solo aquellos que creen en Jesús constituyen el verdadero Israel, y que su vida comunitaria en el Espíritu representa la redención y la restauración que el relato lucano de la infancia anticipa.[24] Sin embargo, este punto de vista ignora el tono de lamentación que impregna los textos lucanos que estamos considerando ahora. Además, pasa por alto las muchas indicaciones, tanto en Lucas como en Hechos, de que el autor/editor espera una redención de Israel que aún está por venir.

Aunque el relato lucano de la infancia resuena con un tono de alegre esperanza, en un momento dado entra un toque de lamento amenazante, concretamente cuando Simeón bendice a María y a Jesús: «Entonces Simeón los bendijo y dijo a María,

---

22. Tannehill ha sostenido este punto en prácticamente todos sus escritos sobre Lucas y Hechos.

23. Para ser justos, Tannehill también afirma que Lucas espera la futura redención de Jerusalén. Sin embargo, Tannehill no llega a lo que estamos afirmando aquí: que la redención cierta de Jerusalén en el futuro es tan esencial para la visión redentora de Lucas como lo es la resurrección de Jesús.

24. Este punto de vista queda bien representado por Fuller, *The Restoration of Israel*. Para Fuller, la *ekklesia* judía en Jerusalén, gobernada por los doce apóstoles, constituye el Israel completamente restaurado. «Desde el cielo, el mesías de Israel gobierna el mundo. El papel del Israel restaurado es proclamar e interpretar el significado de la exaltación mesiánica como la inauguración del gobierno (espiritual) de Israel sobre el mundo ocupado» (268). Fuller considera erróneos todos los intentos de interpretar Lucas 1-2 como una referencia a una redención que afectará al pueblo judío en su totalidad, ya sea que esas interpretaciones supongan una restauración futura de Israel o un trágico y no resuelto fracaso en la realización del propósito divino: «Un error común de los eruditos es interpretar estas, ampliamente analizadas, esperanzas de restauración de Lucas 1-2 como indicaciones de la evocación por parte de Lucas de una salvación panisraelí, ya sea en términos de conversiones (futuras) judías o incluso de una liberación nacionalista. Otros eruditos, aunque viendo también una inclusión panisraelí en estas esperanzas de restauración, sostienen que finalmente no se realizan en el curso de la narración debido al rechazo judío a gran escala» (206).

su madre: "Este niño está destinado para *la caída y el levantamiento de muchos en Israel*, y para ser una señal que será resistida, de forma que los pensamientos internos de muchos serán revelados; y una espada atravesará también tu propia alma"» (Lc 2,34-35). Muchos consideran que este texto señala la división que se producirá en Israel como respuesta a las palabras y acciones del Mesías. Sin embargo, David Tiede argumenta de forma convincente que «la caída y el levantamiento de muchos en Israel» debe tomarse como una secuencia temporal profética, en la que al principio «muchos en Israel» caen y experimentan el juicio, y después «muchos en Israel» se levantan para recibir la redención.[25] Esto se corresponde con el patrón de juicio inminente, seguido de redención futura, que caracteriza a las profecías de Isaías, Jeremías y Ezequiel. Esto también encaja con el versículo final de Lucas 13,31-35, que anticipa un futuro buen recibimiento del Mesías ofrecido por la ciudad de Jerusalén y un consiguiente retorno de la gloria divina a Sion. Si esta es la visión de Lucas sobre el futuro de Israel, entonces la alusión en Lucas 19,41-44 al cántico de Zacarías no es ni irónica ni contradictoria, sino más bien una forma de señalar que los tristes acontecimientos que tienen lugar en Jerusalén no son el final de la historia de Jerusalén. De hecho, el juicio de Jerusalén —y el que Jesús cargue con ese juicio en la cruz de forma proléptica y representativa— será en sí mismo decisivo para poder conseguir su redención final.

La bendición de Simeón apunta a la cruz (la «espada» que atravesará el corazón de María) y al juicio venidero («caída») de Israel. Igualmente, al entrar en Jerusalén, Jesús reflexiona sobre ambos acontecimientos. Los discípulos inicialmente no comprenden el papel que la cruz desempeñará en la labor de «redimir a Israel» de Jesús (Lc 24,21). Para «resucitar», Jesús mismo tuvo que «caer». Parece que Jerusalén debe seguir el mismo rumbo.

El fin de los tiempos de los gentiles (Lc 21,20-24)

El tercer pasaje de Lucas que anticipa los acontecimientos del año 70 (Lc 21,20-24) se encuentra en la versión de Lucas del discurso escatológico de Jesús (Lc 21,5-36). En Marcos y Mateo, este discurso mezcla y condensa de tal manera las referencias a la destrucción de Jerusalén en el año 70 y a la gran angustia del final de la era, que un acontecimiento se superpone al otro. El efecto de superposición es especialmente evidente en Marcos 13,14-20:

> 14 Pero cuando veáis el sacrilegio desolador [*to bdelygma tēs erēmōseōs*] instalado donde no debe estar (que el lector lo entienda), entonces los que estén en Judea deben huir a las montañas; 15 el que esté en la azotea no debe bajar ni entrar en la casa para llevarse algo; 16 el que esté en el campo no debe volver a coger un abrigo. 17 ¡Ay de las embarazadas y de las que amamanten a sus hijos en esos días! 18 Orad para que no sea en invierno. 19 Porque en esos

---

25. Tiede, «Glory to Thy People Israel», 27-28; v. Kinzer, *Postmissionary Messianic Judaism*, 111.

días habrá sufrimiento, como no lo ha habido hasta ahora desde el principio de la creación que Dios creó, no, ni nunca lo habrá. 20 Y si el Señor no hubiera acortado esos días, nadie se salvaría; pero por el bien de los elegidos, a quienes él eligió, ha acortado esos días.

El «sacrilegio desolador» —o, más literalmente, «la cosa detestable de la desolación»— alude a las profecías apocalípticas de Daniel que tuvieron su realización preliminar en la profanación del templo de Jerusalén por parte de Antíoco Epífanes en el año 167 a. de C. (Dn 9,27; 11,31; 12,11; véase también 1 M 1,54). La relación entre el mensaje escatológico de Daniel y su realización histórica parcial en la persecución siria de Antíoco es similar a la relación entre el mensaje escatológico de Marcos 13 y su realización parcial en la destrucción romana de Jerusalén. En cada caso, un acontecimiento se proyecta tipológicamente sobre el otro de tal manera que ninguno de los dos pueden desenredarse mediante un análisis puramente literario.

Por el contrario, la versión de Lucas de estos versículos distingue claramente entre lo que sucederá en Jerusalén en el año 70 y lo que sucederá al final de la era.

> 20 Cuando veáis Jerusalén rodeada de ejércitos, sabed entonces que su desolación [*erēmōsis*] está próxima. 21 Entonces los que estén en Judea deben huir a las montañas, y los que estén dentro de la ciudad deben abandonarla, y los que estén fuera en el campo no deben entrar en ella; 22 porque estos son días de venganza, como cumplimiento de todo lo que está escrito. 23 ¡Ay [*ouai*] de las que estén embarazadas y de las que estén amamantando en aquellos días! Porque habrá gran angustia en la tierra e ira contra este pueblo [*laō*]; 24 caerán a filo de espada y serán llevados como cautivos entre todas las naciones; y Jerusalén será pisoteada [*patoumenē*] por los gentiles, hasta que se cumplan los tiempos [*kairoi*] de los gentiles. (Lc 21,20-24)

Lucas transforma la referencia de Marcos a la profanación del templo (*to bdelygma tēs erēmōseōs*) para que se convierta en una descripción de la «desolación» (*erēmōsis*) de toda la ciudad. La señal en sí se convierte en los ejércitos que rodean Jerusalén en lugar de la erección de un altar idolátrico. El texto de Marcos implica una angustia cósmica, mientras que la versión de Lucas habla de «ira contra este pueblo» (es decir, el pueblo judío que habita en Jerusalén). Lo más significativo es que el mundo en su forma no redimida —y el pueblo judío— siguen existiendo después de este acontecimiento, pues no todos los habitantes de Jerusalén mueren, sino que algunos «son llevados como cautivos entre todas las naciones», y «Jerusalén será pisoteada por los gentiles, hasta que se cumplan los tiempos de los gentiles». Esta afirmación final acerca de Jerusalén implica que transcurrirá un largo período de tiempo entre la destrucción de la ciudad por los gentiles y el fin de la era (que solo ocurrirá después de que «se cumplan los tiempos de los gentiles»).[26]

---

26. Peter Walker propone que la expresión «los tiempos de los gentiles» hace referencia solo al breve período en que los romanos están realmente ocupados en subyugar Jerusalén (Walker, *Jesus*

Jerusalén crucificada, Jerusalén resucitada

Aunque los comentaristas en general dan por sentado que el período que Jesús denomina «tiempos de los gentiles» comienza con la humillación de Jerusalén en el año 70, el texto permite otra lectura: la expresión puede referirse a la extensa era de los cuatro imperios gentiles descritos en Daniel 2 y 7, el cuarto de los cuales muchos judíos del primer siglo consideraban que era Roma (4 Esdras 11.39-40). Esta interpretación se ve apoyada por la mención que hace Daniel del control divino de «los tiempos [*kairoi*] y las estaciones [*chronoi*]» (LXX Dn 2,21), al que puede aludir Jesús resucitado cuando responde a la pregunta de los discípulos sobre la inminente restauración del reino a Israel: «No os corresponde a vosotros conocer los tiempos [*chronoi*] o los períodos [*kairoi*] que el Padre ha fijado con su propia autoridad» (Hch 1,7).[27] Si esto es correcto, entonces los «tiempos de los gentiles» comienzan con la conquista babilónica del 586 a. de C. y no con la destrucción romana de la ciudad en el 70 d. de C. Así, según esta interpretación, Lucas 21,24 implica que el exilio continúa —y se intensifica incluso, con el *pisoteo* de Jerusalén— después de la muerte y resurrección de Jesús.

Así pues, Lucas 21,20-24 demuestra una vez más que este autor se centra especialmente en la destrucción de Jerusalén del año 70. No obstante, el versículo 24 también confirma lo que ya hemos sugerido en relación con Lucas 13 y Lucas 19, es decir, la expectación por Lucas de una futura redención para la Jerusalén judía. Teniendo en cuenta las tradiciones literarias que subyacen a este versículo, Robert Tannehill ofrece la lectura más convincente: «Que Jerusalén o el santuario han sido o serán *pisoteados* es un tema repetido en los antiguos escritos judíos [...] Este pisoteo de Jerusalén durará solo "hasta que se cumplan los tiempos de los gentiles". No se nos

---

and the Holy City, 100). Si ese es el caso, ¿qué sentido tiene la afirmación? Dado el contexto retórico culminante del versículo, cabría esperar que algo significativo ocurriera después del «hasta». Si solo se trata de un corto período, y no se dice nada sobre lo que seguirá a ese período, ¿por qué hablar del «cumplimiento» de esos «tiempos»? Además, ¿por qué la forma plural de la palabra *tiempos*? Esa parece ser una forma inusual de referirse a un lapso temporal corto. Puede que Walker perciba la debilidad de esta propuesta, porque inmediatamente procede a una interpretación alternativa: «incluso si los "tiempos de los gentiles" se refieren a un período más extenso dentro de la historia de la Iglesia, no hay nada en el texto que sugiera que estos tiempos serán seguidos por los "tiempos de los judíos"» (100-101). De hecho, el mismo uso de la palabra *gentiles* implica algo así, porque esa palabra en Lucas-Hechos siempre significa «no judíos». Por supuesto, es posible, como sugiere Walker a continuación, que «el momento en que se cumplan los "tiempos de los gentiles" sea el tiempo de la "venida" del "Hijo del Hombre"» (101), pero también cabe esperar que su «venida» inaugure una era de una Jerusalén restaurada que podría llamarse los «tiempos de los judíos». Que Lucas 21,24 se refiere de algún modo a una Jerusalén judía restaurada queda confirmado por la estrecha interconexión de ese versículo con Hechos 1,6-7 y 3,19-21 (v. el capítulo 3, 134-136, 156-158). Walker no observa esta interconexión, por lo que interpreta erróneamente cada uno de los tres pasajes.

27. «[...] la referencia a "tiempos o períodos (estaciones)" en Hechos 1,7 puede llevar al lector a recordar la misma expresión de Daniel 2, que enfatiza el control divino sobre reyes y reinos en la historia del mundo. Por lo tanto, crearía expectativas sobre la restauración del reino a Israel y la intervención divina en ello» (Salmeier, *Restoring the Kingdom*, 25).

dice explícitamente lo que sucederá entonces, pero si volvemos a los otros textos que hablan de este pisoteo, encontramos la expectativa de que Jerusalén será restaurada».[28]

Tal vez Lucas espera que el período en que los gentiles *pisotean* Jerusalén termine cuando el pueblo judío reciba colectivamente a Jesús como el Mesías con las palabras: «Bendito el que viene en nombre del Señor». Si es así, ese *pisoteo* debe ser compatible con la habitación judía de la ciudad, ya que Lucas 13,35 parece hablar de un buen recibimiento ofrecido a Jesús por los judíos *de Jerusalén*. Por otra parte, tal vez la transición de los «tiempos de los gentiles» a la plenitud de la era mesiánica sea un proceso prolongado más que un acontecimiento singular, un proceso que culmina en la acogida judía colectiva del Mesías, pero que comienza mucho antes de esa bienvenida.

Las hijas de Jerusalén lloran (Lucas 23,27-31)

El cuarto y último pasaje de Lucas acerca de la destrucción de Jerusalén aproxima ese acontecimiento, una vez más, a la muerte de Jesús. Los versículos aparecen en medio del relato de la pasión de Lucas, cuando Jesús es conducido a su lugar de crucifixión.

> 27 Le seguía mucha gente, y entre ella había mujeres que se golpeaban el pecho y gemían por él. 28 Pero Jesús se volvió hacia ellas y dijo: «Hijas de Jerusalén, no lloréis por mí, sino llorad por vosotras mismas y por vuestros hijos. 29 Porque ciertamente vendrán días cuando dirán: "Bienaventuradas [*makariai*] las estériles, y los vientres que nunca dieron a luz, y los pechos que nunca criaron". 30 Entonces comenzarán a decir a las montañas: "Caed sobre nosotros"; y a los montes: "Cubridnos". 31 Porque si hacen esto cuando la madera está verde, ¿qué sucederá cuando esté seca?». (Lc 23,27-31)

Estos versículos, que solo aparecen en Lucas, contienen una serie de características dignas de mención para nuestros fines. En primer lugar, las mujeres que se golpean el pecho y se lamentan por la suerte de Jesús muestran que la ciudad está dividida en su respuesta a Jesús, al igual que lo estará más tarde en su respuesta a los doce (Hch 5,33-39), a Esteban (Hch 8,2) y a Pablo (Hch 23,6-10).[29] En cualquier caso, al final los que simpatizan con Jesús y sus discípulos no pueden salir victoriosos. En segundo lugar, estas mujeres responden a lo que le está pasando a Jesús de la misma manera que él respondió a lo que previó del destino de Jerusalén al anticipar su llegada a la ciudad (Lc 13) y al acercarse de hecho a sus puertas (Lc 19). Este Evangelio ya ha hecho sonar la nota de dolor, y estas mujeres no hacen más que hacerse eco de una nota que los lectores han escuchado antes. En tercer lugar, este eco significa que

---

28. Tannehill, *Luke*, 305-306.

29. En el caso de los doce y de Pablo, los que simpatizan con los discípulos de Jesús son fariseos, al igual que encontramos fariseos advirtiendo a Jesús respecto de Herodes Antipas en Lucas 13.

los lectores han sido preparados para la respuesta que Jesús da a las mujeres que lloran, cuando les señala cuál debería ser el verdadero objeto de su dolor. Los pasajes de los que se hace eco —Lucas 13 y 19— también nos permiten entender el tono de las palabras de Jesús a las mujeres. No habla con dureza ni espíritu vengativo, sino que llama a las mujeres a unirse a él en su propio dolor por Jerusalén, que va a alcanzar su punto máximo cuando llegue al lugar de la ejecución. En cuarto lugar, las palabras de Jesús sobre la dicha de las mujeres estériles en aquel tiempo aluden a un versículo de nuestro pasaje anterior: «¡Ay de las que estén embarazadas y de las que estén amamantando en aquellos días!» (Lc 21,23). «Ay» (*ouai*) y «bienaventuradas» (*makariai*) son formas discursivas paralelas y opuestas, y la predilección literaria de Lucas por equilibrar una con otra se pone de manifiesto en Lucas 6,20-26. Los que son «benditos» aquí, en nuestro cuarto pasaje sobre la destrucción de Jerusalén, son los que no están sujetos al «ay» de nuestro tercer pasaje. Así pues, el comienzo del relato de la crucifixión de Lucas (Lc 23,27-31) se hace eco de los tres textos anteriores de duelo por Jerusalén (Lc 13,31-35; 19,41-44 y 21,20-24), preparando el escenario para su dramática representación. Este eco confirma el vínculo que une estos cuatro textos y el papel especial que desempeñan telegrafiando un rasgo esencial del mensaje del autor.

Un quinto y último punto tiene que ver con las palabras que ponen fin a este pasaje: «Porque si hacen esto cuando la madera está verde, ¿qué pasará cuando esté seca?» (Lucas 23,31). N. T. Wright describe este como uno de los muchos «enigmas» de Jesús que revelan el significado de lo que está sucediendo en su crucifixión. Jesús es inocente, no es culpable de insurrección violenta, y sin embargo sufre el castigo reservado por los romanos para ese tipo de criminales. Él es la madera verde, que será quemada en el «bautismo de fuego» al que se debe someter. Si un inocente de crimen alguno sufre de esta forma, ¿cuál será el destino de toda la ciudad y de sus dirigentes —la madera seca— cuando la antorcha sea arrojada en la pila formada con todos ellos? De este modo, Jesús ocupa su lugar como representante inocente de su pueblo, que soporta por adelantado el juicio que ellos merecen y que un día recibirán. En la interpretación de este «enigma», Wright señala a los lectores la dirección correcta:

> […] lo que le está pasando a Jesús es un anticipo de lo que les pasará a muchos más jóvenes judíos en un futuro no muy lejano. Sugiere, con su forma oscura de expresar enigmas, que Jesús entendía que su muerte estaba orgánicamente ligada al destino de la nación. Él estaba muriendo como el rey rechazado, que había ofrecido el camino de la paz y la ciudad lo había rechazado; como el rey representativo, que asumía el sufrimiento de Israel sobre sí mismo, aunque sin un indicio, ni siquiera aquí, de que con ello Israel fuese a evitarlo […] Habiendo anunciado el juicio divino sobre el Templo y la nación por igual, un juicio que tomaría la forma de una horrible devastación a manos de las fuerzas paganas, Jesús iba ahora por delante de la nación, para sufrir el castigo que, sobre todo, simbolizaba el juicio de Roma sobre sus súbditos rebeldes. Si

hacían esto al revolucionario que no estaba propugnando la rebelión contra Roma, ¿qué harían con los que sí lo proponían y con sus seguidores?[30]

Jesús señala aquí que su muerte está «orgánicamente ligada al destino de la nación». Al insertar este cuarto pasaje sobre la destrucción de Jerusalén en medio del relato de la pasión, Lucas subraya este vínculo orgánico. En otras palabras, en lugar de intentar disuadir a las hijas de Jerusalén de que se aflijan por su muerte, Jesús las insta a reconocer cómo su muerte —su «bautismo de fuego» (Lc 3,16; 12,49-50)— anticipa el gran incendio nacional que se avecina. Y así las invita a llorar más bien *con* él y no tan solo *por* él.

La resurrección de Jerusalén

Estos cuatro pasajes confirman la afirmación de N. T. Wright citada anteriormente sobre la forma narrativa de Lucas. El autor presta especial atención a la futura destrucción de Jerusalén, y presenta esa catástrofe como íntimamente conectada con el sufrimiento y la muerte de Jesús. En parte, estos pasajes insinúan que los sucesos del año 70 son una consecuencia de los sucesos del año 30; o más exactamente, consecuencia de un comportamiento mantenido durante generaciones que llega a su punto crítico cuando Jerusalén rechaza a su rey, que ha sido designado por Dios. Sin embargo, tal como se desprende del enigma de la madera verde y la seca, y del dolor de Jesús a punto de ser crucificado (un dolor cuyo objeto no es su propio sufrimiento, sino el que sufrirá la ciudad una generación más tarde), la relación entre ambos acontecimientos es más complicada de lo que sugeriría ese análisis tan exclusivamente unidireccional. En efecto, Lucas ve la destrucción de Jerusalén como un juicio por la injusta ejecución de Jesús; pero él también ve la muerte de Jesús como un acto voluntario en el que el futuro rey de Jerusalén carga prolépticamente con el juicio que caerá sobre su culpable y pese a ello amada ciudad.

Lucas considera que Jerusalén es la posesión legítima de Jesús, aunque este galileo nunca haya residido allí. Esto ya es evidente en el relato de la visita de Jesús a Jerusalén cuando era un niño de doce años, acompañando a sus padres para celebrar la Pascua.

> 43 Cuando terminó la fiesta y emprendieron el regreso, el niño [*pais*] Jesús se quedó en Jerusalén, pero sus padres no lo sabían [...] 45 Al no encontrarlo, volvieron a Jerusalén para buscarlo. 46 Después de tres días, lo encontraron en el templo, sentado entre los maestros, escuchándolos y haciéndoles preguntas [...] 49 Él les dijo: «¿Por qué me buscabais? ¿No sabíais que debo estar en la casa de mi Padre?». (Lc 2,43-49)

La NRSV[31] interpreta la respuesta de Jesús como referida al templo («la casa de mi Padre»), pero el griego es menos específico: *en tois tou patrou mou* significa «en

---

30. Wright, *Jesus and the Victory of God*, 570.
31. [N. del T.: *New Revised Standard Version*, versión en inglés de la Biblia.]

las cosas/lugares de mi Padre». Es posible que Jesús se refiera al templo en particular, pero también a la ciudad en su conjunto. El uso de *pais* («muchacho») en el versículo 43 también puede ser significativo. En otras partes de los escritos lucanos la palabra se utiliza como título para David y para Jesús como heredero de David.[32] Jerusalén era la ciudad de David y de su dinastía, y por tanto para Lucas es también la ciudad de Jesús. Incluso puede haber un juego de palabras en el término *pater* del versículo 49: la ciudad de Jerusalén y su templo pertenecen, en última instancia, a Dios (el «Padre» divino de Jesús), pero Dios se lo ha concedido como herencia a David (el «padre» o antepasado humano de Jesús).

Si Lucas vincula la destrucción de Jerusalén con la muerte de Jesús, y si en los mismos textos que establecen ese vínculo anticipa también una futura restauración de Jerusalén como capital del pueblo judío, parece natural plantear una pregunta que rara vez se considera: ¿supone Lucas entre la resurrección de Jesús y la futura «redención de Jerusalén» (Lc 2,38) el mismo tipo de conexión que existe entre la muerte de Jesús y los acontecimientos del año 70?[33] Existen buenas razones para responder afirmativamente a esa pregunta. Entre ellas destaca el patrón que sigue Lucas de asociar la resurrección de Jesús con las promesas de Dios a David y su dinastía.[34] El autor destaca este tema presentándolo de forma prominente en los dos discursos más importantes de Hechos: la primera proclamación pública del mensaje apostólico de Pedro el día de Pentecostés, y el discurso de Pablo en la sinagoga de Antioquía de Pisidia en su primer viaje apostólico. Pedro habla de la resurrección y la ascensión de Jesús citando los Salmos 16 y 110, y señalando que David, su autor según la tradición, hablaba acerca de acontecimientos que no experimentó en su propia vida:

> 25 Porque David dice acerca de él, «[...] 27 Pues no abandonarás mi alma en el Hades, ni dejarás que tu Santo experimente la corrupción [...]» 29 Compañeros israelitas, con seguridad puedo deciros de nuestro antepasado David que él murió y fue sepultado, y que su tumba permanece con nosotros hasta el día de hoy. 30 Como él era profeta, sabía que Dios le había prometido con juramento que pondría a uno de sus descendientes en su trono. 31 Previendo esto, David habló de la resurrección del Mesías [...] 32 A este Jesús

---

32. Para *pais* en referencia al rey David, v. Lucas 1,69 y Hechos 4,25; para la misma palabra en referencia a Jesús como heredero de David, v. Hechos 3,13.26; 4,27.30.

33. Peter Walker (*Jesus and the Holy City*, 78) consigue expresar esta cuestión de forma contundente: «[...] la estrecha relación entre la muerte de Jesús y el destino de Jerusalén invita a preguntarse: ¿habría visto Lucas algún paralelo para Jerusalén comparable a la resurrección de Jesús? A una tragedia (la muerte de Jesús) le siguió una reversión divina; ¿sería lo mismo para la otra tragedia (la destrucción de Jerusalén)?» Sin embargo, como está convencido de que Lucas-Hechos —y el Nuevo Testamento en su conjunto— no anticipan ninguna restauración de la Jerusalén judía (y porque esa convicción domina todo su libro), lo mejor que puede ofrecer como respuesta es la sugerencia de que tal vez este sea «precisamente el punto de contraste entre ambos». Dado el énfasis de Lucas-Hechos en la «redención de Jerusalén» (Lucas 2,38), esta es una respuesta débil a una gran pregunta.

34. Jacob Jervell sostiene que Lucas ve a David, «padre del Mesías», como «el profeta por excelencia, la figura central de las Escrituras» (Jervell, *The Unknown Paul*, 126-131).

Dios lo resucitó, y de ello somos testigos todos nosotros. 33 Siendo de esta forma exaltado a la diestra de Dios y habiendo recibido del Padre la promesa del Espíritu Santo, él ha derramado esto que vosotros veis y oís. 34 Porque David no subió a los cielos, sino que él mismo dice: «El Señor le dijo a mi Señor: "Siéntate a mi derecha, 35 hasta que ponga a tus enemigos por escabel a tus pies"». 36 Por lo tanto, que toda la casa de Israel sepa con certeza que Dios ha hecho Señor y Mesías a este Jesús que vosotros crucificasteis. (Hch 2,25-36)

La resurrección de Jesús constituye su vindicación y glorificación como el prometido Hijo de David, y su posterior ascensión representa su entronización celestial como «Señor y Mesías».

En la descripción que hace Lucas del discurso inicial de Pablo, encontramos expuesta la misma lógica exegética. Primero subraya la importancia del linaje de Jesús como descendiente y heredero de David (Hch 13,22-23). Luego cita Salmos 2 como profecía davídica de la resurrección (Hch 13,33), para acompañar una referencia a Salmos 16 (Hch 13,35), que comparte con Pedro. Añade también un texto esclarecedor de Isaías 55,3: «En cuanto a su resurrección de entre los muertos, para nunca más volver a la corrupción, así ha dicho: "Os daré las santas promesas hechas a David"» (Hch 13,34). La resurrección de Jesús, por lo tanto, se sitúa en el corazón de las «santas promesas hechas a David». En otras palabras, ese acontecimiento trascendental no es simplemente la resurrección de un santo profeta galileo en quien Dios estaba presente de manera única, sino también la glorificación del rey davídico de Israel, cuyo reinado eterno no podía divorciarse de la ciudad que fue elegida para ser el lugar de su trono.[35] Si el Hijo de David ha resucitado de entre los muertos, y si la ciudad de David está destinada a resucitar igualmente de entre los muertos, tenemos razones suficientes para ver lo primero como una garantía firme, realización proléptica y causa eficiente de lo segundo.

Esta conclusión se ve reforzada por los discursos finales de Pablo en Hechos, en los que la resurrección de Jesús se presenta como la fuente de esperanza en la resurrección nacional de Israel.[36] Cuando Pablo comparece ante el Sanedrín, se identifica como fariseo (es decir, como miembro de un partido para el que la futura resurrección de Israel es un principio de fe fundamental), y luego hace la afirmación: «Estoy en juicio por la esperanza en la resurrección de los muertos» (Hch 23,6). La palabra «muertos» aquí es plural («resurrección de los muertos»). Pablo se refiere así a la esperanza en la futura resurrección de Israel, una esperanza que comparte con sus compañeros fariseos. Aunque esta afirmación era una astuta maniobra política,

---

35. Sobre la elección de Jerusalén y su relación con la elección de David, v. el Salmo 132,11-18.

36. Peter Walker subraya este énfasis en los discursos paulinos de Hechos. Sin embargo, para Walker esto solo demuestra que «para Lucas la restauración ya había sido inaugurada a través de Jesús» (Peter Walker, *Jesus and the Holy City*, 98). Reconoce que «en un sentido final Israel es "restaurado" solo en el Último Día» (99). Sin embargo, descarta cualquier idea de que la restauración final pueda implicar una Jerusalén terrenal y un Israel genealógico. Así pues, pasa por alto un tema central de Lucas.

poniendo en su audiencia a los fariseos en contra de los saduceos, también era una declaración totalmente exacta. Pablo estaba siendo juzgado por su proclamación del Mesías de Israel resucitado, cuya resurrección daba fundamento a una firme y alegre esperanza en el destino colectivo de Israel.

Pablo reitera esta afirmación cuando comparece ante Félix, el gobernador romano (Hch 24,15.21), pero la expresión más completa del mensaje de Pablo sobre la esperanza nacional y la resurrección se produce cuando comparece ante el rey Agripa:

> 5 [...] he pertenecido a la secta más estricta de nuestra religión y he vivido como un fariseo. 6 Y ahora estoy aquí en juicio por mi esperanza en la promesa hecha por Dios a nuestros antepasados, 7 una promesa que nuestras doce tribus esperan alcanzar, tal como fervientemente adoran día y noche. ¡Es por esta esperanza, Excelencia, por la que los judíos me acusan! 8 ¿Por qué os parece increíble a alguno de vosotros que Dios resucite a los muertos? [...] 22 Hasta hoy he tenido la ayuda de Dios, y por eso estoy aquí, dando testimonio a pequeños y grandes, sin decir nada más que lo que los profetas y Moisés dijeron que sucedería: 23 que el Mesías debía sufrir, y que, siendo el primero en resucitar de entre los muertos, anunciaría la luz tanto a nuestro pueblo como a los gentiles. (Hch 26,5-8.22-23)

Jesús es solo «el primero en resucitar de entre los muertos», y Pablo da a entender que su resurrección será decisiva para efectuar la futura resurrección de Israel, la «promesa que nuestras doce tribus esperan alcanzar». Pablo no vincula aquí la resurrección de Jesús con la restauración de Jerusalén, ya que en este punto de la narración la ciudad y su templo permanecen intactos. En cambio, se centra de forma más general en la esperanza nacional de Israel de alcanzar una gloria futura. En su último discurso en Hechos, esta vez a los líderes judíos de Roma, Pablo vuelve a reiterar su convicción de que el mensaje que proclama se refiere al destino colectivo de Israel: «Por eso, pues, he pedido veros y hablar con vosotros, ya que es por mantener viva la esperanza de Israel por lo que estoy atado con esta cadena» (Hch 28,20). La «esperanza de Israel» a la que Pablo se refiere aquí no es el propio Jesús, sino la renovación escatológica de Israel que Jesús llevará a cabo. Para los lectores de finales del siglo I, conscientes de que, en los años inmediatamente posteriores a la proclamación de Pablo, Sion no fue glorificada sino quemada hasta sus cimientos, estas palabras apuntarían a una futura redención de la ciudad, que sería una verdadera resurrección de entre los muertos.[37]

Esta propuesta sobre la visión de Lucas acerca de la resurrección de Jesús es perfectamente coherente con la descripción que hace Lucas de la muerte de Jesús. Lucas sitúa estos dos acontecimientos entrelazados en el contexto de una cristología

---

37. Para un tratamiento perspicaz de este tema en los discursos paulinos de Hechos, v. Tannehill, *The Narrative Unity of Luke-Acts*, vol. 2, 319-320. Su conclusión sobre Hechos 26,6-7 es especialmente acertada: «Así pues, la esperanza y la promesa de la que habla Pablo en 26,6-7 no es simplemente una esperanza de vida individual después de la muerte, sino una esperanza para el pueblo judío, que se realizará mediante la resurrección».

proléptica de Israel, en que la muerte y la resurrección de Jesús están intrínseca e inseparablemente unidas al destino escatológico de Israel. Siendo más precisos, se podría caracterizar la enseñanza de Lucas como *cristología de Jerusalén*. Pero tal cristología de Jerusalén no es más que una expresión particular de la cristología de Israel. Para Lucas, como para Isaías, Jeremías y Ezequiel, Jerusalén representa tanto al pueblo de Israel como a la tierra de Israel, fundiendo en una imagen vívida la vida colectiva del pueblo judío y el lugar que le ha sido asignado como su herencia prometida.

Jerusalén y la estructura geográfica de Lucas y Hechos

El autor/editor de Lucas y Hechos refuerza la centralidad temática de Jerusalén en sus dos libros estructurando su relato geográficamente, con Jerusalén como eje central. Ningún otro libro del Nuevo Testamento se ajusta a un patrón geográfico tan definido como criterio primario de organización. Un examen de la estructura geográfica de Lucas y Hechos proporcionará pistas sobre el mensaje que transmiten los dos libros.

La estructura geográfica del Evangelio de Lucas

De los cuatro Evangelios, solo Lucas comienza en Jerusalén, y no solo en Jerusalén, sino en el templo, con el futuro padre de Juan el Bautista ofreciendo incienso en el lugar santo y recibiendo allí la visita de un ángel. Si bien tanto Mateo como Lucas describen el nacimiento de Jesús cerca de Jerusalén, en Belén, solo Lucas describe la presentación del niño Jesús en el templo de Jerusalén, acompañada de las bendiciones proféticas de Simeón y de Ana. Entre los Evangelios canónicos, solo Lucas ofrece a los lectores una historia de Jesús cuando era joven, y esa historia narra su visita a Jerusalén para la Pascua y cómo se queda allí, en los atrios del templo. Así, la introducción en dos capítulos de Lucas tiene como centro la ciudad de Jerusalén y su templo.

Desde el comienzo del capítulo 3 hasta los últimos párrafos del capítulo 9, Lucas cambia el foco de atención a Galilea, siguiendo en su mayor parte el orden de los acontecimientos registrados en el Evangelio de Marcos. A continuación, Lucas inicia una nueva sección de su relato que combina material de la doble tradición (es decir, unidades compartidas por Lucas y Mateo, pero no por Marcos) con material exclusivo de Lucas. La nueva sección comienza de esta manera: «Cuando se acercaron los días en que había de ser arrebatado, se dispuso a ir a Jerusalén» (Lc 9,51). Los siguientes nueve capítulos de la *sección especial* de Lucas adoptan la forma de una extensa narración de viajes que incluye el último viaje de Jesús a Jerusalén (Lc 9,51-18,14). El material en sí tiene un carácter solo vagamente geográfico, y consiste en parábolas e historias que, en su mayor parte, carecen de una conexión intrínseca con el viaje y su destino. No obstante, Lucas ha decidido organizar el material en torno a dicho viaje, con ocasionales acotaciones recordatorias del contexto geográfico (por ejemplo, Lc 13,22; 17,11). De este modo, la sección central de la narración de Lucas, que ocurre fuera de Jerusalén, emplea la ciudad santa como su punto de orientación y fuente de unidad estructural.

Como en los cuatro Evangelios, los acontecimientos del relato de la pasión de Lucas ocurren en Jerusalén y sus inmediaciones. Sin embargo, solo Lucas restringe las apariciones de la resurrección a ese lugar, y solo Lucas incluye la orden del Señor de que los discípulos permanezcan en la ciudad (Lc 24,49). El Evangelio termina como empezó, en el templo de Jerusalén, con una comunidad de judíos adorando al Dios de Israel (Lc 24,53).

Entre los Evangelios canónicos, solo Lucas comienza en Jerusalén, termina en Jerusalén y orienta su narración central en torno a un viaje a Jerusalén. Junto con el material particular de Lucas relacionado con la destrucción y la redención de Jerusalén que se ha considerado anteriormente, esta marcada estructura geográfica subraya la preocupación única de Lucas por la ciudad santa y su perdurable significación teológica.

La estructura geográfica de Hechos de los Apóstoles

De la misma forma, Hechos de los Apóstoles presenta también una narración ordenada de acuerdo con un patrón geográfico centrado en Jerusalén, y ese patrón se expresa explícitamente en los versículos que siguen al prefacio del libro:

> 6 Así que, cuando se hubieron reunido, le preguntaron: «Señor, ¿es este el tiempo en que restaurarás el reino a Israel?». 7 Él respondió: «No os corresponde a vosotros conocer los tiempos o los períodos que el Padre ha fijado con su propia autoridad. 8 Pero recibiréis poder cuando haya venido sobre vosotros el Espíritu Santo; y seréis mis testigos en Jerusalén, en toda Judea y Samaria, y hasta los confines de la tierra». (Hch 1,6-8)

Estos son versículos de importancia crucial para una correcta interpretación de todo el libro. ¿Está Jesús intentando corregir la cosmovisión etnocéntrica de sus discípulos e instándolos a adoptar en su lugar una perspectiva universal en la que Jerusalén y el pueblo judío pierden su papel como punto de apoyo y meta del propósito divino? Solo un lector que tenga tal creencia como presupuesto establecido interpretaría los versículos de esta manera. En el texto mismo, la única cuestión que se plantea es «el tiempo»: ¿ocurrirá *ahora* (o *más tarde*) la plena restauración escatológica de Israel? Incluso en este punto Jesús se abstiene de ofrecer una respuesta negativa, sino que, en vez de ello, niega la idoneidad de la pregunta. Volveremos a este tema en un momento. En este punto debemos prestar atención al fondo de la respuesta que da: «Pero recibiréis poder cuando haya venido sobre vosotros el Espíritu Santo; y seréis mis testigos en Jerusalén, en toda Judea y Samaria, y hasta los confines de la tierra». Tal como ha sido señalado por generaciones de intérpretes, este versículo nos proporciona un bosquejo geográfico de Hechos.

Al igual que el Evangelio de Lucas, Hechos de los Apóstoles comienza en Jerusalén, con una comunidad centrada en el templo (Hch 2,46; 3,1-10; 4,1-2; 5,12; 5,20-21; 5,42). La historia se desarrolla a medida que el mensaje y el poder de Jesús se irradian hacia el exterior: primero a las ciudades de Judea y Samaria (Hch 8,1.4-25), y luego con la referencia a Damasco (Hch 9,1-2.10.19). En Hechos 10, Pedro lleva el mensaje de Jesús al gentil Cornelio y su familia en la ciudad costera de Cesarea. Luego, en Hechos 13, Pablo comienza sus viajes, recorriendo Asia Menor, y finalmente cruzando a Europa y estableciendo en Grecia comunidades de creyentes en Jesús. La historia concluye con Pablo en Roma, capital del Imperio.

Tanto este esquema narrativo como el bosquejo geográfico resumido de Hechos 1,8 omiten un detalle en particular, que tiene profundas implicaciones para nuestra interpretación de la estructura geográfica de Hechos: aunque irradiándose constantemente hacia el exterior, *la historia continuamente vuelve a Jerusalén*.[38] Pablo se encuentra con Jesús en el camino de Damasco, *y luego regresa a Jerusalén* (Hch 9,26-29). Pedro anuncia a Jesús a Cornelio en Cesarea, *y regresa después a Jerusalén* (Hch 11,2). Surge una congregación en Antioquía *y envían entonces ayuda a Jerusalén* en tiempos de hambruna (Hch 11,27-30). Pablo y Bernabé viajan de Antioquía a Asia Menor, *y regresan más tarde a Jerusalén* para el acontecimiento central del libro de Hechos: el concilio de Jerusalén (Hch 15,2). Desde Jerusalén, Pablo viaja con Silas a Grecia, *y luego regresa de nuevo a Jerusalén* (Hch 18,22)[39]. Pablo realiza su último viaje como hombre libre, *y luego regresa a Jerusalén*, donde es arrestado (Hch 21,17-23,11). Aunque este rasgo de la estructura geográfica de Hechos es a menudo ignorado por los comentaristas, Robert Brawley lo ve claramente y señala su importancia:

> Aunque Hechos comienza en Jerusalén y termina en Roma, es inexacto concluir que Jerusalén decae en favor de Roma. En realidad, la narración de Hechos es recíproca entre Jerusalén y la misión exterior [...] Incluso cuando

---

38. Peter Walker nota este rasgo de la estructura geográfica de Hechos, pero minimiza su significado: «Hay frecuentes regresos a Jerusalén, pero estos se vuelven menos, y dan paso al largo viaje de Pablo saliendo de Jerusalén hacia Roma. Hay una separación gradual de Jerusalén, y la ciudad se vuelve cada vez más "prescindible"» (Peter Walker, *Jesus and the Holy City*, 81-82). Los «regresos» no se vuelven, de hecho, «menos», pues todos los viajes emprendidos, excepto el último, concluyen con su correspondiente «regreso». Dado que todo el objetivo de Hechos es documentar la difusión del mensaje apostólico y la comunidad desde Jerusalén «hasta los confines de la tierra», es esencial que los viajes de Pablo sean cada vez de más larga duración y lo lleven más lejos de Jerusalén. El hecho de que él siempre regrese a la ciudad después de trabajar en «los confines de la tierra» muestra que Jerusalén sigue siendo su centro, que no hay ninguna «separación gradual» de la ciudad y que la noción de la *dispensabilidad* de Jerusalén es completamente ajena a Lucas y a Hechos.

39. «Cuando continúa diciendo que Pablo subió y saludó a la iglesia, esto se suele entender como una referencia a subir a Jerusalén y ver a la iglesia de allí [...] Si esta es una suposición correcta, significa que cada una de las campañas misioneras de Pablo concluyó con una visita a Jerusalén, de modo que la obra de Pablo en todo caso comenzaba y terminaba en Jerusalén» (Marshall, *Acts*, 301-302).

Pablo está en Roma, sus recuerdos vuelven a Jerusalén para reiterar su destino allí (Hch 28,17). Por tanto, Hechos no delinea un movimiento de alejamiento de Jerusalén, sino *un retorno constante a Jerusalén*. En la geografía de Hechos, el énfasis recae repetidamente en Jerusalén, desde el principio hasta el final.[40]

Si realmente Hechos 1,8 es un bosquejo geográfico del libro, entonces su lenguaje apoya esta conclusión, porque caracteriza a Roma como situada en «los confines de la tierra». Roma puede ser la capital de un imperio gentil con control político sobre gran parte de la tierra, pero para Lucas y Hechos no era ni el centro, ni la verdadera capital del mundo. Ese honor pertenecía solo a Jerusalén. Esta apreciación se confirma más adelante, en la estructura geográfica de la lista de judíos reunidos para la fiesta de Pentecostés (Hch 2,5.9-11). Richard Bauckham ha analizado esta lista, y sus resultados merecen una cita algo extensa:

> La lista de Lucas con las naciones y países de los que procedían los peregrinos que asistían a la fiesta de Pentecostés (Hch 2,9-11) ofrece una perspectiva mucho más auténticamente *jerosolimitana* sobre la diáspora. El orden en que aparecen los nombres ha dejado perplejos a los intérpretes. De hecho, si nos tomamos la molestia de trazar los nombres en un mapa del mundo tal y como lo habría percibido un lector antiguo, podemos ver que la lista de Lucas está cuidadosamente diseñada para representar la diáspora judía con Jerusalén en su centro [...] Los nombres de Hechos 2,9-11 se enumeran en cuatro grupos correspondientes a los cuatro puntos cardinales, empezando por el este y moviéndose en sentido contrario a las agujas del reloj [...] El primer grupo de nombres de la lista [...] *comienza en el lejano oriente y se mueve hacia el interior en Judea*, que es nombrada a continuación. Reconocer que Judea está en la lista, porque es el centro del patrón descrito por los nombres, es la clave para entender la lista. El segundo grupo de nombres [...] es de lugares al norte de Judea, y sigue *un orden que se desplaza fuera desde Judea y de nuevo hacia Judea*, terminando en el punto desde el que se podría navegar hacia Judea. El tercer grupo de nombres [...] se desplaza hacia el oeste de Judea a través de Egipto [...] y Libia hasta Roma, *y luego vuelve a Judea* por una ruta marítima haciendo escala en Creta. Finalmente, un solo nombre (árabes) representa el movimiento hacia el sur de Judea, presumiblemente indicando Nabatea, inmediatamente al sur de Judea [...][41]

En esta lista, Jerusalén aparece como el centro del mundo. Además, sigue el mismo ritmo de movimiento hacia el exterior y hacia el interior que caracteriza toda la narración de Hechos. Leyendo Hechos 1,8 a la luz de Hechos 2,9-11 y a la luz de la estructura narrativa general de Hechos, podríamos decir que la lista de Pentecostés retrata la propagación histórica real del mensaje apostólico de acuerdo con Hechos 1,8, mientras que la narrativa de Hechos se centra en uno de los cabos particulares

---

40. Brawley, *Luke-Acts and the Jews*, 35-36 (énfasis añadido).
41. Bauckham, «James and the Jerusalem Church», 419 (énfasis añadido).

que forman el hilo de esa historia mayor, el que tiene que ver con la figura de Pablo. Tanto en la gran historia del avance del mensaje apostólico como en la historia más circunscrita de Pablo, el corazón late en un ritmo alternativamente diastólico y sistólico, con Jerusalén como centro perpetuo *al que con el tiempo todo debe regresar*.

La desconcertante conclusión de Hechos de los Apóstoles

Y sin embargo, Hechos termina en Roma y no en Jerusalén. Termina, además, con la represión de Pablo a los líderes judíos de Roma como aquellos cuyos corazones habían sido embotados por juicio divino, de acuerdo con las palabras de Isaías 6. En muchos aspectos, esta es una desconcertante conclusión a los dos libros. La segunda mitad de Hechos trata exclusivamente de la obra de Pablo, que morirá en Roma como mártir no muchos años después de los acontecimientos descritos en Hechos 28. Lucas podría haber cerrado su relato de la *ekklēsia* primitiva contando la heroica muerte de Pablo, pero se abstiene de hacerlo. Como hemos visto anteriormente, el Evangelio de Lucas presta más atención a la destrucción de Jerusalén que cualquier otro libro del Nuevo Testamento, y tanto Lucas como Hechos fueron compuestos después de que ocurriera ese cataclismo. Lucas podría haber cerrado su relato con una referencia a la ruina de Jerusalén, pero de nuevo se abstiene de hacerlo.

Propongo que esta falta de un cierre constituye el mensaje esencial de Hechos 28. La historia que Lucas cuenta no ha concluido, sino que de hecho acaba de empezar. Terminar con la muerte de Pablo podría indicar que la proclamación del reino de Dios y la realización terrenal de su poder transformador habían llegado a un clímax narrativo adecuado. Lucas trata de prevenir esa falsa inferencia concluyendo el libro con la afirmación de que Pablo «vivió allí [es decir, en Roma] durante dos años enteros a sus propias expensas y recibía a todos los que venían a él, proclamando el reino de Dios y enseñando acerca del Señor Jesucristo con toda valentía y sin impedimento» (Hch 28,30-31). La obra debe continuar, el reino venidero debe seguir siendo proclamado, vivido y esperado. Del mismo modo, terminar con Jerusalén en ruinas podría indicar que Dios había abandonado al pueblo judío y había convertido a Roma en la capital, no solo de un imperio gentil, sino también de un *Israel* reconstituido. Lucas trata de impedir que se haga esa falsa deducción evitando la referencia explícita a la destrucción de Jerusalén, y aludiendo a ella solo de forma críptica a través de la cita de Isaías 6 por parte de Pablo.

Esta lectura del final de Hechos encuentra su base más sólida en el principio de Hechos. Como vimos anteriormente, el primer capítulo de Hechos comienza con una pregunta de los apóstoles a Jesús: «Señor, ¿es este el tiempo [*chronos*] en que restaurarás el reino a Israel?» (Hch 1,6). Hacen esta pregunta en Jerusalén, donde el Mesías acaba de resucitar de entre los muertos. Ellos claramente esperan la inminente restauración del reino davídico en su capital ancestral.

Jerusalén crucificada, Jerusalén resucitada

Los discípulos parecen haber olvidado la anterior enseñanza de Jesús sobre la destrucción de Jerusalén: «Jerusalén será pisoteada por los gentiles, hasta que se cumplan los tiempos [*kairoi*] de los gentiles» (Lc 21,24). La respuesta de Jesús a su pregunta sobre el reino davídico hace recordar a los discípulos sus anteriores palabras sobre el pisoteo de Jerusalén: «No os corresponde a vosotros conocer los tiempos [*chronoi*] o los períodos [*kairoi*] que el Padre ha fijado con su propia autoridad» (Hch 1,7). La muerte y resurrección del Mesías ha iniciado el proceso que conducirá al derrocamiento del último imperio gentil, pero Lucas deja claro que aún queda mucho sufrimiento para el pueblo de Israel y la ciudad de Jerusalén. Dado que Jerusalén pronto será «pisoteada por los gentiles», es evidente que el reino está siendo restaurado a Israel solo de manera parcial e imperfecta. Lucas todavía espera ese día en que «se cumplan los tiempos de los gentiles», que también introducirá el «tiempo» en que Dios «restaurará el reino a Israel». Por tanto, decide, con razón, dejar su narración sin cierre, ya que el relato de las relaciones de Dios con Jerusalén, Israel y las naciones aún no se ha cerrado.

Lucas quiere que sus lectores capten el flujo geográfico rítmico de su narración, que surge a raudales desde Jerusalén para volver siempre de nuevo a ella, como las olas que golpean las rocas y vuelven luego a su hogar en el océano. Él deja su narración en medio del flujo, en previsión de su futura consumación, que ocurrirá en algún momento *después* del juicio de Jerusalén. Roma puede estar en los «confines de la tierra», pero no es el final de la historia. La historia debe terminar donde comenzó, en Jerusalén.

Los versículos que siguen inmediatamente al diálogo inicial entre Jesús y sus discípulos en Hechos 1 confirman esta conclusión:

> 9 Habiendo dicho esto, mientras ellos miraban, fue elevado, y una nube lo arrebató de su vista. 10 Mientras él se iba y ellos contemplaban el cielo, de repente se pusieron junto a ellos dos hombres con vestiduras blancas. 11 Dijeron: «Hombres de Galilea, ¿por qué estáis ahí mirando al cielo? Este Jesús que ha sido arrebatado de vosotros al cielo, vendrá de la misma manera que le habéis visto ir al cielo». 12 Entonces volvieron a Jerusalén desde el monte llamado del Olivar, que está cerca de Jerusalén, a la distancia de una jornada de sábado. (Hch 1,9-12)

¿Qué se quiere decir con la revelación de que Jesús «vendrá de la misma manera que lo habéis visto ir»? El versículo 12 insinúa la respuesta al decirnos que la ascensión ocurrió en el monte de los Olivos. La referencia de Lucas al lugar alude a la profecía escatológica de Zacarías 14:

> Reuniré a todas las naciones contra Jerusalén para combatir [...] Luego el Señor saldrá a luchar contra esas naciones como cuando lucha en día de batalla. Aquel día *pondrá sus pies en el Monte de los Olivos* que está frente a Jerusalén al oriente; y el Monte de los Olivos será dividido en dos, de este a oeste, por un

valle muy ancho [...]. *Entonces vendrá el Señor mi Dios y todos los santos con él.* (Za 14,2-5)

Dada la casi segura alusión a Zacarías 14, y la inequívoca cartografía de Lucas con centro en Jerusalén, la expresión «de la misma manera» debe leerse como incluyendo el lugar geográfico de los dos acontecimientos: así como Jesús asciende ahora desde el monte de los Olivos, así descenderá al final sobre el monte de los Olivos; tal como el monte de los Olivos sirve ahora como su punto de partida de Jerusalén, así ese mismo lugar marcará su punto de entrada a la ciudad cuando regrese. El mensaje angelical llama a los discípulos a recordar la entrada no triunfal de Jesús el Domingo de Ramos, y a reconocer ese acontecimiento anterior como una anticipación profética de la «entrada triunfal» que está por venir.

Hechos 1,9-12 también puede aludir a la partida y el regreso de la gloria divina (*kavod*), tal como se describe en el profeta Ezequiel. Cuando el *kavod* sale del templo, primero se detiene y descansa en «el monte al este de la ciudad» (Ez 11,23), es decir, el monte de los Olivos. Cuando el *kavod* regresa al templo, viene «del este» (Ez 43,2), es decir, de los exiliados en Mesopotamia. El profeta ve el *kavod* que regresa desde el punto de vista del monte del Templo, y por lo tanto está mirando al monte de los Olivos. Así, Ezequiel ve el regreso del *kavod* «de la misma manera» en que lo vio partir.[42]

Jerusalén sufrirá muchas cosas, como predicen las profecías de Zacarías (12-14), Ezequiel y Jesús (Lc 13, 19, 21 y 23). Pero la ciudad será consolada cuando el Señor venga a defenderla al final, puestos sus pies en el monte de los Olivos. «En aquel día» el Señor será recibido por Jerusalén de la manera que corresponde, revirtiendo el fracaso del Domingo de Ramos. «Aquel día» los dirigentes y el pueblo de la ciudad saldrán juntos a su encuentro, proclamando con alegría: «Bendito el que viene en nombre del Señor» (Lc 13,35; 19,38).[43]

El relato de la ascensión en Hechos 1,9-12 nos proporciona la evidencia más consistente y clara de la escatología centrada en Jerusalén de Lucas y Hechos. Esta escena crucial ambientada en el monte de los Olivos proyecta una larga sombra que abarca la entrada no triunfal de Lucas 19, la anticipación de esa entrada en Lucas 13 y la pregunta de los discípulos sobre la restauración del reino de Israel en los versículos

---

42. Klaus Baltzer ve la relevancia de estos textos de Ezequiel para Lucas y Hechos, pero no llega a sacar la conclusión lógica sobre el significado geográfico escatológico de Hechos 1,9-12. Véase Baltzer, «The Meaning of the Temple in the Lukan Writings».

43. Peter Walker subraya con razón la importancia del monte de los Olivos para la narración de Lucas y de Hechos. Sin embargo, pasa por alto la alusión a Zacarías 14 y al Domingo de Ramos, por lo que interpreta erróneamente el texto, afirmando que el autor contrapone el monte y la ciudad, a favor del monte: «el Monte de los Olivos, y no Jerusalén, es la "bisagra" geográfica de Lucas-Hechos [...] El evangelio cristiano tiene una estrecha conexión con Jerusalén, aunque su centro es mínima, pero significativamente, diferente» (Peter Walker, *Jesus and the Holy City*, 81). De hecho, la importancia del monte de los Olivos en la narración deriva de su papel destinado a ser la primera etapa de la entrada divina en la ciudad. En lugar de restarle importancia a la santidad y centralidad de Jerusalén, el énfasis lucano en el monte de los Olivos sirve para confirmar esos mismos rasgos distintivos.

inmediatamente anteriores (Hch 1,6-8). Dada la importancia de esta escena, sorprende ver la poca atención que recibe por parte de quienes estudian la escatología lucana. Este libro pretende corregir esa negligencia.

Una lectura escatológica de Hechos 1,9-12 que destaque la alusión a Zacarías 14 nos permite percibir otra señal del carácter incompleto de Lucas y Hechos y de su esperanza escatológica en «la redención de Jerusalén»: el enfoque que los dos libros dan a las fiestas de peregrinación de Israel.[44] Al principio de Lucas, leemos que Jesús y su familia viajaban a Jerusalén para celebrar la fiesta de peregrinación de principios de la primavera, la Pascua (Lc 2,41). Como ya se ha señalado, después la narración central de Lucas se estructura en torno al viaje de Jesús a Jerusalén, nuevamente para celebrar la Pascua (Lucas 22,1.7-8.11.13.15). Hechos de los Apóstoles tiene una orientación similar con la fiesta de peregrinación de finales de la primavera, Pentecostés. El libro comienza con la venida del Espíritu en ese día (Hch 2,1). Más tarde, el libro describe el último viaje de Pablo a Jerusalén de una manera que lo asemeja a la peregrinación de Jesús antes de su muerte.[45] Pero mientras Jesús fue a Jerusalén para celebrar la Pascua, Pablo va para Pentecostés (Hch 20,16). La narración de Hechos está enfocada, por lo tanto, en Pentecostés, del mismo modo que la de Lucas lo está en la Pascua. Esto cubre las dos primeras fiestas de peregrinación de Israel, pero ¿qué pasa con la tercera, la fiesta otoñal de las Cabañas? El año festivo está incompleto sin esta fiesta crucial, que es anticipación de la cosecha final y la vida redimida de Israel (con las naciones) en el mundo venidero. Es probable que ya en el judaísmo del primer siglo, como en la tradición judía posterior, una lectura clave de los profetas para esta fiesta fuera Zacarías 14. «Y el Señor será rey sobre toda la tierra; aquel día el Señor será uno y su nombre uno [...] Entonces todos los que sobrevivan de las naciones que hayan venido contra Jerusalén subirán año tras año a adorar al Rey, el Señor de los ejércitos, y a celebrar la fiesta de las cabañas» (Za 14,9.16). Si el Evangelio de Lucas está relacionado con la Pascua, y Hechos de los Apóstoles con Pentecostés, entonces la conclusión aún no escrita de esta trilogía estará relacionada con las Cabañas. En la celebración escatológica que cumplirá el significado de esta fiesta, las naciones se unirán a Israel en Jerusalén para glorificar a Aquel que es «rey sobre toda la tierra». Así se hará realidad el «reino de Dios», que, según el versículo final de Hechos, Pablo proclamó en Roma «con toda valentía y sin impedimento» (Hch 28,31). Solo entonces la historia encontrará su cierre definitivo.

La conclusión de Hechos, leída en relación con el principio del libro, apoya nuestra tesis. La estructura geográfica de Lucas y Hechos transmite el mismo mensaje que distinguimos en su mensaje sustancial: que la resurrección de Jesús es la garantía

---

44. Propuse por primera vez esta interpretación del enfoque de Lucas sobre las fiestas judías en Kinzer, *Postmissionary Messianic Judaism*, 121.

45. «Los paralelismos con el viaje final de Jesús a Jerusalén se han señalado a menudo y son considerables» (Witherington, *The Acts of the Apostles*, 627-628).

y el poder que asegura la futura redención de Jerusalén. Solo entonces el «reino de Dios» alcanzará su meta prevista.

Alegría proléptica en medio del exilio

La erudición bíblica está en deuda con N. T. Wright por su identificación del tema del exilio como central en el pensamiento del judaísmo del siglo I y en el Nuevo Testamento.[46] Sin embargo, la interpretación de Wright de ese tema en el Nuevo Testamento tiene rasgos problemáticos. Según su lectura, Jesús y los apóstoles asumieron que el exilio babilónico continuó incluso después de la reconstrucción del templo; en su muerte, Jesús soportó todo el poder de ese exilio, y en su resurrección venció ese poder; cuando los judíos se unen al Mesías resucitado, se convierten en los que ya han regresado del exilio. Paradójicamente, la destrucción de Jerusalén en el año 70 no supone una intensificación del exilio, sino que demuestra su finalización al confirmar las palabras y acciones proféticas de Jesús. Jerusalén se había convertido en la nueva Babilonia, que perseguía a los siervos de Dios, y su juicio definitivo representaba la victoria de Dios y la reivindicación de los siervos de Dios.[47]

El reiterado lamento de Lucas por la caída de Jerusalén y su expresión de esperanza en la futura redención de Jerusalén manifiestan una visión de la restauración y del exilio de Israel mucho más compleja que esta ofrecida por N. T. Wright. Por un lado, Lucas estaría de acuerdo con Wright en que la resurrección de Jesús constituye la primicia y la fuente de la restauración final de Israel. Por otro lado, Lucas también ve la destrucción de Jerusalén como una nueva etapa en el duradero exilio de Israel, que no terminará hasta que «se cumplan los tiempos de los gentiles». El exilio que Jesús soportó en su sufrimiento y muerte no era principalmente el exilio comenzado en el pasado lejano cuando los babilonios destruyeron Jerusalén y continuado hasta sus días, sino el exilio intensificado que vendría sobre su pueblo en el futuro cercano a manos de los romanos. Además, Lucas presenta Jerusalén a la vez como la capital del pueblo judío y como el centro internacional de la comunidad de los discípulos de Jesús —y, en realidad, como capital y centro del mundo en sí—. La agonía y la humillación de la ciudad a manos de los romanos inspiran en su obra un profundo sentimiento de dolor, en vez de júbilo. Encontramos esta visión compleja del exilio y la restauración no solo en Lucas, sino en la tradición sinóptica en su conjunto. No existe mejor testimonio de esta complejidad que el relato de la enseñanza de Jesús sobre el

---

46. Wright ofrece una explicación sucinta y matizada de su uso del término *exilio* en Newman (ed.): *Jesus & the Restoration of Israel: A Critical Assessment of N. T. Wright's Jesus & the Victory of God*, 257-261. En el mismo libro, Craig Evans apoya el enfoque de Wright sobre el exilio («Jesus & the Continuing Exile of Israel», 77-100). Para un debate más reciente, v. Scott (ed.): *Exile: A Conversation with N.T. Wright*.

47. Sobre la destrucción de Jerusalén como vindicación y victoria divina, v. la exégesis de Wright de Marcos 13 en Wright, *Jesus and the Victory of God*, 339-365.

banquete y el ayuno. Los tres Evangelios sinópticos contienen esta perícopa con pocas variaciones significativas. He aquí la versión de Lucas:

> 33 Entonces le dijeron: «Los discípulos de Juan, así como los de los fariseos, ayunan y oran con frecuencia, pero tus discípulos comen y beben». 34 Jesús les dijo: «No podéis hacer que los invitados a la boda ayunen mientras el novio está con ellos, ¿verdad? 35 Vendrán días en que el esposo les será quitado, y entonces, en esos días, ayunarán». (Lc 5,33-35)

Los comentarios de N. T. Wright sobre este fragmento son instructivos: «El ayuno en este período no era, para los judíos, simplemente una disciplina ascética, parte de la práctica general de la piedad. Tenía que ver con la condición actual de Israel: todavía estaba en el exilio. Más específicamente, tenía que ver con la conmemoración de la destrucción del templo. La promesa de Zacarías de que los ayunos se convertirían en fiestas solo podría hacerse realidad cuando YHWH restaurara la suerte de su pueblo. Eso, desde luego, era precisamente lo que sugerían los crípticos comentarios de Jesús».[48] Wright convenientemente caracteriza la práctica del ayuno como una respuesta colectiva judía al exilio. También ve correctamente el banquete de Jesús, en lugar del ayuno, como una señal de que Jesús es aquel que pondrá fin al exilio. Sin embargo, para encajar este texto en su forma inequívoca de comprender la restauración, Wright debe ir más allá de esta útil percepción. «Se trata de [...] una afirmación sobre la escatología. El tiempo se ha cumplido; el exilio ha terminado; el novio está aquí. El símbolo actuado de Jesús, festejando en lugar de ayunar, hace públicamente visible su controvertida afirmación de que en su obra la esperanza de Israel se estaba realizando; más concretamente, que con su obra se estaba reconstruyendo el Templo».[49] Por desgracia, esta lectura solo tiene sentido si ignoramos el versículo final del fragmento: «Llegarán días en que el novio les será quitado, y entonces, en esos días, ayunarán» (Lc 5,35). Este versículo implica que la presencia física de Jesús sirvió como señal proléptica de la restauración venidera, pero que no fue la restauración final en sí misma. El ayuno no era apropiado en su presencia física, pero sí lo sería después de su ascensión. La resurrección y ascensión de Jesús pueden asegurar el fin definitivo del exilio, pero la idoneidad del ayuno en la era inaugurada por estos acontecimientos mesiánicos sugiere que la condición de exilio en cierto sentido perdura.

La restauración había comenzado y, mediante la fe en Jesús, el don del Espíritu y la participación en la comunidad apostólica, uno podía recibir un verdadero anticipo de la redención final. No obstante, para Lucas la destrucción de Jerusalén constituía una nueva etapa del exilio, más que su conclusión. Aún así, esta nueva etapa también contenía elementos positivos, incluso para los judíos ajenos a la comunidad apostólica. En primer lugar, las puertas de la comunidad apostólica seguían abiertas, y allí los poderes de la era mesiánica estaban disponibles de forma proléptica. En

---

48. Wright, *Jesus and the Victory of God*, 433.
49. Wright, *Jesus and the Victory of God*, 434 (énfasis original).

segundo lugar, el Mesías había resucitado de entre los muertos y había ascendido a lo alto, y estos acontecimientos —y su continua presencia en el mundo por medio de su Espíritu— constituían una garantía segura de la restauración y glorificación definitivas de Jerusalén. En tercer lugar, Jesús tomó sobre sí mismo el sufrimiento de Jerusalén cuando murió en la cruz. Esto establecía una conexión dinámica entre su obra redentora y el sufrimiento soportado por el pueblo judío como consecuencia del exilio. Como un aspecto de esta conexión, yo propongo que Lucas se imagina al pueblo judío en el exilio posterior al año 70 beneficiándose colectivamente del sufrimiento redentor de Jesús —incluso sin la recepción colectiva explícita de Jesús como Mesías de Israel—. Como mínimo, podemos afirmar con confianza que la identificación radical de Jesús con el pueblo judío en su sufrimiento y muerte —y en su resurrección y ascensión— consolidó un vínculo que es a partir de entonces inquebrantable.

La conclusión romana de Hechos puede considerarse una prueba más de la visión del autor sobre el exilio, como algo a la vez duradero y potencialmente redentor. Escribiendo desde un punto de observación posterior al año 70, Lucas sabe que los ejércitos romanos demolerán Jerusalén después de que Pablo muera en Roma. Concluye sus dos escritos con Pablo proclamando a Jesús y «el reino» en la misma ciudad que será el agente del juicio divino sobre la sede prometida de ese reino. Roma ocupa así la misma posición frente a Jerusalén que la que ocupaba Babilonia en el siglo VI a. de C. Los ejércitos de Babilonia habían destruido Jerusalén y habían llevado al exilio a muchos de sus habitantes; pero fue en medio de ese exilio, y de la ciudad que lo había provocado, donde se originaría la renovación posexílica del judaísmo y del pueblo judío. Esdras, «un escriba experto en la ley de Moisés», llega a Jerusalén «desde Babilonia» (Esd 7,6). Para Lucas, al igual que para 1 Pedro 5,13, Roma es la nueva Babilonia, el agente del juicio sobre Jerusalén que está destinada a convertirse también en incubadora de su renovación escatológica.

De este modo, Lucas considera que la obra salvadora de Jesús en su muerte y resurrección simultáneamente profundiza el exilio de Israel (por el juicio de Jerusalén en el año 70), lo transforma para que realice su potencial redentor (mediante la asociación con el sufrimiento y la muerte de Jesús), e inicia la desaparición definitiva del mismo exilio (por medio de su resurrección). La comunidad de los discípulos de Jesús ocupa su lugar en medio de Israel, y en medio del exilio de Israel, como señal profética del significado de ese exilio y como prenda garante de la restauración que ha de venir. En comunión con su Mesías, los discípulos de Jesús lloran la destrucción de Jerusalén, que era el centro de su vida comunitaria y el punto focal de su esperanza escatológica. Con Pablo, la *ekklēsia* establece su residencia temporal en Roma, en los confines de la tierra, pero sin perder su expectativa de regresar a su hogar en Sion, verdadera capital del mundo. Ciertamente, esta es una visión mucho más compleja del exilio y la restauración que la enunciada por N. T. Wright. Aunque debemos estar agradecidos a Wright por destacar la importancia del exilio y la restauración para el Nuevo Testamento, también debemos reconocer las limitaciones de su forma de dilucidar ese tema.

Conclusión

A la luz de este estudio inicial de los escritos lucanos, parece que el retrato de Santiago el Justo que se encuentra en Hegesipo refleja una tradición acerca de Jerusalén y el pueblo judío que existió, más generalizada, entre algunos de los primeros discípulos de Jesús. En esta tradición, los seguidores de Jesús en la ciudad oran ardientemente por su redención y, por medio de su oración y su presencia, tratan de impedir el juicio que se cierne sobre Sion. El amor a Jerusalén mostrado por los discípulos de Jesús es idéntico al que comparten todos los judíos, al igual que el dolor por su sufrimiento y destrucción.

Esta actitud hacia Jerusalén y el pueblo judío pronto se fue desvaneciendo entre los discípulos gentiles de Jesús. A raíz de la revuelta de Bar Kochba de 132-135 d. de C., muchos conservaron la esperanza escatológica en Jerusalén vista en Lucas y Hechos, pero, en marcado contraste con estos libros, separaron esa esperanza de cualquier conexión con el pueblo judío. Esto significa que se alegraban, sin ambivalencia alguna, por la destrucción de la Jerusalén judía en el año 70, mientras que al mismo tiempo abrigaban la esperanza de una futura Jerusalén *cristiana* (es decir, regida por Jesús, pero no judía).

En el siglo III, incluso esta esperanza escatológica desjudaizada acerca de Jerusalén se desvanece. En ese momento, la *ekklēsia* se acerca peligrosamente a perder toda conciencia de la santidad de la Sion terrenal. Entonces entra en escena Constantino, que lanza un impresionante programa de construcción que instituye Jerusalén como centro del mundo eclesial. La visión lucana de Jerusalén como una ciudad intrínsecamente judía, que simboliza al propio pueblo judío y sus esperanzas (una visión compartida por Hegesipo), ha sido olvidada. También lo ha sido la visión lucana de Jerusalén como futura capital de una creación restaurada (una visión compartida por Justino Mártir e Ireneo). Pero surge una nueva visión de Jerusalén como ciudad sacramental, que vincula a los seguidores de Jesús con los acontecimientos redentores de la vida de su maestro. Esta actitud hacia la ciudad santa recupera otros aspectos de la veneración lucana de Jerusalén, especialmente los que se manifiestan en su relato de la infancia.

Como resultado de la cristianización de Jerusalén por parte de Constantino, la ciudad santa vuelve a ocupar su lugar como componente crucial del imaginario eclesial. Cuando la ciudad es conquistada en el siglo VII, primero por los persas y luego por los árabes, los devotos gentiles creyentes en Jesús se lamentan con una intensidad que rivaliza con la de los judíos, cuyo dolor por los sucesos del año 70 había provocado burlas eclesiales. Los que amaban a Jesús habían aprendido de nuevo a amar Jerusalén, y a ponerla por encima de sus mayores alegrías. Pero aún no habían aprendido a amar a sus vecinos judíos, ni a ver la conexión indestructible entre la ciudad santa y los hijos de carne y hueso de Abraham y Sara.

Lucas y Hechos presentan Jerusalén como la ciudad de David y la ciudad del hijo mayor de David, la ciudad del templo sagrado, la ciudad que Jesús amó y la ciudad en la que murió y resucitó de entre los muertos. Ambos libros presentan Jerusalén como el centro de la tierra de Israel, el centro del pueblo judío, el centro de la *ekklēsia* mesiánica y el centro del mundo entero. Describen el sufrimiento y la muerte de Jesús como encarnación proléptica y participación del sufrimiento y la destrucción de Jerusalén en el año 70; y sugieren que su resurrección es la garantía y el futuro catalizador de la restauración escatológica de Jerusalén. Las apreciaciones fragmentarias de Hegesipo, Justino Mártir, Ireneo, Cirilo de Jerusalén y Nostra Aetate del Vaticano II están todas anticipadas en Lucas y Hechos, pero en estos aparecen como parte de una visión más amplia de Jerusalén, la ciudad santa.

Esa visión más amplia abarcaba, no solo la propia ciudad, sino también lo que la ciudad representaba: la tierra de Israel y el pueblo judío. Según Lucas y Hechos, la muerte y la resurrección del Mesías están inextricablemente unidas a la tierra y al pueblo. En definitiva, su obra salvífica o los incluye en su alcance, o fracasa en su propósito.

Capítulo 2

Jerusalén y el templo

Si la ciudad de Jerusalén está unida indisolublemente al Mesías crucificado y resucitado, ¿qué pasa con el templo que dominaba tanto su horizonte como su vida cotidiana? El templo desempeñaba un papel tan importante en la ciudad, que podía representar al todo del que era la parte más destacada. Si la muerte de Jesús es una participación proléptica en el juicio de Jerusalén ejecutado cuarenta años después, entonces su muerte debería estar, de la misma forma, estrechamente relacionada con la destrucción del templo.

Los Evangelios confirman que tal relación existe: informan, no solo de que Jesús profetizó la destrucción del templo (Mc 13,1-2; Mt 24,1-2; Lc 21,5-6), sino también de que su arresto y ejecución fueron precipitados por un audaz ejercicio de autoridad en ese mismo lugar, una demostración que puede haber sido concebida como representación simbólica de la profecía (Mc 11,15-18; Mt 21,12-16; Lc 19,45-48).[1] El relato de Juan sobre el incidente del templo subraya la relación entre la muerte de Jesús y la destrucción del templo, afirmando que Jesús dijo: «Destruid este templo y en tres días lo levantaré» (Jn 2,19). Sus oyentes creen que habla de la estructura arquitectónica en la que se encuentran (Jn 2,20). Jesús, por supuesto, se refiere a su propio cuerpo (Jn 2,21). Pero sus oyentes no le han malentendido del todo, pues Juan insinúa aquí que la muerte de Jesús y la destrucción del templo de Jerusalén son acontecimientos interconectados[2].

---

1. Al menos esa es la interpretación común del incidente del templo, entre los eruditos contemporáneos del Nuevo Testamento, siguiendo la línea de E. P. Sanders (v. E. P. Sanders, *Jesus and Judaism*, 69-76).

2. Juan vuelve sobre este tema más adelante en el Evangelio al mencionar la decisión del Consejo de arrestar a Jesús. Los dirigentes temen que, si no se controla, todo el pueblo seguirá al galileo hacedor de maravillas, y al final «vendrán los romanos y destruirán nuestro lugar santo y nuestra nación» (Jn 11,48). En su supuesto intento de salvar de los romanos su «lugar» (es decir, el templo), el consejo actúa de manera que asegura su eventual destrucción. Una vez más, la muerte de Jesús y la destrucción del templo están interconectadas.

En el capítulo anterior argumentaba que la muerte y la resurrección de Jesús están vinculadas al destino de la ciudad santa. En su muerte, Jesús se hace partícipe del sufrimiento futuro de Jerusalén, impartiendo a ese sufrimiento un carácter redentor. En su resurrección, garantiza la futura restauración de la ciudad y exhibe el poder que la llevará a cabo. Si su resurrección sirve como garantía y causa eficiente de la restauración definitiva de la ciudad, ¿puede decirse lo mismo del futuro de su templo?

Aquí es donde surgen los problemas. Numerosos textos del Nuevo Testamento parecen cuestionar la esperanza de una estructura restaurada del templo en la era posterior al regreso de Jesús. Lo hacen tanto de forma directa como indirecta. El Nuevo Testamento emplea con frecuencia imágenes del templo para dar a entender la trascendencia de Jesús y la comunidad de sus seguidores. Si Jesús es el verdadero templo, y sus seguidores se convierten en parte de ese templo al compartir su vida, entonces se podría concluir que ya no es necesario un edificio del templo construido con piedras inanimadas. Y, de hecho, algunos textos insinúan, o claramente afirman, que ya no habrá un edificio del templo después del regreso de Jesús (por ejemplo, Hb 9,6-10; Ap 21,22). Estos textos asumen que la estructura del templo es en sí misma un signo de vida en la era presente, cuando el acceso a Aquel que es Santo está disponible, pero restringido. En la era futura, dicho acceso será sin impedimento alguno.

Si el templo no es solo un símbolo de Jerusalén sino su equivalente, entonces la transformación del templo de una estructura inanimada a una orgánica implica una transformación similar en el carácter de la ciudad. Vemos esta lógica en el pensamiento de N. T. Wright, quien afirma: «Jesús edificaría el nuevo templo [humano]; su pueblo sería la verdadera nueva Jerusalén».[3] Esa transformación del templo y la ciudad sugiere una transformación análoga de la tierra y el pueblo de Israel, en la que lo particular judío cede el paso a lo universal cósmico. Según esta línea de razonamiento, el carácter aparentemente provisional y transitorio del templo de Jerusalén contradice nuestra tesis básica sobre el *euangelion* profético y su mensaje sobre el Mesías resucitado, el pueblo judío, la ciudad de Jerusalén y la tierra prometida.

Para abordar estas cuestiones, tendré que apartarme bastante del tema principal de este libro. Comenzaré con la tradición bíblica en su conjunto, explorando la historia y significación del templo en relación con la tierra, la ciudad y la gente. Mi objetivo es mostrar el papel singular que desempeñó el templo en el mundo simbólico del judaísmo antiguo; un papel que a la vez pone de relieve la importancia de esta institución y la distingue, en cuanto a su clase, de la tierra, la ciudad y la gente. El templo se diferenciaba de la tierra, la ciudad y el pueblo por: su complejidad (el arca, los otros muebles del tabernáculo y el lugar sagrado, en conjunto); por su inestabilidad (debido a su complejidad, pero también a su inherente fragilidad como estructura particular hecha con manos humanas); y por su función simbólica (como institución cuyo propósito era señalar realidades más allá de sí misma). Por lo tanto, el templo

---

3. Wright, *Jesus and the Victory of God*, 338.

revela mucho sobre el propósito de la tierra, la ciudad y la gente, pero todas las características del primero no pueden atribuirse a estas últimas.

Dirigiré después mi atención a la forma de ver el templo en el Nuevo Testamento y —a diferencia del resto de este libro— reflexionaré sobre textos no lucanos antes de volver al estudio de Lucas y Hechos. Esto es necesario porque las tradiciones no lucanas plantean las cuestiones más difíciles para nuestra tesis, y el argumento de este libro carecería de contundencia en este punto si nos limitáramos a los textos lucanos. En consecuencia, abordaré el papel del templo en la tradición paulina, la carta a los Hebreos, el Apocalipsis de Juan y el Evangelio de Juan. Las diferencias conceptuales que surjan de nuestro estudio de la tradición bíblica en su conjunto nos ayudarán a dar sentido a estos textos del Nuevo Testamento, de un modo que reconozca sus diversas perspectivas al tiempo que revele su coherencia canónica. Al final, volveré al Evangelio de Lucas y a Hechos de los Apóstoles para mostrar cómo su tratamiento del templo complementa el del resto del Nuevo Testamento, y encaja con su visión de Jerusalén y de la tierra. Si tenemos éxito, nuestro análisis del templo no solo disipará las objeciones a nuestra tesis general, sino que también enriquecerá nuestra comprensión del *euangelion* profético en lo que se refiere al Mesías resucitado, el pueblo judío y la tierra prometida.

El templo en la tradición judía anterior al Nuevo Testamento

La Escritura hebrea: el templo como símbolo complejo e inestable

En la historia de Israel hasta el año 70 d. de C., la ciudad de Jerusalén, la tierra de Israel y el pueblo de Israel tuvieron todos significado y referencia relativamente estables. Cada uno de ellos tenía unos límites mínimos claros con los que la mayoría de israelitas podía estar de acuerdo. Los límites máximos variaban con el tiempo y podían ser discutidos por grupos rivales, pero la comunidad en su conjunto entendía y aceptaba las realidades fundamentales.

Jerusalén era una ciudad situada en la espina dorsal montañosa de la tierra de Canaán, a caballo de la línea fronteriza que separaba las tribus del norte y el sur de Israel. La ubicación de las murallas de la ciudad cambió con el tiempo y, en la época del exilio y la inmediatamente posterior al exilio, ni siquiera se podría asegurar la existencia de esas murallas. Como todas las ciudades, Jerusalén se expandió y se contrajo. Se construyeron edificios, luego se destruyeron para ser sustituidos por otros nuevos. Sin embargo, Jerusalén siempre siguió siendo Jerusalén. Hablamos del primer y segundo templos, separados en el tiempo por el exilio babilónico, pero no hablamos de la primera y la segunda Jerusalén. La ciudad que fue devastada por Nabucodonosor fue la misma que fue restaurada más tarde bajo Ciro.

Lo que es cierto de Jerusalén también lo es de la tierra de Israel, que tenía Jerusalén en su centro. Los límites máximos de la tierra prometida a los patriarcas y matriarcas eran un tanto variables, pero todos reconocían que Judea, Samaria, Galilea y la costa del mar formaban el núcleo de esa herencia.

La definición del pueblo de Israel fue un asunto más polémico. La aparición de formas distintivas de identidad israelita, la judía y la samaritana, dio lugar a una ruptura comunitaria que dejó un signo de interrogación permanente en cuanto a los límites exteriores de la comunidad de la alianza. Sin embargo, una vez que aceptamos la tradición canónica que privilegió la forma judía (por ejemplo, Juan 4,22), los límites mínimos del pueblo quedan claros. Aquellos que tenían dos padres judíos, adoraban al Dios de Israel y participaban en las comunidades judías eran miembros de la comunidad de la alianza. Existían diferencias de opinión con respecto a casos marginales como los samaritanos, los individuos con un solo progenitor judío, los de filiación judía que se separaban del culto al Dios de Israel y/o de la vida comunal judía, o los de filiación no judía que intentaban adorar al Dios de Israel y participar en su vida comunal. Pero estos casos controvertidos se asemejan a las cuestiones relativas a los límites máximos de Jerusalén o de la tierra de Israel. La realidad fundamental era identificable y gozó de una existencia relativamente estable a lo largo del tiempo.[4]

En marcado contraste, el santuario central de Israel era una institución multidimensional y variable que experimentó violentas rupturas y dramáticas transformaciones. Según todas las fuentes bíblicas, el arca de la alianza, construida en el Sinaí, servía como trono terrenal del Dios de Israel (1 Sm 4,4; 2 Sm 6,2; 2 Re 19,15). Los textos sacerdotales de la Torá sitúan el arca en el lugar más sagrado del tabernáculo del desierto. Ese santuario contenía otros muebles sagrados (como la mesa del pan de la presencia y el altar de las ofrendas), pero todo estaba ordenado en relación al arca. Después de que Israel entrara en la tierra, el arca (y su tienda) vino a reposar en Silo (Jos 18,1; 1 Sm 3,3[5]), un santuario supervisado por la familia sacerdotal de Elí.[6] Amenazado por los filisteos, el ejército de Israel llevó el arca con ellos cuando entraron en batalla, y el arca fue capturada por las fuerzas enemigas (1 Sm 4). Los filisteos pronto se arrepintieron de haber cogido este botín (1 Sm 5), que no les trajo más que desgracias, y devolvieron el arca a Israel (1 Sm 6,1-11). Estuvo primero en Bet Shemes (1 Sm 6,12-20), y luego fue trasladada a Kiriath Yearim, donde permaneció durante veinte años (1 Sm 6,21-7,2).

---

4. Una excepción a esta generalización se produjo a finales del período del segundo templo con la propagación del sectarismo judío. Es posible que al menos un grupo sectario —esto es, el atestiguado por los Rollos del Mar Muerto— haya restringido los límites comunales de Israel para abarcar solo a los miembros de su propia secta. Sin embargo, eso fue una anomalía histórica y geográfica. En general, los límites internos básicos del pueblo judío estaban claros para todos. Así, en el período helenístico, las fuentes antiguas (judías y no judías) podían hablar de comunidades judías en varias ciudades y suponer que los lectores sabían exactamente a qué y a quién se referían.

5. El texto habla de Samuel acostado en presencia del arca, y el contexto deja claro que esta escena tuvo lugar en Silo.

6. En Jueces 20,26-28 se afirma que el arca estuvo en Betel en un período anterior, es decir, durante el mandato sacerdotal de Fineas, nieto de Aarón.

Al mismo tiempo, los descendientes de Elí dirigieron un santuario en Nob sin el arca, pero con otros objetos sagrados como el pan de la presencia (1 Sm 21,1-9). Después de que Saúl matara a los sacerdotes de Nob (1 Sm 22,6-23), ¿qué fue de este santuario? Según el autor de Crónicas, el tabernáculo y el altar de las ofrendas estaban en Gabaón en el reinado de David, incluso después de que el arca hubiera sido llevada a Jerusalén (1 Cr 16,37-40; 21,29; 2 Cr 1,3-6). Así pues, tras la captura del arca por los filisteos, los elementos que en la tradición sacerdotal de la Torá integraban una unidad inseparable (es decir, el arca, el altar, el pan de la presencia, el tabernáculo) quedaron repartidos entre, al menos, dos sitios diferentes.[7]

Tras llevar el arca a su recién establecida capital, el rey David quiso construir una casa para el objeto más sagrado de Israel (2 Sm 7,1-2), pero el profeta Natán le dijo que no sería él, sino su hijo, quien realizaría esa obra (2 Sm 7,12-13). En todo caso, según el autor de Crónicas, Dios le reveló a David el lugar exacto de Jerusalén donde debía ubicarse la «casa del Señor» (1 Cr 21,15-22,1). En ese lugar, el rey Salomón erigió el templo, reuniendo los objetos sagrados que durante muchos años habían estado separados. La estructura erigida por Salomón siguió el mismo patrón básico que el santuario del desierto, aunque las dimensiones de las dos cámaras principales del templo de Salomón son mucho mayores que las del tabernáculo. Algunos estudiosos creen que el propio tabernáculo se instaló en el lugar más sagrado del templo de Salomón.[8]

Estos actos de David y Salomón introducen el tercero de los elementos fundamentales (junto con el arca y el mobiliario del tabernáculo) que se combinan para establecer el templo de Jerusalén como un lugar único en santidad. Ese tercer elemento es el lugar mismo. Según Génesis 22, el monte Moriah, donde Abraham ató a Isaac como sacrificio, es «el monte del Señor»: «Así que Abraham llamó a aquel lugar "El Señor proveerá" [lit. 'verá']; como se dice hasta hoy: "En el monte del Señor [él'] será proveído [lit. 'visto']"» (v. 14). La identificación del lugar donde Isaac fue atado como el lugar del futuro santuario revelado a David se hace explícita en 2 Crónicas 3,1: «Salomón comenzó a edificar la casa del Señor en Jerusalén, en el monte Moriah, donde el Señor se había aparecido a su padre David, en el lugar que este había designado, en la era de Ornán el jebuseo». La devoción incondicional de Abraham al Señor se presenta así como paradigma del verdadero culto de Israel en el templo, y se da la promesa de que el Señor será «visto» en ese lugar.

En otras palabras, Génesis 22 —en el contexto canónico— establece que el monte Sion es un lugar sagrado siglos antes de que Moisés reciba la orden de construir el arca y el tabernáculo. El Canto de Moisés, cantado (de nuevo, en un contexto canónico)

---

7. Mi objetivo no es reconstruir los acontecimientos históricos que subyacen a estos relatos aquí apuntados, sino trazar las líneas básicas de la historia narrada por el texto bíblico. Para una posible reconstrucción de la historia que hay detrás del texto, v. Haran, *Temples and Temple Service in Ancient Israel*, 189-204.

8. Véase Friedman, *Commentary on the Torah*, 262-263.

antes de la construcción del arca y del tabernáculo, y antes de que Israel entrara en la tierra, confirma esta opinión: «Los trajiste y los plantaste en el monte de tu propiedad, el lugar, oh Señor, que hiciste tu morada, el santuario (*mikdash*), oh Señor, que tus manos han establecido» (Ex 15,17). Leído a la luz de Génesis 22 y 2 Crónicas 3, este versículo se refiere al monte Sion, que también es el monte Moriah.

La santidad del monte del Templo, incluso sin el arca y los muebles del tabernáculo, queda patente en la oración de Salomón en la dedicación del templo. Pide que Dios escuche las oraciones dirigidas a ese lugar incluso cuando el pueblo de Israel sea llevado al exilio y, presumiblemente, el servicio del templo deje de celebrarse (1 Re 8,46-53). El libro de Daniel atestigua precisamente esta práctica de orar hacia Jerusalén incluso cuando el arca ha desaparecido, el templo ha sido destruido y el pueblo ha sido llevado al exilio (Dn 6,10). Jon Levenson lo describe así:

> En el exilio (587-539 a.C.), cuando el Templo estaba en ruinas, el israelita aún podía dirigir sus oraciones al lugar sobre el que estuvo (y sobre el que estaba destinado a levantarse de nuevo), con la seguridad de que YHWH seguiría estando disponible, que las oraciones aún podían ascender a esa montaña sagrada (1 Re 8,28-29). Por eso el legendario sabio Daniel, incluso siendo un exiliado en Persia, ora en dirección a Jerusalén con la esperanza de que sus súplicas asciendan desde allí a la corte celestial (Dn 6,11). En resumen, Jerusalén conserva su santidad independientemente de que el Templo permanezca allí y de que el suplicante pueda estar físicamente cerca de ella. La ciudad sagrada es el conducto a través del cual los mensajes pasan de la tierra al cielo, sin importar donde se originaron, en un sentido geográfico.[9]

Por lo tanto, el monte del Templo era sagrado antes de que Israel cruzara el Jordán con el arca y el tabernáculo, y sigue siendo sagrado después de que el arca y el mobiliario del tabernáculo sean destruidos e Israel sea llevado de nuevo al otro lado del Jordán en cautiverio.

En el año 586 a. de C., el arca de la alianza desapareció de la historia. Puede haber sido destruida, o llevada por los vencedores como trofeo a Babilonia, o incluso escondida, pero el punto crucial para nuestro interés aquí es que no volvió a jugar ningún papel en las prácticas de culto del pueblo judío. El lugar santísimo del modesto edificio conocido como *segundo templo*, dedicado en el año 515 a. de C., era una habitación vacía. Los sacrificios de nuevo se presentaban en el altar de bronce; la fragancia del incienso otra vez ascendía desde el altar de oro; la *menorá* volvía a estar encendida; y el pan de la presencia volvía a reposar en la mesa de oro; pero el objeto central del tabernáculo del desierto y del primer templo, que representaba el trono del Señor, no se encontró por ningún sitio. Como en los días de los hijos de Elí que oficiaron en el santuario de Nob, y como en los tiempos de David cuando el tabernáculo estuvo

---

9. Levenson, *Sinai and Zion*, 125.

separado del arca, ahora el lugar central de adoración de Israel estaba desprovisto de su objeto más precioso y sagrado.

Durante casi seis siglos, este templo sin arca fue el lugar más sagrado de Israel. Y luego, en el año 70 d. de C., Jerusalén cayó en manos de las legiones romanas y el segundo templo corrió la misma suerte que el primero. Han pasado casi dos milenios desde ese día. El arca y el templo han desaparecido de la historia, pero el pueblo judío permanece, con su culto todavía dirigido hacia el monte del Templo, y ahora con una presencia nacional judía en la tierra, en situación de asedio. El templo todavía funciona como un símbolo de la cosmovisión judía, como puede deducirse de la imagen omnipresente de la *menorah* en el Estado de Israel y por la inigualable devoción a la santidad del Muro Occidental. Pero se trata de un símbolo creado por la imaginación judía a partir de textos antiguos, tradiciones artísticas y prácticas litúrgicas, más que de una estructura visible o una institución social.

Este relato resumido muestra que, incluso cuando el templo existió como estructura e institución real, consistía en una fusión fluctuante de arca, muebles del tabernáculo y lugar geográfico, y careció de la coherencia integral y estable de la ciudad, la tierra y el pueblo a los que representaba.

La Escritura hebrea: el templo como símbolo que apunta a realidades más allá de sí mismo

En el contexto de la Biblia hebrea, Jerusalén, la tierra y el pueblo de la alianza son realidades particulares cuya significación deriva del papel que cada una de ellas desempeña en la historia en curso de las relaciones de Dios con el mundo. El templo, por otra parte, siempre apuntó (y dio acceso) a realidades particulares más allá de sí mismo, y su importancia en la narración bíblica deriva en gran parte de esta función señaladora. Hay cuatro de esas realidades a las que el templo de Jerusalén apuntaba: el templo celestial, el templo cósmico, el templo escatológico y el templo humano (es decir, el pueblo de Israel).

La conexión entre el templo de Jerusalén y el templo celestial se hace evidente en la visión dada a Isaías cuando recibe su llamamiento profético. Isaías contempla al Señor «sentado en un trono alto y sublime, y el borde de su manto llenaba el templo» (Is 6,1). El profeta está adorando al Señor en el templo de Jerusalén, y de repente se encuentra transportado a su correlato celestial. Jon Levenson describe el significado de la escena:

> Lo que le ocurrió a Isaías en el año en que murió el rey Uzías es que la representación glíptica se convirtió en una experiencia espiritual inmediata. El arte se convirtió en la realidad a la que apuntaba. El mito del Templo cobró vida. En su experiencia extática, Isaías ve y oye una sesión del consejo divino [...] El Templo terrenal es así el vehículo que transporta al profeta al Templo celestial, el Templo verdadero, el Templo de YHWH y su séquito, y

no meramente los artefactos que los sugieren. Este Templo es una institución común a los reinos celestial y terrenal; lo comparten.[10]

Según la tradición posterior, este es también el significado de la visión dada a Moisés en el monte Sinaí cuando recibe instrucciones sobre el tabernáculo. Levenson considera que esa tradición es una interpretación fiel del propio texto:

> El Templo de Sion es el antitipo del arquetipo cósmico. El verdadero Templo es aquel al que apunta, el del «cielo», que no puede distinguirse claramente de su manifestación terrenal. Así, cuando Moisés tiene que construir el primer santuario de Israel, el Tabernáculo en el desierto, lo hace basándose en una visión del *plano* o *modelo* del santuario celestial que tuvo el privilegio de contemplar en el Monte Sinaí (Ex 25,9.40).[11]

El lenguaje de «antitipo» y «arquetipo», apropiado para la relación de los templos terrenal y celestial, muestra que el templo de Jerusalén no podía ser cortado de otra realidad íntimamente conectada sin perder algo esencial para su propia existencia.

La segunda realidad a la que apuntaba el templo de Jerusalén era el templo cósmico, es decir, el cosmos como templo.[12] Jon Levenson demuestra que la narración sacerdotal de la construcción del tabernáculo (Ex 35-40) se corresponde en varios aspectos con la narración sacerdotal de la creación del mundo (Gn 1,1-2,3). A continuación, muestra que la descripción bíblica de la construcción del templo de Jerusalén por parte de Salomón sigue el mismo patrón.[13] Estos textos apoyan su tesis básica: «en la Biblia hebrea [...] el templo es el epítome del mundo, una forma concentrada de su esencia, una miniatura del cosmos [...] el Templo (o montaña o ciudad) es un microcosmos del cual el mundo mismo es el macrocosmos».[14] Esto significa que los actos de culto en el recinto del templo reflejan procesos cósmicos y a su vez tienen un impacto en esos mismos procesos. En palabras de Levenson, «el ordenamiento creativo del mundo se ha convertido en algo que la humanidad no solo puede presenciar y celebrar, sino algo en lo que puede participar».[15]

La tercera realidad a la que apuntaba el templo de Jerusalén era el templo escatológico. Esta conexión se hace explícita por primera vez en la visión profética de Ezequiel de un nuevo templo (Ez 40-48). Según el versículo inicial de esa unidad, el

---

10. Levenson, *Sinai and Zion*, 123.

11. Levenson, *Sinai and Zion*, 140.

12. Según Jonathan Klawans (*Purity, Sacrifice, and the Temple*, 111), las fuentes judías antiguas (incluida la Biblia hebrea) consideraban que el templo de Jerusalén se correspondía con el templo celestial o con el templo cósmico, pero nunca con ambos simultáneamente. Su tratamiento de estos dos patrones de simbolismo del templo (111-144) ilustra bien la forma en que el templo siempre apunta más allá de sí mismo. Su argumento de que estos dos modelos nunca se superponen merece una discusión más profunda, pero no es relevante para lo que aquí nos interesa.

13. Levenson, *Sinai and Zion*, 142-144.

14. Levenson, *Sinai and Zion*, 138-139.; v.t. Levenson, *Creation and the Persistence of Evil*, 78-99.

15. Levenson, *Creation and the Persistence of Evil*, 127.

profeta recibe su visión en el vigésimo quinto año de su exilio, es decir, el 573 a. de C., trece años después de la destrucción del primer templo. El templo que ve no es el que será construido por Zorobabel, ni su posterior ampliación por Herodes. De hecho, la visión dada a Ezequiel contiene aspectos que implican una extraordinaria intervención divina que transforma el paisaje de Jerusalén y su territorio circundante, e incluso el orden natural. Esto queda claro en Ezequiel 47,1-12, donde el profeta describe «aguas que fluyen debajo del umbral del templo hacia el este» (v. 1). Ezequiel avanza a lo largo del arroyo mil codos, y descubre que el agua solo le llega hasta los tobillos. Sin embargo, solo tres mil codos más allá de ese punto, el agua se ha convertido en «un río que no podía cruzar, [...] lo suficientemente profundo como para nadar en él» (v. 5). Este dramático aumento de la profundidad del agua desafía toda explicación natural, pues no hay otras corrientes que fluyan hacia el río y pudieran aumentar su caudal. Además, el agua misma tiene cualidades vivificantes más allá de todo lo conocido en el orden actual del mundo:

> Dondequiera que vaya el agua, habrá todo tipo de seres vivientes bullendo en ella [...] En las orillas, a ambos lados del río, crecerán toda clase de árboles para alimentarse. Sus hojas no se marchitarán ni sus frutos se perderán, sino que darán frutos frescos cada mes, porque el agua para ellos fluye desde el santuario. Sus frutos servirán de alimento, y sus hojas, para curar. (Ez 47,9.12)

El resultado de estas aguas vivificantes es que la tierra de Israel se asemeja ahora al Jardín del Edén (Gn 2,8-10).

A la luz de la visión de Ezequiel, se reconocen otros textos proféticos que anticipan de manera similar un templo escatológico y un orden natural transformado. Según Joel 3,18, «En aquel día los montes rezumarán vino dulce, y de las colinas fluirá leche, y el agua correrá por todos los arroyos de Judá; una fuente saldrá de la casa del Señor y regará el Wadi Shittim». La apertura de esta fuente del templo significa el establecimiento final y definitivo del pueblo de Israel, y la destrucción de sus enemigos (vv. 19-20). Este tema adopta una forma aún más dramática en Zacarías 14. Al igual que en Ezequiel y Joel, leemos que «en aquel día brotarán de Jerusalén aguas vivas» (v. 8) supuestamente saliendo de «la casa del Señor». Este fenómeno se produce después de que el Señor se manifieste en el monte de los Olivos, provocando un terremoto y una alteración en el terreno en los alrededores de Jerusalén (vv. 4-5, 10), y luchando contra las naciones que han atacado la ciudad santa (vv. 2-3). Como resultado de la victoria del Señor sobre sus enemigos y el reinado universal que le sigue (v. 9), no solo «brotan aguas vivas de Jerusalén», sino que se reconfigura el orden de la naturaleza, de tal forma que la oscuridad de la noche (v. 7) y el frío del invierno (v. 6) son eliminados. Por último, la santidad que antes caracterizaba solo al sumo sacerdote y al Lugar Santo se extiende ahora a todos los animales domésticos de la ciudad y a los utensilios de cocina: «En aquel día los cascabeles de los caballos llevarán esta inscripción: "Consagrado al Señor". Y las ollas de cocina de la casa del Señor serán tan sagradas como los cuencos sagrados de delante del altar; y toda olla de cocina en Jerusalén y Judá será consagrada al Señor de los ejércitos» (vv. 20-21).

Aunque la conexión entre el templo de Jerusalén y sus correlatos celestial y cósmico se encuentra en nuestras fuentes más antiguas, la conexión escatológica surge por primera vez tras la destrucción del templo de Salomón. La visión de Ezequiel representa la esperanza de un templo glorioso en medio del exilio y las ruinas del primer templo. Tras la erección del segundo templo, esta esperanza escatológica no hace más que crecer, pero ahora está vinculada a la estructura que se erige como promesa proléptica apuntando a un futuro glorioso que trasciende el presente sin gloria. El templo siempre había apuntado hacia arriba (al templo celestial) y hacia afuera (al templo cósmico); ahora también apuntaba hacia adelante (al templo escatológico).

Por último, el templo de Jerusalén también apuntaba, más allá de sí mismo, a un templo humano: el pueblo de Israel. El objetivo del Señor al ordenar la construcción de un tabernáculo no era habitar *en él* (*betocho*) sino «entre ellos [*betocham*]» (Ex 25,8). El tabernáculo y el templo no eran fines en sí mismos, sino instrumentos para este propósito mayor. Israel no estaba hecho para el templo, sino el templo para Israel.

Las implicaciones de este hecho solo se hacen evidentes en el momento del exilio babilónico. El profeta Ezequiel, llevado al exilio diez años antes de la destrucción de Jerusalén, contempla en una visión la ciudad santa y su templo en su estado actual (Ez 8-11). Ve la «gloria» (*kavod*) —es decir, la presencia divina— que se aleja del templo a causa de los terribles pecados del pueblo (ver 8,3-4.6; 9,3; 10,1-22). El *kavod* se detiene primero sobre la puerta *este* del templo (10,19), y luego se traslada al «monte al *este* de la ciudad» (11,23), es decir, al monte de los Olivos. La visión de Ezequiel termina aquí, pero él sabe por una visión anterior que el *kavod* no asciende de la tierra al cielo, sino que viaja *más hacia el este* para reunirse con los exiliados en Babilonia (Ez 1,1-28). La conexión entre las dos visiones queda subrayada por la referencia explícita que se hace en la segunda a la primera (8,4; 10,20). El traslado temporal del *kavod* de Jerusalén a Babilonia también se da a entender más adelante en el libro de Ezequiel, cuando el profeta ve el futuro templo de Jerusalén y el regreso del *kavod* a la ciudad (Ez 43,1-7): «la gloria del Dios de Israel *venía del este*» (Ez 43,2), es decir, de Babilonia. Al igual que la segunda visión estaba vinculada con la primera mediante referencias explícitas, la tercera visión remite a las dos primeras: «La visión que vi era como la visión que había visto cuando vino a destruir la ciudad, y como la visión que había visto junto al río Chebar» (Ez 43,3).

Este *exilio* del *kavod* de Judea a Babilonia es expresado sucintamente por el profeta en terminología sacerdotal: «Así dice el Señor nuestro Dios: Aunque los desterré a naciones lejanas, y aunque los dispersé por otros países, he sido para ellos un santuario [*mikdash*] durante un tiempo en los países a los que han ido» (Ez 11,16). En otras partes del libro, el profeta emplea la palabra *mikdash* para referirse al templo de Jerusalén (por ejemplo, 5,11; 8,6; 9,6; 44,7-9). Lo que hacía santo al templo de Jerusalén era el *kavod*, y el traslado del *kavod* implica un traslado temporal del *mikdash*: el Señor habita entre sus siervos, que ahora están en el exilio.

Un mensaje similar aparece en Isaías 40-55. Estos capítulos hablan del «regreso del Señor a Sion», un tema destacado en la obra de N. T. Wright.[16] El significado de esta frase queda claro en Isaías 52:

> 7 Qué hermosos sobre los montes
> son los pies del mensajero que anuncia la paz,
> que trae buenas noticias, que anuncia la salvación,
> que dice a Sion: «Tu Dios reina».
> 8 ¡Escucha! Tus centinelas alzan sus voces,
> juntos cantan de alegría;
> porque ven a simple vista *el regreso del* Señor *a Sion* [...]
> 11 ¡Partid, poneos en marcha, salid de allí!
> No toquéis nada impuro;
> salid de en medio de ella,
> purificaos vosotros, los que lleváis los vasos del Señor.
> 12 Pues no saldréis en apuros,
> ni iréis huyendo;
> porque el Señor irá delante de vosotros,
> y el Dios de Israel será vuestra retaguardia.
> (Is 52,7-8.11-12 —énfasis añadido—)

Los judíos abandonan Babilonia como los israelitas salieron de Egipto, pero esta vez su éxodo es pacífico y no con miedo y prisas. Deben purificarse para el viaje, porque el Señor va en medio de ellos. En otras palabras, *el regreso del* Señor *a Sion* es inseparable del regreso del *pueblo* del Señor a ese lugar. Esto solo tiene sentido si Isaías supone algo parecido a lo que afirma Ezequiel: que el Señor vuelve con los exiliados porque el Señor los había acompañado en su exilio.[17]

Estas profecías exílicas implican que la presencia divina estaba ligada al *pueblo* de Israel (y especialmente a los fieles entre ellos) más estrechamente que al edificio que habían construido como su residencia. Al igual que el templo apuntaba fuera de sí mismo a sus correlatos celestial, cósmico y escatológico, también apuntaba a su correlato humano: el pueblo elegido en el éxodo para ser «el santuario [*kodesh*] de Dios» (Sal 114,2).

---

16. Véase especialmente Wright, *Jesus and the Victory of God*, 612-653.
17. Los versos programáticos de Isaías 40 (especialmente 3-5. 9-11) expresan la misma idea.

Primeros escritos extrabíblicos judíos: el templo como símbolo complejo e inestable

Después de la reconstrucción del templo de forma modesta (y sin su principal objeto, el arca), los habitantes de Judea fueron gobernados por un régimen sacerdotal clientelar bajo una sucesión de imperios extranjeros (persas, griegos y romanos). Durante tres siglos y medio tuvieron una existencia relativamente segura aunque dependiente, y su confianza en el templo aparece en textos como Eclesiástico 50,1-24. Esta confianza decayó frente al programa de paganización de los helenizantes radicales (167-164 a. de C.), cuando los idólatras profanaron el templo con dioses foráneos y sacrificios impuros. El trauma por lo sucedido en este período hizo recordar a todos los judíos la fragilidad de su lugar sagrado y su modelo de culto. Para algunos disidentes, como los de la tradición representada por el libro de Enoc, estos sucesos demostraban que el segundo templo fue problemático desde sus inicios.[18] Para los ferozmente leales a esa institución, en cambio, la crisis intensificó su determinación de lograr la mayor independencia posible de las potencias extranjeras. Este último grupo disfrutó de cierto éxito durante un siglo bajo la dinastía asmonea, pero luego, en el año 63 a. de C., un general extranjero (esta vez un romano) volvió a violar la santidad del lugar sagrado de Jerusalén.[19] Cuando el templo fue finalmente destruido por otro general romano en el año 70 d. de C., la tragedia puso de manifiesto lo que los judíos de todo el mundo habían conocido y temido durante generaciones: la vulnerabilidad de su santuario en medio de las fuerzas hostiles desplegadas contra ellos.

El judaísmo del segundo templo también se caracteriza por la extraordinaria expansión de la diáspora judía. Desde las costas occidentales del Imperio romano hasta las provincias orientales del Imperio parto, había colonias de judíos viviendo su peculiar forma de vida. Observaban el sábado, leían la Torá y rezaban diariamente en dirección a la tierra santa y a su ciudad santa. Recibían visitas de emisarios, formales e informales, de Judea, que les recordaban su conexión con la tierra, y la mayoría de ellos pagaban el impuesto anual del templo. Muchos de ellos incluso peregrinaban a Jerusalén al menos una vez en su vida. De este modo, el símbolo del templo jugaba un papel importante en su visión de sí mismos y del mundo.

Al mismo tiempo, el templo como institución social, cultural, económica y arquitectónica tenía poco impacto en sus vidas cotidianas. Habitaba más en la esfera de su imaginación colectiva que de su experiencia concreta. Esto no restaba valor al significado del templo para ellos, sino que distinguía a esta institución de la realidad del pueblo judío y, hasta cierto punto, también de la realidad de la tierra de Israel y la ciudad de Jerusalén.[20] El templo seguía funcionando como un potente símbolo

---

18. Esto es evidente en 1 Enoc 89.73 (que describe el segundo templo) visto en relación con 89.36 (el tabernáculo) y 89.50 (el primer templo). Véase Boccaccini, *Middle Judaism*, 157-158, y *Beyond the Essene Hypothesis*, 82-83.

19. Véase Josefo, *Antiquities* (*Antigüedades de los judíos*), 14.4.

20. Un lugar geográfico (como la tierra de Israel, la ciudad de Jerusalén o el monte del Templo)

judío, incluso para los que residían a miles de kilómetros de su emplazamiento, ya que expresaba la realidad fundamental de la presencia del Señor en medio de Israel y la responsabilidad de Israel de adorar al Señor. Pero la estructura del templo en sí estaba alejada de su vida diaria.

Así, en la literatura extrabíblica judía temprana vemos una intensificación de la relación inversamente proporcional entre el poder simbólico del templo y su existencia institucional estable. Este hecho se hace más evidente cuando tenemos en cuenta las primeras perspectivas judías sobre las cuatro realidades a las que apuntaba el templo. La dimensión simbólica del templo adquiere una importancia aún mayor en la literatura extrabíblica que la que tenía en los textos bíblicos, ya que la vulnerabilidad del edificio construido por el hombre se percibe cada vez con mayor intensidad. Repasemos los cuatro correlatos simbólicos del templo de Jerusalén teniendo en cuenta la literatura judía extrabíblica.

En primer lugar, el *templo celestial* adquiere una gran importancia en estos escritos. Los textos que probablemente se compusieron en el período que sigue inmediatamente a la destrucción del segundo templo (Liber antiquitatum biblicarum [L.A.B.] 11.15; 2 Baruc 4.2-6) interpretan Éxodo 25,9 para significar precisamente lo que Jon Levenson cree que quería decir el original: que Dios mostró a Moisés el templo celestial como plano para la construcción del tabernáculo terrenal. Sin embargo, el templo celestial había surgido como tema central en un período muy anterior. Ya en 1 Enoc un vidente asciende a la casa celestial de Dios y contempla el trono divino y la «gran gloria» (1 Enoc 14.8-25). A medida que se desarrollaba la tradición enoquiana, pero incluso antes de que cristalizara en formas sectarias, la adoración angélica en el templo celestial se había convertido en un punto de mira central (Jubileos 30.18, 31.14; *Cánticos del sacrificio sabático*).[21] Este énfasis impregnó luego la literatura sectaria de Qumrán, pero también dejó su huella en el *midrash* rabínico posterior, en la liturgia de la sinagoga y en los escritos místicos de las eras talmúdica y postalmúdica.[22] Si bien la idea del templo angélico celestial estaba arraigada en los materiales bíblicos sacerdotales relacionados con la institución humana terrenal, esa idea prosperó

---

puede convertirse en un asunto de experiencia personal por medio de la práctica diaria de mirar en su dirección durante la oración. El lugar proporciona así una orientación geográfica a la persona que reza, estableciendo un punto central en relación con el cual se pueden trazar todas las demás ubicaciones geográficas. En cambio, un edificio, junto con su mobiliario y las actividades normales que se realizan en él, solo puede convertirse en materia de experiencia personal a través de la visita a sus instalaciones.

21. Véanse Hayward, *The Jewish Temple*, 87-88, 99-100; y Newsom, *Songs of the Sabbath Sacrifice*.

22. Véase Elior, *Los tres templos*. Interpreta la palabra *yachad* («unidad»), empleada por la comunidad de Qumran como término de autodesignación, como una referencia al vínculo que une el culto de la comunidad terrenal con el culto de los ángeles en el templo celestial (36, 58, 105, 171). Sobre la tradición mística judía posterior, v. 232-265. Cabe señalar que el pensamiento rabínico sobre el templo celestial también incluye la noción de sacrificio celestial. Como reconoce Klawans, «unas pocas fuentes midráshicas [...] dicen que lo que se ofrece en el altar celestial son las almas de los justos (*Números Rabbah* 12,12)», es decir, los mártires (Klawans, *Purity, Sacrifice, and the Temple*, 140).

posteriormente en entornos que se separaron de esa institución por exclusión sectaria o por la desaparición del edificio.

En segundo lugar, el templo cósmico se convierte en un tema de especial interés en el judaísmo helenístico. Tanto Filón como Josefo proporcionan elaboradas descripciones de la forma en que diversas características del templo de Jerusalén simbolizan los componentes del universo.[23] Aunque esta particular interpretación simbólica del templo tiene precedentes bíblicos, estos escritores judíos helenísticos plantean una mayor distancia entre el símbolo y su correlato cósmico que la que se encuentra en textos anteriores. El texto bíblico da por sentado que hay un nexo íntimo entre ambos, de manera que lo que se acuerda en el microcosmos tiene un impacto en el macrocosmos. Algo diferente encontramos en un escritor como Filón:

> El universo entero debe ser considerado como el más alto y, en verdad, el santo templo de Dios [...] En cuanto al templo hecho por manos, era necesario que no se retrajera el interés de los hombres que pagan sus contribuciones religiosas a la piedad y que desean, por medio de sacrificios, bien dar las gracias por las cosas buenas que suceden, o bien pedir perdón y absolución por los asuntos en los que han pecado. (*De specialibus legibus* I.66-67)[24]

Aquí solo hay un verdadero templo sagrado: el cosmos. Para Filón, el «templo hecho por manos», en comparación con la realidad mayor a la que apunta, se ve empequeñecido en lugar de magnificado, por referencia a aquello con lo que está unido orgánicamente. El templo de Jerusalén desempeña un papel «necesario» y beneficioso, pero no debe confundirse con lo que representa simbólicamente.[25]

En tercer lugar, el *templo escatológico* adquiere un enfoque mucho más claro en el período posbíblico. A medida que la creencia en una futura resurrección se hizo común entre quienes abrigaban una esperanza mesiánica, también lo hizo la creencia en un futuro templo de gloria trascendente, construido no por manos humanas sino por la intervención directa de Dios. La expectativa acerca de ese edificio de construcción divina se encuentra ya al principio del período macabeo (Jubileos 1,17-18.29). El *Rollo del templo* (más o menos contemporáneo de Jubileos y relacionado con él en cuanto a su procedencia) describe un santuario preescatológico ideal con cierto parecido al visto por Ezequiel, pero este edificio —ya más majestuoso que cualquier templo anterior— se distingue de forma decisiva del que vendrá ese glorioso día «en el que Yo mismo crearé Mi Templo» (*Rollo del templo* XXIX.7-10).[26] Dos siglos más tarde,

---

23. Véase Hayward, *The Jewish Temple*, 108-153; Klawans, *Purity, Sacrifice, and the Temple*, 114-128.

24. Hayward, *The Jewish Temple*, 109.

25. En la tradición rabínica, la conexión entre el servicio del templo (como microcosmos) y el universo (como macrocosmos) se asemeja más a lo que se ve en los textos bíblicos. Así, los sacrificios diarios están vinculados a la narración de la creación de Génesis 1 (m. *Taanit* 4.3), sugiriendo así que lo que ocurre en el microcosmos tiene ramificaciones en el macrocosmos.

26. Boccaccini, *Beyond the Essene Hypothesis*, 101; Maier: *The Temple Scroll*, 86; Klawans, *Purity,*

tras la destrucción romana de Jerusalén, la brecha ontológica que separa el templo de Herodes de su sucesor escatológico se ha convertido en un profundo abismo, tan grande como la diferencia entre mortalidad e incorrupción (véase L.A.B. 19.12-13; 4 Esdras 10.53-55; 2 Baruc 4.2-6).[27]

Dos textos bíblicos parecen haber informado este desarrollo teológico en el mundo judío posbíblico. El primero y más importante es la *Canción del Mar*,[28] cantada por Moisés y el pueblo de Israel para celebrar su liberación:

> Los trajiste y los plantaste en el monte de tu propiedad, el lugar [*machón*], oh Señor, que hiciste tu morada [*leshivtecha pa'alta*], el santuario [*mikdash*], oh Señor, que tus manos han establecido. El Señor reinará por los siglos de los siglos. (Ex 15,17-18)

Este texto fue leído por muchos en el período posbíblico como una referencia, no al templo de Salomón, sino al templo escatológico. Con ello, las esperanzas judías marcaban un contraste entre los templos humanamente construidos de su experiencia (hechos por manos humanas) y el templo divinamente construido que estaba por venir (hecho por manos divinas). Lawrence Schiffman cree que este texto bíblico dio lugar a la convicción expresada en el *Rollo del templo* de que un templo creado divinamente sucedería al edificio, creado por el hombre, que estaba describiendo.[29] 4 Esdras alude a Éxodo 15,17 al afirmar que «ninguna obra de construcción humana podría perdurar en el lugar donde se había de revelar la ciudad del Altísimo» (4 Esdras 10.54).[30] Esta interpretación de Éxodo 15,17-18 toma forma explícita en el *midrash* rabínico posterior.[31]

El segundo texto bíblico que desempeñó algún papel en esta tradición interpretativa es Daniel 2. Tras describir una estatua que representa cuatro imperios

---

Sacrifice, and the Temple, 159. Los textos posteriores de Qumrán describen la ciudad y el templo escatológicos como algo que Klawans llama «características extramundanas». En sus palabras, «Un glorioso nuevo Templo también es imaginado en los textos de Qumrán acerca de la Nueva Jerusalén, [...] a la que imaginan como una ciudad con una muralla de oro, [...] estructuras con incrustaciones de joyas, [...] calles pavimentadas con mármol blanco, alabastro y ónice [...] y un templo cuya construcción es igualmente radiante» (158-159).

27. En su exposición acerca de L.A.B., C. T. R. Hayward concluye que «Este escritor restringe claramente el significado y la eficacia del Templo y su Servicio a lo que podríamos llamar *historia ordinaria*. [...] el Templo y el sacrificio no parecen pertenecer a este futuro, con su otro mundo y su otro cielo» (Hayward, *The Jewish Temple*, 166). Aunque Hayward tiene razón al subrayar la disyunción ontológica en L.A.B. entre este mundo y el venidero, es difícil determinar a partir de L.A.B. las líneas descriptivas del culto de Israel en el nuevo cielo y la nueva tierra.

28. [N. del T.: o *Canto de Moisés*.]

29. Schiffman, «The Importance of the Temple for Ancient Jews», 87-88.

30. Stone and Henze, *4 Ezra and 2 Baruch*, 65.

31. Véase *Mekhilta* de Rabbi Ishmael 10,24-28, 38-43 y comentario de Rashi sobre Éxodo 15,17-18. Si bien el análisis y la categorización de los movimientos judíos contra el templo de Nicholas Perrin simplifican demasiado una realidad compleja, enfatiza correctamente la importancia de Éxodo 15,17 (N. Perrin, *Jesus the Temple*, 10-11, 102).

sucesivos que gobernarían sobre Israel antes del *eschaton*, Daniel habla de «una piedra tallada, no por manos humanas» que golpea la estatua y la hace pedazos (v. 34). Posteriormente, la piedra se convierte en «un gran monte, y llenó toda la tierra» (v. 35). Daniel explica entonces que la piedra representa «un reino que nunca será destruido» (vv. 44-45). En 4 Esdras se dice que esta «montaña tallada sin manos» es el monte Sion (13.6-7, 35-36), es decir, el monte del Templo. En otras palabras, 4 Esdras lee Daniel 2 a la luz de Éxodo 15, y encuentra en ambos textos referencia al templo escatológico divinamente construido que trascenderá en gloria, con creces, al templo construido humanamente que los romanos han destruido.[32] De este modo, destacadas corrientes del judaísmo extrabíblico interpretan estos dos textos bíblicos como una demostración de que los templos de Salomón y Herodes no eran más que indicios de una realidad venidera de incomparable esplendor.

Por último, el judaísmo extrabíblico manifiesta una conciencia generalizada de que el mismo Israel debería ser considerado un *templo humano*. Esta visión del pueblo como templo toma forma explícita entre los sectarios de Qumran, con la expresión *mikdash adam* («un santuario humano») empleada como autodesignación comunitaria (*4Q Florilegium*).[33] Pero una perspectiva similar aparece también en círculos judíos que seguían dando apoyo al templo de Jerusalén. Recientes trabajos arqueológicos en Galilea demuestran que la imaginería y los ritos del templo se habían extendido a la sinagoga y a contextos comunitarios mucho más allá de los límites de la ciudad santa.[34] Las prácticas fariseas consistían en gran medida en extender las normas de pureza del templo a las comidas no sacrificiales. Además, la literatura rabínica posterior presenta el estudio de la Torá, la oración y los actos de amorosa bondad como iguales o superiores al sacrificio en el templo, y afirma que la presencia divina reside en las comunidades de judíos que realizan tales prácticas, dondequiera que se encuentren.[35]

Como sostiene acertadamente Klawans, esta extensión de las categorías del templo a instalaciones y actividades ajenas al mismo no debe verse como una *espiritualización*

---

32. Los textos rabínicos posteriores prevén un templo escatológico completo con sacerdotes y sacrificios, pero el carácter de ese templo y su modelo de culto no están claros. Algunos textos describen el futuro templo como un edificio construido divinamente que «espera en el cielo listo para descender a la tierra en el momento señalado» (Klawans, *Purity, Sacrifice, and the Temple*, 139). Las oraciones de la liturgia judía sugieren que la ofrenda diaria del *tamid* y los sacrificios especiales del *musaf* para las fiestas serán restaurados en la era mesiánica (Sacks [ed. y trans.], *Koren Siddur-Nusah Ashkenaz*, 542-545), aunque una tradición atribuida a las autoridades amoraicas afirma que el único sacrificio que permanecerá en esa era será la ofrenda de acción de gracias (Klawans, *Purity, Sacrifice, and the Temple*, 200). El primer gran rabino de Israel Abraham Isaac Kook, reconocido pionero y punta de lanza del sionismo religioso ortodoxo, enseñó que no se ofrecerían ni comerían animales en la era venidera (*Olat Rayah* 1, 292). Sobre la importancia de Rav Kook, v. Mirsky: *Rav Kook*.

33. Klawans discute esta interpretación de la expresión *mikdash adam* (Klawans, *Purity, Sacrifice, and the Temple*, 163), pero reconoce que «lo que no se puede negar es que los propios comportamientos de la secta se describen en términos sacrificiales» (164).

34. Aviam: «Reverence for Jerusalem and the Temple in Galilean Society».

35. See Marx: «The Missing Temple».

del templo y sus ritos, sino como una *'templización'* de las sinagogas (y, por lo tanto, de las comunidades judías que allí se reunían) y como una *'sacrificialización'* de modos de culto no sacrificiales.[36] El templo de Jerusalén representaba el deseo de Dios de habitar en un templo humano, y hacía esto sin disminuir su propia especificidad como estructura. De hecho, esta visión de Israel mismo como un templo y sus actividades diarias como sacrificio realmente intensificó la devoción a la institución de Jerusalén, incluso después de su destrucción. Dalia Marx expresa con mucha claridad este hecho en su descripción de la predisposición rabínica hacia el templo:

> Paradójicamente, la influencia del Templo aumentó tras su destrucción y su ausencia está presente en la rica complejidad de la vida judía. En el pasado, solo aquellos que peregrinaban y entraban por sus puertas experimentaban el Templo. Sin embargo, solo después de su destrucción cada judío puede visitar simbólicamente el templo de forma regular, estudiando sus leyes, rezando en su dirección, observando las festividades del calendario judío y celebrando los momentos importantes del ciclo de la vida.[37]

La razón de que esto sea así, no obstante, es que el templo de Herodes también apuntaba *hacia atrás*, al tabernáculo del desierto y al templo de Salomón (que contenía el arca sagrada); *hacia arriba*, al templo celestial; *hacia afuera*, al templo cósmico; y *hacia adelante*, al templo escatológico. Israel, como el templo *humano*, estaba así vinculado no solo a la institución anterior a los 70, sino, aún más, a las realidades trascendentes a las que esta había apuntado. Como resultado, el pueblo de Israel adquiría un lugar extraordinario en el universo y en el plan divino.

Estos cuatro patrones bíblicos del simbolismo del templo se amplían y profundizan en los escritos judíos extrabíblicos. En combinación con la vulnerabilidad política de Jerusalén y la expansión de la diáspora judía, este simbolismo intensificado aumentó la importancia del templo de Jerusalén en el imaginario judío, reforzando al mismo tiempo la conciencia de su relatividad y provisionalidad.

Esta paradoja distingue al templo posexílico de la ciudad de Jerusalén, la tierra de Israel y el pueblo de Israel. Mientras que el templo siempre había apuntado a realidades más allá de sí mismo, no fue igual en el caso de la ciudad, la tierra y la gente. En algunos textos extrabíblicos estos sí que adquieren un significado simbólico parecido —la ciudad y la tierra representando realidades escatológicas, y el pueblo de Israel representando a todos aquellos que «ven a Dios»[38]—. Aun así, las realidades concretas de la ciudad, la tierra, y la gente no se relativizan ni se vuelven provisionales por ello, sino que se colocan en el centro de un cuadro más amplio.

El templo ocupa, por tanto, una posición simbólica única en el judaísmo antiguo, tanto en la literatura bíblica como en la extrabíblica. Debemos tener en cuenta ese

---

36. Klawans, *Purity, Sacrifice, and the Temple*, 171-172.
37. Marx: «The Missing Temple», 105-106.
38. Sobre la tierra como mundo, v. Jubileos 22.14, 32.18-19; sobre Israel como «el hombre que ve a Dios», v. Filón, *On the change of names* (*Sobre el cambio de nombres*), 81.

hecho al examinar las perspectivas del Nuevo Testamento sobre el templo y al valorar su significación teológica para nuestra comprensión del Mesías resucitado, el pueblo judío y la tierra prometida.

El templo en los escritos no lucanos del Nuevo Testamento

Pablo y la tradición paulina

A diferencia del autor/editor de Lucas y Hechos, el apóstol Pablo escribe antes de que el templo de Jerusalén fuera destruido por los romanos. Por lo tanto, su actitud hacia esta institución judía tiene especial relevancia para nuestro conocimiento de la teología acerca del templo de los primeros seguidores de Jesús.

Pablo consideraba que las comunidades que él formaba eran expresiones del templo humano al que el templo de Jerusalén apuntaba (2 Co 6,14-7,1; 1 Co 6,19-20). Asimismo, consideraba su propia vida y la de sus seguidores como de carácter sacerdotal, con la ofrenda del servicio apostólico, el apoyo práctico y el soporte material como análogos al sacrificio del templo (Rm 12,1; 15,15-16.27; Flp 2,17; 4,18). Como hemos visto, esta extensión de los conceptos del templo más allá de los límites de la institución de Jerusalén era una característica común del mundo judío de su tiempo que, lejos de aminorar, más bien aumentó el prestigio de esa institución. Empleando la útil (aunque poco afortunada) terminología de Klawans, los textos paulinos no *espiritualizan* el templo y sus ritos, sino que *templizan* sus comunidades y *sacrificializan* sus modos de culto no sacrificiales.[39]

Esta conclusión encuentra apoyo en el hecho de que el corpus paulino de autoría indiscutida no contiene ninguna crítica, explícita o implícita, al templo de Jerusalén. Pero no necesitamos confiar solo en la ausencia de pruebas en contra. En tres textos, Pablo muestra inequívocamente su estima por la institución religiosa judía más importante de su época. El primero es Romanos 9,4, donde Pablo enumera los privilegios concedidos a Israel:

> Son israelitas, y a ellos pertenecen
> la adopción [*huiothesia*],
>   la gloria [*doxa*],
>   los pactos [*diathēkai*],
> la entrega de la ley [*nomothesia*],
>   el culto [*latreia*]
>   y las promesas [*epangeliai*] [...] (Rm 9,4)

Las formas paralelas de las seis palabras griegas utilizadas para designar estos privilegios —la primera (*huio-thesia*) en estrecha correspondencia con la cuarta

---

39. Sobre el respeto de Pablo hacia el templo de Jerusalén, véase: Fredriksen: *Sin*, 38-39, y «Judaizing the Nations», 349; Klawans, *Purity, Sacrifice, and the Temple*, 219-221; y Eisenbaum: *Paul was not a Christian*, 156-157.

(*nomo-thesia*) y la tercera (*diathēk-ai*) con la sexta (*epangeli-ai*)— refuerzan la conexión entre el segundo («la gloria» [*doxa*]) y el quinto («el culto» [*latreia*]) de ellos. Como señala Paula Fredriksen, la traducción RSV (y NRSV)[40] de *doxa* y *latreia* no transmite las connotaciones acerca del templo que estas palabras tenían: «La famosa traducción "sin sangre" hecha por la RSV de los términos griegos usados por Pablo enmascara las imágenes paulinas del templo en 9,4, donde *doxa/kavod* hablan precisamente de la gloriosa presencia de Dios en el santuario de Jerusalén, y *latreia/ avodah* se refieren al culto de ofrendas que allí se realiza».[41] De este modo, Pablo sitúa la bendición del templo en el contexto de los dones otorgados por medio de Moisés (es decir, el éxodo de Egipto —al que aquí se alude como «la adopción» [véase Ex 4,22-23]— y la revelación en el Sinaí) y la serie de pactos y promesas que se originaron antes de Moisés (con los patriarcas) y fueron desarrollados después de él (con David y los profetas). Pablo no deja aquí ninguna duda sobre su opinión favorable acerca del templo y su régimen de sacrificios.

En 1 Corintios 10,14-21 encontramos el segundo texto en que se hace visible la actitud de Pablo hacia el templo de Jerusalén. En estos versículos, Pablo pretende disuadir a sus oyentes de participar en banquetes con sacrificios paganos. Su argumento depende de un conjunto de presupuestos que apoyan la interpretación de Fredriksen acerca de *doxa* y *latreia* en Romanos 9,4.

> […] huid del culto a los ídolos. La copa de bendición que bendecimos, ¿no es una participación en la sangre de Cristo? El pan que partimos, ¿no es una participación en el cuerpo de Cristo? Si hay un solo pan es porque nosotros, que somos muchos, somos un solo cuerpo, pues todos participamos del mismo pan. Considerad al pueblo de Israel [lit. *Israel según la carne*]; los que comen los sacrificios, ¿no son copartícipes en el altar? ¿Qué sugiero entonces? ¿Que la comida sacrificada a los ídolos es algo, o que un ídolo es algo? No, sugiero que lo que los paganos sacrifican, lo hacen a los demonios y no a Dios. No quiero que seáis partícipes de los demonios. No podéis beber la copa del Señor y la copa de los demonios. No podéis participar en la mesa del Señor y en la mesa de los demonios. (1 Co 10,14-21)

Pablo compara tres acciones rituales: 1) la cena del Señor; 2) la participación en la carne sacrificada en el templo de Jerusalén; y 3) la participación en una comida del sacrificio en un templo pagano. La mención de la segunda acción ritual es necesaria para establecer el significado de la primera, ya que no es evidente en sí mismo que la cena del Señor sea una comida sacrificial. Luego Pablo utiliza el carácter sacrificial de la cena del Señor como base de su argumento contra la participación en sacrificios paganos. En resumen, cita el ejemplo del sacrificio del templo judío para explicar el significado de tener «participación [*koinonia*] en el cuerpo de Cristo», y luego cita la

---

40. [N. del T.: versiones bíblicas *Revised Standard Version* y *New Revised Standard Version*.]
41. Fredriksen: «Judaizing the Nations», 349.

cena del Señor (entendida como un banquete sacrificial) como una razón para evitar los banquetes sacrificiales paganos.

La contundencia de este argumento requiere una visión positiva del templo de Jerusalén y de su servicio sacrificial. Ser «copartícipes [*koinonoi*] en el altar [del templo de Jerusalén]» es ser partícipes del Dios al que ese altar representa.[42] Pablo habla de esta asociación en tiempo presente y no pasado: los que comen los sacrificios ofrecidos en el templo de Jerusalén —«Israel según la carne»— «son» (no *eran*) partícipes del altar. La convicción de Pablo de que los judíos entraban en comunión con Dios cuando rendían culto en el templo de Jerusalén proporciona el fundamento para su afirmación de que los discípulos de Jesús entran igualmente en comunión con el Mesías mediante la cena del Señor. 1 Corintios 10 respalda, por lo tanto, la afirmación de Paula Fredriksen de que «la Eucaristía, para Pablo, no sustituye, desplaza o impugna los sacrificios hechos a Dios por los judíos en el templo de Jerusalén. Para los gentiles en Cristo de Pablo en la diáspora, sin embargo, la eucaristía sustituye, y en cierto sentido anula, sus antiguos sacrificios a los falsos dioses».[43] De hecho, 1 Corintios 10 hace más que esto: muestra que Pablo tiene en alta estima «los sacrificios hechos a Dios por los judíos en el templo de Jerusalén», y en cierto sentido incluso conecta la cena del Señor con esas ofrendas.

El tercer texto clave de Pablo, 1 Corintios 9,13, sigue un patrón similar al que se encuentra en 1 Corintios 10. Una vez más, Pablo lanza un argumento cuyas premisas suponen una estimación favorable del templo de Jerusalén. En este caso trata de demostrar que los apóstoles tienen derecho a recibir una provisión material por su trabajo. Cita el ejemplo de los sacerdotes de Jerusalén como prueba de esta conclusión. «¿No sabéis que los que se emplean en el servicio del templo reciben su alimento del templo, y los que sirven en el altar participan de lo que se sacrifica en el altar?» (1 Co 9,13). Como en Romanos 15,16, Pablo trata el oficio apostólico como un tipo de servicio sacerdotal. Pero, así como 1 Corintios 10 asume el valor perdurable del culto realizado en el templo de Jerusalén para establecer el carácter sacrificial de la cena del Señor, del mismo modo este texto lo asume para establecer las prerrogativas sacerdotales del apostolado. El «sacerdocio» de Pablo no anula el orden aarónico, sino que lo extiende en una nueva dirección. Por lo tanto, James Charlesworth tiene razón cuando infiere de este versículo que «Pablo, como judío fiel, parece tener una visión muy positiva del Lugar Santo, el Templo».[44]

Estos tres textos provienen de cartas cuya autoría es indiscutible. La opinión de los estudiosos sobre la autoría de un cuarto texto, 2 Tesalonicenses 2,3-4, está dividida,

---

42. N. T. Wright reconoce este hecho: «Esta *participación* en el cuerpo y la sangre del Mesías [en 1 Corintios 10] está concebida [...] sobre el modelo de la *participación* que Israel, desde el tiempo del éxodo hasta la propia época de Pablo, creía que se producía *en el altar*, una perífrasis reverente hacia el mismo Dios [...]» (Wright: *Paul and the Faithfulness of God*, 2:1345). Desafortunadamente, de este texto Wright no hace ninguna deducción acerca de la opinión de Pablo sobre el templo de Jerusalén.

43. Fredriksen: *Sin*, 39.

44. Charlesworth, «The Temple and Jesus' Followers», 192.

pero la carta ciertamente es característica de la tradición paulina. Al igual que los otros pasajes ya considerados, este también manifiesta una alta consideración sobre el templo de Jerusalén:

> Que nadie os engañe en modo alguno; porque ese día [es decir, el día de la *parousía* del Señor Jesús] no vendrá sin que antes venga la rebelión y se manifieste el inicuo, el que está destinado a la destrucción. Él se opone y se exalta a sí mismo por encima de todo lo que se llame Dios o sea objeto de adoración, de tal modo que toma asiento en el templo de Dios, declarándose a sí mismo Dios. (2 Ts 2,3-4)

El autor habla aquí del anticristo, e interpreta la «abominación desoladora» de Daniel (11,31; 12,11) como su entronización en el templo de Jerusalén (ver Mc 13,14). Ese edificio se denomina aquí «el templo de Dios» y se considera central en las escenas finales del drama escatológico. Una vez más, Charlesworth está justificado cuando afirma que «El autor [de 2 Ts] celebra la extrema importancia del templo de Jerusalén en la economía de la salvación».[45]

A la luz de estos textos, no tenemos ninguna razón para considerar que la eclesiología del templo en Pablo implique ni la anulación ni la relativización de la importancia del templo de Jerusalén. Sin embargo, la tradición paulina sí incluye una carta cuya eclesiología del templo puede al menos sugerir la superioridad de la *ekklēsia* sobre la institución de Jerusalén, esta última apuntando en dirección a aquella. Esa carta es Efesios, y su clásica declaración sobre eclesiología del templo se encuentra en el capítulo 2, versículos 11 a 22.[46] El capítulo concluye con una declaración explícita de su tema central: «En él [el Mesías Jesús] todo el edificio está unido y crece hasta convertirse en un templo santo en el Señor; en quien vosotros también sois edificados juntos en una morada de Dios en el Espíritu» (Ef 2,21-22).[47] Además, la imagen del templo impregna el fragmento en su conjunto. El juego de imágenes de distancia y proximidad (vv. 13, 17) alude a la relación espacial con el santuario de Jerusalén y su altar, que en el Pentateuco es significada por la raíz hebrea *k-r-v* (que significa «estar cerca»). De modo similar, la palabra *acceso* (*pros-agogē*, v. 18) es una forma nominal del verbo *pros-agō* comúnmente empleado en la Septuaginta para traducir la palabra hebrea *hikriv* (la forma causativa de *k-r-v*) en los escritos sacerdotales de la Torá: así, tener *acceso* es «acercarse» al lugar santo. Los destinatarios gentiles de esta carta, que habían estado «lejos», han sido ahora *acercados* por «la sangre del Mesías» (v. 13), es decir, por el *korban* del Mesías (esta es la palabra hebrea para *sacrificio*, y significa literalmente «lo que es acercado»).

---

45. Charlesworth, «The Temple and Jesus' Followers», 195.

46. Para una amplia exposición sobre Efesios 1-3, v. Kinzer, *Searching Her Own Mystery*, 65-82.

47. Todas las citas de Efesios 2,11-22 son traducción propia del autor. [N. del T.: al inglés, y de este al español por el traductor].

El versículo central de Efesios 2,11-22 habla de cómo el Mesías ha unido en sí mismo a judíos y gentiles, y «ha derribado el muro de separación, anulando en su carne la hostilidad entre nosotros» (v. 14). Dado el papel dominante de las imágenes del templo en el conjunto del fragmento, este versículo alude probablemente a la balaustrada en los atrios del templo de Jerusalén, que impedía a los gentiles acercarse al santuario propiamente dicho.[48] Efesios afirma así que el *korban* del Mesías ha efectuado un cambio en el estatus de los gentiles que están unidos a él, de modo que ahora pueden acercarse a Dios de una forma que estaba prohibida en el templo de Jerusalén. Aunque esto desafía las convenciones judías de la época, no viola de hecho la Torá (que no impone tales barreras a la participación de los gentiles en el culto de Israel). Es más, el mensaje profético de Isaías (p. ej., 56,6-8; 66,18-23) nos llevaría a esperar justo un cambio así en el estatus de los gentiles en el *eschaton*.[49]

Según Efesios, el *korban* del Mesías trae bendición no solo a los gentiles (que habían estado «lejos») sino también a los judíos (que ya estaban «cerca»): «Vino, pues, a anunciaros buenas noticias de paz a vosotros que estabais lejos, y paz a los que estaban cerca, porque por él unos y otros tenemos acceso al Padre en un solo Espíritu» (vv. 17-18). La promesa de un «acceso» más íntimo a Dios, por medio del Mesías y en el Espíritu, disponible para judíos y gentiles juntos, sugiere que la balaustrada del templo no era la única barrera que había sido eliminada por el *korban* del Mesías. Es posible que Efesios insinúe aquí lo que la carta a los Hebreos afirma rotundamente: que ahora está abierto el camino «para entrar en el santuario por la sangre de Jesús» (Hb 10,19; ver 6,19-20). La proximidad a Dios que antes solo se concedía al sumo sacerdote, y a él solo un día al año, era ahora privilegio permanente de todos los que están unidos al Mesías.

En consonancia con la eclesiología del templo que encontramos en las cartas paulinas de autoría no cuestionada, Efesios presenta a la *ekklēsia* como un templo en el que reside Dios. Sin embargo, a diferencia de las cartas anteriores, Efesios parece describir este templo como superior en algunos aspectos al templo de Jerusalén. Mientras que los primeros escritos paulinos solo pueden ver la *ekklēsia* como una

---

48. L. T. Johnson, *The Writings of the New Testament*, 415.

49. Parece creíble que el autor/editor de Lucas y Hechos conozca Efesios y que narre la historia del arresto de Pablo en Jerusalén de forma que se eliminen los malentendidos que la carta podría haber generado. En Hechos 21,27-30 Pablo, en el templo, es agarrado a la fuerza por una multitud que sospecha que ha llevado a un gentil más allá de la balaustrada. Es casi como si hubieran oído algo sobre la enseñanza de Efesios 2,14 y concluyeran a partir de ella que Pablo haría caso omiso de las palabras inscritas en la balaustrada, que advierten a los gentiles que no avancen más allá. Llama la atención que los que agitan a la multitud con esta falsa acusación son «judíos de Asia» (Hch 21,27), es decir, la provincia en la que se encuentra la ciudad de Éfeso. Además, la razón dada para su sospecha es que habían visto antes a Pablo con un compañero gentil: Trófimo el Efesio (Hch 21,29). En los diversos discursos que siguen a este incidente, Pablo se esfuerza por subrayar su conformidad voluntaria con las costumbres judías, incluidas las que regían en el templo (por ejemplo, Hch 24,12-13.17-18; 26,4-5; 28,17). De este modo, Hechos deja claro que la eclesiología del templo de Pablo nunca le llevaría a violar las normas que regían la conducta en el templo de Jerusalén.

extensión de la institución de Jerusalén, Efesios claramente considera que el cuerpo del Mesías es el anticipo de su mayor *arquetipo* escatológico. Al mismo tiempo, no hay nada en Efesios que sugiera que la manifestación preliminar del *arquetipo* perfecto implique la *anulación* de la institución que sirvió como su tipo imperfecto.[50] Como veremos más adelante en nuestro estudio de Hebreos, es posible mantener juntos el tipo y el arquetipo en tensión escatológica.

La tradición paulina no muestra ningún interés por los templos celestiales, cósmicos o escatológicos.[51] Cuando recurre al rico campo simbólico de realidades a las que el templo podría apuntar, se centra exclusivamente en el templo humano representado por la comunidad del Mesías.

Al hacerlo así, la eclesiología del templo en los escritos paulinos no plantea ningún obstáculo para la afirmación de un vínculo duradero del Mesías resucitado con el pueblo judío, la ciudad de Jerusalén y la tierra de Israel.

Hebreos

Los eruditos del siglo pasado solían presentar la carta a los Hebreos como imagen demostrativa de un «cristianismo» primitivo que había dejado atrás al judaísmo y al pueblo judío. La siguiente caracterización del texto hecha por Bruce Chilton y Jacob Neusner es típica:

> El Templo de Jerusalén ha sido sustituido en Hebreos por una concepción del trono divino en el cielo y la congregación fiel en la tierra [...] El autor entiende a Israel, literalmente, como una cosa del pasado, la cáscara del primer pacto, ahora anticuado [...] El verdadero sumo sacerdote ha entrado de una vez y para siempre (9,12) en lo más recóndito de la santidad, de modo que no es necesaria ni apropiada ninguna otra acción sacrificial.[52]

Como es evidente, la teología del templo de esta carta ha proporcionado la principal justificación para esta lectura posjudía de Hebreos. Sin embargo, estudios recientes han puesto en tela de juicio este consenso académico y ha surgido una nueva interpretación del libro con mucha consistencia y poder de convicción.[53]

---

50. Si Efesios se escribió después de la destrucción del templo en el año 70, la coexistencia de tipo y arquetipo no sería un problema. En ese caso, la carta ofrecería consuelo a los que lloraban la pérdida del templo, asegurándoles que una realidad espiritual aún mayor permanecía en medio de ellos.

51. La tradición paulina (p. ej., Col 1,19; 2,9) ofrece una alusión pasajera a la cristología del templo (v. Wright, *Paul and the Faithfulness of God*, 675). La cristología del templo y la eclesiología del templo son dos expresiones distintas pero relacionadas, de una visión que considera que la institución de Jerusalén apunta a la realidad del templo humano.

52. Chilton y Neusner, *Judaism in the New Testament*, 182-183, 180. Véase también la opinión de Klawans: «La polémica antitemplo, antisacrificial y antisacerdotal aquí [en el libro de Hebreos] es simplemente inconfundible [...] Este texto es la base de los enfoques supersesionistas cristianos sobre el templo» (Klawans, *Purity, Sacrifice, and the Temple*, 243).

53. Ya en un importante artículo de 1989, Charles Anderson argumentó que el marco de referencia

Como Pablo, el autor de Hebreos tiene una visión muy focalizada en un punto cuando reflexiona sobre el campo de realidades al que apunta el templo de Jerusalén. Mientras que Pablo se centra exclusivamente en el templo *humano*, Hebreos se concentra en el templo *celestial*. Chilton y Neusner están leyendo a Pablo en Hebreos cuando afirman que «El templo de Jerusalén ha sido sustituido en Hebreos por [...] la congregación fiel en la tierra». No hay ninguna eclesiología del templo en Hebreos, y la importancia de este hecho quedará clara a medida que avancemos.[54]

Al describir el templo celestial y afirmar su superioridad sobre su antitipo terrenal, Hebreos sigue la tradición exegética judía en su lectura de Éxodo 15,17 y Daniel 2,34-35.44-45:

> Pero cuando Cristo vino como un sumo sacerdote de las cosas buenas que han venido, entonces, a través de la tienda más grande y perfecta (no hecha por manos [*ou cheiro-poiētou*], es decir, no de esta creación), entró de una vez por todas en el Lugar Santo [...] (Hb 9,11-12a)

> Pues Cristo no entró en un santuario hecho por manos humanas [*ou gar eis cheiro-poiēta*], una mera copia [*antitypa*] del verdadero, sino que entró en el mismo cielo, para presentarse ahora delante de Dios a favor de nosotros. (Hb 9,24)

> [... Cristo es] un ministro [*leitourgos*] en el santuario y la verdadera tienda que el Señor, y no ningún mortal [*anthrōpos*], ha levantado. (Hb 8,2)

Las lecturas judías tradicionales de Éxodo 15,17-18 y Daniel 2,34-35 contraponen el templo de esta época, de factura humana («hecho con las manos»), al templo escatológico de construcción divina. En cambio, Hebreos pone el énfasis en el templo *celestial*.[55] En otras palabras, Hebreos parece plantear una dualidad estrictamente espacial vertical entre los templos terrenal y celestial, en lugar de una dualidad temporal horizontal. Sin embargo, esta aparente distinción se desmorona cuando se tiene en cuenta el horizonte escatológico de este libro, como veremos enseguida.

Este énfasis en el templo celestial se deduce de preocupaciones cristológicas y soteriológicas: el autor se centra en el cielo no como lugar de adoración angélica, sino

---

de Hebreos es completamente judío, destinada a una audiencia compuesta exclusivamente por judíos y con una defensa continua de todas las disposiciones de la Torá, excepto las directamente asociadas con el templo (Anderson: «Who are the Heirs of the New Age in the Epistle to the Hebrews?»). Los argumentos y conclusiones de Anderson han sido repetidos y confirmados más recientemente por Richard Hays (Hays, «"Here We Have No Lasting City": New Covenantalism in Hebrews», 151-173). Anderson dio el paso clave más allá de una lectura posjudía de Hebreos, pero siguió manteniendo la interpretación tradicional de la teología del templo de Hebreos. Esa interpretación tradicional ahora también ha sido cuestionada, y el fondo de ese cuestionamiento será mi objetivo en esta sección.

54. Véase Chance, *Jerusalem, the Temple, and the New Age in Luke-Acts*, 26: «[...] el autor de Hebreos no *eclesiologiza* ni *cristologiza* el templo, pues en Hebreos ni la iglesia ni Jesús se convierten realmente en el nuevo templo escatológico».

55. Acerca del uso de Exodo 15,17-18 en Hebreos y sus similaridad con la tradición exegética judía posterior, v. Tomson, «If this be from Heaven...», 369-370.

como el sitio del oficio sacerdotal y la obra expiatoria de Jesús. En un libro reciente, David Moffitt ha subrayado la importancia de estos puntos, y ha hecho a partir de ellos una inferencia que se había escapado a comentaristas anteriores.[56] En primer lugar, Moffitt muestra cómo el autor de Hebreos distingue cuidadosamente la genealogía davídica de Jesús de la descendencia aarónica del sacerdocio de Jerusalén. A este respecto, dos textos son significativos:

> 13 Ahora bien, aquel de quien se dicen estas cosas pertenecía a otra tribu, de la cual nadie ha servido jamás en el altar. 14 Pues es evidente que nuestro Señor descendía de Judá, y en relación con esa tribu Moisés no dijo nada acerca de sacerdotes. 15 Es aún más evidente cuando surge otro sacerdote, semejante a Melquisedec, 16 uno que ha llegado a ser sacerdote, no por un requisito legal referente a la descendencia física, sino por el poder de una vida indestructible. (Hb 7,13-16)

> Ahora bien, si estuviera en la tierra, no sería sacerdote en absoluto, ya que hay sacerdotes que presentan las ofrendas según la ley. (Hb 8,4)

Según el orden propio del culto en el santuario terrenal de Jerusalén, los sacerdotes descendientes de Aarón «presentan las ofrendas según la ley». Como descendiente de David y no de Aarón, Jesús no está calificado para servir como sacerdote en *ese* lugar. Su cualificación para el servicio sacerdotal deriva, en cambio, del «poder de vida indestructible» que ahora posee (es decir, desde su resurrección y ascensión, que Dios aprobó en cumplimiento de las promesas hechas a David y a los sucesores de David). En virtud de su poder de resurrección, Jesús entra en el santuario celestial y allí ejerce su vocación sacerdotal. Su sacerdocio es *celestial*, no *terrenal*.[57]

En segundo lugar, Moffitt argumenta de forma convincente que Hebreos considera el sacrificio de Jesús como un acto celestial en el que él presenta su cuerpo humano crucificado y ahora glorificado ante el trono de Dios.[58] En otras palabras, Hebreos no se centra en la crucifixión en sí como sacrificio, sino en sus consecuencias celestiales. El escenario celestial de la obra expiatoria de Jesús es evidente en numerosos versículos (1,3; 4,14; 6,19-20; 8,2; 9,11-14; 9,23-24; 10,12), y se corresponde con el régimen de la Torá en el que la muerte del animal constituye solo una etapa preliminar del proceso del sacrificio. Según la Torá, el acto sacrificial culmina con la presentación de la sangre en el altar y (en algunos casos) en el lugar santo. Más aún, el sacrificio de Jesús requiere un escenario celestial, según la afirmación inequívoca que se hace en la carta de que Jesús no podía actuar como sacerdote terrenal. Dado que Jesús está capacitado para servir como sacerdote *solo* en el santuario celestial (y no en su antitipo terrenal), el sacrificio salvador que ofrece debe tener su locus en ese escenario celestial.

---

56. Moffitt, *Atonement and the Logic of Resurrection in the Epistle to the Hebrews*.
57. Moffitt, *Atonement and the Logic of Resurrection*, 199.
58. Moffitt, *Atonement and the Logic of Resurrection*, 220-296.

Moffitt infiere de estos dos puntos una conclusión que desafía las anteriores interpretaciones de Hebreos:

> El autor pone el énfasis en la ascensión de Jesús y su reunión celestial en parte porque *reconoce la autoridad de la Ley, al menos en la tierra*. Jesús puede servir como sumo sacerdote solo si está en el cielo. [...] *La autoridad de la Ley sigue siendo válida en la tierra*, y en la tierra ya existe un orden sacerdotal legalmente designado. Por lo tanto, Jesús, siendo de la tribu de Judá (7,14), no puede servir en ese sacerdocio.[59]

Ahora vemos las significativas implicaciones que se deducen del hecho de que Hebreos carezca de cualquier eclesiología del templo, o incluso rastro alguno de una cristología del templo: tales teologías del templo atienden a realidades *terrenales* significadas por el santuario de Jerusalén o el tabernáculo del desierto. En una obra literaria que resalta con tanta fuerza la enorme superioridad del sacerdocio y el sacrificio de Jesús respecto a las instituciones de la Torá, que los prefiguran, sería difícil interpretar la eclesiología del templo o la cristología del templo como meras *extensiones* o *arquetipos* de las instituciones de la Torá. Si Jesús fuera un sacerdote terrenal y su sacrificio fuera un sacrificio terrenal, entonces la lógica de Hebreos implicaría la obsolescencia, abrogación y *sustitución* de estas instituciones de la Torá. Pero como su sacerdocio y su sacrificio son celestiales, pueden *coexistir* —al menos en el período intermedio entre la resurrección de Jesús y su regreso— con las instituciones terrenales que los prefiguran.

Puesto que Jesús ha entrado en el santuario celestial con su propio cuerpo y su propia sangre, se ha efectuado una expiación cuyo poder transformador trasciende el disponible a través de las instituciones sacerdotales ordenadas por la Torá: «Porque si la sangre de los machos cabríos y de los toros, rociada con las cenizas de una novilla, santifica a los contaminados para que su carne sea purificada, ¡cuánto más la sangre de Cristo, que por el Espíritu eterno se ofreció a sí mismo sin mancha a Dios, purificará nuestra conciencia de las obras muertas para adorar al Dios vivo!» (Hb 9,13-14). Además, su mediación sacerdotal permite ahora a sus seguidores un acceso previo al trono celestial de Dios, con el que se corresponde el lugar santísimo del templo (Hb 6,19-20; 10,19-22). Pero, dado que Jesús ha logrado esto como un ser humano encarnado y resucitado, la meta final de sus «hermanos» (Hb 2,5-18) no es la existencia celestial como espíritus incorpóreos, sino la vida de resurrección en «el mundo venidero» (*tēn oikoumenēn tēn mellousan*, Hb 2,5), la definitiva tierra de la promesa (Hb 4,1-11). Así se despliega la dualidad espacial *vertical* de la teología del templo en Hebreos, revelando su dualidad temporal *horizontal* subyacente.

El reconocimiento del papel crucial que desempeña la escatología *no realizada* en Hebreos caracteriza esta fresca lectura de Hebreos que ofrecen los estudios recientes. Richard Hays resume sucintamente esta idea fundamental: «Hebreos —pese a su

---

59. Moffitt, *Atonement and the Logic of Resurrection*, 220, 199 (énfasis añadido).

convicción de que Jesús ha completado de hecho su obra expiatoria en el santuario celestial— mantiene, notablemente abierta, una escatología que continúa mirando al futuro para la consumación de la salvación».[60] La teología del templo en el libro, no simplemente coexiste con esta «escatología de final abierto», sino que se formula con el propósito de expresarla. Esto se hace de lo más evidente en Hebreos 9,6-10:

> 6 Una vez hechos tales preparativos, los sacerdotes entran continuamente en la primera tienda para cumplir con sus deberes rituales; 7 pero solo el sumo sacerdote entra en la segunda, y él solo una vez al año, y no sin tomar la sangre que ofrece por sí mismo y por los pecados cometidos involuntariamente por el pueblo. 8 Con esto el Espíritu Santo indica que el camino hacia el santuario aún no ha sido desvelado mientras la primera tienda siga en pie. 9 Esto es un símbolo del tiempo presente [*hētis parabolē eis ton kairon ton enestēkota*], durante el cual se hacen ofrendas y sacrificios que no pueden perfeccionar la conciencia del adorador, 10 sino que se trata solo de comida y bebida y diversos bautismos, reglamentos para el cuerpo impuestos hasta que llegue el tiempo de un orden de cosas mejor [*mechri kairou diorthōseōs epikeimena*].

Como ha argumentado Jesper Svartvik, la distinción entre la primera y la segunda tienda simboliza la distinción entre el mundo presente sometido al poder de la muerte (Hb 2,14) y el mundo venidero de la resurrección (Hb 7,16).[61] La primera tienda —el mundo sometido a la muerte— todavía está «en pie», por lo que «el camino hacia el santuario aún no ha sido [completamente] desvelado» (Hb 9,8).

> Lo que es tan importante para el autor —y por tanto también para el lector— es que *la tienda exterior sigue en pie*. En otras palabras, en el noveno capítulo hay un contraste entre el presente y el futuro. El autor afirma que vive en el tiempo presente (9,9: *eiston kairon ton enestēkota*), pero que anhela «el tiempo de un orden mejor» (9,10: *mechri kairou diorthōseōs epikeimena*).[62]

Nuestra «esperanza» entra ya en el «santuario interior tras la cortina» (Hb 6,19), pero la esperanza no es todavía una posesión plena (Hb 11,1). Los seguidores de Jesús ya participan de un aperitivo que consiste en los «poderes del siglo venidero» (*dynameiste mellontos aiōnos*, Hb 6,5), pero aún no pueden reclinarse a la mesa y disfrutar del festín completo.

La teología escatológica del templo de Hebreos también proporciona la base para la interpretación que el libro hace del «nuevo pacto» de Jeremías 31. La «primera tienda» (Hb 9,2) corresponde al «primer pacto» (Hb 9,1), y la «segunda tienda» representa tanto el «nuevo pacto» como el mundo venidero. Esta correlación directa lleva a una conclusión sorprendente: en palabras de Svartvik, «el tiempo del nuevo

---

60. Hays, «New Covenantalism», 166.
61. Svartvik, «Reading the Epistle to the Hebrews without Presupposing Supersessionism».
62. Svartvik, «Reading the Epistle to the Hebrews», 86 (énfasis original).

pacto *no se ha cumplido*, todavía no».⁶³ Svartvik sigue aquí la lectura de Hebreos propuesta por Peter Tomson:

> Si bien el autor es claro en cuanto a la excelencia del culto del «nuevo» pacto, habla del «antiguo» como algo que aún continúa y que se simboliza en el servicio del templo en el tiempo presente. La obra de Cristo consiste, pues, no tanto en disolver el culto prescrito por la antigua alianza, sino en cumplir su verdadero significado mientras «la primera tienda sigue en pie» [...] *El «nuevo pacto», si se nos permite resaltarlo de este modo, solo es válido en el cielo, todavía no en la tierra.* Las «buenas cosas», de las que Cristo es la imagen directa, están aún por venir. De hecho, toda la alegoría platonizante se mantiene dentro del marco escatológico imaginado en el texto original de Jeremías [...]⁶⁴

Svartvik reafirma la interpretación de Tomson atendiendo al uso del verbo *palaioō* («envejecer») en Hebreos 8,13: «Al hablar de un nuevo pacto, da a entender que el primero es antiguo [*pe-palaiōken*]. Y todo lo que es antiguo [*to de palaioumnenon*] y va envejeciendo está a punto de desaparecer [*engus a-phanismou*]».⁶⁵ Como señala Svartvik, este verbo aparece solo dos veces en Hebreos. Lo encontramos por primera vez en el capítulo inicial del libro en una cita de Salmos 102,25-26, donde se refiere a la naturaleza transitoria del orden actual del mundo: «En el principio, Señor, fundaste la tierra, y los cielos son obra de tus manos; ellos perecerán, pero tú permaneces; todos se desgastarán [*palaiōthēsontai*] como la ropa [...]» (Hb 1,10-11).⁶⁶ Así, lo que está «a punto de desaparecer» no es el *judaísmo* en favor del *cristianismo*, sino un mundo sometido al poder de la muerte en favor de un mundo renovado por el poder de la vida indestructible.

La convicción expresada en Hebreos de que el primer pacto está «envejeciendo» y está «a punto de desaparecer» no puede separarse de la afirmación, hecha también en el libro, de que el Mesías sacerdotal resucitado y ascendido pronto regresará y transformará el orden actual del mundo:

> 36 Porque necesitáis perseverancia, para que cuando hayáis hecho la voluntad de Dios, podáis recibir lo prometido. 37 Pues todavía, «dentro de muy poco tiempo, el que ha de venir vendrá y no se retrasará; 38 pero mi justo por la fe vivirá. Mi alma no se complace en quien retrocede». 39 Pero nosotros no

---

63. Svartvik, «Reading the Epistle to the Hebrews», 86 (énfasis añadido).

64. Tomson, «If this be from Heaven», 361-362 (énfasis añadido).

65. *Nueva Biblia de Jerusalén*. Como muchas otras versiones, la NRSV traduce aquí *palaioō* como «hecho obsoleto». Richard Hays («Aquí no tenemos una ciudad duradera», 160-161) señala que la palabra griega no tiene por qué tener una connotación tan radical: «El comentario final de nuestro autor en [Hebreos 8] v. 13 es quizá menos negativo de lo que sugiere la NRSV, que utiliza el término "obsoleto" para describir el primer pacto. Lo que el hebreo dice en realidad es que Dios ha "hecho viejo" el primer pacto (*pepalaiōken*)».

66. Svartvik, «Reading the Epistle to the Hebrews», 80n14, 87-88.

somos de los que retroceden y así se pierden, sino de los que tienen fe y así se salvan. (Hb 10,36-39)

Como el apóstol Pablo, el escritor de Hebreos tiene una viva expectación del reinado venidero del Mesías, y esta expectación da forma a las líneas básicas que configuran su teología del templo y del pacto.

La tensión escatológica de Hebreos explica la aparente contradicción que plantea el hecho de que el autor escriba una carta urgente de instrucción y exhortación a quienes, como participantes del «nuevo pacto», supuestamente ya no necesitan tal instrucción (Jr 31,33-34). Los comentarios de Mark Nanos son oportunos:

> El autor y los destinatarios saben que ese nuevo pacto no se ha experimentado de hecho, lo que queda atestiguado nada menos que por la necesidad de escribir esta carta para *enseñar* a gentes que no están obedeciendo el pacto, como si la *enseñanza* (= Torá) estuviese ahora escrita en sus corazones o mentes [...] Aquellos que experimentan Jeremías 31 no necesitan tener sus «facultades entrenadas por la práctica de distinguir el bien del mal» (Hb 5,14) [...] Jer 31 no se puede usar con precisión para describir la experiencia de ninguna comunidad ... todavía.[67]

Svartvik llega a la misma conclusión acerca de la forma adecuada de entender el nuevo pacto de Jeremías 31, y expone su posición con una serie de preguntas retóricas: «¿Han desaparecido todos los corazones de piedra? ¿Es cierto que los cristianos no necesitan enseñarse unos a otros? ¿Conocen todos los cristianos al Señor —desde el más pequeño hasta el más grande—?».[68] Para Hebreos, el nuevo pacto está en proceso de realizarse, de la misma forma que el primer pacto está en proceso de hacerse «viejo». Pero ninguno de los procesos se ha completado todavía.

Como señala David Moffitt, la tensión escatológica de Hebreos también revela el propósito por el cual se escribió el libro: «Independientemente de que la audiencia esté experimentando persecución en ese momento, el reconocimiento de esta metanarrativa escatológica sugiere que el asunto de que la comunidad vuelva a caer en algún tipo de judaísmo que ya habían dejado atrás no es, simplemente, el punto en cuestión. La cuestión es el reloj del tiempo escatológico».[69] Ante el sufrimiento y el inesperado retraso, los oyentes corren el peligro de perder la esperanza en la venida del Mesías. El autor escribe para infundirles valor para perseverar.

Las dos dualidades interconectadas de Hebreos —una vertical y espacial, la otra horizontal y temporal— respaldan la afirmación del libro de que las leyes de la Torá para el santuario de Israel son proféticas o tipológicas, y por tanto transitorias o temporales. Sin embargo, hasta que «venga el que ha de venir» (Hb 12,37), el orden del santuario terrenal sigue vigente. No es reemplazado por una realidad terrenal

---

67. Nanos, «New or Renewed Covenantalism?», 186,188.
68. Svartvik, «Reading the Epistle to the Hebrews», 90.
69. Moffitt, *Atonement and the Logic of Resurrection*, 301.

superior, es decir, la *ekklēsia*. Si Hebreos está escrito en el período anterior al año 70, esto significaría que el autor reconoce la legitimidad del templo de Jerusalén en el período anterior a la venida de «el que ha de venir». Si, por otro lado, Hebreos proviene del período posterior al año 70, entonces el autor trata la destrucción del templo de Jerusalén como una señal escatológica de que el orden actual del mundo pronto desaparecerá. En ese caso, Hebreos empieza a parecerse mucho a otros textos judíos de la misma época, como L.A.B., 4 Esdras y 2 Baruc, todos los cuales expresan la esperanza en el establecimiento de un nuevo orden de culto que vaya más allá del experimentado por Israel en el pasado.

Estos tres textos judíos del período inmediatamente posterior a la destrucción del templo de Jerusalén también plantean la posibilidad de que el templo celestial de Hebreos, «no hecho con manos», sea imaginado por el autor como *convirtiéndose* definitivamente en el templo escatológico.[70] En 4 Esdras y 2 Baruc en particular, el templo celestial está inextricablemente conectado con la ciudad y la tierra celestiales, y las tres imágenes juntas conforman la esperanza futura de Israel.[71] Las imágenes escatológicas de Hebreos describen el mundo venidero como *tierra* (Hb 3,7-4,11; 11,14-16) y *ciudad* (Hb 11,10. 16; 12,22; 13,14), pero no explícitamente como *templo*. Sin embargo, la ciudad escatológica se llama monte Sion (Hb 12,22) —es decir, el monte del Templo— y está relacionada con los ángeles y la adoración celestial (Hb 12,23-24). En el contexto, el contraste inmediato es entre la ciudad escatológica (es decir, el nuevo pacto) y el monte Sinaí (es decir, el primer pacto), pero los lectores no pueden evitar ver la conexión entre el monte Sinaí y el tabernáculo que se construyó allí por primera vez. Al llegar al monte Sion celestial, los seguidores de Jesús también llegan a la «sangre rociada que habla mejor que la sangre de Abel» (Hb 12,24), y los lectores saben que esta sangre expiatoria se encuentra ahora en el santuario celestial. En última instancia, parece que las dos dualidades de Hebreos se unen, y el templo celestial «no hecho con manos» se convierte en el templo escatológico. Podríamos decir con más precisión que el *lugar santísimo* celestial se convierte en el templo/ciudad escatológico, porque la propia dualidad temporal y ontológica, simbolizada por la separación espacial entre el santuario y el lugar santísimo, será abrogada.

---

70. Klawans describe este motivo tan extendido en la literatura del segundo templo: «Combinando los relatos de la visión de Moisés del modelo del tabernáculo con la visión de Ezequiel del futuro templo, surgió un conjunto de tradiciones que imaginaron que un nuevo y glorioso templo estaba en el cielo, listo y esperando para descender a la tierra al final de los días, y que podía ser visto por aquellos visionarios que ascendían al cielo (por ejemplo, 1 Enoc 90.28-37; 2 Baruc 4.1-6; 2 Esdras 10.25-28; véase el *Rollo del templo* XXIX, 9-10 y los textos de *La nueva Jerusalén* de Qumrán) [...]» (Klawans, *Purity, Sacrifice, and the Temple*, 128-129).

71. Carla Sulzbach argumenta convincentemente que estas realidades celestiales en 4 Esdras y 2 Baruc no están del todo en discontinuidad con sus correlatos terrenales, sino que indican versiones gloriosas y transformadas de lo que Israel había conocido antes (Sulzbach: «The Fate of Jerusalem in *2 Baruch* and *4 Ezra*: From Earth to Heaven and Back?»). David Moffitt adopta un enfoque similar sobre estos textos judíos, y comenta extensamente y con perspicacia los paralelismos entre la escatología de Hebreos y la de L.A.B., 4 Esdras y 2 Baruc (Moffitt, *Atonement and the Logic of Resurrection*, 96-119).

Quisiera subrayar la observación de que Hebreos habla explícitamente de una ciudad y una tierra escatológicas, pero no de un templo escatológico. En cierto sentido, no hay templo en la visión escatológica de este libro, pues la ciudad y la tierra son en sí mismas equivalentes al lugar santísimo celestial. Y sin embargo, como destaca Moffitt, esa ciudad y esa tierra son realidades «físicas», al igual que la forma resucitada de Jesús es realmente un cuerpo «físico». Además, aunque la ciudad y la tierra de la era futura se distinguen de la ciudad y la tierra de la era presente, los dos órdenes ontológicos deben tener alguna relación entre sí, al igual que el mundo futuro en su conjunto es distinto del mundo presente y, sin embargo, está relacionado con él.

Hebreos no deslegitima el orden de culto tradicional judío en la época anterior a la venida de «el que ha de venir», ni niega la importancia de la ciudad de Jerusalén, la tierra de Israel o el pueblo judío. La visión académica tradicional de que el autor de Hebreos veía Israel como «una cosa del pasado, la cáscara del primer pacto, ahora anticuado», debe ser desechada.[72]

Apocalipsis

Al igual que el libro de Hebreos, el Apocalipsis de Juan centra su atención en el templo celestial, pero, a diferencia de Hebreos, sin ninguna intención polémica. El Apocalipsis no ofrece ningún comentario sobre la imperfección del templo terrenal, sino que mira exclusivamente a su arquetipo celestial como el lugar desde el cual se gobierna el universo y brota toda realidad.

El Apocalipsis describe el santuario celestial y sus actividades en términos que muestran su detallada correspondencia con el santuario terrenal ordenado en la Torá y materializado en el templo de Jerusalén. El templo celestial incluye una *menorá* de siete brazos (4,5), un altar de oro para el incienso (8,3-4; 9,13; 14,17-18), un altar para el holocausto (6,9; 16,7), el arca de la alianza (11,19), un lavamanos (4,6; 15,2) y la tienda del testimonio (15,5). Seres celestiales visten ropas sacerdotales (15,6) y ofrecen incienso a Aquel que está sentado en el trono (5,8; 8,3-4). El templo celestial está situado en un monte Sion celestial (14,1) y todos los que allí moran participan en un canto de alabanza que se asemeja a la música levítica del santuario de Jerusalén (14,2-3; 4,9-11; 5,9-14; 7,11-12; 11,16-18; 15,2-4).

El Apocalipsis también comparte con Hebreos la convicción soteriológica de que Jesús consuma su sacrificio en el cielo y no en la tierra. Ese es el significado de la extraordinaria escena en la que el cordero aparece en el cielo («en pie como si hubiera sido sacrificado [*esphagmenon*]»), toma el rollo del que está sentado en el trono y recibe la adoración de los cuatro seres vivientes, de los veinticuatro ancianos, de miríadas de ángeles y de toda la creación (5,6-14). El Mesías davídico vence mediante

---

72. Chilton and Neusner: *Judaism in the New Testament*, 183.

el derramamiento sacrificial de su sangre, y su sacrificio solo tiene efecto después de presentar su cuerpo martirizado y resucitado ante el trono celestial.

Esta lectura de Apocalipsis 5 se confirma en el capítulo siguiente, cuando el vidente contempla «las almas de los que habían sido sacrificados [*esphagmenōn*] por la palabra de Dios y por el testimonio [*martyrion*] que habían dado» (6,9). Juan nos dice que estas «almas» están «bajo el altar», es decir, en la base del altar del holocausto, donde los sacerdotes vierten la sangre de los sacrificios de Israel.[73] Mientras que el altar celestial del incienso es el lugar donde se presentan las *oraciones* de los santos ante Dios (5,8; 8,3-4), el altar celestial del holocausto recibe la ofrenda de sus almas, es decir, su vida. Pero el sacrificio de estos mártires solo tiene efecto porque participan en el sacrificio del cordero. Apocalipsis 12,11 dice esto de los mártires: «Ellos lo han vencido [a Satanás] por la sangre del Cordero y por la palabra de su testimonio, pues no se aferraron a la vida ni siquiera ante la muerte». Richard Bauckham extrae de Apocalipsis 12,11 esta necesaria conclusión:

> Todo el versículo exige que la referencia a «la sangre del Cordero» no se refiera puramente a la muerte de Cristo, sino a las muertes de los mártires cristianos, que, siguiendo el ejemplo de Cristo, dan testimonio incluso a costa de sus vidas. Pero este testimonio hasta incluso la muerte no tiene un valor independiente por sí mismo. Su valor depende de que sea una continuación de su testimonio. Así que es por la sangre del Cordero por lo que ellos vencen. Sus muertes derrotan a Satanás solo participando en la victoria que el Cordero obtuvo sobre Satanás con su muerte.[74]

Si el sacrificio de los mártires es una *continuación* del sacrificio del cordero, y si su sacrificio se consuma en el altar celestial, entonces podemos concluir que el sacrificio del cordero se consuma igualmente en el cielo, y que Apocalipsis 5 describe la escena en la que esto tiene lugar.

Si bien el Apocalipsis comparte la visión celestial del sacrificio de Jesús que encontramos en Hebreos, igual que comparte también el enfoque de Hebreos sobre el santuario celestial, de nuevo vemos que este motivo en el Apocalipsis no tiene ninguna función polémica. Indudablemente, el sacrificio celestial de los mártires es superior al sacrificio terrenal de animales de Israel, pero el Apocalipsis no muestra ningún interés en incidir en ese punto.[75]

En Hebreos, la atención al templo celestial y al sacrificio coincide con la ausencia de una eclesiología o una cristología del templo. El santuario terrenal ordenado en la Torá y sus sacrificios son deficientes en comparación con sus arquetipos celestiales,

---

73. Textos rabínicos posteriores (p. ej., *Números Rabbah* 12,12) describen del mismo modo la sangre de los mártires ofrecida en un altar celestial. Véase Klawans, *Purity, Sacifice, and the Temple*, 140.

74. Bauckham, *The Theology of the Book of Revelation*, 75-76.

75. La eficacia superior del sacrificio del mártir sobre el sacrificio animal no sería polémica, en ningún caso, en círculos judíos, antiguos o modernos. Véase Wyschogrod, *The Body of Faith*, 17-29.

pero ninguna forma de ellos, terrenal, superior, los sustituye en la época actual. ¿Vale esto también para el Apocalipsis? En gran parte, parece que sí. A los seguidores del cordero se les da acceso al templo celestial, como en Hebreos, pero en ese acceso no hay mediación de un cuerpo terrenal o de una institución concebida como un templo.[76] Así, en las cartas a las siete *ekklēsiai* (Ap 1-3), las siete están representadas por candeleros de oro en medio de los cuales aparece «uno como el Hijo del Hombre»; pero, en lugar de accesorios terrenales, estas lámparas son partes de la menorá celestial en la que arden los siete espíritus de Dios de Apocalipsis 4,5. Aquí las *ekklēsiai* no constituyen el templo en sí, sino solo una de las piezas importantes del mobiliario del templo y, si bien estas comunidades humanas existen en la tierra, su verdadera vida es celestial en presencia del Mesías resucitado.

Muchos comentaristas ven Apocalipsis 11,1-2 como la excepción a este patrón, o como una base para interpretar el patrón de manera diferente: «Entonces se me dio una vara de medir como un bastón, y se me dijo: "Ven y mide el templo de Dios y el altar y a los que adoran en él, pero no midas el patio que está fuera del templo; deja eso fuera, porque ha sido entregado a las naciones, y ellas pisotearán la ciudad santa durante cuarenta y dos meses"». Siguiendo una tradición transmitida por Ireneo, los estudiosos suelen sostener que el Apocalipsis fue escrito entre los años 95 y 96, dos décadas y media después de la destrucción romana de Jerusalén. Si eso es correcto, entonces es poco probable que 11,1-2 se refiera al templo de Jerusalén.[77] Sin embargo, ha habido muchas voces discordantes en los últimos tres siglos que han sostenido que el libro fue escrito en los años sesenta, y que estos versículos se refieren a la guerra judía con Roma.[78] Entre los comentaristas modernos que aceptan la fecha de composición más tardía, algunos han entendido que 11,1-2 habla en sentido figurado de Jerusalén, otros que se refiere al pueblo judío, y otros al templo celestial.[79] Pero la opinión mayoritaria afirma que estos versículos se refieren a los discípulos de Jesús, considerados como equivalentes al templo terrenal.[80] El hecho de que se puedan concebir opiniones tan dispares sugiere que la eclesiología del templo, aunque esté presente en Apocalipsis 11,1-2, desempeña como mucho un papel marginal en el conjunto del libro.

---

76. «En línea con su uso de la imagen del templo, el autor del Apocalipsis no considera ninguna liturgia en la tierra durante el tiempo intermedio, sino que la localiza solo en el cielo» (Fiorenza, *The Book of Revelation*, 99).

77. Desde luego, es posible que el texto hable solo de un futuro lejano y esté anticipando que el templo de Jerusalén será reconstruido en ese futuro. Sin embargo, ese punto de vista es dudoso, pues el libro en conjunto habla a sus cercanos oyentes con gran urgencia, como no lo haría en el caso de que su mensaje fuera relevante solo para una generación futura.

78. Véase Wainwright: *Mysterious Apocalypse*, 118-119.

79. Para el primer punto de vista, v. Tomson, «If this be from Heaven», 377; para el segundo, Ladd, *The Revelation of John*, 152; para el tercero, Perrin, *Jesus the Temple*, 52.

80. Véase, por ejemplo, Bauckham, *The Theology of the Book of Revelation*, 127.

A lo largo de la mayor parte del libro del Apocalipsis, el único templo que se contempla es el celestial. Esto cambia en los últimos capítulos, cuando la Jerusalén de lo alto desciende a la tierra. En ese momento culminante, una voz sale del trono y dice: «Mira, la tienda [*skēnē*] de Dios está entre los seres humanos, y él habitará [*skēnōsei*, es decir "montará su tienda"] entre ellos» (21,3).[81] Así se cumple el propósito enunciado por primera vez a Moisés en el Sinaí: «Y que me hagan un santuario, para que yo habite entre ellos» (Ex 25,8). Así se cumple también la promesa relativa a los mártires del Apocalipsis 7, que estarán siempre «ante el trono de Dios, y lo adorarán día y noche dentro de su templo» (7,15; véase también 3,12).

Parece que las esperanzas más profundas de Israel se van a realizar ahora. Y sin embargo, cuando Juan procede a describir esta nueva Jerusalén, nos sorprende saber que *la ciudad no tiene templo* (21,22). Deberíamos dudar antes de considerar esto como un ejemplo de «polémica antitemplo», como afirma Klawans, porque el libro no muestra tal tendencia al tratar los símbolos judíos en general y el templo en particular.[82] Pero entonces, ¿cómo debemos interpretar la ausencia de un templo? La respuesta está en las dimensiones de la ciudad, que Juan dice justo antes de afirmar «no vi ningún templo en la ciudad» (21,22): «su longitud, anchura y altura son iguales» (21,16). La ciudad equivale, por tanto, a un enorme *sanctasanctórum*, un cubo perfecto al igual que el lugar santísimo dentro del tabernáculo del desierto, e implica que la nueva creación, centrada en esta nueva Jerusalén, se ha convertido en un templo cósmico universal. Como reconoce James Charlesworth: «El autor del Apocalipsis representa a la nueva Jerusalén sin templo, pero no porque el Templo esté obsoleto. Es por el cumplimiento de la profecía: ahora Dios vive entre sus fieles en una inmanencia sin precedentes».[83]

Más que una «polémica antitemplo», lo que tenemos aquí es una fusión única de motivos típicos judíos: la santidad expansiva del templo escatológico mezclada con la universalidad del templo cósmico, para formar una visión poderosa de un mundo futuro trascendente lleno de la presencia de Dios.

Esta visión escatológica se asemeja a la que encontramos en la carta a los Hebreos. La *estructura* del santuario ordenada en la Torá se adecúa y representa solo a la época actual, en la que el acceso a la presencia divina está disponible, pero restringido. Pero la *realidad* fundamental a la que apuntaba el templo —la realidad de Dios habitando en la tierra en íntima comunión con los seres humanos— solo alcanzará su perfección en la era futura.

---

81. Traducción mía. [N. del T.: del autor al inglés, y de este al español por el traductor.]

82. Klawans, *Purity, Sacrifice, and the Temple*, 242-243.

83. Charlesworth, «The Temple and Jesus' Followers», 211 [N. del T.: sustituida en esta traducción —de acuerdo con el autor, por entenderse como errata— la palabra *inminence* por *inmanence*]; véase también Bauckham, *Theology of the Book of Revelation*, 136; y Wright, *Paul and the Faithfulness of God*, 102.]

En resumen, el libro del Apocalipsis muestra muchas de las mismas perspectivas sobre el templo que se encuentran en Hebreos, pero sin ningún matiz polémico. Volvemos a encontrar un énfasis en el templo celestial y, en cierto modo, en el templo escatológico, pero se le da poca atención a la eclesiología del templo. No hay nada en ninguno de los dos libros que desacredite la validez del culto en el templo en la época actual, y ciertamente no hay nada en ninguno de los dos libros que cuestione la significación imperecedera de la ciudad de Jerusalén, de la tierra de Israel o del pueblo judío.

El templo y la ciudad en Pablo, Hebreos y Apocalipsis

Todas las tradiciones neotestamentarias mencionadas comparten un motivo que merece ser comentado antes de continuar. Todas hablan de una Jerusalén que es «de arriba» (Ga 4,26), «celestial» (Hb 12,22), o «que baja del cielo» (Ap 21,10). ¿Se ha convertido la ciudad terrenal de Jerusalén en un símbolo transitorio y provisional, igual que el templo «hecho con manos» que se encuentra en medio de ella? ¿Se ha disuelto por completo la distinción entre ciudad y templo, de modo que la primera sigue el camino del segundo?

Hebreos y Apocalipsis subrayan el carácter provisional y transitorio del templo describiendo un escenario escatológico en el que el templo ya no existe. En cambio, ambos libros presentan la ciudad *celestial* como la que perdura. Lejos de amenazar la distinción entre ciudad y templo, ambos libros proporcionan un apoyo adicional a la importancia y significado de esa distinción.

Los textos paulinos difieren de Hebreos y del Apocalipsis en que carecen de cualquier referencia al templo celestial o a un *eschaton* sin templo, y en que trata el templo existente de Jerusalén con un respeto absoluto. Gálatas ofrece una crítica mordaz a la ciudad terrenal de Jerusalén y ninguna crítica de su templo. Como muestra el contexto de la carta, este énfasis está motivado por la lucha de Pablo contra influencias políticas dentro de la *ekklēsia* (Ga 1,11-2,14), y quizá también del mundo judío en general (Ga 1,13-14).[84] Por lo tanto, el motivo de una Jerusalén *superior* —que es común a Gálatas, Hebreos y Apocalipsis— tiene un propósito diferente para Pablo que para los autores de los otros dos textos.

Por otro lado, no es evidente que alguna de estas referencias implique una escatología celestial (es decir, no terrenal) que desestime la significación duradera de Jerusalén como lugar geográfico. Robert Louis Wilken afirma que Orígenes fue la fuente de tal interpretación espiritualizadora de Jerusalén en Hebreos y Gálatas, y que la tradición eclesial anterior leyó estos textos en términos concretos y terrenales:

---

84. Mark Nanos argumenta que las personas «influyentes» a las que Pablo se opone en Gálatas incluyen dirigentes de la comunidad judía que quieren normalizar el estatus israelita de los gentiles que se adhieren, facilitándoles su plena conversión al judaísmo. Véase Nanos, *The Irony of Galatians*.

Orígenes apela a dos textos [Gálatas 4,26; Hebreos 12,22] de las Escrituras cristianas que parecen despojar a Jerusalén de su importancia histórica y, por tanto, política [...] Estos textos muestran que cuando las Escrituras hablan de Jerusalén no tienen en mente la ciudad de Judea que una vez fue la capital de la nación judía; Jerusalén, según Orígenes, no designa un futuro centro político, sino una visión espiritual de felicidad celestial. Al utilizar Gálatas 4 y Hebreos 12, Orígenes rompe con la tradición cristiana anterior. Ireneo y Tertuliano habían citado Gálatas 4 para apoyar la creencia en una futura Jerusalén en la tierra.[85]

Wilken considera creíble esa lectura primitiva de estos textos. Al igual que David Moffitt, señala el paralelismo entre la visión de Jerusalén que se encuentra en Hebreos y la que se observa en los textos judíos contemporáneos 2 Baruc y 4 Esdras, y sugiere que «es posible que el autor [de Hebreos] tenga en mente una ciudad que había sido preparada de antemano por Dios, una ciudad que un día sería desvelada y descendería majestuosamente de los cielos a su lugar de descanso en la tierra prometida».[86] Esta puede ser la razón por la que Pablo contrasta «la Jerusalén de arriba» con «la Jerusalén *actual* [*tē nun Ierousalēm*]» en lugar de con «la Jerusalén terrenal» (Ga 4,25); como en Hebreos, la imaginería vertical-espacial se pone al servicio de una afirmación horizontal-temporal (es decir, escatológica). Esta lectura de Gálatas y Hebreos también se ajusta a las imágenes del Apocalipsis, donde «la ciudad santa Jerusalén» se ve «*bajando del cielo* desde Dios» (Ap 21,10). El cielo (es decir, Dios) es su arquitecto y constructor, pero la ciudad no permanece *en* el cielo (es decir, un reino que trasciende la existencia humana encarnada), sino que desciende a la tierra.

En resumen, no hay nada en Gálatas, Hebreos o el Apocalipsis sobre la ciudad de Jerusalén que reste fundamento a nuestra tesis sobre su distinción del templo, su relación con el pueblo judío o su vínculo duradero con el Mesías resucitado.

El Evangelio de Juan

La teología del templo del Evangelio de Juan se adentra en un territorio hasta ahora inexplorado en el Nuevo Testamento o en la literatura judía en general. Por primera vez nos encontramos con una cristología del templo rotundamente clara, que honra el templo de Jerusalén al tiempo que afirma que el propósito de la institución se ha realizado de forma superior mediante la encarnación del Logos.[87] Como reconoce Richard Hays, «Para Juan, Jesús se convierte, efectivamente, en el Templo».[88]

---

85. Wilken, *The Land Called Holy*, 70.
86. Wilken, *The Land Called Holy*, 54-55.
87. Véase Kinzer, «Temple-Christology in the Gospel of John».
88. Hays, *Reading Backwards*, 82. Hays titula su capítulo sobre Juan «El templo transfigurado», 75.

JERUSALÉN CRUCIFICADA, JERUSALÉN RESUCITADA

A diferencia de Hebreos y el Apocalipsis, Juan muestra poco interés por el templo celestial o el templo de la era venidera.[89] A diferencia de la tradición paulina, Juan nunca describe la comunidad establecida por Jesús como un templo. Para Juan, el templo de Jerusalén apunta exclusivamente a una realidad suprema que es a la vez terrenal *y* celestial: la persona de carne y hueso de Jesús el Mesías, el Logos encarnado, ahora resucitado de entre los muertos.

Es crucial reconocer desde el principio que la cristología del templo de Juan no implica ninguna crítica al templo de Jerusalén en sí mismo. Para Juan, el templo era una institución ordenada y consagrada por Dios. El Jesús joánico se refiere al edificio como «la casa de mi Padre» (Jn 2,16). Su comportamiento en el templo lleva a sus discípulos a recordar el versículo bíblico: «El celo por tu casa me consumirá [*kata-phagetai*]» (Jn 2,17). El verbo de esta cita del salmo se ha desplazado del pasado (LXX Sal 68,10: *kat-ephagen*) al tiempo futuro (*kata-phagetai*) para indicar que el acto agresivo de Jesús en la devoción del templo provocará que las autoridades sacerdotales inicien su plan de ejecución. Al Jesús joánico le mueve su «celo» por el templo de Jerusalén, institución que considera «la casa de su Padre». Muestra su disgusto por la forma en que allí se llevan a cabo los asuntos, pero ese disgusto proviene de su respeto reverente por el significado intrínseco del templo.

Este respeto reverente se expresa concretamente en los capítulos siguientes mediante relatos que sitúan sistemáticamente a Jesús en el recinto del templo. A diferencia de los Evangelios sinópticos, la mayor parte de la narración de Juan sucede en Judea y no en Galilea. La mayoría de las escenas de Judea se sitúan en Jerusalén, y la mayoría de ellas tienen lugar en el templo durante diversas fiestas. Jesús aparece allí para una festividad no especificada (Jn 5,14; véase 5,1), pero también para la Pascua (2,13), la fiesta de las Cabañas (7,14.28; 8,20.59) y la fiesta de la Dedicación (10,22-23). Si bien la Torá ordenaba oficialmente la asistencia al templo durante la Pascua y las Cabañas, no se esperaba que quienes vivían en regiones remotas hicieran la peregrinación anual para ambas fiestas, y el viaje para la fiesta de la Dedicación era meritorio pero voluntario. Con su frecuente presencia en el lugar, el Jesús joánico muestra su excepcional devoción por el templo de Jerusalén, lo que prueba el «celo» por la casa de su Padre señalado al comienzo de la historia.

Un último ejemplo de la reverente consideración de Jesús por el templo de Jerusalén en Juan se encuentra donde menos lo esperaríamos: en el texto de la conversación de Jesús con la mujer samaritana, en que anuncia la llegada de una nueva era en la que la santidad única del templo de Jerusalén será trascendida (Jn 4,20-23). Más adelante hablaré de este texto, pero en este momento debemos observar la afirmación de Jesús de la dignidad única del templo de Jerusalén en la realización histórica del propósito divino. La mujer samaritana menciona la conflictiva disputa

---

89. Juan 14,2 puede ser una excepción a esa generalización, pero su imaginería del templo es implícita, no está desarrollada, y la dimensión futurista de su escatología puede estar supeditada a lo que cristológicamente ya se ha hecho realidad. Véase Kinzer, «Temple-Christology», 450-451.

entre samaritanos y judíos por el lugar al que la Torá se refiere como «el lugar que el Señor tu Dios elegirá de entre todas tus tribus como su morada para poner allí su nombre» (Dt 12,5). Los samaritanos habían identificado el lugar como el monte Gerizim, mientras que los judíos pensaban que era el monte Sion. Jesús responde a su pregunta implícita sin equívocos: «Vosotros adoráis lo que no conocéis; nosotros adoramos lo que conocemos, porque la salvación viene de los judíos [es decir, los de Judea]» (4,22). En otras palabras, el lugar que Dios eligió «para poner su nombre» es Jerusalén, y la salvación para todo el mundo vendrá de ese lugar y del pueblo que se ha consagrado a él.

A pesar de estas expresiones de respeto por el templo de Jerusalén, el mensaje central de Juan no se refiere a ese edificio, ni a la tienda de reunión que lo precedió, sino a la persona de Jesús, a quien ambas instituciones apuntaban. Juan lo deja claro en su prólogo: «Y el Verbo se hizo carne y puso su tienda [*eskēnōsen*] entre nosotros» (Jn 1,14).[90] El verbo aquí es el mismo que se encuentra en Apocalipsis 21,3, y ambos versículos aluden a la tienda de reunión en el desierto. La Palabra/Nombre/Gloria de Dios, que Dios puso primero en la tienda de reunión y después en el templo de Jerusalén, reside ahora permanentemente en la carne consagrada de Jesús, el Mesías. Juan reitera este tema en el capítulo siguiente, cuando nos habla del celo de Jesús por el templo de Jerusalén. Cuando se le pide una señal que justifique su acción, Jesús responde: «Destruid este templo y en tres días lo levantaré» (2,19). Sus interlocutores interpretan que se refiere al edificio en el que se encuentran, pero el autor nos dice que «hablaba del templo de su cuerpo» (2,21). De este modo, Juan, al igual que Lucas, establece una conexión entre la muerte de Jesús y la destrucción de Jerusalén en el año 70; pero mientras Lucas piensa en la ciudad como un todo, Juan se centra en el templo, que era su corazón. Así también Juan, como Lucas, establece una conexión entre la resurrección de Jesús y la restauración escatológica de Israel. Sin embargo, Juan no se centra en el destino final de Israel y de toda la creación, sino en la realización escatológica preliminar que ya se ha producido mediante la muerte y resurrección del Logos encarnado. Según Juan, *Jesús resucitado es, él mismo, el templo escatológico*, accesible ahora a todos los que ponen su fe en él.[91]

La cristología del templo expresada con tanta claridad en Juan 1,14 y 2,19-21 adopta una forma más sutil en otras partes del Evangelio, pero su impacto se puede sentir a lo largo de toda la obra. Un ejemplo vivo aparece en el capítulo 10, donde el autor presenta a Jesús caminando por el pórtico de Salomón durante la fiesta de la Dedicación (es decir, Hanukkah) (vv. 22-23). Esta fiesta celebra la reconquista y reconsagración del templo de Jerusalén después de que fuera profanado con prácticas idolátricas durante el reinado del emperador Antíoco Epífanes. En esta ocasión, Jesús

---

90. Traducción mía. [N. del T.: del autor al inglés, y de este al español por el traductor.]

91. La centralidad de la cristología del templo en el mensaje de Juan probablemente explica por qué sitúa este incidente en el templo al principio de su narración y no en la semana del arresto y ejecución de Jesús.

proclama audazmente: «Yo y el Padre somos uno» (v. 30). Ante estas palabras, los adversarios de Jesús se preparan para apedrearlo, acusándole de hacerse pasar por Dios (vv. 31-33). En sus mentes, esa declaración es tan blasfema como la del autodeificado emperador Antíoco. Jesús responde aclarando su unidad con el Padre, afirmando, no que es Dios, sino que es el *Hijo de* Dios (v. 36). En el mismo versículo, se identifica como «el que el Padre ha santificado [*hēgiasen*] y enviado al mundo». Juan emplea aquí el verbo utilizado en la Septuaginta en referencia a la consagración inicial de la tienda de reunión y su mobiliario (por ejemplo, LXX Ex 30,29; 40,9-10). Jesús no está *haciéndose* a sí mismo algo; la iniciativa viene enteramente de su Padre, quien lo ha consagrado y enviado para ser un templo humano en el mundo. La fiesta que celebran Jesús y sus adversarios, y el edificio sagrado cuya consagración es el tema de esa fiesta y en cuyos atrios se encuentran, apuntan a él y encuentran su cumplimiento en *él*.[92]

Un segundo ejemplo sutil de cristología del templo en Juan se encuentra en el capítulo 7, ambientado en la fiesta otoñal de las Cabañas. En esa ocasión, Jesús proclama: «Si alguno tiene sed, que venga a mí, y el que crea en mí que beba. Como dice la escritura: "Del interior de él brotarán ríos de agua viva"» (NEB vv. 37b-38).[93] ¿Qué texto bíblico se cita aquí? Es casi seguro que Juan tiene en mente los pasajes proféticos que hablan de las aguas que brotan del templo escatológico (p. ej., Ez 47,1; Za 14,8). Para Juan, estos «ríos de agua viva» se refieren al Espíritu, que Jesús dará a sus seguidores tras su resurrección (v. 39). Una vez más, la cristología del templo proporciona el marco para la interpretación que hace Juan del significado de la persona y la obra de Jesús.

La comprensión de la cristología del templo de Juan nos permite captar el significado del encuentro de Jesús con la mujer samaritana. Como se ha señalado antes, en esta conversación Jesús defiende categóricamente la santidad de Jerusalén y su templo en oposición a las reivindicaciones samaritanas sobre el monte Gerizim. En consonancia con una destacada corriente de la tradición judía, Jesús consideraba que el templo de Judea no era sino un signo anticipador de una realidad escatológica que, por su alcance, lo sobrepasaría en mucho. Pero el Jesús joánico va un paso más allá de los precedentes judíos al afirmar que esta realidad escatológica ya se estaba desplegando en su propia persona: «Jesús le dijo: "Créeme, mujer, viene un tiempo en que no adoraréis al Padre ni en este monte ni en Jerusalén. [...] Sino que viene un tiempo —y ya está aquí— en el que los verdaderos adoradores adorarán al Padre en espíritu y en verdad, porque el Padre busca a personas así para que sean sus adoradores"» (Juan 4,21.23). En consonancia con Juan 7,39, donde el agua que fluye del templo escatológico se identifica con el Espíritu Santo, deberíamos entender la

---

92. Véase Kinzer, «Temple Christology», 450.

93. El texto griego es ambiguo en cuanto al antecedente del pronombre *él* en el versículo 38. La mayoría de las traducciones interpretan el versículo como si estuviera hablando del corazón *del creyente* (v. NRSV), pero la NEB con buen juicio identifica el pronombre como refiriéndose a Jesús mismo. Esto nos permite localizar los versículos bíblicos a los que estas palabras aluden, que de otra forma resultan inidentificables. [N. del T.: NEB = *New English Bible*, versión en inglés de la Biblia.]

expresión «espíritu y verdad» como equivalente a la expresión «el Espíritu *de* verdad» (14,17; 16,13). Jesús no aboga aquí por una forma de culto abstracta e incorpórea en contraste con las prácticas terrenales tradicionales del templo de Jerusalén, sino que indica que la presencia divina «ha montado su tienda entre nosotros» en su propia carne humana (1,14), para que el agua viva del Espíritu fluya desde su costado en la cruz (19,34).

Lo que se apunta en Juan 4,21 no es la negación del valor duradero de la adoración a Dios en el monte Sion o en el monte Gerizim. Siguiendo la tradición escatológica bíblica y posbíblica, Juan no pretende *restringir* el ámbito de la santidad y el culto, sino *ampliarlo*. Jesús resucitado ahora es accesible en todo lugar *mediante el don de su Espíritu*, dando poder a sus seguidores, dondequiera que estén, para probar la riqueza del templo escatológico del siglo venidero.

Al leer Juan 4,21 tenemos que recordar también un hecho debidamente señalado por Richard Hays: «Juan escribe su Evangelio diez o veinte años después de que los romanos destruyeran el gran Templo de Jerusalén. Pero, en vez del que fuera impresionante edificio de Herodes, ahora en ruinas, Juan declara que el lugar donde Dios habita ahora es el *cuerpo* de Jesús [...]».[94] En otras palabras, Juan desarrolla su cristología del templo en un vacío sacerdotal y no en oposición a una institución sacerdotal existente. Al igual que Hebreos y Apocalipsis (suponiendo una fecha posterior al año 70 para ambos) ofrecen acceso al templo celestial como consuelo para quienes se debaten por la pérdida del templo de Jerusalén, Juan, en las mismas circunstancias, ofrece un acceso proléptico al templo escatológico terrenal.

Si bien los comentaristas recientes, como Hays, dedican amplia atención a la cristología del *templo* de Juan, con menos frecuencia toman nota de su cristología de *Israel* y de la íntima conexión que se establece en la narración entre estos dos modelos de reflexión cristológica. La cristología de Israel en Juan se hace claramente patente en su explícita terminología mesiánica. El Evangelio de Juan ofrece los únicos casos en el Nuevo Testamento en los que el término arameo *Mesías* aparece transliterado (1,41; 4,25). Además, Juan emplea la traducción griega de este título (*Christos*) con más frecuencia que ningún otro de los evangelistas, y lo incluye en las declaraciones de reconocimiento más importantes del libro (por ejemplo, 1,41; 4,25-26; 11,27; 20,31). Se podría pensar que Juan utilizó esta terminología de forma meramente *espiritual* y universalista, pero Juan también supera a los otros evangelistas en el número de referencias a Jesús como «el rey de Israel» (1,49; 12,13) y «el rey de los judíos» (18,33.37.39; 19,1-3.12.14-16.19-22). Aunque Juan insiste en que la realeza de Jesús «no es de este mundo» (18,36), subraya con la misma fuerza su asociación particular con el pueblo de Israel.[95]

En segundo lugar, la cristología de Israel en Juan se observa en su uso de los cantos del Siervo del segundo Isaías. Richard Bauckham ha demostrado que el Evangelio de

---

94. Hays, *Reading Backwards*, 82.
95. Véase Bauckham, «Jewish Messianism according to the Gospel of John».

Juan se basa en Isaías 52,13 por sus dos formas principales de hablar de la cruz como el «destino próximo» de Jesús: 1) en la cruz Jesús será «levantado» (*hypsoō*); y 2) en la cruz Jesús será «glorificado» (*doxazō*).[96] La Septuaginta, en Isaías 52,13 contiene ambas palabras en su descripción resumida del siervo que llevará los pecados del pueblo: «He aquí que mi siervo [...] será exaltado [*hypsōthēsetai*] y será glorificado [*doxasthēsetai*] en gran manera». Pero Juan también se basa en otro verso de los cantos del Siervo que trata de la «glorificación», a saber, Isaías 49,3 (LXX): «Y me dijo: "Tú eres mi siervo, Israel, y en ti seré glorificado [*doxasthēsomai*]"».[97] El Jesús joánico alude a este versículo después de representar simbólicamente su próxima muerte sirviendo a sus discípulos lavándoles los pies: «Ahora el Hijo del Hombre ha sido glorificado, y Dios ha sido glorificado en él. Si Dios ha sido glorificado en él, Dios también lo glorificará en sí mismo y lo glorificará de inmediato» (13,31-32; véase también 14,13; 17,1.4; 21,19). Tanto en Isaías 49 como en 52-53, el siervo es simultáneamente una figura colectiva y un individuo, el pueblo de Israel y su representante. Esto encaja bien con la cristología de Israel de Juan, que aclama a Jesús como el «rey de Israel» que «morirá por la nación» (11,48-52).

Encontramos un tercer ejemplo de cristología de Israel en el discurso de despedida de Juan. Aquí, Jesús se identifica como la «vid verdadera» (15,1-11). Como reconocen generalmente los comentaristas, esto alude a una amplia gama de textos bíblicos en los que se compara a Israel con una vid.[98] Esta imagen tuvo especial resonancia en la época inmediatamente posterior a los años setenta, como reconoce Raymond Brown: «Uno de los ornamentos destacables del Templo de Jerusalén era una vid de oro con racimos tan altos como un hombre [...] y en las monedas de la Primera Revuelta Judía (66-70 d. de C.), acuñadas para honrar Jerusalén como ciudad santa, había grabada una vid con ramas. Después de la caída del templo, el reagrupamiento de los discípulos rabínicos en Jamnia bajo el rabí Yohanan ben Zakkai se conoció como una *viña* (Misná *Ketubot* 4,6)».[99] La imagen de la vid representa, pues, al pueblo de Israel y a su capital, pero también se asocia con su templo. Estas asociaciones encuentran una expresión muy gráfica en L.A.B. —documento probablemente compuesto en este mismo período posterior al año 70— donde las raíces de la vid se adentran en lo profundo y sus sarmientos se extienden hasta las alturas del cielo (12.8-9; véase también 28.4).[100] Al identificarse a sí mismo como la vid verdadera, Jesús se presenta como la encarnación individual del pueblo de Israel y, como tal, también como aquel en quien la presencia divina ha montado su tienda.

---

96. Bauckham, *Jesus and the God of Israel*, 46-50.

97. Bauckham no menciona el uso que hace Juan de Isaías 49,3 en *Jesus and the God of Israel*, pues la cristología de Israel no es relevante para las cuestiones que él trata.

98. Os 10,1, 14,8(7); Jr 6,9; Ez 15,1-6; 17,5-10; 19,10-14; Sal 80,9(8). Véase Brown, *The Gospel according to John*, XIII-XXI, 670.

99. Brown, *The Gospel according to John*, XIII-XXI, 674.

100. Sobre esta imagen en L.A.B., v. Hayward, *The Jewish Temple*, 159-161.

A la luz de lo anterior, debemos prestar especial atención a los dos textos joánicos que se refieren o aluden a la figura bíblica de Jacob/Israel. Llamativamente, ambos tienen implicaciones, no solo para la cristología de Israel de Juan, sino también para la cristología del templo del libro. Esto es especialmente evidente en Juan 4, donde Jesús habla con la mujer samaritana sobre los estatus relativos del monte Sion y el monte Gerizim. Juan introduce su encuentro de esta manera: «Y llegó a una ciudad samaritana llamada Sicar, cerca del terreno que Jacob había dado a su hijo José. Allí estaba el pozo de Jacob, y Jesús, cansado del camino, se sentó junto al pozo» (Jn 4,5-6). La conversación comienza con Jesús pidiendo a la mujer agua del pozo de Jacob (v. 7), y luego diciéndole que él puede darle agua *viva* (v. 10). La samaritana responde con la pregunta: «¿Eres tú mayor que nuestro antepasado [padre] Jacob?» (v. 12). Ella pretende que la pregunta se tome retóricamente, asumiendo que la respuesta es negativa, pero el autor piensa lo contrario. En efecto, Jesús es más grande que Jacob, porque el agua que Jesús dará es la que los profetas dijeron que brotaría de en medio del templo escatológico. Sin embargo, Jesús es también *como* Jacob, que como padre del pueblo representaba a toda su descendencia, pues es el Mesías-siervo que encarna igualmente a todo el pueblo en su particular identidad individual.

La estrecha relación entre la cristología de Israel y la cristología del templo aparece también en la conversación de Jesús con Natanael, que Juan relata al final del primer capítulo del libro. Cuando Natanael se acerca a Jesús, este le saluda como a «un israelita en el que no hay engaño» (1,47). La palabra *engaño* evoca la historia de Jacob en el Génesis (27,35; 34,13), especialmente cuando va unida al apelativo nacional *israelita*. Natanael responde aclamando a Jesús como «el rey de Israel» (1,49). Demuestra así ser un verdadero israelita, al reconocer al que ha sido designado Mesías de Israel. A continuación, Jesús habla a Natanael de las grandes cosas que va a contemplar en los próximos días: «Te aseguro que verás el cielo abierto y a los ángeles de Dios subiendo y bajando sobre el Hijo del Hombre» (1,51). Estas palabras se refieren al sueño de Jacob de una escalera cuya base estaba en la tierra, pero cuya cima llegaba al cielo, «y los ángeles de Dios subían y bajaban por ella» (Gn 28,12). Jesús se presenta así como la escalera que contempla Jacob, que une la tierra con el cielo. Esto se asemeja a la imagen de la vid empleada en L.A.B., pues esa vid tenía sus raíces en las profundidades de la tierra y sus ramas más altas en los cielos.

Como señala la tradición rabínica (*Génesis Rabbah* 68,12), el hebreo de Génesis 28,12 también puede traducirse como «los ángeles de Dios ascendían y descendían por *él* [es decir, Jacob]». Según esta lectura, *el mismo Jacob* es la escalera que une la tierra con el cielo. Teniendo en cuenta los otros ejemplos de cristología de Israel citados anteriormente, es razonable suponer que Juan sigue aquí el texto hebreo de Génesis 28,12, y presenta a Jesús como el Jacob/Israel escatológico que une en sí mismo el cielo y la tierra.[101] Al mismo tiempo, Juan presenta aquí a Jesús como el «lugar temible»

---

101. Esto significaría que Juan utilizó aquí el texto hebreo de Génesis 28,12 frente a la Septuaginta, que emplea un pronombre femenino (*ep' autes* - «sobre ella») y, por tanto, se refiere inequívocamente a

de Génesis 28,17, que encarna en sí mismo «la casa de Dios» (*beth-el*). Cuando uno se acerca a Jesús, se encuentra en la «puerta del cielo» (Gn 28,17). Así, Jesús es tanto Israel como Betel, y él es Betel *porque él es Israel*.

Peder Borgen ha sugerido que Juan 1,47-51 también se basa en una etimología judía tradicional que entiende que el nombre *Israel* significa «el hombre que ve a Dios» (*ish roeh el*).[102] Esta etimología fue empleada por algunas fuentes antiguas para hablar de una figura celestial que llevaba este nombre, que habitaba en la presencia de Dios y contemplaba su rostro.[103] Como reconoce Borgen, Juan habla de Jesús precisamente de esta manera: es el único que ha visto a Dios (Juan 6,46; 3,11.32; 8,38) y, como tal, su misión implica revelar al Dios que ha visto para que otros puedan conocerlo (1,18). Jesús lo hace personificando el carácter de Dios de forma tan completa que todos los que le ven están viendo de hecho a Dios (14,8-9). De este modo, Jesús, el verdadero Israel celestial, hará que sus discípulos —verdaderos israelitas— puedan ver «el cielo abierto» (1,51).

Por tanto, la cristología del templo de Juan muestra múltiples conexiones con su cristología de Israel. Dado que el propio templo significaba la realidad de la presencia de Dios en medio del pueblo de Israel —el templo humano—, estas conexiones reflejan la lógica de la teología del templo en los períodos bíblico y posbíblico. Así como la presencia divina habitó en medio del pueblo de Israel incluso en la ausencia del arca, de la tienda de reunión o del propio templo de Jerusalén —como en el exilio de la tierra prometida—, así, aún más, la presencia divina descansaba ahora en el rey de Israel, que estaba con Dios desde antes de la fundación del mundo (17,5) y que en su persona aunaba a todo el pueblo.

La focalización de Juan en la cristología del templo es única en el Nuevo Testamento y en el mundo del judaísmo del siglo I. Pero su base en la *israelología* del templo —es decir, el templo como señal de la realidad de la presencia divina en medio del pueblo de Israel— demuestra su compatibilidad potencial con la enseñanza de Lucas y Hechos analizada en nuestro capítulo anterior. Como rey de Israel y encarnación individual de su pueblo, el Mesías resucitado, que cumple el propósito del templo, puede también sostener las promesas terrenales duraderas de Dios sobre la tierra, la ciudad y su propia familia.

---

la escalera y no a Jacob. Esto no es inverosímil, pues, aunque Juan utiliza normalmente la Septuaginta, «era capaz de ir directamente al hebreo, y en ocasiones lo hacía» (Barrett, *El Evangelio según San Juan*, 28). Raymond Brown rechaza esta interpretación de Juan 1,51 basándose en que «en Juan es Natanael el equivalente a Israel, no Jesús» (Brown, *The Gospel according to John* I-XII, 90). Sin embargo, Juan presenta a Natanael como un verdadero «israelita», es decir, uno que desciende de Jacob y comparte sus mejores características, y no como *el equivalente de Israel*. Y, al igual que en Jn 4,12, Juan presenta aquí a Jesús como similar pero mayor que Jacob (no como su *equivalente*). Natanael demuestra su condición de «israelita» al aclamar a Jesús como «el rey de Israel», es decir, el representante y la encarnación perfecta de Israel.

102. Borgen, «God's Agent in the Fourth Gospel», 77n33 (v. también 73-74).

103. Filón, *Sobre la confusión de lenguas*, 146 y *Sobre la huida y el hallazgo*, 205; *Oración de José*; *Sobre el origen del mundo* 105.20-30. Véase también Kugel, *The Bible as It Was*, 227-229.

Tras haber estudiado la historia y el significado del templo en las escrituras hebreas y en la literatura judía antigua, y la teología del templo de varias corrientes esenciales de la tradición neotestamentaria, estamos ahora preparados para examinar la perspectiva sobre el templo que se encuentra en Lucas y Hechos.

El templo en Lucas y Hechos

Jerusalén y el templo

Nuestro estudio de la estructura geográfica de Lucas y Hechos demostró la importancia perdurable de la ciudad de Jerusalén para el autor de estos textos. La narración de Lucas comienza y termina en Jerusalén, mientras que la historia contada en Hechos implica una serie de movimientos de expansión hacia el exterior, cada uno de ellos seguido de un retorno a la ciudad santa. Esta estructura geográfica tiene implicaciones para nuestra interpretación de la visión que Lucas tiene del templo, pues no solo la ciudad, sino también su edificio más importante, anclan la dinámica narrativa.

La primera escena del Evangelio de Lucas tiene lugar en el templo, y su primer diálogo no solo se produce dentro de su recinto, sino en el Lugar Santo (Lc 1,8-22). Las palabras finales del libro de nuevo se centran en el lugar central de culto de Israel: «y estaban continuamente en el templo bendiciendo a Dios» (Lc 24,53). La primera escena de Hechos de los Apóstoles se sitúa en el monte de los Olivos, frente al monte del Templo y por encima de él (Hch 1,6-12), y los primeros capítulos se refieren una y otra vez a la reunión frecuente de los discípulos de Jesús en los patios del templo (Hch 2,46; 3,1; 5,12.42).

Hechos 8 introduce la figura de Saulo (más tarde llamado Pablo), y desde el capítulo 13 hasta la conclusión del libro este discípulo domina la narración. Se embarca en tres viajes apostólicos, cada uno de los cuales se extiende más hacia el oeste; pero, como se señaló en el capítulo 1, cada uno de esos viajes también concluye con un regreso a Jerusalén. De estas visitas a Jerusalén, la tercera y última juega un papel especialmente significativo en la narración de Hechos, y el templo ocupa un lugar destacado en esa visita.

Pablo diseña el itinerario de este tercer regreso a Jerusalén con el fin de llegar a tiempo para la fiesta de peregrinación de Pentecostés (Hch 20,16).[104] Esto le permite participar en los ritos del templo ordenados para la festividad. Pablo explica más tarde que esa era su intención: «Después de algunos años he venido a traer limosna a mi nación y a ofrecer sacrificios» (Hch 24,17). Tras entrar en la ciudad y reunirse con Santiago, Pablo quiere demostrar su lealtad a la Torá y al pueblo judío participando

---

104. De este modo, el viaje de Pablo recuerda la marcha final de Jesús hacia la ciudad en peregrinación por la fiesta de la Pascua; el paralelismo es reforzado por portentosas advertencias de lo que ocurrirá a Pablo a su llegada (Hch 21,4. 10-14).

en un rito público en el templo (Hch 21,17-25). Cuando casi lo está terminando (Hch 21,26-27), Pablo es acusado falsamente de introducir a un gentil en el espacio sagrado restringido a los judíos, y es arrestado (Hch 21,26-28). Sus acusadores creen que Pablo es un apóstata que desprecia al pueblo judío, la Torá y el templo: «Este es el hombre que está enseñando a todo el mundo en contra de nuestro pueblo, nuestra ley y este lugar» (Hch 21,28). En las escenas que siguen, Pablo se defiende tanto de la acusación específica relacionada con su conducta en el templo, como de la acusación general de su apostasía: «No he cometido ninguna ofensa contra la ley de los judíos, ni contra el templo» (Hch 25,8; véase también 24,11-13).[105] Hablando en los atrios del templo justo después de su arresto, Pablo subraya aún más su devoción al santuario describiendo una experiencia que tuvo mientras oraba en ese lugar. De la misma forma que Dios se le apareció a Isaías cuando el profeta adoraba en el templo (Is 6), así Jesús se le apareció a Pablo (Hch 22,17). Aparentemente, el templo es un lugar especial apropiado para una aparición del Señor resucitado.[106]

Al igual que los judíos del siglo I en general, el autor/editor de Lucas y Hechos asocia Jerusalén con el templo que era su corazón y su alma. ¿Esperaba una futura restauración del templo junto con la ciudad? Como mínimo, de esta íntima asociación de ciudad y templo, y de nuestro estudio de la estructura rítmica de Lucas y Hechos, podemos deducir que no se puede aceptar que el impulso hacia el exterior del libro implique la conclusión contraria, es decir, que Lucas y Hechos vean el templo como memoria sagrada relegada al pasado.[107]

---

105. En caso de que alguien pueda pensar si tiene algún significado que Pablo mencione aquí la Torá y el templo, pero no el pueblo, v. Hch 28,17: «Hermanos, aunque yo no he hecho nada contra nuestro pueblo ni contra las costumbres de nuestros antepasados, aun así fui arrestado en Jerusalén». Aquí se mencionan el pueblo y la Torá, y se omite el templo.

106. En un breve comentario, Craig R. Koester (*The Dwelling of God*, 88) parece interpretar que esta visión implica la sustitución del templo, ya que el contenido verbal transmitido por la visión expresa tanto una crítica a la respuesta de los jerosolimitanos al mensaje apostólico (v. 18), como una orden que mueve a Pablo a ir a los gentiles (v. 21). En Hechos, la hostilidad de los gobernantes del templo hacia los apóstoles contribuye a la difusión de la buena noticia entre las naciones del mundo (v. también Hechos 8,4). Sin embargo, esto no es más que parte integrante de un tema básico del libro que queda plasmado en su estructura: el Mesías rechazado por las autoridades del templo ha de ser proclamado por todo el mundo; esas autoridades del templo (y el templo mismo) caerán bajo el juicio divino, pero al final Jesús volverá a Jerusalén y restaurará el reino a Israel. En última insrancia, la visión del templo de Pablo no es tan diferente en esencia de la visión del templo de Isaías (Isaías 6): cada una incluye una evaluación negativa de la condición espiritual de Israel, cada una trae consigo el «envío» de un mensaje, y cada una implica una consideración reverente hacia el templo de Jerusalén como lugar de acceso a la presencia divina.

107. Este punto de vista erróneo lo defiende James H. Charlesworth: «En Lucas-Hechos, un mismo autor comienza destacando a Jerusalén como la Ciudad Santa y luego concluye su narración con Pablo en Roma. La retórica parece trasladar la "Buena Nueva" de Tierra Santa al escenario mundial. En el proceso, el Templo se presenta no solo como el lugar de culto para Jesús, Pedro, Juan y Pablo, sino también como la fuente de oposición a este nuevo movimiento mesiánico. Al final, todo el interés por el Templo se pierde cuando Lucas describe cómo el movimiento palestino se va alejando de su tierra natal [...] El Templo permanece como restos de una historia anterior [...]» (Charlesworth, «The Temple and Jesus' Followers», 204-205).

El tamid y la eclesiología del templo

La liturgia diaria del templo, conocida como *tamid* (es decir, la ofrenda continua), ocupa un lugar destacado en Lucas y Hechos.[108] El sacrificio del *tamid* se presentaba dos veces al día: uno por la mañana y otro al final de la tarde (Ex 29,38-42; Nm 28,1-8). Toda la comunidad podía participar en esta liturgia rezando a la hora del sacrificio, bien en los patios del templo, bien dirigiéndose hacia el edificio del templo (si estaba lejos). El Evangelio de Lucas comienza con el sacerdote Zacarías ofreciendo incienso en el templo como parte de la liturgia del *tamid* (Lc 1,8-9), acompañado por las oraciones del pueblo «fuera» (Lc 1,10). Al principio de Hechos de los Apóstoles, Pedro y Juan suben al monte del Templo para unirse a otros judíos «a la hora de la oración, a las tres de la tarde» (Hch 3,1), es decir, a la hora del *tamid* vespertino. El centurión Cornelio, que residía en la ciudad costera de Cesarea, reza al Dios de Israel a la hora del *tamid* de la tarde (Hch 10,2), y cuatro días después él y su familia reciben el Espíritu Santo a esa misma hora (Hch 10,30).[109]

Examinaré estos textos con más detalle en un capítulo posterior, y argumentaré igualmente que el relato de Pentecostés en Hechos 2 se debe leer en el contexto del *tamid*. Lo que es crucial para nosotros es observar que aquí Lucas no presenta la oración diaria como un *sustituto* del sacrificio en el templo, sino más bien como su *acompañamiento* esencial. Pedro, Juan y el pueblo rezan en los atrios del templo mientras los sacerdotes ofrecen el *tamid*; los discípulos y la familia de Jesús rezan en una habitación superior de Jerusalén mientras los sacerdotes ofrecen el *tamid*; Cornelio reza en su propia casa de Cesarea mientras los sacerdotes ofrecen el *tamid*. Todos ellos participan en la liturgia del templo mediante la oración.

Al mismo tiempo, es igualmente crucial observar la conexión establecida en Hechos 2 y Hechos 10 entre el *tamid*, las oraciones de la *ekklēsia* y el don del Espíritu Santo. Esta vinculación apunta a la caracterización de la *ekklēsia* como un templo. Así como el fuego cae del cielo para consagrar el altar del tabernáculo del desierto y del templo de Salomón, las lenguas de fuego se posan ahora sobre cada uno de los discípulos de Jesús reunidos en oración. Después del día de Pentecostés, la *ekklēsia* ya no se reúne en el aposento alto, sino en el propio templo. Al igual que su oración complementa, más que sustituye, a los sacrificios del templo, su presencia corporativa perfecciona el monte del Templo y sus edificaciones, trayendo al recinto del templo hecho con manos humanas una muestra anticipatoria del templo humano escatológico.

---

108. Véase Kinzer, «Sacrifice, Prayer, and the Holy Spirit: The Daily Tamid Offering in Luke-Acts», y Hamm, «The Tamid Service in Luke-Acts».

109. Hamm señala otros varios textos de Lucas que pueden aludir al *tamid*: la parábola del fariseo y el recaudador de impuestos que oran en el templo (18,9-14); la muerte de Jesús a las 3.00 p.m. (23,44-46); y la bendición sacerdotal ofrecida por Jesús en su ascensión (24,50-53) (Hamm, «The Tamid Service in Luke-Acts»).

El discurso de Esteban... ¿punto débil de nuestra tesis?

Muchos comentaristas creen que Lucas abandona esa orientación positiva hacia el templo haciendo destacar un ataque feroz contra esa misma institución: el discurso de Esteban, que le lleva al martirio (Hch 7).[110] Incluso un estudioso del Nuevo Testamento como James Dunn, que por otra parte reconoce la gran consideración de Lucas por el templo, afirma que Hechos 7 rompe con ese patrón: «Esteban marca el comienzo de una crítica radical del templo por parte del incipiente movimiento cristiano».[111]

Esta lectura de Hechos 7 no hace justicia ni al pasaje concreto en cuestión ni al mensaje coherente de Lucas y Hechos. La carga de la prueba debe recaer en quienes afirman que el autor presenta aquí material que contradice lo que se sostiene sistemáticamente en otras partes de sus escritos. El principio hermenéutico de la benevolencia, que confía en que no hay contradicción en un texto hasta que se demuestre lo contrario, es una práctica de lectura recomendable en general. En el marco de una lectura teológica de las Escrituras, ese principio es esencial.[112]

Lo primero que hay que destacar del discurso de Esteban es la descripción de las acusaciones contra él:

> 11 Entonces instigaron secretamente a algunos hombres para que dijeran: «Le hemos oído decir palabras blasfemas contra Moisés y Dios» [...] 13 Pusieron testigos falsos que dijeron: «Este hombre no deja de decir cosas contra este lugar santo [*kata tou topou tou hagiou*] y la ley; 14 pues le hemos oído decir que este Jesús de Nazaret destruirá este lugar [*ton topon touton*] y cambiará las costumbres que nos transmitió Moisés [*ta ethē ha paredōken hēmin Mōusēs*]». (Hch 6,11.13-14)

Lucas nos dice desde el principio que los acusadores son «testigos falsos» cuyo testimonio inventado estaba amañado por los adversarios de Esteban. Teniendo en cuenta la devoción al templo mostrada por los apóstoles en los capítulos anteriores, este detalle sugiere que las opiniones de Esteban respecto al templo han sido distorsionadas por quienes buscan su condena. Comparto, pues, el asombro de Ben Witherington III cuando afirma «Ahora bien, es bastante sorprendente, a la vista de cómo presenta Lucas todo el contenido de 6,11-14, que muchos estudiosos hayan llegado a la conclusión de que, aunque Lucas nos diga que los testigos eran falsos y que

---

110. Por ejemplo, v. Fuller, *The Restoration of Israel*, 266: «Su condena [la que hace Esteban] de la idolatría de Israel en el desierto le lleva a denunciar el siguiente gran pecado de idolatría de Israel, *el Templo mismo* [...] el primer Templo como un ídolo y una construcción ilegítima [...]» (énfasis original).

111. Dunn, *The Partings of the Ways*, 67. Dunn cree que esta incoherencia en su perpectiva surge porque Lucas se basa en alguna fuente para su relato del discurso y el martirio de Esteban y se niega a alterar la fuente para hacerla coherente con su propio punto de vista.

112. Sobre una lectura teológica de las Escrituras, v. nuestra Introduccion, pp. 7-9.

todo el proceso estaba amañado... no obstante, debamos *creer estas acusaciones*».[113] Además, las acusaciones contra Esteban son idénticas a las que más tarde se formularon contra Pablo (Hch 21,28), y el objetivo principal de Lucas en los últimos capítulos de Hechos es exculpar a Pablo frente a tales acusaciones (p. ej., Hch 28,17).[114] Con estas consideraciones en mente, deberíamos leer el discurso que sigue con la suposición de que, al menos en opinión del autor/editor del texto, nada de su contenido confirmará los cargos de los acusadores de Esteban.

Los testigos acusan a Esteban de hablar contra Moisés (es decir, contra las «costumbres» ordenadas por Moisés en la Torá) y contra el templo (descrito como «este lugar santo» y «este lugar»). Su defensa contra estos cargos consiste en gran medida en un relato extraído de la Torá, centrado en la historia de Moisés (vv. 17-44). Al hacerlo, Esteban quiere presentar a Jesús como *el profeta como Moisés*, aquel a quien el propio Moisés había anticipado (v. 37; véase Dt 18,15-19), y retratar a aquellos israelitas que se opusieron a Moisés como los precursores de esos judíos que ahora se oponían a Jesús (y a sus discípulos). Al hablar de la propia Torá y de sus «costumbres», Esteban da muestras de la veneración que cabría esperar de un judío fiel. Después de referir las promesas hechas a Abraham, señala que Dios «le dio el pacto de la circuncisión. Y así Abraham fue padre de Isaac y lo circuncidó al octavo día [...]» (v. 8).[115] La revelación en el Sinaí recibe un tratamiento similar: Moisés «estuvo en la congregación en el desierto con el ángel que le habló en el monte Sinaí, y con nuestros antepasados; y recibió oráculos de vida que darnos» (v. 38). Esos «oráculos de vida» contenían instrucciones para la construcción de un santuario, y Esteban honra esa institución: «Nuestros antepasados tuvieron la tienda del testimonio en el desierto, tal como Dios instruyó cuando habló a Moisés, ordenándole que lo hiciera según el modelo que había visto» (v. 44).

Así, en su discurso, Esteban refuta la acusación de que hubiese dicho «palabras blasfemas contra Moisés», o contra la «ley» de Moisés y sus «costumbres». Le está dando la vuelta a las propias palabras de sus acusadores, afirmando que son ellos los que están desobedeciendo a Moisés y a la Torá al no honrar al profeta del que habló Moisés. No están siguiendo el camino de Moisés, sino el de los israelitas que se rebelaron contra él. Como dice la frase final del discurso: «Vosotros sois los que recibisteis la ley ordenada por ángeles y, aún así, no la habéis cumplido» (v. 53). Si Esteban niega inequívocamente la primera acusación formulada contra él por sus oponentes, el lector espera que haga lo mismo con la segunda acusación —es decir, que habló en contra de «este lugar santo [*topos*]».

---

113. Witherington, *The Acts of the Apostles*, 258 (énfasis original).

114. Incluso el lenguaje usado en ambos casos es casi idéntico: *kata tou topou* (Hch 6,13) y *kata [...] tou topou toutou* (Hch 21,28); *ta ethē ha paredōken hēmin Mōusēs* (Hch 6,14) y *tois ethesitois patrōois* (Hch 28,17).

115. Para una valoración esclarecedora del significado de esta referencia a la circuncisión en el discurso de Esteban, v. Thiessen, *Contesting Conversion*, 116-119.

Esta expectativa de hecho se cumple, pero solo si el lector presta atención al uso que hace Esteban de la palabra *topos* («lugar»). Esteban hace un resumen de la revelación dada a Abraham en Génesis 15,13-14, que predice la esclavitud en Egipto y la liberación de Israel. Ese resumen concluye así: «"Pero yo juzgaré a la nación a la que sirven", dijo Dios, "y después de eso *saldrán y me adorarán en este lugar* [*en tō topō touto*]"» (v. 7, énfasis añadido). Las palabras en cursiva de esta cita no proceden del Génesis, sino de Éxodo 3,12, donde se refieren al monte Sinaí. En el discurso de Esteban, estas palabras en cambio se refieren al monte del Templo, y probablemente aluden a la frecuente aparición de la palabra *topos* («lugar») en la escena en que Isaac es atado en la Septuaginta (LXX Gn 22,3. 4. 9. 14), siendo ese «lugar» el monte Moriah. Al igual que Israel adoró a Dios en el monte Sinaí después del éxodo de Egipto, donde Dios se había aparecido por primera vez a Moisés, así Israel entró en la tierra y alcanzó la meta de la redención adorando en el monte Sion («en *este* lugar»), donde Abraham había ofrecido a su hijo amado. Como afirma Robert Tannehill, «la promesa de 7,7 anticipa un lugar específico de adoración en el interior de la tierra, y ese lugar será el templo».[116]

Ya tenemos abundantes razones para suponer que el discurso de Esteban no ofrece ninguna crítica al templo en sí. Teniendo esto en cuenta, consideremos ahora los versículos que, a ojos de muchos comentaristas, dicen probar lo contrario. Como se ha señalado anteriormente, Esteban habla de la «tienda del testimonio» con profundo respeto. Dios ordenó su construcción y mostró a Moisés su arquetipo celestial (v. 44). Josué introdujo la tienda en la tierra, y David —«que halló el favor de Dios»— pide «que pueda encontrar una morada para la casa de Jacob» (vv. 45-46). La NRSV traduce el siguiente versículo así: «Pero [*de*] fue Salomón quien le construyó una casa» (v. 47). Al traducir *de* como «pero» en vez de «entonces» (que sería una traducción igual de razonable por motivos léxicos), la NRSV interpreta el versículo 47 como contraste negativo de Salomón con su padre David. Si bien esta traducción es posible, las razones ya citadas para ver el discurso como positivo hacia el templo lo desaconsejan. Esteban no ataca aquí a Salomón, como tampoco ataca a David, Josué o Moisés. Él no encuentra faltas en ninguna de estas figuras bíblicas, ni en las instituciones que establecieron, sino en la infidelidad del pueblo de Israel, que no entendió ni se relacionó con estas instituciones adecuadamente.

Como sostiene Ben Witherington III, el contraste negativo no se produce en el versículo 47 —con la ambigua partícula *de*— sino en el 48 con el inequívoco adversativo *alla* («pero», «sin embargo»).[117]

---

116. Véase Tannehill, *Narrative Unity*, 2,92-93; Witherington, *Acts of the Apostles*, 266; Salmeier, *Restoring the Kingdom*, 112. Koester reconoce la importancia de Hechos 7,7, y lo cita como prueba de que las reservas de Esteban sobre el templo no se refieren a su inmovilidad (y, por tanto, a su localización), sino a su construcción como edificio y no como una tienda (Koester, *Dwelling of God*, 85). Pero esto sigue dando demasiada credibilidad a las acusaciones que Lucas (y/o la fuente de Lucas) insistentemente rechaza.

117. Witherington, *The Acts of the Apostles*, 263.

> 48 Pero [*alla*] el Altísimo no habita en casas hechas con manos humanas [*ouch ho hupsistos en ceiropoiētois katoikei*]; como dice el profeta, 49 «El cielo es mi trono, y la tierra el escabel de mis pies. ¿Qué clase de casa me construirás —dice el Señor— o cuál es el lugar de mi descanso [*tis topos tēs katapauseōs mou*]? 50 ¿No hizo mi mano todas estas cosas [*ouchi hē cheir mou epoiēsen tauta panta*]?». (Hch 7,48-50)

La cuestión aquí no es la construcción del primer templo por Salomón (o del segundo por Zorobabel), ni la validez de adorar a Dios en este lugar, sino una percepción distorsionada del templo como el lugar exclusivo de la presencia divina. Mientras que la NRSV traduce el versículo 48 como «el Altísimo no habita en *casas* hechas con manos humanas» —como si el contraste fuera entre *casas* y *tiendas*—, el texto griego solo dice que «el Altísimo no habita en *cosas* hechas con manos humanas». Esta afirmación se aplica tanto a la tienda del testimonio (que Moisés mandó construir) como al templo de Salomón. De hecho, Esteban considera que la infidelidad de sus conciudadanos judíos sigue el patrón establecido por los israelitas en el desierto, que tenían la tienda del testimonio y, sin embargo, cayeron sistemáticamente en la idolatría (vv. 38-43).[118] Dios es tan accesible en el templo como lo era en la tienda del testimonio, pero la presencia de Dios no puede limitarse a ninguno de los dos lugares.

La cita de Isaías 66 se refiere al «cielo» y la «tierra» como productos «hechos» (*poieō*) por la «mano» (*cheir*) de Dios, en contraste con la tienda y el templo, que fueron ambos «hechos con manos [humanas]» (*cheiro-poiētois*). De este modo, Esteban, al igual que Filón de Alejandría, insinúa que el verdadero templo en el que Dios quiere habitar es todo el cosmos, al que el templo de Jerusalén apunta. Cuando se olvida esta función señaladora del templo de Jerusalén y se trata la edificación como un fin en sí mismo, deja de cumplir su propósito y, como cualquier objeto sagrado así tratado, el templo se convierte en un obstáculo para el culto a Dios.

Llegados a este punto, debemos recordar el papel que desempeñaron Éxodo 15,17 y Daniel 2,34-35.44-45 en los escritos judíos anteriores y contemporáneos a Lucas y Hechos. Estos textos hablan de un santuario construido por manos divinas, y de una piedra mesiánica cortada «no por manos humanas». A la luz de ellos, podemos detectar en las palabras de Esteban la esperanza de un templo *escatológico* «no hecho por manos humanas». Tal interpretación se basa en el contenido general del discurso de Esteban, en el que el énfasis recae en la «tierra» prometida a los patriarcas (vv. 3, 4-5, 15-16, 43, 45) y en el «lugar» donde el Israel redimido debía adorar a Dios (vv. 7, 17). La tierra de Israel fue hecha por la mano de Dios, al igual que el monte Sion, y —como vimos en el capítulo 1— Lucas considera que la ciudad y la tierra son la futura

---

118. Por esta razón el versículo 48 emplea la provocativa palabra *cheiropoiētos* («hecho con manos»), que tenía connotaciones de idolatría. El autor pretende relacionar el enfoque distorsionado del templo en la generación de Esteban con el enfoque distorsionado de la tienda del testimonio en la época de Moisés. Por supuesto, el término también alude a la interpretación judía tradicional de Éxodo 15,17.

capital de un cosmos redimido. Puede que tengamos en el discurso de Esteban un indicio de que un templo escatológico, hecho por intervención divina y no humana, sería establecido en medio de un monte Sion transformado. El discurso puede, por otra parte, sugerir que la ciudad en su conjunto se convertiría en ese templo o en su lugar santísimo. No podemos estar seguros, pues Lucas-Hechos muestra tanta reticencia como L.A.B., 4 Esdras y 2 Baruc a delinear el carácter de esa edificación escatológica y el culto que se celebraría en sus recintos. En cualquier caso, está claro que este texto conserva tanta reverencia por el *lugar* del monte del Templo como cualquier otro escrito judío de la época, y anticipa el cumplimiento escatológico de la tierra prometida a Abraham.

Por último, al valorar el discurso de Esteban también debemos tener en cuenta la perspectiva posterior al año 70 en que están escritos Lucas y Hechos (junto con L.A.B., 4 Esdras y 2 Baruc). El autor/editor de estos libros sabe que el templo y la ciudad han sido destruidos, y —como se ha visto en el capítulo 1— este acontecimiento ha moldeado profundamente la narración de Lucas-Hechos. Esteban ha sido acusado de hablar «contra este lugar santo», proclamando que «Jesús de Nazaret destruirá este lugar» (Hch 6,13-14). Responde a esa acusación devolviéndola contra sus acusadores, afirmando que, de hecho, *ellos* serán los responsables de la destrucción que se avecina, pues es su hostilidad hacia Jesús y sus discípulos lo que provocará el juicio divino (Hch 7,51-52). Así, la respuesta de Esteban a la acusación de hablar contra el templo es idéntica a la que se refiere a Moisés y la Torá: en ambos casos, Esteban afirma que son sus acusadores los culpables de las mismas acusaciones que, injustamente, lanzan contra él.

En conclusión, vemos que el discurso de Esteban es coherente con el mensaje general de Lucas y de Hechos en lo que se refiere al templo, la ciudad de Jerusalén, la tierra de Israel y el pueblo judío. El edificio «hecho por manos humanas» puede ser destruido, pero su «lugar» mantiene un estatus único en el plan redentor de Dios para Israel y las naciones. El templo mismo puede ser juzgado por los pecados de los que lo custodian, pero el monte del Templo perdurará como centro de la ciudad, la tierra y el cosmos visible.

El retorno del Señor a Sion

En lo que se ha examinado hasta ahora, la perspectiva de Lucas y Hechos sobre el templo difiere de otros escritos judíos de la misma época solo en su eclesiología del templo implícita. ¿Ofrecen estos dos libros alguna interpretación distintiva del templo *en relación con la persona y la obra de Jesús* que diera sentido a esta eclesiología del templo? El análisis de los Evangelios de N. T. Wright resulta útil en este punto, aunque requiere cierta modificación a la luz de lo que se ha presentado en el presente capítulo y en los anteriores.

Wright identifica tres rasgos básicos de la expectativa judía respecto a la venida del reino mesiánico: el reino implicaría la derrota del mal, el regreso de Israel del exilio y el retorno del Dios de Israel a Sion.[119] Wright es más conocido por su tratamiento del segundo de estos temas, pero su visión del tercero no es menos notable. Como hemos visto en nuestra historia del tema de Israel como *templo humano*, el regreso de Israel a Sion y el regreso del Dios de Israel están inextricablemente entrelazados. Por tanto, Wright está ampliamente justificado al unir ambos temas. De la misma forma que Wright describe a Jesús como la encarnación del exilio y la restauración de Israel en su muerte y resurrección, así también describe el viaje final de Jesús a Jerusalén y los acontecimientos que allí se producen como la encarnación del regreso del Dios de Israel a Sion. Aunque Wright sostiene que esta forma de entender el viaje de Jesús a Jerusalén está presente en todos los Evangelios sinópticos, se destaca con mayor énfasis en Lucas, donde el viaje de Jesús a Jerusalén proporciona la estructura de gran parte de la narración.

Esta interpretación del último viaje de Jesús explica su lamento por Jerusalén en Lucas 13,34-35. En el primero de estos versículos, Jesús clama: «¡Jerusalén, Jerusalén, la ciudad que mata a los profetas y apedrea a los que le son enviados! Cuántas veces quise reunir a tus hijos como la gallina reúne a sus crías bajo sus alas, y no quisiste». Como se comentó en el capítulo anterior, Jesús habla aquí en nombre de Dios.[120] Si no, sus palabras resultan oscuras, pues, en la narración de Lucas, el Jesús adulto no ha ejercido todavía su oficio profético en Jerusalén. Más tarde, el Jesús lucano adopta la misma perspectiva cuando se prepara para entrar en la ciudad: llora por ella, lamentando que no reconozca el momento de su divina «visitación» (Lc 19,44). La entrada de Jesús a la ciudad equivale, pues, a la entrada del Dios de Jesús.

Estos textos lucanos también refuerzan la interpretación que hace Wright de la manera subversiva en que Jesús encarna el regreso del Señor a Sion. En Isaías, este retorno divino trae la gloria a Sion y la alegría a Israel. En Lucas, sin embargo, la aparición del Señor en Sion trae consigo juicio y lamento: «El mensajero que, como en Isaías, aparece en el monte de los Olivos, tiene un mensaje de lamento, no de alegría, para Sion».[121] Habrá alegría y victoria, pero solo la probarán quienes reciban la visita de Jesús como visitación de Dios.[122] Wright reconfigura Israel y la historia de Israel de

---

119. «Israel regresaría *realmente* del exilio; YHWH regresaría finalmente a Sion. Pero para que esto sucediera tendría que haber también un tercer elemento: el mal, normalmente entendido como los enemigos de Israel, debería ser derrotado. Juntos, estos tres temas forman la metanarrativa implícita en el lenguaje del reino» (Wright, *Jesus and the Victory of God*, 206).

120. Wright entiende Lucas 13,34-35 de esta forma y lo cita como evidencia de su interpretación del viaje final de Jesús (*Jesus and the Victory of God*, 642).

121. Wright, *Jesus and the Victory of God*, 639.

122. «Las esperanzas de una victoria nacional de Israel se dejarían de lado; el único pueblo vindicado cuando su dios regresara para actuar en cumplimiento de su promesa sería el de aquellos que respondieran a la divina convocatoria que ahora se estaba emitiendo con el anuncio del reino de Jesús» (Wright, *Jesus and the Victory of God*, 637).

forma que la destrucción de Jerusalén y su templo signifique... no la derrota de Israel, sino su reivindicación.

Como se demostró en el capítulo anterior, Wright pasa por alto una característica fundamental del relato lucano. Jerusalén y su templo sufrirán, en efecto, el juicio divino, pero llegará un día en el que «se cumplan los tiempos de los gentiles» (Lc 21,24) y el Mesías que regrese «restaurará el reino a Israel» (Hch 1,6). ¿Cómo recontextualiza esta esperada consumación de la historia la interpretación de Wright del «regreso del Señor a Sion» e ilumina la visión de Lucas acerca de Jesús y el templo?

Para responder a estas preguntas, volvamos al lamento de Jesús por Jerusalén en Lucas 13,34-35. El lamento concluye con estas palabras: «Mirad, vuestra casa es abandonada. Y yo os digo que no me veréis hasta que llegue el tiempo en que digáis: "Bendito el que viene en nombre del Señor"». La «casa» que quedará desierta puede ser el templo, o la ciudad en su conjunto; en este contexto, ambos son prácticamente indistinguibles. La imagen de la casa desierta alude probablemente a la descripción que hace Ezequiel de la salida de la presencia divina del primer Templo (Ez 10,18; 11,22-23), que dejó al templo y a la ciudad vulnerables a los ejércitos extranjeros.[123] Debido a la persistente rebelión de Israel, expresada con su rechazo a los profetas mensajeros de Dios, Israel ya no «me verá», es decir, ya no experimentará la alegría de encontrarse con Dios en el templo de Jerusalén.[124] Como se ha argumentado antes, Jesús habla aquí proféticamente en nombre del Dios al que Jerusalén se ha resistido una y otra vez. Sin embargo, el lamento no termina con esta nota, sino con un rayo de esperanza transmitido por la palabra «hasta» (*heōs*): Jerusalén volverá a «ver a Dios» (es decir, a rendir culto en un templo escatológicamente renovado) cuando acoja al Mesías «que viene en nombre del Señor». Estas palabras están tomadas del Salmo 118,26a, donde les sigue la línea paralela «Te bendecimos desde la casa del Señor» (Sal 118,26b).

Esta referencia al Salmo 118,26 anticipa la conclusión del viaje de Jesús a Jerusalén, cuando entra en la ciudad desde el monte de los Olivos montado en un pollino (Lc 19,28-36). Jesús es aclamado entonces por los que gritan: «¡Bendito el rey que viene en nombre del Señor!» (Lc 19,38). Los otros Evangelios sinópticos describen a estos que gritan como «mucha gente» o «muchedumbre» que iba delante y seguía a Jesús (Mc 11,9; Mt 21,8-9.11); el lector entiende que son peregrinos que caminan juntos, no residentes en Jerusalén. Lucas es más específico a la hora de definir su identidad: los llama «toda la multitud de los discípulos» (Lc 19,37). No son residentes de Jerusalén, ni una multitud mixta de peregrinos que coinciden en la escena, sino gente que ya ha abrazado a Jesús como maestro. De este modo, Lucas elimina cualquier incertidumbre sobre la relación de la entrada de Jesús en la ciudad con el lamento y la promesa de

---

123. Tannehill, *Luke*, 225.

124. El lenguaje de la percepción visual en relación con Dios es común en los salmos que hablan del templo (por ejemplo, Sal 27,4; 63,2; 84,7). Véase Levenson, «The Jerusalem Temple in Devotional and Visionary Experience».

Lucas 13,34-35. Solo los discípulos de Jesús que le acompañan en su viaje gritan la bienvenida del Salmo 118,26. La propia ciudad de Jerusalén permanece en silencio, pues no reconoce «el tiempo» de su «visitación de Dios» (Lc 19,44). Como se señaló en el capítulo anterior, Lucas 19 describe una entrada no triunfal.

El Domingo de Ramos representa, en efecto, de forma simbólica, el «regreso del Señor a Sion» en la persona del Mesías de Israel. Esto es evidente por la doble referencia al monte de los Olivos (Lc 19,29.37), que recuerda la profecía del descenso del Señor a ese lugar en Zacarías 14,4, y por la decisión de Jesús de entrar en la ciudad montado en un pollino para cumplir la promesa mesiánica de Zacarías 9,9. Se trata de un acto simbólico, pero ¿qué simboliza? Para Wright, la acción presenta de forma dramática los acontecimientos que tendrán lugar en los días siguientes. El Señor ha llegado a Jerusalén en la persona de Jesús, y los que gobiernan Jerusalén (y por tanto la representan) se enfrentan a él, lo arrestan y lo crucifican. Solo los discípulos de Jesús lo aclaman con las palabras del Salmo 118,26, y solo ellos serán consolados con su resurrección y el don del Espíritu Santo. Junto a él, se convierten en la Sion a la que el Señor ha vuelto victorioso. En cuanto a la ciudad en sí y su templo, su destrucción cuarenta años después completará este «retorno del Señor a Sion» manifestando la ira de Dios sobre sus enemigos.

La pobreza de esta interpretación de la entrada de Jesús en Jerusalén queda clara a la luz de nuestra exposición de la ascensión de Jesús en Hechos 1,11.[125] Jesús *asciende* desde el monte de los Olivos, y *volverá* de nuevo a ese mismo lugar. Esto implica que la entrada de Jesús en Jerusalén —y todo su viaje a la ciudad que se completa en esa escena— simboliza la futura venida del rey de Israel, cuando toda la ciudad de Jerusalén le dará la bienvenida de la misma manera que lo hicieron sus discípulos el Domingo de Ramos. En ese día, Jerusalén «se arrepentirá [...] y se convertirá a Dios», de modo que sus pecados serán «borrados» y «vendrán tiempos de refrigerio [...] de la presencia del Señor» (Hch 3,19-20). Ese día, la gloria de Dios, cuya salida del templo y de la ciudad quedó demostrada con la victoria romana del año 70, volverá al monte del Templo, tal como prometió Ezequiel (Ez 43,1-7).

¿Qué nos dice este tema en Lucas acerca de Jesús y el templo? Hemos visto cómo el discurso de Esteban expresa el tema tradicional bíblico y posbíblico de que el templo apunta a realidades más allá de él mismo —en este caso, principalmente al templo *escatológico*—. También hemos visto cómo la comunidad de seguidores de Jesús después de Pentecostés se convierte en la forma humana preliminar de este templo escatológico. La narración lucana del viaje de Jesús a Jerusalén sugiere que *Jesús el Mesías es la encarnación de la gloria divina* (es decir, el *kavod* o *shekhinah*), cuya presencia resucitada establece la identidad proléptica de la *ekklēsia* como templo.[126]

---

125. Véase capítulo 1, 50-53.
126. Esta fue la tesis central del influyente artículo de Klaus Baltzer, «The Meaning of the Temple in the Lukan Writings». Baltzer percibió una alusión a Ezequiel 11 y 43 en la insistencia de Lucas sobre el monte de los Olivos, en sus narraciones de la entrada de Jesús en Jerusalén y su ascensión desde

Así, Lucas y Hechos se asemejan a Juan en el empleo de las imágenes del templo para dar a entender la identidad divina de Jesús, pero se apartan de Juan cuando utilizan esta imaginería para servir de base a una eclesiología del templo y no a una cristología del templo. También se apartan de Juan al resaltar el carácter parcial y proléptico (no realizado) de esa eclesiología del templo y su consumación final en una era futura.

En el caso del Evangelio de Lucas, Wright acierta de lleno cuando afirma que «el regreso de YHWH a Sion, y la teología del templo que pone de manifiesto, son las claves y pistas más profundas de la cristología evangélica».[127]

Sin embargo, la concepción de Wright de esa «teología del templo» debe modificarse a la luz del contexto escatológico orientado al futuro y centrado en Jerusalén, que hemos propuesto como forma de entender el simbolismo del viaje de Jesús y su gran entrada en la ciudad. Aquí confluyen los tres aspectos del tema del «retorno a Sion» tanto en Isaías como en Ezequiel: 1) el exilio y el retorno de *la presencia divina*; 2) la íntima conexión entre el exilio-retorno de la presencia divina y el exilio-retorno d*el pueblo de Israel* en quien esa presencia reside; y 3) *el lugar* del que la presencia divina y el pueblo partieron al exilio, y al que juntos regresan. Como se argumentó en el capítulo anterior, Lucas y Hechos asumen que el exilio continúa después de la destrucción del templo y la ciudad en el año 70. El «retorno a Sion» que Jesús representa simbólicamente el Domingo de Ramos apunta a un futuro día de la consumación, cuando se dará fin definitivamente a ese exilio. En ese día, Jerusalén ya no será «pisoteada por los gentiles», sino que volverá a ser una ciudad judía. En ese día, Jesús, encarnando la presencia divina, se erguirá en el monte de los Olivos y entrará en la ciudad, que le acogerá con las palabras «Bendito el que viene en nombre del Señor» (Sal 118,26a). Dada la prominencia asignada al *lugar* del monte del Templo en el discurso de Esteban, y la ubicación del monte de los Olivos mirando directamente hacia el monte del Templo, podemos suponer que Lucas y Hechos esperan que este retorno alcance su clímax en el monte Moriah/Sion, cuando el pueblo de Jerusalén grite «Te bendecimos desde *la casa del Señor*» (Sal 118,26b, énfasis añadido).

En este escenario, el futuro templo no es el propio Jesús, sino sus discípulos y el pueblo redimido de Israel, en el *lugar* donde Abraham había ofrecido a Isaac y donde David había sido inspirado a establecer el arca de la alianza. Se trata de un tipo de eclesiología del templo que postula a Jesús (y su Espíritu) como el *kavod*; que se niega a separar la *ekklēsia* del pueblo judío; y que se niega a separar a Jesús, la *ekklēsia* y el pueblo judío de la tierra de Israel, la ciudad de Jerusalén y el monte del Templo. Aquí la estructura del templo apunta a una realidad más allá de sí misma —esto es, al templo *humano* en el corazón del templo *escatológico*— pero sin perder su propia especificidad como *lugar* particular. De este modo, la función simbólica del templo *refuerza*, más que debilita, la importancia central de la ciudad de Jerusalén.

Jerusalén. Sin embargo, al igual que la mayoría de los comentaristas, Baltzer descuidó las implicaciones proféticas y escatológicas de estos acontecimientos.

127. Wright, *Jesus and the Victory of God*, 653.

La resurrección de Jesús constituye a la vez la garantía de que el «retorno del Señor a Sion» se cumplirá y el poder que lo hará. Además, la resurrección de Jesús también intensifica la realidad de Israel como *templo humano*, y extiende esa realidad a las naciones del mundo. La intensificación se hace evidente el día de Pentecostés, cuando el Mesías derrama el Espíritu Santo sobre sus discípulos judíos en Jerusalén en el momento de la ofrenda y la oración del *tamid* matutino. La extensión de esa realidad intensificada se hace igualmente evidente cuando el gentil Cornelio, en la ciudad gentil de Cesarea, recibe el mismo Espíritu en el momento de la ofrenda y la oración del *tamid* de la tarde. Aunque la eclesiología del templo se intensifica y amplía en la época actual mediante la obra de Jesús y el don del Espíritu, esta época actual sigue siendo un tiempo ambiguo que implica *a la vez* restauración *y* exilio. La *ekklēsia* apunta proféticamente al futuro que Israel tiene destinado, pero representa solo un esbozo parcial y preliminar del glorioso «retorno del Señor a Sion», aún por llegar.

Excurso: ¿cuándo abandona el kavod el templo?

Como se ha visto antes, Lucas comparte con Mateo una profecía de Jesús sobre la salida de la presencia divina del segundo templo: «Mirad, vuestra casa es abandonada» (Lc 13,35; Mt 23,38). Esto alude a la visión de Ezequiel sobre la salida del *kavod* del primer templo (Ez 11,22-23). Se plantea entonces una importante cuestión cuya respuesta afectará a nuestra lectura de Hechos de los Apóstoles: desde la perspectiva de Lucas, ¿en qué momento se produce esta salida divina?

En dos libros recientes se ha argumentado que Lucas considera que la rasgadura del velo del templo a la hora de la muerte de Jesús (Lc 23,45) es un signo del abandono divino del templo de Jerusalén.[128] Este incidente no es un detalle narrativo distintivo de Lucas, sino que se encuentra también en Marcos (15,38) y Mateo (27,51). Aunque Lucas modifica ligeramente la secuencia de los acontecimientos de Marcos, no por ello atribuye mayor importancia a este hecho particular del relato de la crucifixión. Aún así, la rotura del velo es un símbolo elocuente que vincula la muerte de Jesús con el templo y su sistema de culto, y sugiere que su muerte tiene un impacto decisivo en la relación de Israel con Dios. Por lo tanto, es razonable preguntarse si la muerte de Jesús es el momento en el que se produce la salida divina profetizada en Lucas 13,35.

Hay una objeción obvia a esta tesis que se plantea en el caso de Lucas pero no en el de Mateo: tenemos un segundo texto lucano, y el templo ocupa un lugar destacado en su narración como centro de la vida eclesial. Peter Rice responde a esta objeción de la siguiente manera:

> La rotura del velo es para Lucas el momento más culminante, más significativo, del abandono del Templo por parte de Dios, a pesar de que el

---

128. Rice, *Behold, Your House is Left to You*; Steve Smith, *The Fate of the Jerusalem Temple in Luke-Acts*.

pueblo de Dios sigue frecuentando e incluso asistiendo al culto dentro del Templo tras ese hecho (Lucas 24; Hechos 1-5). Después de todo, este último culto no es cualitativamente diferente del tipo de culto ofrecido en los hogares cristianos en Hechos o, efectivamente, diferente del tipo de culto ofrecido en las sinagogas, y la posición, bastante central, del Templo en el tercio inicial de Hechos es explicable a la luz del papel que juega Jerusalén como plataforma de lanzamiento de la misión cristiana.[129]

Steve Smith ofrece una valoración similar de los relatos del templo en Hechos:

> [...] el velo rasgado del templo en Lc 23,45 representaba el abandono del templo. El uso continuado del templo por parte de los discípulos en los primeros capítulos de Hechos no es una prueba de que pensaran lo contrario: muestra que lo consideraban un lugar apropiado para la oración y la enseñanza reveladora; la vida escatológica que experimentaban en el templo era una vida que traían consigo a través de Jesús por el poder del Espíritu, no algo que hubiera en el propio templo.[130]

Estos argumentos tienen sentido en el contexto general de sus libros, ya que ninguno de los dos autores considera que el monte del Templo tenga una significación imperecedera para Lucas, y ninguno discierne ningún significado escatológico en la ciudad, la tierra o el pueblo judío. Como la mayoría de los comentaristas, ignoran la importancia escatológica de la ascensión de Jesús desde el monte de los Olivos y minimizan la dimensión escatológica de la visión teológica general de Lucas. Su interpretación de los relatos del templo en Hechos pierde todo poder de persuasión cuando, por un lado, entendemos el discurso de Esteban como una afirmación de la centralidad del monte del Templo; cuando, por otro, vemos la estructura geográfica de Lucas y Hechos y el carácter escatológico de la ascensión como indicación de la importancia permanente de Jerusalén; y cuando no solo conectamos la muerte de Jesús con el juicio a Israel, sino también su resurrección con la redención de Israel.

Pero, incluso dejando aparte Hechos de los Apóstoles, hay dos razones para dudar de la teoría de que la presencia divina se aleja del templo cuando Jesús muere. En primer lugar, la visión de Ezequiel de la salida del *kavod* del templo de Salomón ocurre inmediatamente antes de su destrucción. El primer acontecimiento explica el segundo: una vez que el Dios de Israel se ha marchado, la ciudad está indefensa; y en efecto, sus muros son derribados. La caída de Jerusalén no solo está asegurada, sino que se produce inmediatamente. Así mismo se debería esperar que ocurriera con el templo de Herodes. En segundo lugar, ese mismo vínculo entre la salida de la presencia divina y la destrucción de la ciudad es inherente a la profecía de Jesús en Lucas 13. Si bien el juicio inminente de Jerusalén está solo implícito en ese capítulo, toma forma explícita en Lucas 19, 21 y 23. El abandono divino de la ciudad se manifiesta inmediatamente

---

129. Rice, *Behold, Your House is Left to You*, 115n93.
130. Smith, *The Fate of the Jerusalem Temple in Luke-Acts*, 177.

en la destrucción de la misma. A la luz del nexo temporal que vincula el abandono divino con el desastre militar, ambos hechos —el primero junto al segundo— deben situarse en el año 70 de la era cristiana, y no cuarenta años antes.

La rasgadura del velo del templo señala que se ha abierto una nueva dimensión en la relación de alianza de Israel con Dios. La muerte y resurrección de Jesús —que es en sí mismo la encarnación personal del *kavod*— debe tener un efecto transformador en el lugar y el modelo de culto de Israel. Pero Lucas y Hechos ofrecen escasas pruebas para el punto de vista que opina que esta transformación implica que la presencia divina abandona el templo —y por tanto también a Israel.

Conclusión

Al concluir este capítulo, querría ofrecer dos conclusiones negativas, que eliminan obstáculos de nuestro camino, y dos conclusiones positivas, que fortalecen nuestras posiciones y les dan nuevo impulso.

En el lado negativo, hemos demostrado la diferencia entre el templo y la ciudad, la tierra y el pueblo, y con ello hemos desacreditado los intentos de disminuir el carácter perdurable del último (Israel) mediante una falsa equiparación con el carácter transitorio del primero (el templo). Aunque el templo era de suma importancia, funcionaba en un plano distinto que la ciudad de Jerusalén, la tierra y el pueblo de Israel. Cada uno de estos últimos mantuvo una identidad y función estables a través de las diversas y turbulentas épocas de la historia judía. Nunca fue el caso del templo, que desde sus inicios combinó la santidad de un lugar concreto con la del mobiliario y la arquitectura sagrados, lo que dio lugar a una estructura frágil y a menudo alterada. Además, el templo siempre funcionó como un indicador simbólico de realidades más allá de sí mismo, que lo hicieron dramáticamente diferente de la ciudad, la tierra y la gente. En las épocas en las que la incorporación de esos diversos componentes se hizo de manera imperfecta, o cesó por completo el funcionamiento institucional del templo, las realidades a las que apuntaba nunca dejaron de existir ni de ejercer poderosa influencia en la imaginación judía.

Entre sus funciones simbólicas más importantes, el templo representaba la presencia del Dios de Israel en medio del pueblo y la tierra de Israel. En esta función, el templo se identificaba estrechamente con la ciudad de Jerusalén en la que tenía su sede. Cuando la ciudad de Jerusalén fue tomada por los romanos en el año 70, fue la destrucción del templo lo que causó el mayor dolor y lo que concentró, en una imagen grabada a fuego, la catástrofe de toda la guerra. Así, en el Nuevo Testamento y en el conjunto de la tradición judía, la destrucción de la ciudad es representada por la destrucción del templo. En su muerte, Jesús participa en el sufrimiento que Jerusalén padecerá cuatro décadas después, y, al hacerlo, su cuerpo soporta los golpes que caerán sobre el templo, corazón y alma de la ciudad. Sin embargo, la ciudad, la tierra y el pueblo siguen existiendo —heridos, pero aún respirando— incluso después de que las enormes piedras del templo hayan sido hechas pedazos. Si la destrucción babilónica del templo fue un precedente y el mensaje del profeta Ezequiel en ese momento todavía es creíble, entonces el Dios de Israel sigue habitando entre su pueblo, y la ciudad y la tierra siguen siendo precisamente los objetos de su esperanza.

La segunda conclusión negativa se refiere al enfoque del Nuevo Testamento sobre el templo celestial, el templo humano (es decir, cristología del templo y eclesiología del templo) y el templo escatológico. Hemos demostrado que esta orientación no se deriva de una crítica a la institución de Jerusalén, sino que es inherente a la función simbólica esencial del templo. El templo siempre sirvió como marcador simbólico que apuntaba a realidades más allá de sí mismo, y las expresiones neotestamentarias de este simbolismo no difieren en su clase de las que se encuentran en las escrituras hebreas o en la tradición judía. En los textos ajenos al Nuevo Testamento ese simbolismo es coherente con el respeto a la propia institución del templo y con la reverencia a la ciudad, la tierra y el pueblo. No hay razón para suponer, sin pruebas, que el Nuevo Testamento sea una excepción a la regla.

Mi primera conclusión positiva se refiere a la cristología del templo de Juan. He argumentado que este distintivo enfoque joánico del templo está fundamentado en su cristología de Israel. Jesús resume al pueblo de Israel en su persona individual, y el templo significa la morada de Dios en medio del pueblo de Israel; por tanto, Jesús en su persona individual es el templo definitivo. Podemos ir más allá y proponer que Jesús también encarna en su persona *la tierra* de Israel, que está unida indisolublemente al pueblo de Israel, y que es el lugar donde Dios prometió habitar.[131] Si esto expresa realmente la lógica de Juan —si la cristología de Israel en el sentido más amplio es el presupuesto de su cristología del templo—, entonces el mensaje de Juan confirma nuestra premisa anterior de que la estructura del templo apunta a realidades mayores que ella misma, una de las cuales es el compromiso de Dios de habitar en medio de Israel.

Los escritos del teólogo judío Michael Wyschogrod son relevantes en este punto. Wyschogrod extrae ideas del Nuevo Testamento y de la tradición eclesial sobre la encarnación, y las emplea en su comprensión del pueblo judío. Como afirma en un artículo titulado «Incarnation» [N. del T.: trad. «La encarnación»], la «inhabitación de Dios en el pueblo de Israel es el fundamento de mi teología».[132] Expresa el mismo punto de vista en su obra más extensa de teología judía, *The Body of Faith* [N. del T.: trad. «El cuerpo de la fe»]: «La existencia de este pueblo es el medio por el que Dios entra en el universo».[133] Wyschogrod también expresa la conexión entre esta convicción y la cristología eclesial clásica (es decir, joánica): «La Iglesia concentra

---

131. «Decir "Yo soy la vid verdadera" ([Juan 15] v. 1) es decir "Yo soy el verdadero Israel" [...] Cristo recapitula el misterio vivo de su pueblo y de su tierra. Si la parábola se lee de este modo, Israel (pueblo y tierra) no es dejado atrás, sino que es acogido en el misterio de Cristo y glorificado en él» (Vall, «Man Is the Land», 153).

132. Wyschogrod, «Incarnation», 217.

133. Wyschogrod, *The Body of Faith*, 13.

toda esta encarnación del pueblo de Israel, toda la encarnación de Dios en el pueblo de Israel, en un judío, Jesús de Nazaret».[134]

Mi propuesta en este libro es que el Jesús resucitado sigue identificándose con el pueblo judío. Si eso es cierto, entonces su encarnación, muerte y resurrección consuman el don de la presencia divina entre el pueblo judío, intensificando la realidad de esa presencia en lugar de eliminarla. Esto significa que los teólogos eclesiales pueden abrazar la teología de Wyschogrod sobre la «morada de Dios en el pueblo de Israel», al tiempo que afirman una morada divina en la *ekklēsia* que confirme, en lugar de negar, a su compañero de templo.[135] De este modo, la cristología del templo joánica da respaldo y adelanta mi tesis central.[136]

Mi segunda conclusión positiva se refiere a la teología del templo distinguida en Lucas y Hechos. Esta teología del templo hace avanzar nuestra exposición al destacar la importancia duradera del monte del Templo (es decir, «el lugar») como sitio geográfico. El discurso de Esteban se centra en un elemento sagrado del templo que es distinto de la estructura del templo o de su mobiliario, y ese elemento perdura mientras perdure la tierra. De este modo, Hechos 7 refuerza la argumentación a favor de la importancia duradera de la ciudad de Jerusalén en el mismo texto que desafía las malas interpretaciones acerca del templo y anticipa proféticamente su destrucción. Igualmente, la cristología del *kavod* en Lucas proporciona un complemento escatológico a la cristología del templo de Juan, al subrayar una dimensión aún no realizada de la encarnación. Tanto en Juan como en Lucas/Hechos, Jesús encarna la presencia divina; pero en Lucas/Hechos la plena realidad del templo solo se realiza cuando el pueblo de Israel y la *ekklēsia* alcanzan su plenitud, cuando el mismo Jesús regresa al monte del Templo desde el monte de los Olivos. Por esto ambos, tanto el pueblo judío como la *ekklēsia* de judíos y gentiles, aguardan el «regreso del Señor a Sion».

Nuestro estudio del templo no ha hecho más que reforzar nuestra tesis acerca de la ciudad de Jerusalén, la tierra de Israel y el *euangelión* profético. Pero, ¿qué hay del pueblo judío? ¿Cómo podemos mantener su continua identidad en el pacto y su misión constructiva en la historia a la luz de su fracaso colectivo en el recibimiento de su Mesías? En nuestro próximo capítulo examinaremos Lucas y Hechos en busca de pistas para responder a esta difícil pregunta.

---

134. Wyschogrod, «Incarnation», 215.

135. Robert W. Jenson es un ejemplo de teólogo cristiano que ha aprendido de Wyschogrod, y que hace una afirmación similar en términos explícitamente cristológicos: «¿Puede haber un cuerpo presente del judío resucitado Jesús de Nazaret, en el que el linaje de Abraham y Sara se desvanezca en una congregación de gentiles como lo hace en la iglesia? [...] La encarnación del Cristo resucitado solo es completa en la forma de la iglesia y de una comunidad identificable de descendientes de Abraham y Sara. La iglesia y la sinagoga son juntas, y solo juntas, la disponibilidad actual para el mundo de Jesus Cristo resucitado» (Jenson, «Toward a Christian Theology of Judaism», 13).

136. No estoy diciendo aquí que el autor o editor humano del cuarto Evangelio deduzca de su cristología las implicaciones que yo estoy deduciendo. Solo digo que esas implicaciones son razonables cuando se lee el texto según el método teológico expuesto en la introducción de este libro.

Capítulo 3

El Mesías resucitado y el pueblo judío

Según Hechos de los Apóstoles, miles de judíos responden positivamente al mensaje acerca del Mesías resucitado (Hch 2,41; 5,14-16; 6,7; 9,31; 21,20). Pero los líderes de Israel no siguen su ejemplo, y el libro acaba con una disputa sobre ese mensaje. ¿Cuál es la perspectiva de Hechos con respecto a los judíos que están fuera de la *ekklēsia* y con respecto al conjunto de la comunidad judía organizada? ¿Supone el hecho de no creer en Jesús, y no unirse a la comunidad de sus discípulos, la exclusión de los judíos del pueblo de Israel?

El Evangelio de Lucas presenta la muerte de Jesús como una anticipación del juicio que caerá sobre Jerusalén el año 70 d. de C., y da a entender que el sufrimiento del Mesías hará que ese juicio tenga efectos redentores. Lucas y Hechos también dan a entender que la resurrección de Jesús anticipa la futura restauración de Jerusalén. Esto implica que el Israel genealógico conserva su estatus de alianza y su misión constructiva en el mundo, a pesar de su fracaso colectivo al no acoger al Mesías resucitado.

Sin embargo, muchos comentaristas interpretan que Lucas y Hechos enseñan lo contrario. Para ellos, estos libros afirman que los judíos que no entran en la *ekklēsia* pierden su condición de miembros de la comunidad de la alianza. Los argumentos esgrimidos por estos comentaristas se basan en dos temas de Hechos de los Apóstoles, uno de los cuales está entretejido en el entramado básico de la narración y el otro enunciado en dos textos concretos. El primer tema tiene que ver con la oposición judía al mensaje apostólico, que lleva a Pablo, en algunos sitios, a abandonar la sinagoga e «ir a los gentiles». Este patrón narrativo alcanza su punto álgido en el último capítulo del libro de los Hechos, cuando Pablo se dirige a los ancianos de la comunidad judía en Roma. Para muchos comentaristas, esta forma de concluir el libro sugiere que la época en la que los judíos tenían un estatus de alianza distintivo fuera de la *ekklēsia* ha llegado, definitivamente, a su fin.

El segundo tema se refiere a la identificación de Jesús como el «profeta como tú» descrito por Moisés en Deuteronomio 18,15-19. Este texto es citado en los discursos de Pedro (Hch 3,22-23) y de Esteban (Hch 7,37). La versión de Pedro se aparta tanto del texto hebreo masorético como del griego de la Septuaginta al incluir la afirmación «todo el que no escuche a ese profeta será completamente desarraigado del pueblo» (Hch 3,23). Para muchos comentaristas, este versículo proporciona justificación bíblica y teológica para considerar excluidos de Israel a aquellos judíos que no creen ni obedecen a Jesús.

En este capítulo examinaré los argumentos ofrecidos por estos intérpretes de Lucas y Hechos, e intentaré mostrar que ambos temas, en lugar de socavarlo, dan en cambio sostén y fundamento al estatus perpetuo en el pacto del pueblo judío. Antes de emprender estos argumentos, no obstante, voy a hacer unas observaciones preliminares sobre los discursos de Hechos y el diferente carácter que adoptan según se trate de un entorno judío o gentil. Esto nos permitirá apreciar mejor el significado de ese patrón constante de Pablo estableciendo —y luego abandonando— la sinagoga como su base de operaciones.

La misionología diferenciada del libro de los Hechos

Hechos de los Apóstoles narra la historia de la expansión de la *ekklēsia* en el poder del Espíritu, llevando los discípulos de Jesús el *euangelion* hasta los confines del Imperio romano. ¿Cuál es el contenido de ese *euangelion* y qué relación tiene con las distintas audiencias a las que se presenta? Para responder a esa pregunta, hay que prestar mucha atención a los discursos que tienen un papel destacado en el libro.

Diferentes audiencias y modos de dirigirse a ellas

He contado veintidós discursos en Hechos de los Apóstoles.[1] De ellos, dieciséis están dirigidos exclusiva o principalmente a audiencias judías (once a judíos de fuera de la *ekklēsia*, cinco a judíos de dentro). Solo cinco discursos se dirigen a audiencias gentiles, uno de ellos a un grupo que ya era fiel al Dios de Israel (esto es, la casa de Cornelio), y otro pronunciado ante un funcionario romano responsable del gobierno de Judea (Hch 24,10-21); de los tres restantes en un entorno gentil, uno es la exhortación de Pablo a los que van con él en el barco llamándoles a ser valientes en medio del peligro (Hch 27,21-26).[2] Así pues, solo dos de los veintidós discursos de Hechos cuentan como proclamaciones del *euangelion* a gentiles totalmente fuera del ámbito judío, con el propósito de que se arrepientan y tengan fe (Hch 14,15-17; 17,22-31).

---

1. Esta cifra no incluye la conversación de Jesús con los once al principio del libro (Hch 1,6-8) ni las palabras de los ángeles a los once después de la ascensión (Hch 1,11). Tampoco incluye la oración de la comunidad en Hechos 4,24-30.

2. Esto da cuenta de veintiuno de los veintidós discursos. La composición judía y/o gentil de la audiencia del discurso restante es incierta, ya que el grupo reunido es un conjunto de dirigentes de una de las congregaciones de Pablo en la diáspora (Hch 20,18-35).

Este dato es sorprendente, dada la suposición tradicional de que Hechos tiene como asunto principal la transición de la *ekklēsia* de entidad judía a gentil, con una misión dirigida a los gentiles y no a los judíos.

Más sorprendente aún es el modo de expresarse que adoptan los líderes de la *ekklēsia* cuando se dirigen a audiencias judías que aún no han aceptado su mensaje. Por lo general, los oradores se refieren a sus oyentes como *andres adelphoi*, «hermanos varones» (Hch 2,29; 13,16.26.38; 23,1.6; 28,17), o más simplemente como *adelphoi*, «hermanos» (Hch 3,17; 23,5). En dos ocasiones, ambas en Jerusalén, los oradores adoptan una expresión más larga y aún más respetuosa para caracterizar a su diversa audiencia judía: *andres adelphoi kai pateres*, «varones hermanos y padres» (Hch 7,2; 22,1). El término *adelphoi* y la expresión *andres adelphoi* son dignos de atención en estos contextos, ya que se repiten en los discursos que estos líderes pronuncian *dentro de la ekklēsia* (*adelphoi*: Hch 6,3; 21,20; *andres adelphoi*: Hch 1,16; 15,7.13). Nada en estos textos indica que los oradores consideraran sus relaciones personales dentro de la *ekklēsia de tipo* diferente de las que mantenían con otros judíos aún no unidos a su círculo, como si las primeras implicaran un parentesco espiritual mientras que las segundas consistieran simplemente en un vínculo carnal.

Por el contrario, los líderes de la *ekklēsia* nunca se refieren a los miembros de una audiencia gentil como *adelphoi*, ni siquiera cuando el gentil en cuestión es un hombre piadoso y temeroso de Dios que ama al pueblo judío, como Cornelio. En las primeras palabras de Pedro a Cornelio y su familia, el apóstol reconoce que «Dios me ha mostrado que no debo llamar a nadie profano o impuro» (Hch 10,28). Es esta convicción, adquirida tras su visión en Jope, la que inspira valor a Pedro para responder positivamente a la invitación de Cornelio. Sin embargo, en este punto de la narración, Pedro no puede dirigirse a Cornelio como «hermano», ya que este gentil aún no es miembro del pueblo de la alianza.

Si eso pasa con los gentiles temerosos de Dios, tanto más con los idólatras. Cuando Pablo se dirige a los gentiles de Listra (Hch 14,15), o a sus compañeros gentiles de camino a Roma (Hch 27,21.25), se limita a llamarlos *andres*, «varones». Cuando se dirige al pueblo de Atenas, emplea la expresión *andres Athenaioi*, «varones atenienses» (Hch 17,22). Esta terminología formal e impersonal, que expresa la ausencia de un vínculo relacional, transmite la distinción inequívoca entre el estatus de la audiencia judía y la gentil en Hechos de los Apóstoles.

Los discursos también dan a entender, de otros modos, esa distinguida condición espiritual de las audiencias judías. Utilizando múltiples expresiones, los oradores identifican a sus oyentes como herederos de la tradición bíblica y copartícipes de un pacto común. A los que forman parte de la audiencia se les llama *andres Israelitai*, «varones israelitas» (Hch 2,22; 3,12; 13,16), o como los que pertenecen a «toda la casa de Israel» (Hch 2,36) o «todo el pueblo de Israel» (Hch 4,10). Son «descendientes de la familia de Abraham» (Hch 13,26), «descendientes de los profetas y del pacto que Dios dio a vuestros antepasados» (Hch 3,25), y destinatarios de «la promesa» (Hch 2,39).

Como miembros de la misma familia del pacto, los líderes judíos de la *ekklēsia* se identifican con sus oyentes y designan a Abraham, Isaac, Jacob, y al Israel bíblico en general, como «*nuestros* antepasados» (Hch 7,2.11.12.15.19.39.44; 13,17.32-33; 26,6; 28,17). Y, lo que es más significativo, hablan del Uno y Santo como «el Dios de *nuestros* antepasados» (Hch 3,13; 5,30; 24,14) y «el Dios de este pueblo, Israel» (Hch 13,17).

Como se vio en nuestro capítulo sobre Jerusalén, el hecho de no responder adecuadamente a la proclamación del *euangelion* expone a estas audiencias al juicio divino. Sin embargo, no hay evidencia en Hechos de los Apóstoles de que ese juicio implique un cambio en el estado del pacto, de forma tal que los judíos desobedientes pierdan su identidad como *israelitas, descendientes de la familia de Abraham, descendientes de los profetas y del pacto* y destinatarios de *la promesa*. No hay testimonio de que Pedro o Esteban o Pablo nieguen a sus parientes infieles la designación de «hermanos», o se nieguen a darlos por incluidos cuando hablan del «Dios de *nuestros* antepasados».

De hecho, la evidencia sugiere lo contrario. Según Hechos, el consejo sacerdotal de Jerusalén, presidido por el sumo sacerdote, se opone sistemáticamente a los apóstoles y a su mensaje. Los miembros del consejo son también los principales responsables de la crucifixión de Jesús. Aún así, el Santo es también el Dios de *sus* antepasados (Hch 5,30); se dirigen a ellos como «hermanos y padres» (Hch 7,2); y el sumo sacerdote (pese a su conducta culpable) es reconocido como «un líder de tu pueblo» (Hch 23,5). En el desastre del año 70, el consejo gobernante será juzgado por su mala conducta y la casta sacerdotal perderá sus privilegios de gobierno, pero los sacerdotes que sobreviven a la debacle conservan su condición de sacerdotes, de la misma forma que el pueblo de Israel en su conjunto sigue siendo el pueblo de Israel.

Contenidos y objetivos diferenciados

El entorno judío de la mayoría de los discursos sustanciales de Hechos, junto con los términos de distinción y estima empleados por los oradores para referirse a sus oyentes, sugieren que la misión de la *ekklēsia* está orientada únicamente al pueblo judío. Hechos cuenta la historia de cómo esta misión se amplía para incluir a los gentiles, pero los discursos dirigidos a audiencias gentiles juegan un papel menor en el libro, y a estas audiencias nunca se les habla en los mismos términos de respeto y estima reservados para «la casa de Israel». Esta diferenciación misionológica entre los judíos (como realidad colectiva) y los gentiles (como individuos o familias agregadas) está arraigada en el contenido y el propósito del *euangelion* que proclaman los líderes de la *ekklēsia*.

Nuestro estudio sobre la importancia de Jerusalén en Lucas y Hechos anticipaba esta observación sobre los discursos de Hechos. Examinaba allí la importancia del papel de Jesús en Hechos como heredero del rey David, cuyo nombre y destino eran inseparables de los de la ciudad de Jerusalén. Los discursos de Hechos proclaman a Jesús el Mesías davídico en virtud de su resurrección de entre los muertos (por ejemplo, Hch 2,24-36; 13,22-23.32-37). También dan a entender que la resurrección del Mesías asegura —y finalmente producirá— la resurrección de todo el pueblo judío junto con su ciudad capital, un futuro colectivo glorioso que constituye la «esperanza de Israel» y el núcleo del mensaje apostólico (Hch 26,6-8.23; 28,20). Llegábamos a la conclusión de que este esclarecedor conjunto de textos demuestra que la pregunta de los once en Hechos 1,6 («Señor, ¿es éste el tiempo en que restaurarás el reino a Israel?») reflejaba una comprensión certera del objetivo escatológico del mensaje apostólico. Sin embargo, esa pregunta también demostraba un desconocimiento de los «tiempos» en los que se encontraban, un ámbito temporal ya definido en las palabras del discurso escatológico de Jesús: «Jerusalén será pisoteada por los gentiles, hasta que se cumplan los *tiempos* de los gentiles» (Lc 21,24). Así pues, el «reino» que constituye el contenido del mensaje apostólico implica el reinado de Dios en Israel por medio del Hijo de David resucitado y glorificado. Aunque inaugurado en medio de un más intenso exilio de Israel (que el sufrimiento y la muerte del Mesías anticipaban), el reino se consumará en una Jerusalén restaurada, capital de un Israel reunido y resucitado.

El discurso de Pedro en Hechos 3 confirma este resumen del contenido del *euangelion*, y también muestra por qué la respuesta de la audiencia judía al mensaje tiene extraordinaria importancia. Después de contar la muerte y resurrección de Jesús, Pedro hace este llamamiento a sus compatriotas judíos:

> 17 Y ahora, hermanos [*adelphoi*], sé que actuasteis por ignorancia, como también lo hicieron vuestros gobernantes. 18 Pero las cosas que Dios anunció de antemano por boca de todos los profetas, que Su Cristo [es decir, el Mesías de Dios] habría de sufrir, así las ha cumplido. 19 Por lo tanto, arrepentíos y convertíos, para que vuestros pecados sean borrados, para que vengan tiempos [*kairoi*] de refrigerio de la presencia del Señor; 20 y para que Él envíe a Jesús, el Cristo [es decir, el Mesías] designado para vosotros, 21 a quien el cielo debe recibir hasta [*achri*] el tiempo [*chronoi*, lit. «tiempos»] de la restauración [*apokatastasis*] de todas las cosas que Dios habló por boca de Sus santos profetas desde la Antigüedad. (NASB[3] Hch 3,17-21)

Pedro invita al pueblo de Jerusalén a *arrepentirse* y *convertirse*, es decir, a reconocer el error cometido dando muerte a Jesús, y a aceptarlo como el Mesías de Israel. Aquí se explica el papel de Jesús de manera sorprendente: es «el Mesías designado para vosotros». Hechos de los Apóstoles muestra que la obra redentora de Jesús trae bendición a todas las naciones, pero ante todo él es y sigue siendo «el Mesías designado para vosotros». Si el pueblo de Jerusalén (y toda la nación a la que representa) responde adecuadamente a este llamamiento, se producirá una intervención divina de proporciones cósmicas: el Mesías al que ellos abracen dará

---

3. [N. del T.: NASB = *New American Standard Bible*, versión en inglés de la Biblia.]

paso a una nueva era descrita como «tiempos de refrigerio» (*kairoi anapsyxeōs*) y «tiempos de restauración» (*chronoi apokatastaseōs*).

No está claro si estas expresiones paralelas se refieren a un único período de tiempo o a dos fases distintas de un proceso redentor. En cualquier caso, sí queda perfectamente claro que la respuesta adecuada de Israel *culminará* con el envío de «Jesús, el Mesías» y su inauguración del «período de restauración de todas las cosas que Dios habló por boca de Sus santos profetas» (v. 21). Esta traducción [N. del T.: NASB] es preferible a la de la NRSV «el tiempo de la restauración universal que Dios anunció hace mucho tiempo a través de sus santos profetas».[4] El contexto tiene que ver con el cumplimiento de «todo» lo que Dios ha prometido a Israel —es decir, la restauración nacional de Israel, con sus implicaciones para el mundo— en lugar de la restauración del cosmos en sí.

Hechos 3,19-21 menciona e interpreta dos textos lucanos cruciales que ya hemos analizado: Lucas 21,24 y Hechos 1,6-7. El uso de las palabras *kairoi* («tiempos») y *achri* («hasta») en Hechos 3,19-21 recuerda a Lucas 21,24: «Jerusalén será pisoteada por los gentiles, *hasta* que se cumplan *los tiempos* de los gentiles» (*achri hou plērōthōsin kairoi ethnōn*). Esto implica que los «tiempos de refrigerio» y la «restauración» de Hechos 3 se refieren a la ciudad de Jerusalén, y culminan con la terminación decisiva de los «tiempos de los gentiles» (es decir, la era del exilio de Israel y la sujeción de Jerusalén a potencias extranjeras). Aún más digna de mención es la conexión entre Hechos 3,19-21 y 1,6-7: «Así que, cuando se hubieron reunido, le preguntaron: "Señor, ¿es este el tiempo [*chronos*] en que restaurarás [*apo-kathistaneis*] el reino a Israel?". Él respondió: "No os corresponde a vosotros conocer los tiempos [*chronoi*] o los períodos [*kairoi*] que el Padre ha fijado con su propia autoridad"» (Hch 1,6-7). Al igual que en Hechos 3,19-21, los dos sustantivos aproximadamente sinónimos, *chronoi* y *kairoi*, están emparejados. Y, lo que es más significativo, Hechos 1,6 emplea el verbo *apo-kathistemi* («restaurar»), cuya forma nominal afín *apo-katastasis* («restauración»)

---

4. Como demuestra la comparación de la NASB y la NRSV, la expresión *apokatastaseōs pantōn* («restauración de todas las cosas») en Hechos 3,21 se ha interpretado —y traducido— de dos maneras significativamente diferentes. En la NASB (y también en la RSV), «todas las cosas» se refiere a toda la variedad de promesas contenidas en los escritos proféticos de las Escrituras. En esta interpretación, ninguna coma separa la expresión «todas las cosas» de la expresión «sobre las que Dios habló». Sin embargo, es más frecuente que la «restauración de todas las cosas» se tome como una expresión autónoma, con el significado de «restauración universal» (v. NRSV, NIV, JB, KJV). En tales traducciones se suele insertar una coma: «los tiempos de restitución de todas las cosas, que Dios ha dicho...» (RV). La evidente conexión entre este versículo, Lucas 21,24 y Hechos 1,6-7, y el uso de la palabra griega *apokatastasis* como término especializado en los escritos judíos que describen la restauración de Israel, implican que la referencia aquí no es al alcance cósmico de la restauración, sino al cumplimiento integral de la profecía bíblica relativa a Israel. (Véase Bauckham, «The Restoration of Israel in Luke-Acts», 363.) Esto quita fundamento a la afirmación de Peter Walker de que Hechos 3,21 destaca intencionadamente el objetivo universal de restauración de Dios, para desafiar la esperanza errónea de los discípulos en un «reino de Israel» restaurado en Hechos 1,6 (Walker, *Jesus and the Holy City*, 95-96). Walker asume, sin argumentarla, la segunda interpretación y traducción de *apokatastaseōs pantōn*.

aparece en Hechos 3,21. Este verbo es un término especializado que se refiere, en otra literatura judía de la época, a la restauración de Israel en su propia tierra.[5] Los contextos de Hechos 1 y Hechos 3 sugieren que el autor utiliza tanto la forma verbal como la nominal precisamente con ese significado. Así, el segundo *envío* del Mesías (Hch 3,20) tendrá como resultado la restauración del reino a Israel y el consecuente fin del exilio de Israel.[6]

El discurso de Pedro en Hechos 3 transmite dos hechos importantes. En primer lugar, el regreso de Jesús iniciará el fin del exilio de Israel y la restauración del reino de Israel —con «Israel» aquí, como siempre en Lucas y Hechos, refiriéndose preeminentemente al pueblo judío como realidad corporativa dentro del pacto—. En segundo lugar, el regreso de Jesús solo se producirá después de, y como consecuencia de, la respuesta fiel de los de su propia carne y sangre a sus palabras y a su persona. Así pues, el *euangelion* del Mesías resucitado concierne al pueblo judío de una manera única: ellos son una parte inextricable de su contenido esencial. Es más, su respuesta colectiva a ese mensaje es imprescindible para que se realice todo su trasfondo de implicación cósmica.

Estas inferencias de Hechos 3,19-21 reciben mayor respaldo con las palabras finales del discurso de Pedro. La NRSV traduce Hechos 3,26 de esta manera: «Cuando Dios resucitó [*anastēsas*] a su siervo, lo envió primero a vosotros, para bendeciros volviéndoos de vuestros malos caminos». Esta traducción implica una progresión temporal: después de resucitar a Jesús de entre los muertos, Dios lo envía (a través del testimonio apostólico) *primero* al pueblo judío.[7] Aunque esta traducción es posible, el orden de las palabras en el texto griego justifica otra interpretación que encaja mejor con el llamamiento anterior de Pedro: «Para vosotros en primer lugar ha resucitado Dios a su siervo y le ha enviado para bendeciros» (*Nueva Biblia de Jerusalén*).[8] Esta traducción alternativa implica una precedencia no solo en la misión temporal de Jesús, sino también en el propósito básico de su resurrección. Su resurrección está destinada a traer la bendición final de la resurrección de Jerusalén e Israel, una bendición que

---

5. Oepke, «Apokathistēmi», 388. Véase LXX Os 11,11; Jr 16,15; 24,6; Josefo, *Antiquities* (*Antigüedades de los judíos*), 11.2, 63.

6. «En Hechos 1,6-11 el lector no tenía suficiente información para determinar la relación entre el reino y el regreso de Jesús. Hechos 3,12-26 proporciona la información que falta […] Ahora, Pedro habla en relación con el "tiempo" de la restauración (*apokatastaseōs*) de todas las cosas (3,21), haciéndose eco de las preocupaciones de los discípulos de 1,6» (Salmeier, *Restoring the Kingdom*, 9394).

7. La palabra griega *anastēsas* (participio aoristo del verbo *anistēmi*) aparece a menudo en los escritos lucanos en referencia a la resurrección de los muertos (Lc 16,31; 18,33; 24,7.46; Hch 2,24.30-32; 13,32-34; 17,3.31). Aquí se refiere al *profeta-como-Moisés* que Dios «os levantará» (Hch 3,22; Dt 18,15), por lo que podría tener un significado más general que incluyera la vida terrenal de Jesús. Sin embargo, como el autor piensa en Jesús cuando está interpretando Deuteronomio 18, probablemente la palabra quiera reflejar la resurrección.

8. Véanse también la *Biblia de Jerusalén*, la *New American Standard* y la *New American Bible* para lecturas similares.

los judíos pueden individualmente alcanzar y hacer que llegue antes «volviéndoos», y siendo convertidos, «de vuestros malos caminos».[9]

La mayoría de los lectores de Hechos asumen que el *euangelion* es el mismo para las audiencias judía y gentil: los judíos y los gentiles son individualmente llamados a arrepentirse, creer en Jesús, bautizarse y entrar en el Israel renovado, que es la *ekklēsia*. Cuando responden adecuadamente, reciben el perdón de los pecados, el don del Espíritu Santo y la seguridad de la vida eterna. El mensaje es el mismo, y las consecuencias de aceptar o rechazar el mensaje son las mismas. Sin embargo, cuando prestamos más atención a la composición de las audiencias de los discursos narrados en Hechos, a la forma en que se dirigen a estos auditorios y al contenido de las palabras que se pronuncian, llegamos a una conclusión diferente. El *euangelion* es, en efecto, para todos, pero sus implicaciones son diferentes para la audiencia judía y la gentil. Aunque a menudo desapercibido, este es un punto de vista crucial, que nos proporcionará la perspectiva necesaria para afrontar los retos que se plantean en el resto de este capítulo.

Con esta perspectiva a la vista, examinemos los textos clave citados por los exégetas que sostienen que Lucas y Hechos anulan la identidad del pacto judío para aquellos judíos que están fuera de la *ekklēsia*.

La oposición judía y el «ir a los gentiles» de Pablo

El argumento a favor de la exclusión del pacto

En Hechos, el sintagma *hoi Ioudaioi* («los judíos/los de Judea») se emplea a menudo para designar a los judíos que se oponen al mensaje apostólico. Muchos ven en ello una prueba de que Lucas considera que los judíos fuera de la *ekklēsia* han perdido su condición de miembros del pueblo de Dios.

El sintagma *hoi Ioudaioi* no aparece en Hechos antes del relato del encuentro de Pablo con Jesús resucitado en el camino de Damasco (Hch 9,1-19). Después de ese acontecimiento, la expresión se encuentra con frecuencia, especialmente en contextos en los que grupos de judíos se oponen a la labor de Pablo (Hch 9,23; 13,45.50; 14,4; 17,5; 18,56.12.28; 20,3; 22,30; 23,12.20; 24,9; 26,2; 28,19). Así pues, la expresión surge con connotaciones negativas casi exclusivamente en escenarios en la diáspora, en los que los judíos viven como una comunidad minoritaria en medio de gentiles.[10]

Comoquiera que interpretemos el significado de este sintagma en Hechos, debemos evitar la presuposición anacrónica de que el autor distingue la categoría

---

9. La palabra griega traducida aquí como «convertir» o «volverse» podría ser transitiva (es decir, Dios actúa a través de Jesús para *volver* [N. del T.: = convertir, apartar] a uno del mal) o intransitiva (es decir, el propio individuo *vuelve* [N. del T.: = se convierte]).

10. La excepción está en el relato de la persecución de la *ekklēsia* bajo el rey Herodes Agripa (Hch 12,3.11). Esto puede explicarse por el hecho de que Agripa gobernaba sobre súbditos y territorios tanto gentiles como judíos (como se desprende del relato de su muerte en Hechos 12,20-23).

judío de la de *cristiano* (es decir, discípulo de Jesús). Aunque Lucas habla de «*los judíos*» como un grupo hostil al movimiento en torno a Jesús, también considera que ese movimiento es una realidad judía, dirigida por judíos y a la que se adhieren muchos judíos. Cuando Lucas presenta por primera vez a Aquila, no lo identifica como un seguidor de Jesús, sino como «un *judío* llamado Aquila» (Hch 18,2). El narrador presenta a Apolos de la misma manera (Hch 18,24). Pablo se identifica a sí mismo como «un *judío*» (Hch 21,39; 22,3). Los paganos que critican a Pablo y Silas en Filipos los llevan ante los magistrados romanos de la ciudad y los acusan de haber cometido delitos, afirmando: «Estos hombres están alborotando nuestra ciudad; *son judíos* y están defendiendo costumbres [judías] que no nos es lícito adoptar ni observar como romanos» (Hch 16,20-21). Hablando de la ciudad de Jerusalén, Santiago le dice a Pablo: «Ya ves, hermano, cuántos miles de creyentes hay *entre los judíos*, y todos son celosos de la ley» (Hch 21,20). Cuando los líderes judíos atacan a Pablo ante las autoridades romanas, lo describen como «un agitador *entre todos los judíos* por todo el mundo, y cabecilla de *la secta* de los nazarenos» (Hch 24,5). Ven a Pablo como un judío que tiene una posición prominente dentro de una secta o partido judío. Sin duda, Lucas reconoce el carácter judío del movimiento de seguidores de Jesús y la identidad judía de sus líderes y su núcleo de miembros pioneros.[11]

Por lo tanto, es evidente que la expresión *hoi Ioudaioi* en Hechos no engloba a todos los judíos de un lugar concreto, pues el autor sabe y afirma que aquellos a quienes se oponen los *hoi Ioudaioi* son también *Ioudaioi*. Además, se nos informa que en Corinto «los judíos» se oponen e injurian a Pablo (Hch 18,6) y realizan «un ataque conjunto» llevándolo ante el procónsul Galión (Hch 18,12); sin embargo, el autor también nos informa que «Crispo, el oficial de la sinagoga, se hizo creyente en el Señor, junto con toda su casa; y muchos de los corintios que oyeron a Pablo se hicieron creyentes y se bautizaron» (Hch 18,8). Para dar sentido a estos textos, debemos interpretar la expresión *hoi Ioudaioi* en el sentido de 'la comunidad judía en un lugar concreto de la diáspora, actuando, oficial o extraoficialmente, como una entidad corporativa'.

Tres textos que mencionan la respuesta al mensaje de Pablo por parte de una entidad corporativa así merecen especial atención. En su viaje misionero inicial, Pablo pronuncia un largo discurso en la sinagoga de Antioquía de Pisidia, en Asia Menor (Hch 13,16-41). Al principio, la audiencia judía acoge bien el mensaje de Pablo (Hch 13,42-43), pero a la semana siguiente se vuelve hostil:

> 45 [...] cuando los judíos [*hoi Ioudaioi*] vieron las multitudes, se llenaron de celos; y blasfemando, contradijeron lo dicho por Pablo. 46 Entonces, tanto Pablo como Bernabé hablaron con valentía, diciendo: «Era necesario que la palabra de Dios se os hablara primero a vosotros. Ya que la rechazáis y os juzgáis indignos de la vida eterna, ahora nos volvemos a los gentiles. 47 Porque

---

11. Este párrafo está extraído de mi anterior trabajo, *Postmissionary Messianic Judaism*, 116-117.

así nos lo ha ordenado el Señor, diciendo: "Te he puesto para que seas una luz para los gentiles, para que lleves la salvación hasta los confines de la tierra"». (Hch 13,45-47)

En su segundo viaje misionero, Pablo recibe una visión en la que se le pide que abandone Asia Menor para iniciar una nueva obra al otro lado del Egeo (Hch 16,9-10). Pablo se dirige finalmente a Corinto, ciudad situada en un istmo y descrita por Estrabón en el año 7 a. de C. como «dueña de dos puertos, de los cuales uno conduce directamente a Asia y el otro a Italia».[12] Corinto representa, pues, el progreso de la misión paulina en el continente europeo. En este punto, Lucas describe brevemente una escena que se parece a lo ocurrido anteriormente en Antioquía de Pisidia (en Asia):

> 5 Pablo estaba ocupado en proclamar la palabra, testificando a los judíos [*hoi Ioudaioi*] que el Mesías era Jesús. 6 Cuando se opusieron a él y lo injuriaron, en señal de protesta sacudió el polvo de sus ropas y les dijo: «¡Vuestra sangre caiga sobre vuestras propias cabezas! Yo soy inocente. Desde ahora iré a los gentiles». 7 Entonces salió de la sinagoga y se fue a casa de un hombre llamado Tito Justo, temeroso de Dios; su casa estaba al lado de la sinagoga. (Hch 18,5-7)

Después, en el último capítulo de Hechos, Pablo llega a Roma, el corazón de Europa y del Imperio. Allí se reúne con los líderes locales de la comunidad judía y les habla del «reino de Dios» y de Jesús (Hch 28,23). La actitud de ellos hacia su mensaje es más acogedora que la de los judíos de Antioquía de Pisidia o Corinto: «Algunos quedaron convencidos de lo que había dicho, mientras que otros se negaban a creer. Así que discrepaban entre ellos» (Hch 28,24-25a). En todo caso, Pablo responde de forma similar a como lo hizo en los dos episodios anteriores: «Sabed, pues, que esta salvación de Dios ha sido enviada a los gentiles; ellos escucharán» (Hch 28,28). Algunos manuscritos antiguos cuentan lo que sigue: «Cuando dijo estas palabras, los judíos [*hoi Ioudaioi*] se marcharon, discutiendo entre ellos con vehemencia» (Hch 28,29).

La declaración de Pablo de que «va a los gentiles» se cuenta tres veces en tres escenarios geográficos que representan las etapas cruciales en la expansión del área de influencia apostólica de Pablo (Asia Menor, Grecia, Roma). Al igual que los tres relatos de la visión de Pablo en el camino de Damasco (Hch 9,1-19; 22,6-16; 26,12-18), y los tres relatos del encuentro de Pedro con Cornelio (Hch 10,1-48; 11,4-16; 15,7-9), la técnica literaria de la triple repetición subraya la importancia de estas palabras de Pablo a ojos del autor. El hecho de que el libro concluya con el tercero de estos episodios acentúa aún más la significación de la secuencia.

¿Cuál es esa significación? Hans Conzelmann expresa con claridad el que ha sido consenso exegético tradicional cuando afirma que «el alejamiento de Israel de la salvación es definitivo, como queda claro en la declaración final de Pablo en Hechos

---

12. Citado por Hays, *First Corinthians*, 3.

28,28».¹³ Aunque Joseph Tyson considera que la visión de Lucas sobre el judaísmo es más compleja, su valoración de Hechos 28,28 se hace eco de la de Conzelmann: «El texto, que muestra una ambivalencia tan profunda con respecto a los judíos y al judaísmo [entendidos Lucas/Hechos como un todo], avanza hacia una resolución sin ambivalencia ni ambigüedad: una imagen del pueblo judío como un pueblo que rechaza el evangelio y, por tanto, como un pueblo sin esperanza».¹⁴

Hoi Ioudaioi y la misionología diferenciada de Hechos

El cuadro resulta dramáticamente diferente si observamos el triple *volverse* a los gentiles y el uso negativo de *hoi Ioudaioi* contra el trasfondo de la misionología diferenciada de Hechos presentada anteriormente. Cuando Pedro o Pablo se dirigen a una audiencia judía, le están hablando a una comunidad organizada, su propia comunidad, que es la destinataria legítima de las bendiciones traídas por el Mesías. Jesús ha sido resucitado de entre los muertos no solo para «salvar» a los judíos como individuos, sino para llevar a cabo «la redención de Jerusalén». Por otra parte, cuando Pedro se dirige a Cornelio y su familia, o cuando Pablo habla a los gentiles en Listra o Atenas, su objetivo es simplemente ganar al mayor número posible de gentiles para la fe en Jesús. No se busca ni se exige una respuesta gentil *colectiva* de cada una de las *naciones*.¹⁵

Como hemos visto, *hoi Ioudaioi* en Hechos se refiere al cuerpo comunitario de judíos ordenados bajo sus líderes y actuando a título oficial o semioficial. Como se señaló al principio de este capítulo, uno de los temas centrales de Hechos es que un gran número de judíos responde con fe al mensaje del Mesías resucitado. Al mismo tiempo, la comunidad judía en su conjunto, personificada en sus dirigentes y en sus instituciones comunitarias oficiales, no responde con fe, sino que trata de frustrar los esfuerzos del nuevo movimiento. Este fracaso comunitario de no aceptar la redención nacional ofrecida en el Mesías Jesús es también un tema central en Hechos.

Robert Tannehill interpreta el triple *volverse* a los gentiles a la luz de esta dimensión comunitaria:

> El anuncio de Pablo de que va a los gentiles indica un cambio de una misión basada en la sinagoga y dirigida a los judíos y a los gentiles atraídos por el judaísmo, a una misión en la ciudad en general, donde la población es predominantemente gentil [...] Pablo [...] ha cumplido con su obligación de decir la palabra de Dios al pueblo de Dios. Ahora ellos son responsables de su propio destino. El patrón de hablar primero a los judíos y solo después

---

13. Citado en Tyson, *Luke, Judaism, and the Scholars*, 88.

14. Tyson, *Luke, Judaism, and the Scholars*, 144-145.

15. Sin embargo, según Hechos, todos los de las naciones que responden al mensaje se convierten entonces en «un pueblo para su nombre» (Hch 15,14), una realidad corporativa ligada al pueblo de Israel. (Agradezco a Isaac Oliver esta observación.)

dirigirse a los gentiles da testimonio del sentido del deber profético de Pablo hacia su propio pueblo. Solo se libera de esta obligación cuando encuentra una fuerte resistencia pública dentro de la comunidad judía. Entonces puede comenzar la segunda fase de su misión dentro de una ciudad, una fase en la que todavía es posible la conversión de judíos individuales, si bien Pablo ya no predica en la sinagoga ni se dirige a los judíos como comunidad.[16]

Tannehill señala que el último de estos tres textos describe en realidad a los dirigentes judíos como divididos en su respuesta, con algunos aceptando el mensaje de Pablo y otros rechazándolo (Hch 28,24-25). Sin embargo, Pablo entiende esta respuesta dividida como equivalente a un rechazo comunitario, ya que la mayoría de los líderes tendrían que responder favorablemente para que su trabajo continuara como una actividad autorizada públicamente. «Que haya desacuerdo entre los judíos es suficiente para mostrar que Pablo no ha conseguido lo que buscaba. *Quería una decisión comunitaria, un reconocimiento por parte de la comunidad judía en su conjunto de que Jesús es el cumplimiento de la esperanza judía*. La existencia de una oposición importante indica que esto no va a suceder».[17] Al terminar sus dos escritos con esta escena, Lucas reconoce que, en un previsible futuro, la comunidad judía en sus escenarios públicos sería un ambiente nada propicio para la presentación del mensaje apostólico.[18] Sin embargo, esto no implica una anulación del estatus de pacto de esa comunidad, ni un desistimiento de la esperanza en una reversión escatológica de esa respuesta comunitaria.[19]

De hecho, estos textos apuntan a la conclusión contraria. El triple *volverse* a los gentiles significa un anuncio profético del juicio que se llevará a cabo, más allá de los límites narrativos de Hechos, en el año 70 con la destrucción de Jerusalén. La severidad de ese juicio no deriva tanto de los actos particulares de maldad cometidos

---

16. Tannehill, *The Narrative Unity of Luke-Acts*, vol. 1, 222-223.
17. Tannehill, *The Narrative Unity of Luke-Acts*, vol. 2, 347 (énfasis añadido).
18. Esta es la razón práctica del «ir a los gentiles» de Pablo, como se desprende de Hechos 19,8-10: «Entró en la sinagoga [de Éfeso] y durante tres meses habló con denuedo y argumentó convincentemente sobre el reino de Dios. Cuando algunos, con obstinación, se negaron a creer y hablaron mal del Camino ante la congregación, él los dejó, llevándose consigo a los discípulos, y discutía diariamente en la sala de conferencias de Tirano. Esto continuó durante dos años, de modo que todos los residentes de Asia, tanto judíos como griegos, escucharon la palabra del Señor». Aunque solo «algunos» —y no todos, ni siquiera la mayoría— «hablan mal del Camino ante la congregación», sus acciones hacen que el ambiente en su conjunto se vuelva inhóspito para el mensaje de Pablo. Como resultado, Pablo ya no puede dirigirse a «los judíos» como comunidad, pero sigue llevando su mensaje individualmente a los judíos (así como a los gentiles).
19. Este es el punto de vista de Tannehill. Joseph Tyson apoya la visión de Tannehill sobre la dimensión comunitaria de los esfuerzos de Pablo en medio del pueblo judío, pero no está de acuerdo con la sugerencia de Tannehill de que el futuro de Israel sigue abierto. Tyson cree que Lucas ve a Israel como «un pueblo sin esperanza». Véase Tyson, «The Problem of Jewish Rejection in Acts», 126-127, y *Luke, Judaism, and the Scholars*, 142-145. Dadas las promesas a Israel registradas en el relato de la infancia, y la confianza de Lucas en el triunfo final del plan divino/*boulē* (v. el capítulo 5), la conclusión de Tyson carece de fundamento.

por los *hoi Ioudaioi* —considerados en términos abstractos y universales—, como de la mayor responsabilidad en consonancia con su distinguido estatus en el pacto.[20] El arrepentimiento y la fe de Israel habrían desencadenado el regreso del Mesías y el establecimiento de su reinado en Jerusalén; el haber fallado en dar esa respuesta colectiva tiene como resultado, no solo el retraso en la restauración del reino, sino la intensificación de los sufrimientos del exilio. Esto significa que *el juicio venidero en realidad confirma, en lugar de anular, el duradero vínculo del pacto entre Dios y el pueblo judío*. Al igual que las maldiciones del pacto en Levítico y Deuteronomio, el feroz juicio contra Jerusalén anticipado en Lucas y Hechos pone de manifiesto en la historia las difíciles exigencias impuestas a Israel como partícipe del pacto con Dios. Si, como afirman muchos exégetas, Jerusalén se hubiera divorciado definitivamente de su esposo, se habría convertido en una ciudad o nación como otra cualquiera, y ya no sería aplicable el castigo estipulado por la violación del pacto.[21]

Hechos nos informa que dirigentes y grupos dentro de las comunidades judías locales se opusieron activamente a la propagación del *euangelion*. Incluso cuando la oposición no era oficial ni una expresión de la voluntad de la mayoría, era suficiente para que los escenarios públicos judíos se hicieran poco acogedores para el mensaje y una señal de que el objetivo apostólico no se podría realizar. Tal como Tanehill describe describe ese objetivo, Pablo (y la *ekklēsia* primitiva en su conjunto) «buscaba una decisión comunitaria, un reconocimiento por parte de la comunidad judía en su conjunto de que Jesús era el cumplimiento de la esperanza judía». Aunque una decisión comunitaria positiva de este tipo no llegaría a producirse, Lucas y Hechos evitan presentar a la comunidad judía como uniformemente hostil al *euangelion*. Los discípulos de Jesús tienen amigos y simpatizantes en el más amplio mundo judío (por ejemplo, las mujeres afligidas viendo a Jesús en su crucifixión, o los hombres que entierran a Esteban), e incluso entre los dirigentes judíos (por ejemplo, José de Arimatea, Gamaliel y los fariseos del Consejo de Jerusalén a los que Pablo apela).[22] Aunque el mundo narrativo anterior al año 70 de Hechos no revela nada sobre el futuro, tanto el autor como sus lectores saben que los principales villanos de este

---

20. «A todo aquel a quien mucho se le ha dado, mucho se le exigirá; y de aquel a quien se le ha confiado mucho, más será demandado» (Lc 12,48b).

21. Como muchos otros intérpretes cristianos tradicionales, Peter Walker supone, en lugar de demostrarlo, que el juicio sobre Jerusalén e Israel anticipado en Lucas y Hechos difiere de los juicios bíblicos anteriores del mismo tipo en su carácter definitivo y final: «Los juicios anteriores sobre la ciudad habían sido severos pero temporales; este era definitivo» (Walker, *Jesus and the Holy City*, 105).

22. Como dice Robert Brawley «Lucas no se limita a oponer el cristianismo al judaísmo. Más bien, divide a Israel en dos campos: los creyentes [en Jesús] y los no creyentes. Luego, asocia más estrechamente ciertos grupos con uno u otro de los dos campos. Lucas diferencia a los saduceos y al círculo de sumos sacerdotes y los relaciona con el Israel recalcitrante. Por otro lado, presenta a los fariseos como al borde del cristianismo […] Aunque los fariseos todavía pueden distinguirse como no creyentes [en Jesús], están más estrechamente relacionados con el Israel creyente [en Jesús] que con el Israel recalcitrante. […] Lucas no hace una mera usurpación de las prerrogativas de Israel; también incluye [en la *ekklēsia*] a una porción significativa de Israel y tiene a otros judíos, bien considerados e influyentes, preparados para salir a escena» (Brawley, *Luke-Acts and the Jews*, 153).

drama (es decir, el sumo sacerdote y sus colegas saduceos) han perdido su poder, y la facción más amigable entre los líderes anteriores al año 70 (es decir, los fariseos) están en ascenso. El juicio ha llegado a Jerusalén, pero ha traído la purificación en lugar de la erradicación.

Esto sugiere que el autor/editor de Lucas y de Hechos conserva la esperanza en el futuro de Israel y considera que el presente en el exilio de Israel está envuelto dentro de los propósitos de Dios en relación con el pacto. La oposición al *euangelion* de algunos dentro de la comunidad judía, y el consiguiente triple «ir a los gentiles» de Pablo, no suponen ningún problema para esta conclusión. Israel se encuentra de nuevo en el exilio, pero también espera de nuevo su restauración.

El marco intertextual de las últimas palabras de Pablo

Este cuadro se reafirma aún más con los ecos intertextuales de las palabras finales de Pablo en Hechos, que representan la tercera instancia de su «ir a los gentiles». El discurso de Pablo a los ancianos judíos de Roma concluye de la siguiente manera: «Sabed, pues, que esta salvación de Dios [*to sōtērion tou Theou*] ha sido enviada a los gentiles; ellos escucharán» (Hch 28,28). La palabra griega *sōtērion* es poco frecuente en el Nuevo Testamento, pues solo aparece cinco veces.[23] Tres de esos casos se encuentran en Lucas y en Hechos. El más importante de los tres, y que esclarece a los otros, es Lucas 3,4-6. Aquí Lucas hace un paralelismo con Marcos y Mateo al caracterizar la misión de Juan el Bautista en términos de Isaías 40,3, pero luego va más allá de Marcos y Mateo al citar también Isaías 40,4-5:

> [...] 4 como está escrito en el libro de las palabras del profeta Isaías:
> «La voz de uno que clama en el desierto:
> "Preparad el camino al Señor,
> enderezad sus sendas". [La cita de Isaías 40 en Marcos y Mateo termina aquí.]
> 5 Todo valle será rellenado,
> y todo monte y colina serán rebajados,
> y lo torcido será enderezado,
> y los caminos ásperos serán suavizados;
> 6 y toda carne [*pasa sarx*] verá la salvación de Dios [*to sōtērion tou Theou*]».
> (Lc 3,4-6)

En Hechos 28,28, Pablo afirma que «la salvación de Dios» [*to sōtērion tou Theou*], que ahora Israel no recibe, será experimentada por los gentiles. Sin embargo, citando a Isaías 40,5, Lucas 3 nos dice que esta «salvación» será vista (es decir, experimentada) por «*toda* carne». Por lo tanto, parece que Hechos 28,28 solo da testimonio de un cumplimiento parcial de Isaías 40,5.

---

23. La palabra griega más común para «salvación» en el Nuevo Testamento es *sōtēria* (que aparece cuarenta y cinco veces).

¿Cómo entiende Lucas la expresión «toda carne» (*pasa sarx*) en Isaías 40,5 (LXX)? ¿Quiénes son los destinados a ver «la salvación de Dios»? La intención de Lucas se aclara en el canto de Simeón, el texto lucano que faltaba de los tres en que se encuentra la palabra *sōtērion*.[24]

> 29 Mi Señor, ahora dejas ir a tu siervo en paz, conforme a tu palabra;
> 30 pues mis ojos han visto tu salvación [*sōtērion*],
> 31 que has preparado en presencia de todos los pueblos [*pantōn tōn laōn*],
> 32 una luz para revelación a los gentiles y para traer gloria a tu pueblo Israel.
> (Lc 2,29-32)

Esa expresión «todos los pueblos» (*pantōn tōn laōn*) de Simeón equivale a «toda la carne» (*pasa sarx*) de Isaías, y el significado de «todos los pueblos» se explica por la línea que sigue, la frase que se refiere a Israel y a los gentiles (es decir, las naciones) juntos. El versículo 32 alude a Isaías 49,5-6:

> 5 Y ahora dice el Señor —quien me formó en el vientre para ser su siervo, para traer a Jacob de vuelta a él, y para que Israel se reuniera con él, pues he sido honrado por la mirada del Señor, y mi Dios es ahora mi fuerza—, 6 dice él: «Es demasiada poca cosa que seas mi siervo para levantar a las tribus de Jacob y restaurar a los supervivientes de Israel; te daré como luz a las naciones, para que mi salvación llegue hasta los confines de la tierra». (Is 49,5-6)

Dios envía al siervo para cumplir una doble misión: ha de ser «una luz para las naciones» (es decir, los gentiles), pero también servir «para levantar a las tribus de Jacob».

Lucas considera estos versículos de Isaías fundamentales para el propósito divino, y ellos dan forma a toda su narrativa. Cuando Pablo da testimonio ante el rey Agripa, Isaías 49,5-6 subyace en su formulación de la misión del Mesías resucitado llevada a cabo a través de la *ekklēsia*: «Yo estoy aquí [...] y no estoy diciendo sino lo que los profetas y Moisés dijeron que sucedería: que el Mesías debía sufrir y que, siendo el primero en resucitar de entre los muertos, *anunciaría la luz tanto a nuestro pueblo como a los gentiles*» (Hch 26,22-23, énfasis añadido). Aún más reveladora es la cita explícita de Isaías 49 en las palabras de Pablo a la comunidad judía de Antioquía de Pisidia, el primero de su triple «ir a los gentiles»: «Era necesario que la palabra de Dios se os hablara primero a vosotros. Ya que la rechazáis y os juzgáis indignos de la vida eterna, ahora nos volvemos a los gentiles. Porque así nos lo ha ordenado el Señor, diciendo: "Te he puesto para que seas una luz para los gentiles, para que lleves la salvación hasta los confines de la tierra"» (Hch 13,46-47). Mientras que el canto de Simeón se refiere a ambas partes de la doble misión del siervo, y la referencia a «toda

---

24. La importancia de Isaías 40 como referencia intertextual en el canto de Simeón se pone de manifiesto por la forma en que Lucas introduce la figura de Simeón: «Había en Jerusalén un hombre que se llamaba Simeón; este era justo y piadoso, y esperaba la consolación [*paraklēsin*] de Israel» (Lc 2,25). El sintagma «la consolación de Israel» alude a las palabras iniciales de Isaías 40: «Consuela, consuela [*parakleite, parakleite*] a mi pueblo» (LXX Is 40,1).

carne» en la cita de Lucas de Isaías 40,5 afirma igualmente un propósito salvador global en la obra del Mesías (es decir, incluyendo tanto a los gentiles como a las «tribus de Jacob»), Pablo en Hechos 13 ignora Isaías 49,5-6a (que habla de Israel) y menciona solo Isaías 49,6b (que habla de los gentiles). Como hemos visto, esto anticipa la escena final de Hechos 28 en la que Pablo reprende a los ancianos judíos de Roma y anuncia por tercera y última vez su «ir a los gentiles».[25]

Lucas no se cansa de afirmar que las palabras proféticas de las Escrituras tienen que cumplirse, e Isaías 40,5 («*toda carne* verá la salvación de Dios») —entendido a la luz de Isaías 49,5-6 («toda carne» = Israel + las naciones)— destaca entre las palabras proféticas que cita. Debido a la resistencia colectiva de Israel al *euangelion*, Jerusalén y la nación en su conjunto serán juzgadas. Si bien un gran número de judíos ingresan individualmente en la *ekklēsia*, Israel *como comunidad* se niega a aceptarla. Y como Lucas evidentemente interpreta Isaías 49 como una referencia a la redención corporativa de Israel por el siervo, parece que solo la parte gentil de Isaías 49 se realizará en el futuro inmediato. Ese es el significado del «ir a los gentiles» de Pablo.

Sin embargo, Jesús ha venido no solo como «luz para revelación a los gentiles»; también está destinado a traer «gloria a tu pueblo Israel» (Lc 2,32). Isaías 49,5-6a se cumplirá, pero solo en un futuro más allá de los acontecimientos del año 70 d. de C. y del segundo exilio de Israel, cuando «se cumplan los tiempos de los gentiles» (Lc 21,24).[26] Tal y como, en su contexto original, Isaías 6 pronunciaba una sentencia de exilio cuyo objetivo y resultado era purificar a Israel y conducirlo a su restauración final, de igual forma Pablo en Hechos 28,26-27 cita estas palabras de Isaías con la misma intención y significado.[27]

Por lo tanto, la oposición constante a los apóstoles por parte de los *hoi Ioudaioi*, el triple «ir a los gentiles» de Pablo y el clímax de ese patrón triple en los versículos finales de Hechos encajan bien con la perspectiva de esperanza a largo plazo para el pueblo judío que hemos distinguido en los dos escritos lucanos.

---

25. El uso sutil de Isaías 40 y 49 en Lucas y en Hechos refuta el argumento de algunos comentaristas de que el autor piensa que «Israel» ya ha sido restaurado en las personas de los «miles» de judíos (Hch 21,20) que entraron en la *ekklēsia*. Esta es la opinión de Jervell (v. Jervell, *Luke and the People of God*, 41-74).

26. Charles B. Puskas identifica hábilmente la red intertextual que aquí se discute y su relevancia para la interpretación de Hechos 28. Desafortunadamente, e ignorando las pruebas en contra, él piensa que Hechos 28 indica el cumplimiento de las promesas de Isaías 40 para «toda carne», es decir, tanto gentiles como judíos: «Pablo en Roma lleva a término el significado universal de la salvación de Dios en la persona de Jesús» (Puskas, *La conclusión de Lucas-Hechos*, 103). Esta lectura de Hechos 28 no atiende a la falta de una terminación que Lucas transmite al concluir su narración en Roma, con Israel a punto de caer bajo el juicio divino.

27. Justin Taylor adopta un enfoque similar con respecto al uso que hace Pablo de Isaías 6 en Hechos 28: «como en el contexto original del libro de Isaías, es una llamada a la conversión [es decir, al arrepentimiento] más que una declaración de rechazo» (Taylor: «Paul and the Jewish Leaders of Rome: Acts 28:17-31», 323). Además, Taylor sostiene que el Pablo lucano «que se reúne con los representantes de la comunidad judía de Roma en Hechos 28 coincide sustancialmente en su actitud hacia Israel con el Pablo de Romanos 9-11» (321).

Deuteronomio 18 y el juicio del Israel infiel

El argumento de la exclusión del pacto

Muchos comentaristas encuentran una refutación decisiva de esa tesis en el tratamiento que da Pedro al *profeta-como-Moisés* de Deuteronomio 18,15-19 (Hch 3,23) y la referencia de Esteban al mismo texto (Hch 7,37.39). Pedro cita Deuteronomio 18,19 de esta forma: «Y todo el que no escuche a ese profeta será completamente desarraigado del pueblo [*ex-olethreuthēsetai ek tou laou*]» (Hch 3,23). La frase «será completamente desarraigado del pueblo» no se encuentra ni en el texto masorético (que dice «yo mismo le exigiré [ajustar cuentas]») ni en la Septuaginta (que dice «ejecutaré un castigo judicial sobre él»).[28] Parece que Lucas ha tomado *ex-olethreuthēsetai ek tou laou* de la versión de la Septuaginta y de otro pasaje de la Torá, Levítico 23,29: «Pues cualquiera que no practique la abnegación durante todo ese día [es decir, el Día de la Expiación] será cortado de su pueblo [*ex-olethreuthēsetai ek tou laou autēs*]».[29] La sustitución de esta frase por la de Deuteronomio 18,19 destaca la gravedad del mandamiento y la severidad del castigo divino por su violación.

Para Jacob Jervell y los que le siguen, el uso de esta frase implica también que los que rechazan el *euangelion* quedan inmediatamente excluidos del pueblo de Israel: «El rechazo de la predicación misionera […] ha de tener como resultado la purga de la parte no arrepentida del pueblo de Israel […] una parte de Israel ha perdido su derecho a pertenecer al pueblo de Dios».[30] Para mantener su estatus de pacto, los judíos deben acoger a Jesús como el Mesías de Israel. El «ir a los gentiles» de Pablo significa que los judíos de esas regiones que no lo han hecho han sido despojados de su identidad como «descendientes de los profetas y del pacto que Dios dio a vuestros antepasados» (Hch 3,25). Además, la triple repetición de este «ir a los gentiles», que culmina en Roma, significa que la comunidad judía mundial fuera de la *ekklēsia* ha perdido ya definitivamente su vocación de pueblo de Israel.

Esta es una conclusión atrevida, para ser extraída de un solo versículo, y más teniendo en cuenta todas las razones expuestas anteriormente para sostener una tesis en el sentido contrario. Sin embargo, Jervell se justifica destacando la alteración lucana de Deuteronomio 18,19, del mismo modo que otros antes que él se justificaban subrayando el triple «ir a los gentiles». No discuto la *importancia* de este versículo, sino solo su significado.

---

28. El hebreo masorético es *anochi edrosh mey'imo*; el griego de la Septuaginta es *egō ekdikēsō ex autou*. Mi traducción al inglés del hebreo masorético está tomada de la traducción de Everett Fox (*The Five Books of Moses*, 934).

29. Véanse Tiede, *Prophecy and History in Luke-Acts*, 42; y Bock, *Acts*, 179.

30. Jervell, *Luke and the People of God*, 54. Véase también Juel, *Luke-Acts*, 110; Weatherly, *Jewish Responsibility for the Death of Jesus in Luke-Acts*, 165; Fitzmyer, *Luke the Theologian*, 191.

Hechos 3,23 y *karet*

El verbo hebreo traducido *ex-olethreuō* por la Septuaginta en Levítico 23,29 (y frecuentemente en otros lugares) es *karat*, «cortar». El término aparece a menudo en la Torá como un castigo severo por las ofensas contra Dios (como el incumplimiento del ayuno en el Día de la Expiación) que afectan solo indirectamente a otras personas. En la literatura rabínica, el término aparece en forma nominal, *karet*, en referencia a este tipo de pena. Jacob Milgrom resume las diversas opiniones en los textos rabínicos sobre el significado de *karet*:

1. Esterilidad y muerte prematura (Rashi, [comentario a] *b. Shabbat* 25a).
2. Muerte antes de los sesenta años (*b. Moed Qatán* 28a).
3. Muerte antes de los cincuenta y dos años (Rabad).
4. Ser arrancado y serle estirpada toda descendencia (Ibn Ezra, sobre Gn 17,14).
5. Al morir, el alma también morirá y no disfrutará de la vida espiritual del más allá (Maimónides, *Teshuvá* 8.1; cf. *Sifré Nm* 112; Rambán, sobre Lv 20,2).[31]

Dos características de todas estas interpretaciones de *karet* merecen atención aquí: en primer lugar, el castigo es ejecutado directamente por Dios y no por una autoridad humana; en segundo lugar, la pena no se ejecuta inmediatamente, sino solo después —y a veces bastante después— del hecho. Si el transgresor es joven, el castigo puede no tener efecto durante décadas.

Robert Tannehill señala la ausencia de indicadores de tiempo en Hechos 3,23 para indicar cuándo los que rechazan al *profeta-como-Moisés* han de ser «destruidos de su pueblo».[32] Tannehill no tiene en mente un juicio retardado del tipo planteado por la tradición rabínica, sino que trata de definir el *rechazo* como una disposición firme y no como una reacción transitoria: «Nos mantenemos dentro de los parámetros del pensamiento lucano si decimos que se aplica siempre que el rechazo del mensajero profético de Dios se convierte en definitivo e irreversible, una posibilidad que debe ser continuamente puesta a prueba por medio de llamadas al arrepentimiento».[33] El juicio es inmediato y no retardado, pero el comportamiento que provoca el juicio debe ser sostenido durante un período de tiempo prolongado para calificarlo como auténtico *rechazo*. Esta aclaración del concepto de *rechazo* es útil, pero el enfoque

---

31. Milgrom, *Leviticus 1-16*, 57.

32. Reflexionando sobre el problema teológico que se le plantea al autor de Lucas-Hechos con la noción de «dos pueblos de Dios» (es decir, la *ekklēsia* y el pueblo judío), y el intento de Jervell y otros de resolver este problema recurriendo a Hechos 3,23, Tannehill escribe: «Algunos intérpretes verían la amenaza de exclusión del pueblo de Dios en 3,23 como un intento de resolver este problema eliminando a los judíos de una vez por todas. Sin embargo, no se nos dice cuándo tendrá efecto esa amenaza» (Tannehill, *Narrative Unity*, vol. 2, 225).

33. Tannehill, *Narrative Unity*, vol. 2, 225 (énfasis añadido).

rabínico de la ausencia de indicadores de tiempo en relación con el *karet* también merece atención aquí.

De las cinco interpretaciones rabínicas del *karet* enumeradas por Milgrom, dos son especialmente relevantes para Hechos de los Apóstoles: la cuarta (extirpación de la descendencia) y la quinta (extirpación del mundo venidero).[34] El foco puesto en la descendencia señala las consecuencias a largo plazo del *karet* sobre el impacto que uno pueda hacer en la vida del pueblo de Dios en este mundo. El foco puesto en la muerte espiritual apunta a las consecuencias a largo plazo del *karet* para el futuro individual en el mundo venidero.

El *karet* y la vida en el mundo venidero

Yo planteo que los escritos lucanos adoptan un enfoque del *karet* que se parece al enfoque rabínico, y que estas dos consecuencias a largo plazo del *karet* —ser cortado de la posteridad en este mundo y la muerte espiritual en el otro— nos permiten desentrañar el significado de Hechos 3,23. La última de esas dos consecuencias se hace visible cuando Pablo hace su primera transición de la sinagoga a la proclamación general abierta del *euangelion*: «Era necesario que la palabra de Dios se os hablara primero a vosotros [como judíos]. Ya que la rechazáis y os juzgáis indignos de la vida eterna, ahora nos volvemos a los gentiles» (Hch 13,46). Aquellos cuyo inequívoco «rechazo del mensajero profético de Dios» se ha demostrado «definitivo e irreversible» [N. del T.: en referencia a palabras de Tannehill en párrafo anterior] serán considerados «indignos de la vida eterna» [N. del T.: palabras de Pablo en Hch 13,46], y como resultado perderán su lugar en medio del pueblo de Israel en el mundo venidero. Esta sentencia es ciertamente severa, pero no niega ni califica el estatus en el pacto de estos israelitas en este mundo.[35]

Esta conclusión es respaldada por la cita que hace Esteban de Deuteronomio 18 en Hechos 7. Hablando de los «prodigios y señales de Moisés en Egipto, el Mar Rojo y el desierto» (v. 36), y de su mediación para la revelación divina en el Sinaí (v. 38), Esteban afirma: «Este es el Moisés que dijo a los israelitas: "Dios os levantará un profeta de entre vuestro pueblo, como me levantó a mí"» (v. 37). A continuación, Esteban procede a reprender a la generación del desierto por rechazar a Moisés: «Nuestros antepasados no quisieron obedecerle» (v. 39). El sentido de la narración de Esteban está bien claro: él mismo había sido acusado de hablar en contra de Moisés y

---

34. Hay también superposición entre la primera interpretación rabínica de *karet* (que incluye la falta de hijos) y la cuarta (que se refiere a la extirpación de la descendencia).

35. La triste historia de las distorsiones cristianas del *euangelion*, combinada con los actos criminales contra los judíos perpetrados en nombre de Jesús, han alterado radicalmente el contexto en el que los judíos de generaciones posteriores han escuchado el mensaje acerca de Jesús. En consecuencia, estos textos de Lucas y Hechos no justifican suficientemente la afirmación de que los judíos de hoy que siguen siendo escépticos sobre la naturaleza mesiánica de Jesús hayan «rechazado la palabra de Dios» sin más.

de la Torá (Hch 6,13-14), y ahora refuta esa acusación argumentando que el rechazo a Jesús —el profeta del que se habla en Deuteronomio 18— constituye el verdadero rechazo de Moisés y la Torá. Los que presentaron cargos falsos contra Jesús y ahora traen cargos falsos contra su siervo demuestran parecerse tanto a la generación de Israel en el desierto como Jesús se parece a Moisés.

La relevancia de este texto para nuestra comprensión de la expresión «completamente desarraigados del pueblo» en Hechos 3,23 se hace evidente una vez que reconocemos la forma en que la antigua exégesis judía interpretaba comúnmente la promesa de la tierra en términos escatológicos. La Misná ofrece el siguiente *midrás* sobre Isaías 60,21: «Todos los israelitas tienen parte en el mundo venidero, pues está escrito: "en tu pueblo todos también serán justos, ellos heredarán la tierra para siempre"» (m. *Sanhedrín* 10,1).[36] Este texto rabínico pasa entonces a identificar a los israelitas que pierden su parte en la herencia eterna de Israel. En particular, la lista incluye a la generación del desierto: «La generación del desierto no tiene parte en el mundo venidero ni estará en pie en el juicio, porque está escrito: "En este desierto serán consumidos y allí morirán"» (Nm. 14,35; m. *Sanhedrín* 10,3).[37] Así como no entraron en la tierra de Israel bajo Josué, tampoco entrarán en la herencia escatológica de la que esa tierra era un anticipo.

Los judíos de Jerusalén que oyen a Pedro y a Esteban corren el peligro de hacerse como la generación del desierto que demostró ser indigna de la herencia de Israel. Esta amenaza contiene temibles penas a largo plazo, pero no pone en tela de juicio el estatus en el pacto de esos judíos en la época actual. Esto es evidente en el caso paralelo de la generación del desierto. Esa generación no murió inmediatamente después de que se les impusiera la sentencia, ni perdió su condición de pacto en esta época. Si su desobediencia los hubiera descalificado de la identidad israelita legítima, entonces se les habría prohibido adorar en el santuario del desierto, y sus hijos habrían sido descalificados junto con sus padres como herederos de la promesa. Sin embargo, la Torá no impone tal restricción a su participación en el santuario (por ejemplo, Nm 17,1-11), y los hijos de la generación del desierto son los que heredan la tierra en lugar de sus padres.[38] El pueblo de la generación del desierto sigue siendo israelita, y el pueblo de la generación de Pedro y Esteban también sigue siendo israelita. Su futuro a largo plazo está en peligro, pero su actual estatus en el pacto permanece intacto.

---

36. Danby, *The Mishnah*, 397.

37. Danby, *The Mishnah*, 397-398.

38. Esteban dice que «Dios se apartó» de la generación del desierto, y «los entregó a la adoración del ejército del cielo» (Hch 7,42). Esto hace referencia al comportamiento idólatra recurrente de la generación del desierto, pero no implica que se les excluyera de la participación en el culto legítimo del santuario del desierto, una afirmación que estaría en clara contradicción con la narración de Números.

El *karet* y la posteridad espiritual en este mundo

La otra consecuencia a largo plazo del *karet* que es relevante para Hechos 3,23 —el ser cortado de la posteridad en este mundo— arroja luz sobre un discurso crucial pero olvidado de Hechos, que aparece a medio camino entre los discursos de Pedro (en Hch 3) y Esteban (en Hch 7). Me refiero al consejo de Gamaliel, dado a sus compañeros miembros del consejo gobernante en Jerusalén (Hch 5,33-39). Sus colegas se inclinan por tratar de conseguir la ejecución de los apóstoles, pero Gamaliel los disuade de esta forma de actuar. Tras contar las historias de dos pretendientes mesiánicos cuyos movimientos quedaron en nada, Gamaliel concluye: «Así que, en el presente caso, os digo que os apartéis de estos hombres [es decir, de los apóstoles] y los dejéis en paz; porque si este plan o esta empresa es de origen humano, fracasará; pero si es de Dios, no podréis derribarlos; en ese caso, incluso podríais encontraros luchando contra Dios [*theo-machoi*]» (Hch 5,38-39). Gamaliel sostiene que el juicio de Dios sobre determinados líderes, movimientos y enseñanzas del pueblo de la alianza se hará evidente en la supervisión providencial de Dios sobre la historia futura de Israel. A largo plazo, los verdaderos profetas tendrán *posteridad* espiritual, mientras que los que rechazan a los verdaderos profetas no tendrán *posteridad* espiritual.

Todos los comentaristas reconocen la intención principal de estas palabras de Gamaliel desde la perspectiva del autor de Hechos: expresar —como saben el autor y sus lectores, con más de medio siglo de distancia entre ellos y el sabio fariseo— que el movimiento de Jesús no se ha disipado, sino que se ha extendido por todo el Imperio y más allá. Si bien este hecho no es suficiente para demostrar que el movimiento está divinamente autorizado, es una condición necesaria para llegar a tal conclusión.

Más allá de esa implicación positiva a nivel primario, es probable que el autor de Hechos también pretenda que se extraiga una deducción negativa secundaria del consejo de Gamaliel, y esa deducción tenga que ver con el significado de Hechos 3,23. La audiencia de Gamaliel es principalmente la jerarquía sacerdotal saducea que entregó a Jesús a los romanos y que ahora ha arrestado a los apóstoles. Con mayor cuidado que los otros Evangelios, Lucas (y Hechos) distingue entre los saduceos como adversarios del movimiento de seguidores de Jesús y el papel más ambivalente del partido fariseo, al que representa Gamaliel.[39] Si bien la jerarquía saducea acepta la recomendación de Gamaliel en este caso, su hostilidad hacia la comunidad apostólica aumenta a medida que se desarrolla la narración, y finalmente desemboca en la ejecución de Esteban (Hch 6,12-7,1), la persecución de la *ekklēsia* de Jerusalén, la misión a la caza de herejes de Pablo a Damasco (Hch 9,1-2) y, finalmente, la detención y el juicio del propio Pablo (Hch 23,1-9).[40] De esta forma, los sumos sacerdotes saduceos demuestran ser, ellos mismos, *teomachoi*, los que están «luchando contra Dios» (Hch 5, 39).

---

39. Véase Brawley, *Luke-Acts and the Jews*, 85-132.

40. Según Hechos, la jerarquía saducea inicia muchas de estas acciones en colaboración con judíos de la diáspora que residen en Jerusalén (Hch 6,9-12; 9,28-29; 21,27-29). Si bien los saduceos no son los

Si por un lado, para el autor/editor de Lucas y Hechos, la *posteridad* espiritual de la comunidad apostólica en la época posterior al año 70 hace creíble que su «plan» y su «empresa» provienen «de Dios», así también por otro la falta de *posteridad* espiritual de la jerarquía sacerdotal saducea en el mismo período demuestra que esta estaba «luchando contra Dios». El destino de los saduceos será el mismo que el de Teudas y Judas el Galileo: morirán, y «todos los que los siguen» serán «dispersados» y «desaparecerán» (Hch 5,36-37). Los saduceos merecen, de hecho, un destino peor que el de Teudas y Judas, pues aquellos dos solo estaban iniciando movimientos no autorizados por Dios, mientras que los saduceos se están oponiendo activamente a un movimiento que tiene autorización divina. Definitivamente, están rechazando al *profeta-como-Moisés*. Por lo tanto, serán «completamente desarraigados del pueblo», es decir, su posteridad espiritual desaparecerá. Ellos mismos no pierden el estatus de israelitas, ni siquiera su condición como «dirigentes de Israel» (Hch 23,4-5), pero sus perspectivas a largo plazo, tanto en este mundo como en el mundo futuro, son sombrías.[41]

A estas dos implicaciones del discurso de Gamaliel, yo añadiría una tercera que tiene aún más importancia para la tesis de este capítulo. Al igual que los lectores judíos de Hechos posteriores al año 70 saben que el movimiento de seguidores de Jesús ha crecido y la jerarquía saducea ha desaparecido, también pueden saber que el nieto de Gamaliel (Gamaliel II) ha asumido una posición de liderazgo entre el remanente del pueblo judío en la tierra de Israel. Gamaliel no se unió a las filas del movimiento de Jesús, pero tampoco se convirtió en uno de sus oponentes, es decir, en uno de los *theo-machoi*. Aconsejó que no se persiguiera a la *ekklēsia*, y su partido defendió a Pablo contra los acusadores saduceos de este (Hch 23,9). En consonancia con el tema del discurso del propio Gamaliel, podemos decir que su «plan» y la «empresa» de su partido —al menos hasta cierto punto— son «de Dios». A diferencia de la jerarquía saducea, mas como los discípulos de Jesús, Gamaliel y los fariseos gozan de una abundante posteridad espiritual. No están entre aquellos que rechazan «definitiva e irreversiblemente» al *profeta-como-Moisés*, y ciertamente no están entre los «totalmente desarraigados del pueblo».

Esta valoración implícitamente favorable de los fariseos como futuros líderes de Israel encaja con otros textos lucanos que retratan a este grupo de forma positiva. Los fariseos advierten a Jesús, en respuesta al intento de Herodes de arrestarlo (Lc 13,31); los fariseos tratan de exonerar a Pablo, en respuesta a las acusaciones contra él formuladas por los saduceos (Hch 23,6-9); hay miembros de la *ekklēsia* en Jerusalén que siguen identificándose como fariseos (Hch 15,5); e incluso Pablo habla de sus

---

únicos *teo-machoi* en la narración lucana, los fariseos no pueden incluirse en ese género. (Agradezco a Isaac Oliver esta observación.)

41. Un juicio decisivo sobre los saduceos como partido no equivale a un juicio sobre la clase sacerdotal y levítica en su conjunto. Según Lucas y Hechos, quedan muchos sacerdotes (Lc 1,5-6; Hch 6,7) y levitas (Hch 4,36) justos.

lealtades fariseas en tiempo presente y no pasado (Hch 23,6). En Lucas, el partido fariseo no tiene responsabilidad directa en la detención y el procesamiento de Jesús, y es el partido judío que más simpatiza con la comunidad apostólica. Como afirma Robert Brawley, «en los dos escritos, Lucas presenta a los fariseos como poseedores de graves defectos de carácter, pero, aun así, también como representantes respetados y con autoridad dentro del judaísmo, que podrían estar rondando las orillas del cristianismo».[42]

De especial importancia en este contexto es la parábola de los dos hijos (Lc 15,11-32).[43] La parábola, que solo se encuentra en Lucas, manifiesta la actitud fundamental del autor/editor hacia los fariseos, en su papel posterior al año 70 como líderes emergentes de la comunidad judía. La historia no pone el foco en el hijo menor que regresa, que había abandonado a su padre y dilapidado su herencia, sino en el hijo mayor que nunca se había ido de casa. El versículo inicial del capítulo sitúa la parábola en el contexto de las críticas que los fariseos hacían a Jesús por comer con «pecadores». Así pues, en el marco narrativo de Lucas, el hermano mayor representa a estos fariseos críticos. De este modo muestra Lucas su decepción por el hecho de que muchos fariseos no se alegren del éxito que el movimiento en torno a Jesús está teniendo entre los judíos menos piadosos y, finalmente, también entre los gentiles.

Aquí, la evidente insatisfacción de Lucas con la respuesta de los fariseos a Jesús y a la *ekklēsia* puede ocultar fácilmente lo que esta parábola realmente muestra de su actitud hacia ellos. Tres características de la parábola son especialmente destacables a este respecto. En primer lugar, el padre de la parábola abandona la sala del banquete y se dirige al hijo mayor que, en actitud hosca, se había negado a unirse a la celebración. El padre no espera a que el hijo mayor venga a él, sino que va activamente en busca de su hijo enojado. En segundo lugar, el padre no reprende ni amenaza a su hijo. Por el contrario, apela a él y le reafirma en su condición de hijo: «Entonces el padre le dijo: "Hijo, tú estás siempre conmigo, y todo lo mío es tuyo. Pero teníamos que celebrarlo y alegrarnos, porque este hermano tuyo estaba muerto y ha vuelto a la vida; estaba perdido y ha sido encontrado"» (Lc 15,31-32). En tercer lugar, la parábola termina con esa apelación del padre al hijo mayor; no nos dice si el hijo finalmente acompaña a su padre a la sala del banquete, o se queda solo fuera. Como el mismo libro de los Hechos, la parábola queda inacabada. Solo se terminará cuando el «hermano mayor» oiga la parábola, se dé cuenta de que va dirigida a él y dé la respuesta adecuada. Mientras tanto, la parábola transmite la visión lucana de cómo Dios se relaciona con ese grupo convertido en fuerza dirigente de los asuntos judíos tras la destrucción de Jerusalén: ellos están «siempre» *con él* y «todo» *lo que él tiene es de ellos*.[44]

---

42. Brawley, *Luke-Acts and the Jews*, 84. El capítulo de Brawley sobre los fariseos (84-106) es digno de un estudio cuidadoso.

43. Véase Kinzer, *Postmissionary Messianic Judaism*, 121-122.

44. N. T. Wright aplica la parábola a la situación de los judíos fuera de la *ekklēsia* (Wright: *Paul and the Faithfulness of God*, 1180-1181, 1204), reconociendo que implica el «compromiso continuo» de

Leído bajo esta luz, el discurso de Gamaliel nos advierte que debemos ser cautelosos a la hora de interpretar Hechos 3,23 como una desheredación universal de los judíos como individuos, o de la comunidad judía organizada en su totalidad, por no aceptar a Jesús como el Mesías. De hecho, de ese discurso se puede sacar la conclusión exactamente contraria; es decir, que la comunidad judía ha sido purificada por el fuego del año 70 de la era cristiana, y ahora permanece con el Padre.

En resumen, las dos citas explícitas de Deuteronomio 18 en Hechos (en los discursos de Pedro y Esteban) concuerdan bien con la interpretación rabínica del *karet* como una pena retardada, en lugar de inmediatamente aplicada. Ambos discursos tienen en cuenta las diversas consecuencias de la destrucción de Jerusalén al cabo de cuarenta años (es decir, el exilio de la heredad de Israel en este mundo) y la amenaza del castigo divino en una vida futura (es decir, el exilio de la heredad de Israel en el mundo venidero). El discurso de Gamaliel, a medio camino entre los de Pedro y Esteban, refuerza esta interpretación de Deuteronomio 18,19/Levítico 23,29, y proporciona una sutil legitimación del futuro papel de liderazgo de su nieto en Israel en la época en que se componía Hechos. Si bien algunos judíos han sido «completamente desarraigados del pueblo» y todos experimentan el impacto de un exilio intensificado, el pueblo judío en su conjunto conserva su estatus de alianza incluso después de la debacle del año 70. En lugar de socavar las bases de nuestra tesis central sobre la permanencia en el pacto del pueblo judío, el tema del *profeta-como-Moisés* en Hechos viene a confirmar esa tesis.

Hechos 3, la escatología lucana y el estatus de pacto perpetuo del pueblo judío

Nuestra discusión sobre la misionología diferenciada de Hechos resaltó la importancia de Hechos 3,19-21: «Por lo tanto, arrepentíos y convertíos, para que vuestros pecados sean borrados, para que vengan tiempos [*kairoi*] de refrigerio de la presencia del Señor; y para que Él envíe a Jesús, el Cristo [es decir, el Mesías] designado para vosotros, a quien el cielo debe recibir hasta [*achri*] el tiempo [*chronoi*, lit. «tiempos»] de la restauración [*apokatastasis*] de todas las cosas que Dios habló por boca de Sus santos profetas desde la Antigüedad» (NASB). En este punto de nuestro estudio de Lucas y Hechos, será útil detenerse y reflexionar sobre el impacto de Hechos 3,19-21 en nuestra valoración de la escatología lucana en su conjunto. Al igual que la narración de la ascensión en Hechos 1,9-11, la promesa condicional de Pedro sobre el regreso del Mesías desempeña un papel fundamental en una red de textos entrelazados cuyas implicaciones acumulativas rara vez se examinan. Como veremos, esas implicaciones incluyen el estatus de pacto perpetuo del pueblo judío.

Dios con esos judíos (1180). Sin embargo, no profundiza en el significado o las implicaciones de este «compromiso continuo», ni tampoco explora las diversas dimensiones de la relación del padre con el hijo mayor, des la que se ha hablado antes.

Jerusalén crucificada, Jerusalén resucitada

Como se ha señalado anteriormente, Hechos 3,19-21 comparte vocabulario y asunto con el diálogo de Jesús resucitado y sus discípulos en Hechos 1,6-8. La coincidencia indica al lector que la pregunta de los discípulos no delata ningún mal entendimiento del propósito escatológico de Jesús: Él restaurará el reino a Israel, pero solo después de que Israel *se arrepienta* y *se convierta*.

Leída junto con Hechos 1,6-8, la promesa condicional de Pedro sobre la restauración nacional arroja igualmente luz sobre la profecía del «pisoteo» de Jerusalén por las naciones en Lucas 21,24. Como se ha visto, los tres textos están interconectados y se interpretan mutuamente. El pasaje de Lucas informa al lector que la restauración del reino a Israel estará precedida por la desaparición de Jerusalén en la guerra del año 70. Los dos textos de Hechos confirman la deducción natural de Lucas 21,24 de que el «pisoteo» de Jerusalén por las naciones y los «tiempos de las naciones» serán seguidos por el arrepentimiento y la restauración de Jerusalén. El fallo de muchos comentaristas al no leer Lucas 21,24 a la luz de Hechos 1,6-8 y 3,19-21 les lleva a tratar la profecía de Jesús como vaga e incierta en cuanto a su importancia escatológica para Israel.

Hechos 3,19-21 arroja la misma luz sobre las palabras de Jesús en Lucas 13,35: «Vosotros [Jerusalén] no me veréis hasta que llegue el momento en que digáis: "Bendito el que viene en nombre del Señor"». Ambos textos representan lo que Dale Allison llama «profecía condicional»: si Jerusalén acoge a Jesús, entonces Dios le traerá la redención. Hechos 3 confirma así la exégesis de Allison sobre Lucas 13. Sin embargo, cuando Hechos 3 se toma junto con Hechos 1,6-8 y Lucas 21,24, queda claro que el arrepentimiento de Israel no es una mera condición suficiente para el regreso de Jesús y la plena restauración del reino. Si fuera una mera condición suficiente, la resistencia de Israel podría no cesar nunca; Jesús regresaría a la hora que él mismo eligiera, e Israel simplemente perdería las bendiciones del reino.[45] Hechos 3,19-21 y Hechos 1,6-8, tomados conjuntamente con Lucas 21,24 (y la narración de la ascensión de Hch 1,9-11), demuestran que Lucas ve el arrepentimiento de Israel como una condición, tanto suficiente como necesaria, para el regreso del Mesías: si —y solo si— Jerusalén acoge a Jesús, Dios restaurará «todas las cosas que Dios habló por boca de Sus santos profetas desde la Antigüedad» (Hch 3,21).

Así pues, Lucas 13,35 enuncia una condición suficiente y necesaria no solo para que Jerusalén vea a Dios/Jesús, sino también para el envío del Mesías (Hch 3,20). Esta idea permite formarnos un juicio adecuado del propósito de Lucas en su narración de la entrada no triunfal de Jesús a Jerusalén (Lc 19,28-40). Aquí los discípulos de Jesús proclaman las palabras de bienvenida del Salmo 118,26 (Lc 19,38), pero la ciudad permanece en silencio. A la luz de Hechos 3,19-21, el lector se da cuenta de que la

---

45. Steve Smith acepta la exégesis de Lucas 13,35 de Allison, pero considera que la «profecía condicional» de Jesús describe el arrepentimiento de Jerusalén como una condición suficiente, pero no necesaria, para la realización del propósito redentor de Dios. En Lucas 19, Jerusalén tuvo la oportunidad de acoger a Jesús y falló. Para Smith, ese es el final de la historia de Jerusalén. Véase Steve Smith, *The Fate of the Jerusalem Temple in Luke-Acts*, 52-53.

profecía condicional de Lucas 13,35 sigue vigente y, por lo tanto, ve el descenso de Jesús desde el monte de los Olivos hasta el monte del Templo como un acto-señal profético que apunta a un futuro descenso cuando Jerusalén ofrezca una bienvenida más adecuada. Esta lectura encuentra una confirmación decisiva en el relato de la ascensión de Jesús en Hechos 1,9-11, con su alusión a Zacarías 14 y Ezequiel 11 y 43.

Por último, el anterior entramado de textos muestra que Lucas espera que sus lectores se tomen en serio las esperanzas nacionales de redención que impregnan el relato lucano de la infancia (Lc 1-2). Como el mismo Juan el Bautista en su madurez, los personajes de Lucas 1-2 no comprenden ni el momento ni los medios por los que el reino será restaurado a Israel. El Mesías debe sufrir primero, y también Jerusalén. Pero al final Jerusalén será redimida (Lc 2,38) e Israel será consolado (Lc 2,25).

Solo hace falta una modesta reflexión histórica y teológica sobre esta tupida red de textos lucanos para revelar qué poco convincente es la idea de que los judíos, fuera de la *ekklēsia*, pierdan su estatus en el pacto como miembros del pueblo de Israel. Lucas escribe al menos una generación después de la muerte y resurrección de Jesús. Sabe que Jerusalén y su templo están en ruinas. También sabe que la gran mayoría de los judíos de todo el mundo ignora la salvación que Jesús prometió. No han creído en Jesús, ni han recibido el bautismo, ni han entrado en la *ekklēsia*. Como resultado, ¿han perdido todos ellos su derecho a ser llamados *beney Yisrael*, 'miembros del pueblo de Israel'? ¿Ya no tienen participación en el pacto? Si ese fuera el caso, entonces todos sus hijos, nietos, bisnietos, etcétera, no serían más que gentiles. Pero si eso es cierto, ¿quiénes son las personas cuyo arrepentimiento y retorno cumplen la condición necesaria y suficiente para el envío del Mesías? ¿Y quiénes son las personas que recibirán el reino que Dios restaurará a Israel? Si los que finalmente cumplirán la profecía condicional de Lucas 13 y Hechos 3,19-21 son los descendientes de incontables generaciones de judíos que no han creído en Jesús, entonces esas generaciones han conservado y transmitido con éxito la identidad pactada de Israel. Después de todo, los que *se arrepientan* y *se conviertan* deben ser ya Israel para que su arrepentimiento y su conversión tengan un significado escatológico.

Esta línea de razonamiento refuerza los argumentos exegéticos anteriormente desarrollados en el presente capítulo. Para Lucas, el pueblo judío sigue siendo Israel, a pesar de su inadecuada respuesta colectiva al *euangelion* profético.

Conclusión

¿Implica la posición celestial de Jesús, como Mesías por medio de la resurrección, la exclusión inmediata del pacto de aquellos judíos que aún no lo han reconocido como su rey?

Nuestro anterior estudio sobre Jerusalén había sugerido que tal conclusión era improbable, y nuestro examen de los discursos de Hechos ha confirmado esa opinión. Además, nuestro estudio de los principales argumentos a favor de esta improbable conclusión ha revelado un grave error de lectura de la misionología y la historiografía lucanas. El tema de la oposición colectiva judía destaca mucho en Hechos debido al estatus perpetuo del pacto de Israel, y no porque tal oposición pueda ser el fundamento de la anulación del pacto. El pueblo judío conserva su posición única dentro del plan divino; el Mesías resucita primero por ellos, y su reino tendrá como capital su amada ciudad. Ese reino solo llegará, en su plenitud, cuando ellos sean capaces de honrarlo como su designado soberano.

Para el autor/editor de Lucas y Hechos, Dios da forma a la historia de Israel según sus propios propósitos y según la respuesta de Israel a esos propósitos. Algunos caen (como la jerarquía saducea), otros se levantan (como los herederos de los apóstoles y de Gamaliel), pero el propio Israel se mantiene intacto (Lc 2,34). Mientras que algunos pronuncian un «no» rotundo al *euangelion*, y otros ofrecen un «sí» inequívoco, queda otro grupo intermedio que es ambivalente. Lucas y Hechos dan a entender su importancia, pero quienes compartan los supuestos teológicos e historiográficos del autor tendrán que reflexionar más sobre este asunto a la luz de los dos milenios transcurridos.

Antes de emprender esta tarea, consideraré un tema que está tan estrechamente relacionado con la identidad del pueblo judío como lo estaba el tema del templo con la significación de Jerusalén: la Torá. Nuestro estudio del templo confirmó nuestras conclusiones sobre la ciudad y la tierra. Conviene preguntarse si la perspectiva lucana sobre la Torá puede hacer lo mismo con las conclusiones a las que hemos llegado en este capítulo.

Capítulo 4

El pueblo judío y la Torá

Antes de que el consenso religioso judío quedara destrozado en la era moderna, la Torá (es decir, el Pentateuco) proporcionaba al pueblo judío su constitución y sus estatutos comunitarios. Los patrones de la vida diaria, semanal y anual estaban regulados conforme a la Torá, y los límites que distinguían a la comunidad judía de los de fuera se definían por referencia a sus reglas. Tan importante como eso es que el marco narrativo de la Torá daba forma a la visión judía del mundo, marcando las líneas básicas ideales de los deseos y esperanzas comunitarios.

En los capítulos anteriores he argumentado que el Evangelio de Lucas y Hechos de los Apóstoles ratifican la identidad en el pacto del pueblo judío y afirman una esperanza escatológica que concuerda con la expectativa judía tradicional. Si eso es cierto, entonces estos libros deberían igualmente atestiguar el modo de vida judío arraigado en la Torá. En el presente capítulo, sostendré que, efectivamente, un estudio de Lucas y Hechos revela que tal es el caso. Igual que en nuestro estudio del templo, descubriremos que la perspectiva lucana sobre la Torá no es un factor neutral, sino que viene a reforzar nuestra tesis central.

No es eso lo que sugiere la historia de la exégesis eclesial de Lucas y Hechos. Dos textos de Hechos han determinado el perfil de esa exégesis. El primer texto es Hechos 10-11, que describe el sueño de Pedro en el que se le ordena matar y comer animales no *kosher*. Esto se ha interpretado universalmente como «una abolición de las leyes ceremoniales sobre alimentos y otras muchas cosas por el estilo».[1] La negativa de Pedro a obedecer la orden lo retrata como «vacilante» e ilustra muy bien esa verdad de que «incluso los héroes de Hechos muestran claramente tener pies de barro».[2] Si las normas dietéticas «que distinguían a los judíos de sus vecinos paganos» eran ahora innecesarias, entonces Dios estaba «redefiniendo a Israel» y, en el proceso, mostrando que todas «las tradiciones que servían para apuntalar la identidad nacional de Israel

---

1. Bruce, *The Book of Acts*, 206.
2. Wright, *The New Testament and the People of God*, 452.

estaban desfasadas y fuera de lugar».[3] El sueño de Pedro demostraría que la Torá ya no sirve como constitución del pueblo de Dios, y que el pueblo judío ya no tiene derecho a reclamar esa designación nacional para sí mismo.

El segundo texto usado como prueba de la abolición de la Torá es Hechos 15, un pasaje que describe el Concilio de Jerusalén. En esta reunión los líderes judíos de la *ekklēsia* decidieron que los gentiles que abrazaban el *euangelion* del Mesías resucitado no necesitaban circuncidarse ni adoptar las distintivas costumbres nacionales judías ordenadas en la Torá. La interpretación tradicional del decreto oficial del concilio daba por sentada la desaparición de la «Iglesia judía» observante de la Torá, y consideraba Hechos 15 como la decisiva «reseña sobre cómo la Iglesia gentil es declarada libre de la Ley».[4] En ausencia de una «Iglesia judía», la libertad de la Torá significaba también la completa independización del pueblo judío, ahora separado de Dios al habérsele enajenado su estatus en el pacto.

Antes de examinar estos dos textos fundamentales, analizaré el mensaje general de Lucas y Hechos en relación con la Torá. Solo hacemos justicia a Hechos 10-11 y Hechos 15 cuando los leemos en el marco narrativo más amplio en el que se inscriben los pasajes. Para discernir ese mensaje general acerca de la Torá, centraré la atención en el relato de la infancia de Lucas, y argumentaré que está cuidadosamente compuesto para servir de introducción tanto al Evangelio como a Hechos. La perspectiva de Lucas y Hechos sobre la Torá queda clara cuando se mira a través de la lente del relato de la infancia. Esa perspectiva incluye una poderosa confirmación de la Torá como la base de las costumbres nacionales perdurables del pueblo judío, así como la fuente de su esperanza escatológica en una vida renovada en la tierra prometida.[5]

El relato de la infancia en Lucas y Hechos

Uno no puede leer los dos primeros capítulos de Lucas sin notar su énfasis en la ciudad de Jerusalén, el templo y el pueblo judío. La narración principal ocurre en *la*

---

3. Wright, *Jesus and the Victory of God*, 398.

4. Conzelmann, *The Theology of St. Luke*, 212.

5. El primero en desafiar el consenso existente respecto a Lucas/Hechos y la Torá fue Jacob Jervell (véase su *Luke and the People of God: A New Look at Luke-Acts*, 1972; y *The Unknown Paul: Essays on Luke-Acts and Early Christian History*, 1984). A Jervell le siguieron David L. Tiede, *Prophecy and History in Luke-Acts*, 1980, y *Luke*, 1988; Donald Juel, *Luke-Acts: The Promise of History*, 1983; Robert C. Tannehill, *The Narrative Unity of Luke-Acts: A Literary Interpretation*, vol. 1: *The Gospel according to Luke*, 1986, and vol. 2: *The Acts of the Apostles*, 1990; Robert L. Brawley, *Luke-Acts and the Jews*, 1988; Joseph A. Fitzmyer, S.J., *Luke the Theologian: Aspects of His Teaching*, 1989; Jon A. Weatherly, *Jewish Responsibility for the Death of Jesus in Luke-Acts*, 1994; David Ravens, *Luke and the Restoration of Israel*, 1995; William Loader, *Jesus' Attitude towards the Law: A Study of the Gospels*, 1997; y Robert W. Wall, «The Acts of the Apostles», en *The New Interpreters Bible*, vol. X, 2002. Un trabajo reciente que continúa esta nueva tradición de estudios lucanos es Isaac W. Oliver, *Torah Praxis After 70 CE: Reading Matthew and Luke-Acts as Jewish Texts*, 2013. La obra de Oliver es el tratamiento más completo del tema de la praxis de la Torá en los escritos lucanos hasta la fecha, y sus argumentos y conclusiones son convincentes. Me basaré ampliamente en su libro en el presente capítulo.

ciudad de Jerusalén o en sus alrededores, y el anhelo por la futura «redención» de la ciudad (2,38) anima a los personajes principales. La historia comienza con una revelación a un sacerdote en *el templo de Jerusalén* (1,5-23), y regresa a ese lugar santo para los anuncios proféticos acerca del Mesías niño (2,22-38) y para la descripción de la llegada de ese niño a la edad adulta (2,41-51). La salvación proclamada por mensajes de ángeles y cantos inspirados atañe al «*pueblo de Israel*» (1,16) —también llamado «tu pueblo Israel» (2,32), «su siervo Israel» (1,54), «la casa de Jacob» (1,33) y los descendientes de Abraham (1,55)—. El soberano todopoderoso que realizará esta salvación es «el Señor Dios *de Israel*» (1,68).

En un contexto tan rico en imágenes judías tradicionales, no nos sorprende que se mencione repetidamente la obediencia a *la Torá* y sus mandamientos (1,7; 2,22-24; 2,27; 2,39). Debido a ese contexto, estamos seguros de que estos versículos que mencionan la obediencia a la Torá no son secundarios en la narración, sino que se incluyen deliberadamente para acentuar la atmósfera judía de estos capítulos. Aquí la Torá funciona como una marca esencial del pueblo judío, ordenando su vida centrada en el templo y dando forma a su esperanza en una ciudad y una tierra redimidas.

¿Cuál es el propósito de la imaginería judía tradicional del relato de la infancia de Lucas? ¿Es simplemente un intento nostálgico de establecer una continuidad con el «Antiguo Testamento» y de reforzar una reclamación eclesial de la herencia de las promesas de Israel, a pesar de la obsolescencia de la ciudad, la tierra, el pueblo y la Torá? Si así fuera, esperaríamos encontrar en el resto del Evangelio y en Hechos de los Apóstoles un distanciamiento gradual o repentino de estas señas de identidad y esperanza judías. Ya hemos visto que esto no ocurre con respecto a la ciudad o la tierra, y hemos argumentado lo mismo con respecto al pueblo judío. ¿Qué pasa con la Torá?

En lo que sigue, intentaré mostrar que la presentación de las instituciones y los mandamientos de la Torá en el relato lucano de la infancia anticipa las palabras y los acontecimientos que aparecen posteriormente en el Evangelio y en Hechos. Los primeros capítulos de Lucas sirven como una introducción, cuidadosamente elaborada, para todo lo que sigue. No son una mirada retrospectiva remota a los honrosos —aunque ya superados— orígenes judíos de la *ekklēsia*, sino un paradigma narrativo que expresa las imperecederas esperanzas y convicciones de los discípulos de Jesús de finales del siglo I o principios del II.[6]

---

6. En su crónica y análisis de la historia de la erudición crítica cristiana sobre los escritos lucanos y el judaísmo (*Luke, Judaism, and the Scholars*), Joseph B. Tyson documenta las diversas estrategias que los eruditos han empleado para cortar el vínculo entre el relato lucano de la infancia (con su expresión sin matices del particularismo judío) y el resto de los dos textos (con su supuesto tema del universalismo paulino). Las consideraciones de Tyson al tratar los trabajos de Ferdinand Christian Baur (24-26) y Hans Conzelmann (83-85) son especialmente reveladoras en este sentido. Tyson también subraya la importancia de un artículo de Paul S. Minear («Luke's Use of the Birth Stories») para refutar la tesis de una divergencia radical entre los relatos de la infancia y el conjunto de los escritos lucanos. Minear argumenta convincentemente que los intérpretes deben «reconocer hasta qué punto el ambiente y los motivos introducidos en el prólogo siguen caracterizando las narraciones

En su perspectiva de la Torá, el relato de la infancia sirve como una introducción especialmente eficaz para la enseñanza y las prácticas de los discípulos de Jesús, particularmente en Hechos de los Apóstoles. Demostraré una estrecha correlación entre el lenguaje, las imágenes y los acontecimientos de Lucas 1 y 2 que tratan de las instituciones y los mandamientos de la Torá, y sus paralelos posteriores en la vida de los seguidores de Jesús. Antes de hacerlo, no obstante, examinaré la enseñanza y las prácticas del propio Jesús en el Evangelio de Lucas, y mostraré que *es coherente* con lo que se encuentra en el relato de la infancia. Aunque solo defenderé la *coherencia* entre Lucas 1-2 y la enseñanza y las prácticas de Jesús, propondré una *correlación* directa e intencionada entre esos dos capítulos y la enseñanza y las prácticas de los discípulos.

Las enseñanzas y las prácticas de Jesús

El autor del Evangelio de Lucas reconoce en su prólogo que se basa en fuentes tradicionales para su relato de las enseñanzas y las prácticas de Jesús (Lc 1,1-4). Este hecho queda confirmado por el material que el libro comparte con Marcos y Mateo. Dado que esas fuentes tradicionales eran ampliamente conocidas en el movimiento de los seguidores de Jesús, el autor no puede hacer uso de tanta discrecionalidad en la composición de su Evangelio como en la de Hechos.

Y aún así, el distinto punto de vista del autor se hace evidente a través del material exclusivo de su Evangelio y de los detalles de redacción, que distinguen su narración de la de Marcos o Mateo. En lo que sigue, mostraré que estos rasgos hacen que su relato de la enseñanza y la práctica de la Torá por Jesús sea totalmente coherente con la perspectiva del relato lucano de la infancia.

Suplementar, no anular, la Torá

Aunque Jesús se refiere a la Torá en varias ocasiones en Lucas, rara vez hace declaraciones generales sobre la propia Torá. La principal excepción a esta regla se encuentra en Lucas 16,16-18:

> 16 La ley y los profetas estaban en vigor hasta que vino Juan; desde entonces se proclama la buena noticia del reino de Dios, y todos tratan de entrar en él por la fuerza. 17 Pero es más fácil que desaparezcan el cielo y la tierra, que decaiga tan solo un trazo de una letra de la ley. 18 El que se divorcia de su mujer y se casa con otra comete adulterio, y el que se casa con una mujer divorciada de su marido comete adulterio.

---

posteriores [...] Los dos primeros capítulos del Evangelio "preparan el escenario" para todos los discursos y acciones posteriores» (129, 130). En la sección siguiente, respaldaré las afirmaciones de Minear con referencia a un aspecto de los relatos de la infancia, a saber, el papel de la Torá.

Muchos eruditos consideran que el versículo 16 es la clave del esquema general de la historia de Lucas.[7] En consonancia con la traducción de la NRSV mencionada anteriormente, interpretan que el versículo significa que la Torá ya no está «en vigor». Por supuesto, el versículo 17 se vuelve entonces muy problemático. Las medidas extremas a las que recurren algunos comentaristas para resolver este aprieto quedan tipificadas en la siguiente interpretación dada al versículo 17 por G. B. Caird, el maestro de N. T. Wright:

> No está tan claro cuál es el significado que Lucas creía que tenía la segunda frase. Normalmente se ha tomado como que, aunque Jesús hizo que la Ley quedara obsoleta como sistema religioso y derogó muchos de sus mandamientos rituales, sus grandes principios morales permanecieron inalterados. Pero es dudoso que este sentido pueda extraerse del texto. La palabra traducida «punto» [NRSV «trazo»] significa realmente un *serif* o floritura ornamental añadido a una letra, y decir que ni un remate de letra de la Ley puede quedar anulado es decir que toda la Ley, palabra por palabra y letra por letra, con todas sus minucias y todos sus adornos rabínicos, sigue siendo válida a perpetuidad. Cualquier rabino podría haber dicho esto, pero no podemos imaginarlo en labios de Jesús [...] Siendo así, el recurso más sencillo es considerar el dicho como un ataque irónico al conservadurismo pedante de los escribas: era más fácil que el cielo y la tierra pasaran, antes que los escribas se rindieran de esa escrupulosidad que no dejaba ver la Ley por las letras.[8]

Caird reconoce que los intentos tradicionales de entender el versículo 17 en términos del versículo 16 (leído este último como una declaración de la obsolescencia de la Torá) no son convincentes. El versículo 17 habla con una claridad inconfundible acerca de la Torá como una prenda sin costuras, con autoridad en todas sus «minucias» (aunque la referencia de Caird aquí a los «adornos rabínicos» es un anacronismo). Al no querer considerar la posibilidad de que el versículo 16 deba entenderse en términos del 17, Caird propone una interpretación del 17 en la que, irónicamente, Jesús quiere decir *exactamente lo contrario* de lo que dice. Acaso sea esto lo mejor que pueden hacer aquellos que *no pueden imaginar* tal dicho, tomado en su sentido directo, *en los labios de Jesús*. Pero tal vez lo que se necesita aquí es menos ingenio exegético y una imaginación más abierta.

Si exponemos el versículo 16 a la luz del versículo 17, en lugar de hacerlo al contrario, los resultados exegéticos son más satisfactorios. Nos ayuda aquí el texto griego, que no contiene nada que se corresponda con la expresión explicativa «en vigor» de la NRSV. El texto griego dice simplemente «la ley y los profetas eran hasta Juan». Para Lucas, la obra y la enseñanza de Jesús inauguran una nueva era en la vida

---

7. El más influyente de estos estudiosos ha sido Hans Conzelmann. En palabras suyas, «Lucas xvi, 16 da las claves para interpretar el mapa topográfico de la historia de la redención» (*Theology of St. Luke*, 23).

8. Caird, *The Gospel of St. Luke*, 191-192.

del pueblo de Dios, en la que «es proclamada la buena noticia del reino de Dios». El Jesús lucano se refiere a la era anterior con la expresión «la ley y los profetas». En otras partes de Lucas, leemos que «la ley de Moisés y los profetas y los salmos» apuntan todos a la venida de Jesús el Mesías (por ejemplo, Lc 24,27.44-45). La distinción de épocas se refiere, pues, especialmente a la dimensión profética de la Escritura, tal como la versión de Mateo del dicho de Jesús hace explícito: «Porque todos los profetas y la ley *profetizaron* hasta que vino Juan» (Mt 11,13, énfasis añadido). Sin embargo, como indica el versículo 17, la función normativa de «la Ley de Moisés y los profetas» para el modo de vida de Israel sigue «en vigor».

Aunque la Torá no pierde su fuerza coercitiva, la nueva era inaugurada por Jesús y encarnada comunitariamente en su *ekklēsia* radicaliza y recentra las exigencias de la Torá. Esto concuerda con la interpretación de Joseph Fitzmyer: «El sentido de Lucas 16,16b tiene que ser que la predicación del reino de Jesús es un *suplemento* a la ley y los profetas del Período de Israel. Ahora, en el Período de Jesús, cuando aparece en el Evangelio de Lucas como el predicador del reino por excelencia, él ve la ley y los profetas como normativos, y su predicación del reino es *suplementaria* a ellos».[9] La noción de «suplemento» capta bien la intención de Lucas. La obra y la enseñanza de Jesús *añaden* algo decisivo a la Torá, pero no le *restan*. Esto aclara cómo entiende Lucas la prohibición del divorcio manifestada por Jesús y citada en el versículo siguiente (v. 18). Aquí Jesús *añade* a la Torá intensificando su rigor.[10] Lo que Jesús añade no es una *nueva ley*, sino el don del Espíritu Santo que permitirá a Israel obedecer la verdadera intención de la Torá dada en el Sinaí, de la forma en que lo hace el propio Jesús. Desde esta perspectiva, Jesús es el suplemento en su propia persona y, en consecuencia, el nuevo centro de la Torá en torno a él y su enseñanza, que no simplemente añade un ladrillo a una estructura inerte, sino que reordena todo el edificio. Al mismo tiempo, el edificio en sí y los materiales que lo componen permanecen intactos.

La Torá, los dos grandes mandamientos y la vida eterna

La función normativa de la Torá ocupa un lugar destacado en la parábola del hombre rico y Lázaro, que Lucas coloca a continuación en su narración (Lc 16,19-31). El hombre rico de la parábola sufre tormento en el «Hades» como castigo por su indiferencia hacia los necesitados. Pide a Abraham que envíe al pobre Lázaro —ahora

---

9. Fitzmyer, *Luke the Theologian*, 182 (énfasis añadido). Fitzmyer acepta el punto de vista de Conzelmann de que Lucas divide la historia en tres épocas, la de Israel, la de Jesús y la de la iglesia, pero rechaza la afirmación de Conzelmann de que la Torá queda anulada en la época de la iglesia: «la Ley mosaica sigue siendo para Lucas una norma válida de conducta humana en los tres períodos de la historia de la salvación y también como medio de identificación del pueblo de Dios» (176).

10. Como dice William Loader, «en el contexto lucano se trata de decir que, a pesar de la nueva era del reino, la Torá sigue siendo válida y que esto se hace evidente en el caso de la exposición de Jesús acerca de la ley del matrimonio, que Jesús aplica en los términos más estrictos posibles» (Loader, *Jesus' Attitude towards the Law*, 337).

exaltado al lado de Abraham— para advertir a su familia de lo que les espera si imitan la conducta de su pariente fallecido. Esto prepara el escenario para una interacción que culmina en los versículos finales de la parábola: «Abraham respondió: "Tienen a Moisés y a los profetas; deberían escucharlos". Él dijo: "No, padre Abraham; que si alguien va a ellos de entre los muertos, se arrepentirán". Él le dijo: "Si no escuchan a Moisés y a los profetas, tampoco se convencerán aunque alguien resucite de entre los muertos"» (Lc 16,29-31). Abraham indica que las Escrituras de Israel proporcionan suficiente guía para que la familia del rico pueda evitar el castigo futuro. La Torá exige generosidad con los pobres, y el propio rico debería haber sabido lo que le esperaba. Abraham afirma entonces que la aparición de un mensajero resucitado no tendrá ningún peso para la familia del hombre rico si no están ya atentos a los mandatos y promesas de la Torá y los profetas. Como en Lucas 16,16 y en la conversación entre Jesús y los discípulos en el camino de Emaús (Lc 24,13-32), la Torá y los profetas señalan aquí a Jesús como el Mesías crucificado y resucitado. Sin embargo, lo más significativo para la parábola, y para nuestros propósitos en este capítulo, es que las palabras de Abraham se hacen eco del mensaje de Lucas 16,17: *las exigencias prácticas de la Torá siguen siendo fundamentales para el modo de vida de Israel*. Lejos de negar o sustituir la Torá, la vida a la que Jesús resucitado convoca a sus discípulos solo es comprensible en términos de esa misma Torá. Si la familia del hombre rico desea la vida eterna, solo tienen que seguir lo que está escrito en la Torá.

Jesús había enunciado esta enseñanza anteriormente en el Evangelio de Lucas al responder a la pregunta de un letrado (*nomikos*, es decir, un experto en la Torá).

> 25 En ese momento, un letrado se levantó para poner a prueba a Jesús. «Maestro —le dijo—, ¿qué debo hacer para heredar la vida eterna?» 26 Él le dijo: «¿Qué está escrito en la ley? ¿Qué lees allí?» 27 Le respondió: «Amarás al Señor tu Dios con todo tu corazón, con toda tu alma, con todas tus fuerzas y con toda tu mente, y a tu prójimo como a ti mismo». 28 Y le dijo: «Has dado la respuesta correcta; haz esto y vivirás». (Lc 10,25-28)

Este pasaje de Lucas se parece a una historia en Marcos y Mateo que ocurre en Jerusalén la semana anterior a la crucifixión de Jesús. Según Marcos y Mateo, el incidente comienza con una pregunta diferente hecha por un escriba (*grammateus*, Mc 12,28) o un letrado (*nomikos*, Mt 22,35): «¿Qué mandamiento de la ley es el mayor?» (Mt 22,36). En Marcos y Mateo, la pregunta se plantea como una cuestión académica sobre la jerarquía de las *mitzvot*, y es el que pregunta quien plantea el tema de la Torá. En cambio, el letrado de Lucas inicia la discusión con la pregunta existencial que también plantea el gobernante rico de Lc 18,18, y es Jesús, y no el que pregunta, quien saca a relucir el tema de la Torá. En respuesta tanto al gobernante como al letrado, Jesús indica que la manera de entrar en la vida de la era venidera es obedecer los mandamientos de la Torá (Lc 10,28b: «Haz esto y vivirás»). Así, mientras que Marcos y Mateo solo incluyen un pasaje en el que la cuestión existencial de la vida eterna se aborda con la referencia a los mandamientos de la Torá (la historia del gobernante rico), Lucas en cambio tiene tres pasajes: la historia del letrado que inquiere (Lc 10,25-28), la historia del gobernante rico (Lc 18,18-39) y la parábola del hombre rico y Lázaro (Lc 16,19-31).[11]

Pero el letrado de Lucas 10,25-28 no está satisfecho. Ahora desplaza la discusión de la esfera existencial a la académica, preguntando, en relación con el segundo de los grandes mandamientos, «¿Y quién es mi prójimo?» (Lc 10,29). Jesús cuenta entonces la parábola del buen samaritano, que no ofrece ninguna respuesta a la pregunta académica del abogado, sino más bien devuelve la discusión al nivel existencial de su pregunta inicial. La parábola menciona el estatus familiar-tribal de los posibles actores (sacerdote, levita, samaritano) que deben decidir si obedecen el mandamiento de amar al prójimo; pero deja sin revelar el estatus del destinatario de su acción (es decir, el viajero herido). En un giro narrativo típico de las parábolas de Jesús, el que cumple el mandamiento es el hombre cuyo estatus como israelita es dudoso según las normas judías. «Ve y haz lo mismo» (Lc 10,37), le dice Jesús al letrado. En otras palabras, la cuestión más fundamental es quién eres *tú*, no quiénes son *ellos*. Concéntrate primero en *vivir como un prójimo* de los que te rodean (es decir, como un verdadero israelita), en lugar de examinar precisamente su condición o estatus. Entonces cumplirás el mandamiento y alcanzarás la vida eterna.

Como se ha señalado anteriormente, Lucas formula su versión de la historia tratando los dos grandes mandamientos, de forma que la conecta con la historia del gobernante rico. Ambas comienzan con una pregunta sobre el camino hacia la vida eterna. La primera historia ofrece la respuesta general: obedecer la Torá, resumida en los mandamientos de amar a Dios y al prójimo. A continuación, se centra en el último de estos mandamientos, que constituye el obstáculo práctico para que el letrado consiga lo que aparentemente desea. La segunda historia ofrece la misma respuesta general: «Tú conoces los mandamientos» (Lc 18,20). A continuación, Jesús enumera los imperativos de la segunda tabla del decálogo, que tratan de las relaciones humanas. El gobernante responde que ha observado todos ellos desde que era joven (Lc 18,21). Entonces, Jesús hace una llamada al discipulado: «Al oír esto, Jesús le dijo: "Todavía falta una cosa. Vende todo lo que tienes y reparte el dinero a los pobres, y tendrás un tesoro en el cielo; luego ven, y sígueme". Pero al oír esto, se entristeció, porque era muy rico» (Lc 18,22-23). Jesús no cuestiona la veracidad de la afirmación del gobernante de haber obedecido los mandamientos de la *segunda tabla*, sino que lo emplaza ahora a obedecer también los mandamientos de la *primera tabla*, que tratan del culto divino.

---

11. Véase Loader, *Jesus' Attitude towards the Law*, 345: «En dos relatos el Jesús de Lucas responde a la pregunta fundamental: ¿qué debo hacer para heredar la vida eterna? En ambas ocasiones Jesús señala la Ley. En 10,25-28 señala el mandamiento de amar a Dios y al prójimo, y acerca de esto expone la parábola del buen samaritano. En 18,18-23 señala los mandamientos éticos del decálogo. Ambos pasajes consideran crucial la fidelidad a la Torá. Lo mismo se da por sentado en la parábola de Lázaro y el hombre rico (16,19-31 [esp. v. 31]). Los tres relatos implican una estrecha relación entre la obediencia a las exigencias de la Ley y la respuesta a las exigencias de Jesús».

Como dice Jesús en otro lugar, «no podéis servir a Dios y a las riquezas» (Lc 16,13). Así pues, esta segunda historia sobre los méritos para la vida de la era venidera se centra en el mandamiento de amar a Dios con todo el corazón, el alma y las fuerzas, justo como la primera historia se centraba en el mandamiento de amar al prójimo. Refuerzan esta interpretación las palabras de Jesús que introducen su llamada al discipulado: «Todavía falta *una cosa*». Esto alude a las palabras del *shemá* (Dt 6,4) que son inseparables del primer mandamiento (Dt 6,5).

Que Lucas tiene en mente esta última historia del gobernante rico cuando cuenta la conversación de Jesús con el letrado queda confirmado por los versículos que siguen inmediatamente a la parábola del buen samaritano. Allí Lucas narra la visita de Jesús a la casa de Marta y María (Lc 10,38-42). La diligencia de Marta en el servicio de las cosas prácticas manifiesta su obediencia al mandamiento del amor al prójimo, que Jesús había subrayado en su instrucción al letrado. De manera similar, la determinación de María de permanecer en la presencia de Jesús y aprender de sus enseñanzas manifiesta su amor a Dios. Cuando Jesús le dice a Marta que «solo hay necesidad de *una cosa*», tenemos un avance de lo que Jesús le dirá al gobernante rico, y otra alusión a las palabras del *shemá*. Seguir a Jesús es cumplir el mandamiento de amar a Dios con todo el corazón, el alma y las fuerzas. Así, las dos historias de Lucas 10,25-42 deben considerarse una unidad que habla de los mandamientos de la Torá como el camino que conduce a la vida eterna.

La especial preocupación de Lucas por los dos grandes mandamientos aparece de nuevo cuando cuenta la represión de Jesús a los fariseos: «Pero, ¡ay de vosotros, fariseos! Porque diezmáis la menta y la ruda y las hierbas de todo tipo, y descuidáis la justicia y el amor a Dios; es esto lo que deberíais haber practicado, sin descuidar las otras cosas» (Lc 11,42). En la versión de Mateo de este dicho, los fariseos descuidan «la justicia, la misericordia y la fe» (quizás una alusión a Miqueas 6,8). Lucas solo incluye dos deberes descuidados, y la descripción del segundo de ellos como «el amor a Dios» sugiere que el primero (es decir, la «justicia») debe considerarse equivalente al amor al prójimo. Igual que Mateo, Lucas se niega a situar estos mandamientos en oposición a las minucias rituales de la Torá; Jesús insta aquí a la obediencia de *todos* los mandamientos. Sin embargo, echa en falta de sus críticos fariseos que los árboles no les permitan ver el bosque.

Arrepentimiento

Lucas también muestra su gran consideración por la Torá presentando a Jesús como un predicador del arrepentimiento. Este tema desempeña un papel destacado en el pensamiento judío, y siempre se refiere a un cambio de actitud *y* de comportamiento definido en relación con los mandamientos de la Torá.

Por ello, cuando descubrimos en Lucas no solo la insistencia en los mandamientos como camino a la vida, sino también una preocupación por el tema del arrepentimiento, debemos ver esto último como una expresión de lo primero.

Como ha señalado E. P. Sanders, «el arrepentimiento tiene una importancia en Lucas que no tiene en Mateo y Marcos».[12] Esta distinción entre los Evangelios aparece de forma llamativa cuando Jesús, tras haber sido criticado por los fariseos por comer con pecadores, describe su misión. Según Marcos y Mateo, Jesús dice «no he venido a llamar a los justos, sino a los pecadores» (Mc 2,17; Mt 9,13). Estas palabras podrían interpretarse en el sentido de que Jesús convoca a los pecadores a unirse a su compañía. Sin embargo, la versión de Lucas incluye una frase explicativa adicional: «No he venido a llamar a los justos, sino a los pecadores *al arrepentimiento*» (5,32, énfasis añadido). Lucas hace explícito lo que, en el mejor de los casos, queda implícito en los otros Evangelios: para seguir a Jesús, los pecadores deben arrepentirse y reorientar su vida hacia los mandamientos de Dios.

Para enfatizar aún más este punto, Lucas dedica un capítulo entero al tema del arrepentimiento (Lucas 15). El capítulo comienza con la misma crítica a Jesús por parte de los fariseos que se ve en Lucas 5,30: «Y los fariseos y los escribas murmuraban diciendo: "Este acoge a los pecadores y come con ellos"» (15,2). Jesús cuenta entonces tres parábolas. La primera parábola se centra en la actividad de un pastor que busca una oveja perdida, y la segunda representa a una mujer que busca una moneda también perdida. Ninguna de las dos parábolas habla directamente del arrepentimiento (es decir, un acto que, en el mundo narrativo de estas parábolas, habrían realizado la oveja y la moneda). Sin embargo, cada parábola concluye con una descripción de la celebración celestial con que se recibe el *arrepentimiento* de un pecador (vv. 7 y 10). La gracia divina toma la iniciativa, pero aparentemente la oveja y la moneda perdidas deben dejarse encontrar de alguna manera. La última parábola (la del hijo pródigo y su hermano mayor) trata más directamente el tema del arrepentimiento. Como hemos señalado en nuestro capítulo anterior, esta parábola también cumple una función decisiva para la transmisión de la diferente perspectiva de Lucas sobre los fariseos. Jesús llama a *todos* al arrepentimiento y al banquete celestial: a los fariseos (representados por el hermano mayor) y a los pródigos.

El tratamiento que hace Lucas del complejo ritmo de iniciativa divina y humana inherente al acto del arrepentimiento encuentra también una expresión viva en la historia de Zaqueo. Este recaudador de impuestos se esfuerza por ver a Jesús, y este responde eligiendo quedarse en su casa (Lc 19,1-6). En este punto, vuelve a aparecer el coro de críticos del que se ha dado cuenta en Lucas 5,30 y 15,2: «Todos los que lo vieron empezaron a murmurar y a decir: "Ha ido a hospedarse en casa de un pecador"» (Lc 19,7). Zaqueo acoge a Jesús con alegría, y luego actúa de una manera que lo convierte en paradigma lucano del arrepentimiento: «Zaqueo, en pie, dijo al Señor: "Mira, la mitad de mis bienes, Señor, la daré a los pobres; y si he defraudado a

---

12. Sanders, *The Historical Figure of Jesus*, 231.

alguien, le devolveré cuatro veces más"» (Lc 19,8). Como señala E. P. Sanders, Zaqueo cumple aquí el requisito básico de la Torá, pero también va más allá: «Zaqueo ofreció mucho más de lo que exige la ley, según la cual una persona que defrauda a otra debe devolverle el dinero, añadir el veinte por ciento como multa y luego sacrificar un carnero como ofrenda por la culpa (Lv 6,1-7). Una persona que hacía esto y que no volvía a su vida anterior dejaba de ser malvada».[13] Como en cualquier forma de judaísmo, Lucas muestra que el arrepentimiento requiere una acción concreta, y que dicha acción debe conformarse a los mandamientos de la Torá. Aunque la Torá sigue siendo el modelo normativo para el arrepentimiento, Lucas asume que un penitente generoso trascenderá las exigencias mínimas de la Torá.

La conexión entre la Torá y el arrepentimiento también se subraya de alguna forma en la parábola del hombre rico y Lázaro, de la que ya hemos hablado. El hombre rico pide a Abraham que envíe a Lázaro a su familia para persuadirles de que adopten un modo de vida diferente y así puedan escapar del juicio que le ha caído a él. Abraham responde: «Tienen a Moisés y a los profetas; deberían escucharlos» (Lc 16,29). Insatisfecho, el rico argumenta que «si alguno va a ellos de entre los muertos, se arrepentirán» (Lc 16,30); considera que la Torá y los profetas son insuficientes para motivar o dar forma a una respuesta de arrepentimiento. Abraham no está de acuerdo: «Si no escuchan a Moisés y a los profetas, tampoco se convencerán aunque alguien resucite de entre los muertos» (Lc 16,31). El camino del arrepentimiento proclamado por Jesús no es un sustituto del mensaje de la Torá, sino su encarnación más completa y poderosa. Aquellos que no se sientan afectados por las demandas soberanas de la Torá, también ignorarán las palabras del Mesías resucitado.

Las «costumbres» judías basadas en la Torá

Los mandamientos de la Torá que hemos demostrado que son fundamentales en las enseñanzas de Jesús en Lucas se refieren a asuntos como las prohibiciones de la idolatría (el gobernante rico) y del fraude causado a otros en sus bienes (Zaqueo), y los requerimientos de ayudar a los pobres (el hombre rico y Lázaro) y de cuidar a los afligidos (el buen samaritano). Todas estas son expresiones prácticas de los dos mandamientos del amor, que resumen las exigencias de la Torá como camino a la vida (la pregunta del letrado). En cuanto a los «pecadores» que acuden a Jesús, que son despreciados por piadosos que los critican, y que están representados por el hijo pródigo en la parábola, podemos suponer que su arrepentimiento incluye el abandono de la «vida disoluta» (Lc 15,13; 15,30) y la obediencia a los mandamientos de la Torá relativos al matrimonio y a las relaciones sexuales. Por otra parte, para los críticos del partido de los fariseos, que aparecen en la parábola como el hermano mayor del

---

13. Sanders, *Historical Figure of Jesus*, 230.

hijo pródigo, el arrepentimiento significará abandonar su actitud crítica y aprender a celebrar la vuelta de muchos pródigos.

Estas preocupaciones coinciden con lo que aprendemos de Jesús en los otros Evangelios. Para este profeta galileo, la «misericordia» es más importante que el «sacrificio» (Mt 9,13; 12,7), el «amor» más que el «ritual». Sin embargo, también hemos encontrado el siguiente dicho de Jesús: «Es más fácil que desaparezcan el cielo y la tierra, que decaiga tan solo un trazo de una letra de la ley» (Lc 16,17). Como señaló G. B. Caird, estas palabras se resisten a una interpretación que divida la Torá en mandamientos «morales» (es decir, permanentemente válidos) y «rituales» (es decir, ya obsoletos). Asimismo, hemos examinado la reprimenda de Jesús a la práctica farisea de la Torá: «Pero ¡ay de vosotros, fariseos! Porque diezmáis la menta y la ruda y toda clase de hierbas, y descuidáis la justicia y el amor a Dios; es esto lo que deberíais haber practicado, *sin descuidar las otras cosas*» (Lc 11,42). Jesús condena aquí la observancia de minucias rituales arraigadas en la Torá cuando dicha observancia está desconectada de la «justicia» y del «amor a Dios», pero elogia esas prácticas rituales cuando forman parte de una obediencia integral de la Torá en su totalidad.

¿Cómo presenta Lucas la enseñanza y las prácticas de Jesús respecto a los mandamientos de la Torá que son propios de la vocación de Israel como pueblo diferenciado? Para responder a esta pregunta, deberíamos empezar por la institución judía que ocupa un lugar privilegiado en la Torá y que todos los Evangelios reconocen como punto de discordia entre Jesús y sus críticos; es decir, el sábado. Los Evangelios ofrecen un testimonio unánime de la práctica de Jesús de curar en sábado y la controversia que esta práctica suscitó. ¿Cómo presenta Lucas la visión de Jesús sobre el sábado? ¿Cura Jesús en sábado para demostrar que inaugura una nueva era en la que esas prescripciones «rituales» han sido trascendidas o relativizadas?

Después de ser bautizado por Juan en el río Jordán y ayunar durante cuarenta días en el desierto de Judea, Jesús regresa a Galilea para iniciar su misión pública. Los tres Evangelios sinópticos introducen esta nueva fase de la vida de Jesús con una descripción general de su actividad. Marcos y Mateo se centran en su «proclamación» del reino de Dios.

> Después de la detención de Juan, Jesús vino a Galilea proclamando la buena noticia de Dios y diciendo: «El tiempo se ha cumplido y el reino de Dios se ha acercado; convertíos y creed en la buena noticia». (Mc 1,14-15)

> Cuando Jesús se enteró de que Juan había sido arrestado, se retiró a Galilea. Dejó Nazaret y se instaló en Cafarnaún [...] Desde entonces, Jesús comenzó a proclamar: «Arrepentíos, porque el reino de los cielos se ha acercado». (Mt 4,12.13a.17)

La descripción introductoria de Lucas difiere de la de Marcos y Mateo e incluye elementos que expresan preocupaciones diferentes: «Jesús, lleno del poder del

Espíritu, volvió a Galilea, y se difundió su fama por toda la región. Empezó a enseñar en sus sinagogas y era alabado por todos» (Lc 4,14-15). Lucas habla de la «enseñanza» (un acto asociado a la Torá) de Jesús, en lugar de la «proclamación», y el lugar de su actividad pedagógica es la sinagoga. En otras partes de Lucas, la «enseñanza [de Jesús] en la sinagoga» se identifica explícitamente como una práctica del sábado (Lc 4,31.33; 6,6; 13,10), y podemos suponer que la referencia al sábado está implícita en la introducción de Lucas a la misión de Jesús en Galilea. De esta forma, Lucas (el único de los cuatro Evangelios que así lo hace) comienza caracterizando la *enseñanza* como la actividad principal de Jesús, identificando la *sinagoga* como el lugar característico de esa actividad, y señalando implícitamente el *sábado* como el momento arquetípico en el que esa actividad tenía lugar.[14]

El acontecimiento inicial en Galilea narrado por Marcos y Mateo tiene que ver con el llamamiento de Jesús a los primeros discípulos. Lucas se aparta de esa cronología y comienza en cambio con dos acontecimientos que tienen lugar en una sinagoga en sábado. El primero de ellos es de gran importancia para Lucas, pues transmite, al comienzo de la misión pública de Jesús, su forma fundamental de entender dicha misión. El pasaje comienza así: «Cuando llegó a Nazaret, donde se había criado, fue a la sinagoga un sábado, como era su costumbre (*kata to eiōthos autō*)» (Lc 4,16). La expresión «como era su costumbre» es particularmente digna de atención.[15] Lucas subraya que Jesús tenía el hábito de rendir culto en la sinagoga el sábado. Puesto que este comportamiento habitual se hace saber en referencia a su conducta en «Nazaret, donde se había criado», los lectores tienen que suponer que esa observancia del sábado caracterizó toda la vida de Jesús, tanto antes como después de su bautismo.

Al hablar de la «costumbre» de Jesús de observar el sábado y asistir a la sinagoga, Lucas emplea una construcción griega que aparece a menudo en su obra para transmitir un mensaje en particular: «la preposición *kata* seguida de un sustantivo en acusativo aparece con frecuencia en Lucas-Hechos en contextos que [...] destacan la fidelidad de Jesús y sus seguidores a las costumbres judías».[16] En otras palabras, la «costumbre» *personal* de Jesús se ajustaba a la «costumbre» *comunitaria* del pueblo judío arraigada en la Torá. Además, Lucas describe a menudo las prácticas de la Torá destinadas específicamente al pueblo judío con la forma nominal plural (*ethē*, «costumbres») del verbo griego traducido aquí como «su costumbre».[17] Lucas no utiliza este término como nosotros en la actualidad podríamos emplear su equivalente en nuestro idioma; es decir, como una forma de minimizar la autoridad normativa que hay detrás de esas

---

14. Chance, *Jerusalem, the Temple, and the New Age in Luke-Acts*, 59.

15. Lucas utiliza la misma expresión para caracterizar la asistencia habitual de Pablo a la sinagoga (Hch 17,1-2), presumiblemente también en el día de reposo (v. Hch 13,14). Véanse las páginas 180-181, más adelante en este capítulo.

16. Oliver, *Torah Praxis after 70 CE*, 72. Para la lista de Oliver de los textos de Lucas-Hechos que emplean esta construcción con este propósito, v. 72-73n86.

17. Lucas 1,9; 2,42; 6,14; 15,1; 21,21; 28,17.

prácticas (esto es, meras costumbres *de hombres* en contraposición a patrones de vida dados *por Dios*). En cambio, utiliza este término para distinguir los mandamientos de la Torá aplicables solo al pueblo judío, de los que son universalmente obligatorios (es decir, aplicables también a los gentiles). Aunque estén dirigidos solo a los judíos, los primeros siguen siendo *mandamientos* divinos, como se ve en otra frase con *kata* que se encuentra cerca del final del Evangelio: «El sábado descansaron *según el mandamiento* [*kata tēn entolēn*]» (Lc 23,56).[18]

Una vez establecido el carácter típico del acontecimiento, Lucas presenta ahora a Jesús asumiendo un papel central en el culto de su sinagoga local. «Se levantó a leer, y se le dio el rollo del profeta Isaías» (Lc 4,16b-17). No se nos dice si Jesús seleccionó este texto profético en particular, o si había sido determinado de alguna manera por su comunidad. En cualquier caso, Jesús considera que el pasaje que va a leer (Is 61,1-2a) es emblemático de la misión que ahora comienza:

> 18 El Espíritu del Señor está sobre mí
> porque me ha ungido
> para llevar buenas noticias a los pobres.
> Me ha enviado a proclamar liberación [*aphesin*] a los cautivos
> y recuperación de la vista a los ciegos,
> a liberar a los oprimidos [*en aphesei*],
> 19 a proclamar el año de gracia del Señor.

Isaías describe aquí la misión profética del siervo del Señor empleando la imagen del año del Jubileo, en el que se liberan los esclavos, se perdonan las deudas y se restauran las tierras.[19] El jubileo tiene lugar cada cuarenta y nueve años, y funciona como un año sabático de años sabáticos. Así, el principio que entra en vigor en el año del Jubileo es el del día de reposo, en el que los judíos recuerdan su esclavitud en Egipto y muestran a sus familias, siervos y animales domésticos la misma misericordia que Dios les mostró a ellos cuando los liberó de la esclavitud (por ejemplo, Dt 5,14-15). Esta es la misericordia liberadora que Jesús proclama y manifiesta en su mensaje de arrepentimiento y perdón (*aphesis*) y en su obra de curación, que Lucas ve principalmente en términos de liberación de las fuerzas demoníacas.[20]

---

18. «El hecho de que la ley se limite en su mayor parte a los judíos no sugiere que Lucas crea que no es de origen divino [...] más bien, el Dios de Israel tenía la intención de que la ley en su totalidad se aplicara solo a los judíos, con solo unas leyes específicas que se aplicaran a los gentiles [...] La aplicación circunscrita de la ley no implica en absoluto que pueda ser subestimada» (Thiessen, *Contesting Conversion*, 124).

19. La palabra griega *aphesis*, que se encuentra dos veces en los versículos de Isaías citados por Lucas, es el término técnico de la Septuaginta para el año del Jubileo (LXX Lv 25,10-13.28.30-31.33.40-41.50.52.54; 27,17-18.21.23-24; Nm 36,4). También se utiliza para referirse al año sabático (LXX Éx 23,11; Dt 15,1-3.9; 31,10).

20. «Lucas parece pensar que las enfermedades tienen generalmente un origen demoníaco [...] la referencia a los orígenes demoníacos, responsables del sufrimiento humano, juega un papel esencial en el intento de Lucas de justificar la necesidad de que Jesús intervenga en sábado a favor de los hijos

Toda esta serie de textos e imágenes dan luz sobre los múltiples niveles de significado del comentario de Jesús acerca de Isaías 61 «Hoy se ha cumplido esta escritura ante vosotros» (Lc 4,21). El «Espíritu del Señor» vino sobre Jesús en su bautismo (Lc 3,22), le condujo al desierto (Lc 4,1) y le dio poder cuando regresó a Galilea (Lc 4,14). El propósito de esta «unción» por el Espíritu era que Jesús pudiera cumplir la tarea enunciada en Isaías 61. La tarea no ha hecho más que empezar, pero la «unción» ya ha tenido lugar; el primer rasgo distintivo de la misión profética detallada en Isaías 61, descrito en tiempo pasado, se ha *cumplido* en Jesús. Ha llegado el momento de que él *cumpla* la tarea en sí, y esa tarea implica *cumplir* el significado del año del Jubileo, que es también el significado del día de reposo: liberar a los cautivos y llevarlos a su herencia de descanso. Así pues, ¿qué mejor manera de inaugurar el cumplimiento de esa tarea que leer Isaías 61 en la sinagoga un sábado?

Como se ha señalado anteriormente, Lucas se ha apartado de la cronología de Marcos insertando este episodio del sábado antes del llamamiento a los primeros discípulos. Se aparta todavía más de esa cronología en el pasaje siguiente, pues pasa directamente a la enseñanza y curación de Jesús en la sinagoga de Cafarnaún otro sábado (Lc 4,31-37). En el Evangelio de Marcos, Jesús comienza su misión en Galilea llamando a los discípulos, y después enseña y cura en la sinagoga. En el Evangelio de Lucas, el llamamiento de los primeros discípulos se retrasa hasta después de estas dos escenas en sinagogas y en sábado, en las que Jesús primero anuncia lo que ha venido a hacer (es decir, traer liberación sabática a los cautivos), y luego comienza a hacerlo (libera a un hombre del poder opresivo de un demonio inmundo). De este modo, Lucas destaca aún más la importancia del sábado y el modo tradicional judío de honrar el día reuniéndose para leer las Escrituras. Enseñando y curando en sábado, Jesús cumple tanto las palabras de la Escritura como las instituciones sabáticas fundadas en esas palabras.

La controversia sobre la forma de entender Jesús el sábado solo surge más adelante en la narración. La percepción que Lucas tiene de esta controversia queda clara en un episodio que solo se encuentra en su Evangelio.

> 10 Y estaba él enseñando en una sinagoga un sábado. 11 Y entonces apareció una mujer con un espíritu que la tenía tullida desde hacía dieciocho años. Estaba encorvada y no podía mantenerse derecha en pie. 12 Cuando Jesús la vio, la llamó y le dijo: «Mujer, quedas libre [*apo-lelusai*] de tu enfermedad». 13 Al poner sobre ella sus manos, inmediatamente se puso recta y comenzó a alabar a Dios. 14 Pero el jefe de la sinagoga, indignado porque Jesús había curado en sábado, se puso a decir a la multitud: «Hay seis días en los que se debe hacer el trabajo; venid en esos días a curaros, y no el día de reposo». 15 Pero el Señor le respondió y dijo: «¡Hipócritas! ¿No desata [*luei*] cada uno de vosotros en sábado su buey o su asno del pesebre, y lo lleva fuera para darle

oprimidos de Israel. La crueldad demoníaca exige una intervención divina inmediata, por lo que es lícito que Jesús haga el bien y salve vidas en sábado (Lc 6,9)» (Oliver, *Torah Praxis after 70 CE*, 60, 64).

agua? 16 ¿Y no debía esta mujer, hija de Abraham, a la que Satanás tuvo atada durante dieciocho largos años, ser liberada [*lythēnai*] de esta esclavitud en el día de reposo?» 17 Cuando dijo esto, todos sus adversarios se quedaron avergonzados; y toda la multitud se regocijaba con las maravillosas cosas que hacía. (Lc 13,10-17)

Jesús no defiende su acción anulando las leyes del sábado, sino aludiendo a los mandatos de la Torá de librar de cargas en sábado «a tu buey o a tu asno» (Dt 5,14) y de recordar «que fuiste esclavo en la tierra de Egipto, y el Señor tu Dios te sacó de allí» (Dt 5,15). Jesús le dice a esta «hija de Abraham», que había estado «atada» por Satanás, que ahora había sido «liberada». Lucas presenta aquí a Jesús como portador de una liberación mesiánica que completa el propósito redentor del éxodo, cumpliendo así también el objetivo del sábado. Lejos de relativizar el sábado, Lucas en realidad hace destacar su significado mesiánico como una institución fundamental de la vida judía.

El sábado era la más importante de las «costumbres» de Israel ordenadas en la Torá. Un peso similar tenían las leyes relacionadas con el templo de Jerusalén, vinculadas al sábado de diversas formas. Como veremos más adelante en este capítulo, Lucas muestra gran preocupación por estas leyes en su relato de la infancia (Lc 1-2) y en Hechos de los Apóstoles. Pero, ¿cómo describe Lucas la propia forma de entender Jesús el templo y sus «costumbres»?

Siguiendo el patrón de Marcos y Mateo, y en contraste con Juan, Lucas no cuenta a sus lectores nada de la experiencia adulta de Jesús en Jerusalén previa a su llegada a la capital una semana antes de su muerte. Sin embargo, Lucas narra un incidente revelador que ocurre en el viaje de Jesús a Jerusalén. Al entrar en un pueblo cerca de Samaria, Jesús se encuentra con diez leprosos que buscan su ayuda (Lc 17,11-13). Él responde ordenándoles que se muestren a los sacerdotes (Lc 17,14a). De acuerdo con las leyes de la Torá, un leproso solo haría esto *después* de haber sido sanado (Lv 14,1-32). En la anterior historia de curación de un leproso (Lc 5,12-16), que se encuentra también en Marcos y Mateo, Jesús ordena al hombre que vaya a un sacerdote después de su curación. En este relato posterior, exclusivo de Lucas, Jesús exige más a los que le han pedido ayuda: tienen que poner su fe en su palabra y emprender el viaje hacia el sacerdote confiando en que serán curados por el camino. Es su obediencia al mandato de Jesús lo que les lleva a la curación; pero la historia *presupone* que la acción que se ordena a los leprosos es la que sería obligatoria para una persona curada de esta enfermedad. El fondo de la historia es la obediencia por fe que muestran los diez leprosos y, aún más, la gratitud mostrada por el samaritano que regresó a Jesús después de la curación «para alabar a Dios» (Lc 17,15-19). Pero el dramatismo de la narración depende de un supuesto previo compartido por su autor, sus lectores y sus personajes: que las costumbres sacerdotales ordenadas por la Torá son deberes sagrados para todos los hijos de Abraham (judíos y samaritanos por igual).

Asumiendo que Lucas está familiarizado con el Evangelio de Marcos, y que utiliza ese escrito para estructurar su propia narración, también es instructivo prestar atención a los incidentes o detalles narrativos que están presentes en Marcos y *ausentes* en Lucas. Aparte de las leyes del sábado y del templo, ninguna «costumbre» distintiva era más esencial para la vida judía que las leyes dietéticas. El Evangelio de Marcos cuenta una controversia entre Jesús y los fariseos sobre el ritual del lavado de manos y «la tradición de los ancianos» (Mc 7,1-23). Respondiendo a las críticas de los fariseos (v. 5), Jesús les recrimina el modo en que estos utilizan su tradición para eludir los mandamientos de la Torá (vv. 6-13). A continuación, Marcos hace un inciso en la redacción, que comentaristas en el pasado han entendido como una abolición implícita de las leyes dietéticas de la Torá (v. 19b). Mateo sigue a Marcos en su relato de esta historia, pero suprime el inciso de Marcos; esto encaja con el tratamiento polémico que da Mateo a los fariseos y a su inquebrantable devoción a la Torá. Lucas, en cambio, suprime todo el episodio de su relato. Al igual que Mateo, quiere evitar la más mínima insinuación de que Jesús restaba autoridad al modo de vida judío recogido en la Torá. Adoptando una postura más conciliadora que la de Mateo hacia los fariseos y su tradición, Lucas también quiere evitar la implicación de que Jesús hubiera atacado las «costumbres» judías enraizadas en la Torá pero no explícitamente enseñadas en ella.[21]

En conclusión, hemos visto que el Evangelio de Lucas presenta a Jesús como un judío fiel a la Torá, tanto en su enseñanza como en la práctica. El Jesús de Lucas considera que la fidelidad a los mandamientos es el camino hacia la vida eterna, y llama a todos los que le escuchan al arrepentimiento en respuesta a la Torá. Si bien centrando el foco de atención en los dos grandes mandamientos de amar a Dios y al prójimo y suplementando la Torá mediante la exigencia de una más radical conformidad con su verdadero propósito, el Jesús de Lucas también honra las instituciones que distinguen al pueblo judío —el sábado y el templo—, y no muestra ninguna incomodidad con las costumbres judías básicas arraigadas en la Torá, como las leyes dietéticas. Por lo tanto, no hay nada en el retrato que hace Lucas de la enseñanza y práctica de la Torá de Jesús que entre en conflicto con la imagen dibujada en el relato de la infancia. Su coherencia es evidente.

En cuanto a la enseñanza y la práctica de la Torá de los discípulos de Jesús y su relación con el relato de la infancia, *coherencia* es un término demasiado débil para definir esa relación. Aquí insistiremos en que hay una *correlación intencionada*.

---

21. «La importante sección de Marcos 7,1-23, que trata de la limpieza ritual, falta en Lucas [...] Lucas no ofrece ninguna crítica sobre el rechazo de los mandamientos de Dios "para mantener la tradición de los hombres" (Mc 7,8; Mt 15,3ss). Lucas, por el contrario, afirma que las "costumbres de los padres" están en armonía con la ley (Hch 6,14; 21,21; 28,17, cf. 10,14ss; 11,3.8)» (Jervell, *Luke and the People of God*, 139-140).

Las enseñanzas y las prácticas de los discípulos de Jesús

Kata ton nomon

Antes de considerar cómo el *contenido* del relato de la infancia de Lucas anticipa la enseñanza y la práctica de la Torá de los discípulos de Jesús, examinaré una expresión estilística relacionada con la observancia de la Torá que es fundamental en el relato de la infancia. Esta expresión se repite más adelante en Lucas y en Hechos al describir la observancia de la Torá por Jesús y sus discípulos, y sirve como prueba estilística de la función que cumple el relato de la infancia en relación con el resto de Lucas y Hechos.

En mi anterior exposición sobre la «costumbre» de Jesús de observar el sábado participando en el culto comunitario en la sinagoga, cité el comentario de Isaac Oliver de que «la preposición *kata* ["según"] seguida de un sustantivo en acusativo aparece con frecuencia en Lucas-Hechos en contextos que [...] destacan la fidelidad de Jesús y sus seguidores a las costumbres judías». Este uso es especialmente más acusado en el relato de la infancia:

> [...] él [Zacarías] fue elegido por sorteo, según la costumbre del sacerdocio [*kata to ethos tēs hierateias*], para entrar en el santuario del Señor y ofrecer incienso. (1,9)

> Cuando llegó el momento de su purificación según la ley de Moisés [*kata ton nomon Mōuseōs*], lo llevaron a Jerusalén para presentarlo al Señor (como está escrito en la ley del Señor [*kathōs gegraptai en nomō kuriou*], «Todo primogénito varón será designado como santo para el Señor»), y ofrecieron un sacrificio según lo que dice la ley del Señor [*kata to eirēmenon en tō nomō kuriou*], «un par de tórtolas o dos pichones». (2,22-24)

> Guiado por el Espíritu, Simeón entró en el templo; y cuando los padres trajeron al niño Jesús, para hacer por él lo que era costumbre según la ley [*kata to eithismenon tou nomou*] [...] (2,27)

> Cuando terminaron todo lo que exigía la ley del Señor [*panta ta kata ton nomon kuriou*], volvieron a Galilea [...] (2,39)

> Y cuando cumplió doce años, subieron como de costumbre [*kata to ethos*] para la fiesta. (2,42)

Todos estos textos hablan de lo que tradicionalmente se ha llamado elementos «rituales» de la Torá. A veces Lucas se refiere a ellos como «costumbres» (*ethos/ethē*), a veces simplemente como «la ley», y a veces combina los dos términos (como en 2,27). Como se ha señalado anteriormente, Lucas no emplea la palabra «costumbre» para minimizar el carácter normativo de las prácticas en cuestión, sino para identificarlas como ritos distintivos del pacto exigidos solo a los judíos.

Como hemos visto, Lucas utiliza esta expresión griega al describir la escena de Jesús en la sinagoga de Nazaret un sábado: «Cuando llegó a Nazaret, donde se había criado, fue a la sinagoga un sábado, como era su costumbre (*kata to eiothos auto*)» (Lc 4,16). La misma frase se repite en la descripción que hace Lucas de la conducta de Pablo en Tesalónica, «donde había una sinagoga de los judíos. Y Pablo entró, como era su costumbre (*kata to eiōthos*), y durante tres días de reposo discutió con ellos sobre las Escrituras» (Hch 17,1b-2). La «costumbre» personal, tanto de Jesús como de Pablo, se ajusta a la «costumbre» colectiva del pueblo judío, que se reúne en sus sinagogas locales el sábado, día de reposo, al igual que la costumbre personal de María y José (cuando peregrinaron a Jerusalén para celebrar la Pascua) se ajustaba a la costumbre colectiva del pueblo judío tal y como está determinada en la Torá (Lc 2,42). Además, la actividad habitual que muestran Jesús y Pablo en estas narraciones se ajusta a la de otros judíos: leen e interpretan «las Escrituras». Esta red de términos y conceptos establece un sólido vínculo entre las frases con *kata* del relato de la infancia (que hacen hincapié en los mandamientos de la Torá y en la costumbre colectiva judía) y estos dos versículos posteriores con *kata to eiothos* (que hacen hincapié en la costumbre personal de Jesús y de Pablo).

En otras partes de Lucas y de Hechos encontramos esta construcción con *kata* empleada de forma inequívocamente paralela a lo que se ve en el relato de la infancia. El ejemplo más claro en el Evangelio aparece en la descripción de las acciones de las mujeres acompañantes de Jesús, que siguen a José de Arimatea mientras deposita el cuerpo de Jesús en el sepulcro: «Luego volvieron y prepararon especias y ungüentos. El sábado descansaron según el mandamiento (*kata tēn entolēn*)» (23,56). Kata toma aquí como objeto un «mandamiento» de la Torá. Si bien es el descanso sabático de estas mujeres lo que aquí se trata explícitamente, su compromiso de enterrar a Jesús de forma adecuada demuestra igualmente su fidelidad a la Torá; justo igual que ese mismo compromiso confirma la caracterización de José de Arimatea como «hombre bueno y justo» (Lc 23,50). De este modo, las mujeres que acompañaron a Jesús desde Galilea a Jerusalén al final de su vida terrenal (Lc 23,55) se convierten en compañeras de María y José, que lo llevaron de Galilea a Jerusalén al principio de esa vida. Están unidas en su amor por Jesús y en la forma en que ese amor se manifiesta según los mandamientos de la Torá.

El ejemplo más claro de esta construcción *kata* en Hechos de los Apóstoles proviene del discurso de Pablo a la multitud en el templo tras su arresto. Describe su encuentro con Jesús resucitado en el camino de Damasco, en el que queda ciego, y luego habla del discípulo a quien Dios envió para bautizarlo y devolverle la vista: «Un tal Ananías, que era un hombre devoto según la ley (*kata ton nomon*) y del que hablaban bien todos los judíos que vivían allí, se acercó a mí [...]» (Hch 22,12-13a). Ananías cumple aquí un papel para Pablo análogo al que desempeñaron los padres de Jesús al circuncidar (Lc 2,21) y redimir (Lc 2,22-23) a su hijo. En cada caso, la figura principal se encuentra en una condición en la que otros deben hacer por él lo que él no puede hacer por sí mismo. Lo que está implícito no son los actos particulares, sino todo el proceso de crianza de un niño o de iniciación de un neófito. Para estar cualificados para ese papel en la vida del Mesías, o en la del emisario a las naciones, los llamados a la tarea deben ser «devotos»... *según la Torá*.

Estos textos proporcionan el trasfondo necesario para otra llamativa frase con *kata* en el libro de Hechos. Ocurre esta en el discurso de Pablo ante el rey Agripa:

> 4 Todos los judíos saben cómo he vivido desde que era un niño, desde el principio de mi vida en mi país, y también en Jerusalén. 5 Me conocen desde hace mucho tiempo y pueden atestiguar, si quieren, que, según la secta más estricta de nuestra religión, he vivido como fariseo (*kata tēn akribestatēn hairesin tēs hēmeteras thrēskeias ezēsa pharisaios*). 6 Y ahora es a causa de mi esperanza en lo que Dios ha prometido a nuestros padres por lo que estoy siendo juzgado hoy. 7 Esta es la promesa que nuestras doce tribus esperan ver cumplida, sirviendo fervientemente a Dios día y noche. ¡Oh, rey!, es a causa de esta esperanza por lo que los judíos me acusan. 8 ¿Por qué habría de considerar alguno de vosotros increíble que Dios resucite a los muertos? (NIV Hch 26,4-8)[22]

Pablo habla aquí de su crianza y su educación temprana, testificando que fue educado para vivir «según [*kata*] la secta más estricta de nuestra religión [...] como fariseo». El adjetivo griego traducido como «la más estricta» solo aparece aquí en el Nuevo Testamento, pero su adverbio afín es utilizado por Lucas en otros lugares, para referirse a su «cuidadosa» investigación de la vida de Jesús y a la enseñanza «rigurosa» de Apolos en relación con el mismo asunto. Así pues, la palabra tiene para Lucas connotaciones más bien positivas («cuidadoso») que negativas («excesivamente escrupuloso»). Esto también se desprende del contexto, en el cual Pablo enmarca su propio mensaje sobre la resurrección haciendo referencia a la enseñanza farisea en la que se educó. Situando este texto junto a los otros pasajes con *kata* ya examinados, vemos que la educación farisea fiel a la Torá de Pablo, de un lado, anticipa su instrucción en el mensaje apostólico por parte de Ananías, fiel a la Torá; y de otro, se hace eco del entorno familiar de Jesús, más humilde pero, aún así, también fiel a la Torá. En todos estos casos, la construcción con *kata* hace referencia al carácter acreditativo del modo de vida judío.

Así, el uso de frases con *kata* en el relato de la infancia en referencia a la Torá prepara a los lectores para construcciones similares más adelante en Lucas y Hechos. Esta característica del estilo literario de Lucas es la primera prueba que sugiere una correlación deliberada entre el papel de la Torá en el relato de la infancia y el resto de los dos escritos que le siguen. Cambiemos ahora el foco de atención del estilo al contenido, y veamos cómo las personas, los acontecimientos y los temas del relato

---

22. [N. del T.: NIV = *New International Version*, versión en inglés de la Biblia.]

de la infancia apuntan al material posterior relacionado con la fidelidad a la Torá del Israel fiel, en el Evangelio y en Hechos.

La rectitud moral, la devoción y la Torá

El relato de la infancia de Lucas está poblado por un variado elenco de judíos «justos». Ya hemos visto cómo Lucas describe la fidelidad a la Torá de José y María. Sin embargo, antes de que esta pareja galilea aparezca en escena, el lector se encuentra con dos judíos, Zacarías y Elisabet: «Ambos eran justos [*dikaioi*] ante Dios» (Lc 1,6a). Esta afirmación aparece como principal predicamento de los dos primeros versículos del libro tras la introducción con la dedicatoria a Teófilo y, como tal, merece especial atención. La afirmación nos informa de que en el mundo judío de la época había personas que eran verdaderamente «justas», y ofrece una definición judía tradicional de lo que suponía esa *justicia* o *rectitud*: «vivir irreprochablemente según todos los mandamientos y ordenanzas del Señor» (Lc 1,6b). Para el relato de la infancia lucano, la «justicia» y la Torá son inseparables.

Otro personaje similar aparece en escena cuando José y María llevan al niño Jesús al templo. Simeón muestra su don profético reconociendo al niño como el Mesías (Lc 2,26-27) y con sus palabras acerca de la misión mesiánica que emprendería al hacerse adulto (Lc 2,29-35). Simeón es presentado de esta manera: «Había en Jerusalén un hombre que se llamaba Simeón; este hombre era justo [*dikaios*] y piadoso [*eulabēs*], esperaba la consolación de Israel, y el Espíritu Santo estaba sobre él» (Lc 2,25). Simeón no solo es «justo», también es «devoto» (*eulabēs*). El último término «expresa reverencia y temor en la presencia de Dios».[23] Al igual que la palabra «temor» cuando se usa en los textos judíos para hablar de una orientación adecuada hacia Dios, el término también implica el cumplimiento cuidadoso de los deberes religiosos.[24] Por lo tanto, si bien *eulabēs* describe una actitud de total entrega en relación con Dios, también sugiere una forma de vida que se ajusta a las normas de la Torá (ver Hch 22,12).

Los judíos «justos» y «devotos» del relato de la infancia combinan, como personas, una cuidadosa atención a la observancia de la Torá, con una esperanza expectante en las promesas a Israel contenidas en la Torá y los Profetas. Aquí vemos a judíos modélicos que «esperan [*prosdechomenos*] la consolación de Israel» (Lc 2,25) (o, como dirá en Lc 2,38, «que esperaban [*prosdechomenois*] la redención de Jerusalén»), y cuya piedad se expresa en la fidelidad a la Torá. Estos «justos» y «devotos» están anticipando a otras figuras que aparecerán más adelante en el Evangelio y en Hechos. A este modelo se ajusta José de Arimatea, descrito por Lucas como un «hombre justo» (Lc 23,50).[25]

---

23. Fitzmyer, *The Gospel According to Luke I-IX*, 426.

24. Marshall, *The Gospel of Luke*, 118.

25. Mientras que Mateo se refiere a José de Arimatea como discípulo de Jesús (Mt 27,57), Marcos y Lucas no mencionan este hecho. Si uno solo leyera a Marcos o a Lucas, supondría que José era un líder

Su rectitud se manifiesta en su negativa a consentir la sentencia contra Jesús dictada por el Consejo (Lc 23,51), en su preocupación por dar a Jesús una sepultura adecuada (Lc 23,52-53) y en su *espera* [*prosedecheto*] «del reino de Dios» (Lc 23,51). La *espera* de José por el reino recuerda la *espera* de Simeón y Ana por el consuelo y la redención (el verbo griego en todos estos textos es *prosdechomai*). Su justa conducta de fidelidad a la Torá también suscita en los lectores el recuerdo de los judíos piadosos del relato de la infancia: ellos habían realizado actos de bondad apropiados al principio de la vida terrenal de Jesús; José realiza un acto de bondad apropiado al final de la misma.

Paralelo al entierro de Jesús en el Evangelio de Lucas es el entierro de Esteban en Hechos. Después de que Esteban muriera apedreado, Lucas nos dice que «unos hombres devotos [*eulabeis*] enterraron a Esteban e hicieron fuertes lamentos por él» (Hch 8,2). Nada en el texto sugiere que estos hombres sean aún discípulos de Jesús. Sin embargo, al igual que los discípulos, son judíos piadosos y, como tales, reconocen, como lo hizo José de Arimatea, que se ha producido un grave error judicial. Siguiendo el modelo establecido por José, expresan su dolor e indignación enterrando a la víctima y llorando ante su tumba. José es descrito como «justo», y estos hombres como «devotos», un hecho que confirma cómo Lucas vincula los dos términos fuera del relato de la infancia de la misma forma que lo hizo en él. En el caso de ambos entierros, con el acto se cumple un imperativo capital de la Torá.

El relato de la infancia describe a José y María peregrinando a Jerusalén «todos los años» para celebrar la fiesta de la Pascua (Lc 2,41). En Hechos de los Apóstoles leemos que «judíos devotos [*eulabeis*] de todas las naciones bajo el cielo vivían en Jerusalén» durante la fiesta de Pentecostés (Hch 2,5). Más bien debemos pensar que estos judíos habrían hecho su largo viaje a Jerusalén para la Pascua y habían permanecido en la ciudad durante las siete semanas siguientes, que finalizaban con la segunda fiesta de peregrinación. Su carácter «devoto» queda reflejado en su compromiso por cumplir el mandamiento de la Torá que ordena ese viaje en el tiempo de las fiestas. Ellos por lógica constituyen la audiencia del sermón de Pedro en Pentecostés, y de esa multitud surge la *ekklēsia* pospentecostal.

Todas las personas «justas» y «devotas» consideradas hasta este momento, o son figuras anteriores a la misión de Jesús (José, María, Zacarías, Elisabet, Simeón, Ana), o están fuera de la comunidad de Jesús (José de Arimatea, los que hacen lamento en el entierro de Esteban). ¿Considera Lucas que su rectitud y devoción fiel a la Torá son prácticas trascendidas, superadas, por la vida del discipulado? Aquí el ejemplo de Ananías resulta decisivo. Pablo describe a este discípulo de Jesús —que fue enviado para bautizarlo, curarlo y encomendarle una misión— como «un hombre devoto [*eulabēs*] según la ley y del que hablaban bien todos los judíos que vivían allí» (Hch 22,12). Así como el «devoto» Simeón sostuvo al niño Jesús en sus brazos y habló a los padres del niño de su futura misión, así también el «devoto» Ananías impone sus manos a Saulo

---

judío justo, que reconocía que se había producido una injusticia, y buscaba alguna forma de expresar su desacuerdo con el resto del Consejo. Véase Oliver, *Torah Praxis After 70 CE*, 148-149n2.

(Hch 9,17) y habla de la tarea que el hombre de Tarso debe realizar (Hch 22,14-15). Este versículo también hace explícito lo que solo estaba implícito en los otros textos que mencionan la *devoción*: ser «devoto» (*eulabēs*) es vivir según la Torá.

Solo un gentil es descrito como «justo» en Lucas o en Hechos: el centurión Cornelio (Hch 10,22). Aunque no es judío y es un soldado romano, Cornelio se adhiere a las enseñanzas de la Torá tanto como se lo permiten sus circunstancias: «daba limosna generosamente al pueblo [es decir, a los necesitados del pueblo judío] y oraba constantemente a Dios» (Hch 10,2). La expresión griega traducida aquí como «constantemente» (*dia pantos*) es utilizada por la Septuaginta para transcribir la palabra hebrea *tamid* (por ejemplo, LXX Lv 24,2.8), especialmente cuando este último término se refiere al holocausto ofrecido dos veces al día como cumplimiento del culto comunitario de Israel según la Torá (por ejemplo, LXX Nm 28,10.15.23.24, etcétera). Por tanto, no se refiere a que Cornelio mostrara una orientación de su vida hacia la oración en todo momento del día, sino a su adopción de la costumbre específicamente judía de orar dos veces al día en el momento en que los sacerdotes presentaban el holocausto en el templo de Jerusalén.[26] Es mientras cumple esta costumbre cuando el ángel visita a Cornelio y le dice que envíe a llamar a Pedro (Hch 10,3-4.30-31).

Como Ananías, Cornelio es un hombre «bien considerado por toda la nación judía» (Hch 10,22; véase 22,12). Su amor por el pueblo de Israel y el Dios de Israel es un hecho públicamente reconocido. Como gentil justo que vive de acuerdo con las disposiciones de la Torá que se ajustan a su estatus y circunstancias, se convierte en el perfecto representante y primicia de aquellos de las naciones que han de ser santificados y unidos al pueblo de Dios. Su historia será contada por Pedro en el Concilio de Jerusalén (Hch 15,7-9), y, como comentaremos más adelante, el decreto emitido por ese Concilio convoca a los gentiles bautizados a ajustarse a los mandamientos de la Torá que se aplican a los de las naciones que habitan «en medio» de Israel.

La serie de personajes «justos» y «devotos» presentados en el relato de la infancia anticipa a otros similares que irán apareciendo en los capítulos que siguen de Lucas y Hechos. El desfile de israelitas fieles a la Torá (y gentiles amantes de Israel) que esperan la llegada del reino, no se limita al relato de la infancia, sino que salpica y da unidad a la pintura de todo el cuadro que componen los dos libros.

La oración, las ofrendas diarias y el don del Espíritu

Desde los versículos iniciales de Lucas, esta fidelidad a la Torá se expresa en un modelo de oración diaria que está estrechamente vinculado tanto a las instituciones sacerdotales del templo de Jerusalén como a la recepción del don del Espíritu Santo.

Como ya se ha visto, el primer verso que sigue a la dedicatoria preliminar del libro presenta a Zacarías y Elisabet como «justos ante Dios, viviendo irreprochablemente

---

26. Véase nuestra exposición anterior en las páginas 111-112 del capítulo 2. Véase también Hamm, «The Tamid Service in Luke-Acts», 219n11; 222.

según todos los mandamientos y ordenanzas del Señor» (Lc 1,6). La escena inicial del libro luego se desarrolla en el templo de Jerusalén, donde el sacerdote Zacarías es elegido por sorteo para entrar en el lugar santo y presentar la ofrenda de incienso por Israel en el altar de oro (Lc 1,8-9). La quema de incienso en ese altar se realizaba dos veces al día como parte del *tamid* («constante»), ofrenda que cumplía con un deber ritual colectivo de Israel según lo ordenado en la Torá (Ex 29,38-42; Nm 28,1-8). Como ya se ha señalado, entre los judíos «devotos» se había extendido la costumbre de orar en el momento en que se ofrecía el *tamid* en el templo. Lucas nos informa que esta costumbre tenía su imagen paradigmática en el propio templo: «A la hora de la ofrenda del incienso, toda la asamblea del pueblo rezaba fuera» (Lc 1,10).

Lucas también da a entender que el mismo Zacarías 'mezclaba' su oración con el incienso que quemaba, pues, cuando Gabriel se le aparece a la derecha del altar (Lc 1,11), el ángel comienza su revelador anuncio diciendo: «No temas, Zacarías, porque tu oración ha sido escuchada» (Lc 1,13). ¿Cuál es el contenido y el objeto de la oración de Zacarías? Tal vez ruega por un hijo, ya que él y su esposa no tienen hijos y son de edad avanzada (Lc 1,7). Sin embargo, si ese fuera el contenido y el objeto de la oración de Zacarías, parece extraño que dudara del mensaje del ángel prediciéndole la concepción y el nacimiento de un hijo. Aunque el don de un hijo para unos padres ancianos sería una señal maravillosa, Zacarías no habría rezado por ello si no lo hubiera creído posible; y, si lo había hecho, el asombro por el milagro de la aparición del ángel habría superado tanto al de la concepción de su mujer, que no habría habido lugar para ninguna duda por parte de Zacarías. Es más probable que Lucas esté sugiriendo que la oración de Zacarías en el templo tiene el mismo objeto que la de los judíos en el atrio exterior y la de los judíos, prosélitos y gentiles justos (como Cornelio), que se vuelven hacia Jerusalén e invocan al Dios de Israel en el momento de la ofrenda dos veces al día: todos ellos rezan por la «redención de Jerusalén» y la «consolación de Israel». Esa es la oración a la que Dios responde con la concepción y el nacimiento de este niño y, aún más, con la concepción y el nacimiento de otro niño cuyo camino aquel preparará (Lc 1,17).

El hijo que nacerá de Zacarías y Elisabet se distinguirá por un don divino especial: «será grande a ojos del Señor [...] incluso antes de su nacimiento será lleno del Espíritu Santo» (Lc 1,15). La mención aquí del Espíritu Santo puede parecer un detalle secundario, pero todo lo que viene a continuación en Lucas y Hechos debería hacernos pensar de otra forma. No estando aún nacido, el niño es movido por el Espíritu cuando su madre recibe la visita de la madre del niño que tampoco ha nacido y cuyo camino está destinado a preparar (Lc 1,41.44). Lucas nos dice que en ese momento Elisabet es «llena del Espíritu Santo» (Lc 1,41), pues su vientre contiene a uno ya «lleno del Espíritu Santo» (Lc 1,15). Cuando, ya adulto, Juan describe la misión de aquel cuyo camino prepara, dice que el que viene «os bautizará con Espíritu Santo y fuego» (Lc 3,16). Así, la ofrenda de incienso de Zacarías y su oración, junto con las oraciones de los judíos devotos de Jerusalén y de todo el mundo, reciben una respuesta divina con el nacimiento de un niño lleno del Espíritu Santo, y con el nacimiento de otro niño que se convertirá en el mediador que confiera ese don del Espíritu Santo al Israel fiel.

En resumen, la escena inicial de Lucas combina imágenes relacionadas con el templo, la Torá y el Israel fiel; también relaciona el servicio diario del templo, ordenado por la Torá, con la práctica diaria de la oración realizada por los judíos «devotos», prosélitos y gentiles justos; y considera que ambos —ese servicio y esa oración— tienen como objetivo la «redención de Jerusalén». En última instancia, la escena inicial de Lucas insinúa que la tan esperada redención comienza con la impartición del Espíritu Santo.

Antes de abandonar esta escena, consideremos una cuestión que tendrá importancia para nuestra interpretación de escenas posteriores en Hechos. ¿Ofrece Zacarías el incienso como parte del *tamid* de la mañana o el de la tarde?[27] Joseph Fitzmyer e I. Howard Marshall sostienen que Lucas 1 se refiere al *tamid* de la tarde/noche.[28] Su conclusión se basa en los paralelismos entre Lucas 1,8ss y la revelación del ángel en Daniel 9, que tiene lugar en el momento del sacrificio de la *tarde/noche*. Los paralelismos son ciertamente notables: al igual que Zacarías, Daniel ora por la redención de Jerusalén en el momento de la ofrenda del *tamid* (Dn 9,17-20); al igual que Zacarías, la oración de Daniel va seguida de una visita del ángel Gabriel (Dn 9,12); al igual que Zacarías, Daniel recibe de Gabriel una promesa acerca de la restauración definitiva de Jerusalén (Dn 9,24). El lector de Lucas posterior al año 70 también percibe otro paralelismo que Zacarías no podía haber percibido: tanto en Daniel 9 como en Lucas 1, la promesa de la redención de Jerusalén se cumplirá solo después de que la ciudad haya sufrido otra trágica destrucción (Dn 9,26).

Estos significativos paralelismos sustentan la afirmación de Fitzmyer y Marshall de que Lucas se inspira en Daniel 9 para elaborar la escena inicial de su Evangelio. Sin embargo, también hay que señalar las diferencias entre las dos narraciones: a diferencia de Zacarías, Daniel no viene de un linaje sacerdotal ni tiene funciones sacerdotales (Dn 1,6); a diferencia de Zacarías, Daniel ora desde una tierra lejana y no en la ciudad santa; y, aunque Daniel hubiera estado en Jerusalén y no en el exilio al oriente, no habría podido rezar en el templo, pues la estructura del edificio estaba en ruinas. Por lo tanto, aunque Daniel podía orar a *la hora* del sacrificio de la tarde/noche (Dn 9,21), en realidad no se estaba ofreciendo tal sacrificio a esa hora; él reza a la hora en que el sacrificio *se habría ofrecido* si el templo no hubiera sido destruido. Estas diferencias significativas ponen en tela de juicio la afirmación de que, sin más pruebas, podamos

---

27. La Torá establece que la segunda ofrenda *tamid* del día debe presentarse «entre las tardes» (*beyn ha'arbaim*, Ex 29,39; Nm 28,4.8). Los traductores modernos suelen traducir esta expresión como «al anochecer». Sin embargo, a finales del período del segundo templo, el sacrificio se presentaba a última hora de la tarde, a la hora nona (es decir, alrededor de las 15.00). El sacrificio de la Pascua también debía hacerse *beyn ha'arbaim* (Ex 12,6), y Josefo (*La guerra de los judíos*, 6.9.3) nos informa que esto ocurría entre las horas nueve y once (es decir, de tres a cinco de la tarde, aproximadamente).

28. Fitzmyer, *Luke I-IX*, 324; Marshall, *Luke*, 54.

importar un detalle de la narración de Daniel 9 (es decir, su escenario vespertino) a una narración de Lucas que no hace mención de ello.

Dennis Hamm está de acuerdo con la conclusión de Fitzmyer y Marshall, pero por motivos diferentes. Lucas 1 da a entender que la ofrenda de incienso de Zacarías debería ir seguida inmediatamente de la bendición del pueblo por parte de los sacerdotes (vv. 21-22); y Hamm afirma que esta secuencia es exclusiva del *tamid* de la tarde.[29] Pero no es así. Hamm basa su afirmación en la Misná, pero el tratado correspondiente afirma que la bendición sacerdotal sigue a la ofrenda de incienso también en el *tamid* de la mañana (m. *Tamid* 6,3; 7,1-2).

A diferencia de Fitzmyer, Marshall y Hamm, yo diría que Lucas espera que sus lectores perciban un escenario *matutino* en Lucas 1,8-22. Hay tres razones para sostener tal proposición. En primer lugar, el *tamid* de la mañana gozaba de mayor relevancia que el servicio de la tarde/noche. Para ilustrar este hecho, la Misná dedica todo un tratado al orden del servicio de la ofrenda del *tamid*, pero ese tratado se centra exclusivamente en el *tamid* de la mañana. Por ello, si no se proporciona ninguna indicación temporal explícita en una narración que se refiere al *tamid*, estamos justificados para dar por sentado que se trata de un escenario matutino.[30] En segundo lugar, esta suposición queda confirmada por los otros textos lucanos que se refieren o aluden al *tamid*, ya que, como veremos, todos tratan del sacrificio de la tarde/noche, y son explícitos en su indicación del momento en que ocurren (Hch 3,1; 10,2-4; 10,30). Si Lucas 1,8-22 también tuviera un escenario de tarde/noche, esperaríamos que Lucas, del mismo modo, mencionara el hecho. A la luz de la especial relevancia del *tamid* matutino, la ausencia de una mención en sentido contrario sugiere que Lucas asume un escenario matutino. En tercer lugar, el escenario matutino de esta historia encaja con su posición al principio de la narración de Lucas, y también con las palabras finales del cántico de Zacarías: «El amanecer se abrirá desde lo alto sobre nosotros, para dar luz a los que están asentados en tinieblas y sombra de muerte, para guiar nuestros pies al camino de la paz» (Lucas 1,78b-79). Zacarías pronuncia estas palabras nueve meses después, en la circuncisión de su hijo, pues no había podido hablar desde su encuentro con el ángel, y la bendición que rompe su silencio representa la respuesta que debería haber dado inmediatamente a la promesa del ángel (Lc 1,68). El *tamid* de la mañana comenzó con el amanecer (m. *Tamid* 3,2), y por lo tanto proporciona el escenario apropiado para una introducción a Lucas y a Hechos y para el anuncio de la «luz» que brillará en medio de la oscuridad.

Ahora estamos preparados para examinar Hechos y ver si la serie oración/sacrificio/Espíritu de Lucas 1,8-22 se repite allí. El primer texto a considerar es Hechos 2. El único elemento de la serie tripartita que recibe énfasis en la narración

---

29. Hamm, «The Tamid Service», 221.

30. Alfred Edersheim llega a esta conclusión con el mismo razonamiento: «Suponemos que el ministerio de Zacarías (Lc 1,9) tenía lugar por la mañana, como servicio principal» (Edersheim, *The Life and Times of Jesus the Messiah*, 1,133n1).

es el don del Espíritu Santo (Hch 2,4.17-18.33.38). Los otros dos elementos (la oración y el sacrificio del *tamid*) están, como mucho, implícitos, pero es necesario llamar la atención sobre los indicios de su presencia. Tras la ascensión de Jesús en el monte de los Olivos, los once apóstoles regresaron a la ciudad y «fueron a la habitación de arriba en la que se alojaban» (Hch 1,13). La actividad principal a la que se dedicaban allí era la oración: «Todos ellos se dedicaban constantemente a la oración» (*proskarterountes homothymadon tē proseuchē*, Hch 1,14). Hechos 2 comienza entonces de esta manera: «Cuando llegó el día de Pentecostés, estaban todos reunidos en un mismo lugar. Y de repente, vino del cielo un ruido como el de una ráfaga de viento violento y llenó toda la casa donde estaban sentados» (Hch 2,1-2). El «mismo lugar» de Hechos 2,1 y la «casa» de Hechos 2,2 son equivalentes a la «habitación de arriba» de Hechos 1,13, y el autor probablemente espera que sus lectores se imaginen a la comunidad apostólica dedicada en ese lugar a la misma actividad que se había mencionado anteriormente (Hch 1,13), es decir, la oración.

Lucas no menciona el *tamid* en Hechos 2, pero sí indica la hora a la que el Espíritu fue dado: era la hora tercera, o aproximadamente las 9 de la mañana (Hch 2,15). Según los textos rabínicos, el *tamid* matutino comenzaba al amanecer con el sacrificio del holocausto, pero los ritos del sacrificio tardaban horas en completarse. El servicio normalmente concluiría no después de la hora cuarta (es decir, 10-11 de la mañana, m. *Eduyot* 6,1; b. *Berajot* 26b-27a). Dado que la ofrenda de incienso de la mañana se presentaba antes de la bendición sacerdotal y de la colocación del holocausto en el altar del sacrificio, tendría lugar aproximadamente a la hora tercera (es decir, a las 9).[31] Esto significa que la comunidad apostólica recibió el Espíritu Santo aproximadamente a la misma hora en que los sacerdotes ofrecían el incienso en el templo, y por lo tanto también a la misma hora del día en que Zacarías había entrado en el lugar santo y recibido la promesa de redención del ángel Gabriel.

Si Hechos 2 tiene que ver con la serie oración/sacrificio/espíritu, entonces es probable que también tenga que ver con los textos bíblicos que hablan de la dedicación del tabernáculo en el desierto y la del templo en Jerusalén. Ambos ritos alcanzan su clímax cuando el fuego cae del cielo y consume el sacrificio en el altar (Lv 9,24; 2 Cr 7,1). En Pentecostés aparecieron entre la comunidad apostólica «lenguas repartidas, como de fuego», y «una lengua se posó sobre cada uno de ellos. Todos fueron llenos del Espíritu Santo y comenzaron a hablar en otros idiomas [lenguas], según la capacidad que el Espíritu les daba» (Hch 2,3-4). Las «lenguas de fuego» representan al Espíritu que los llena. La comunidad en oración se ha convertido en el sacrificio, pero no son consumidos por el fuego del cielo, sino transformados y fortalecidos por él. Juan el Bautista —quien antes de nacer, en la inauguración de la era de la redención, fue lleno del Espíritu— había predicho que su sucesor «bautizaría con el Espíritu y con fuego» (Lc 3,16). Aunque el fuego del que hablaba se refería principalmente a la purificación

---

31. Edersheim, *The Temple*, 107-108.

y el juicio escatológicos (Lc 3,17), Lucas parece entenderlo también como una imagen representativa del poder transformador del Espíritu.

Si la serie oración/sacrificio/espíritu de Lucas 1 cuanto menos subyace en Hechos 2, en Hechos 10-11 sale a la superficie y se hace visible de manera incontestable. El autor presenta a Cornelio como un hombre que «oraba constantemente» [*dia pantos*] a Dios (Hch 10,2). Como se ha señalado anteriormente, la expresión griega *dia pantos* se emplea en la Septuaginta para traducir la palabra hebrea *tamid*; Cornelio es retratado desde el principio de su relato como una persona que reza habitualmente al Dios de Israel en el momento de la ofrenda del *tamid*. A continuación, el autor describe una escena en concreto, en la que Cornelio está ocupado en esa costumbre: al centurión se le aparece un ángel —igual que le ocurrió a Zacarías y a Daniel— cuando está rezando a la hora del *tamid* de la tarde (Hch 10,1-3). El ángel le dice que sus oraciones y limosnas «han ascendido como memorial ante Dios» (Hch 10,4). La terminología empleada por el ángel («ascendido», «memorial») proviene del sistema de sacrificios, y sugiere que la oración de Cornelio (como la de Zacarías) se ha 'mezclado' con el incienso del templo de Jerusalén y ha sido recibida con favor. Tanto en el caso de Zacarías (en Lucas 1) como en el de la comunidad apostólica (en Hechos 2), la aceptación de la oración y el sacrificio es seguida de una intervención directa de Dios por medio del Espíritu. El caso de Cornelio, en cambio, requiere un tipo de intervención diferente, pues no forma parte del pueblo de Israel. Por ello, el ángel le ordena que envíe a buscar a Pedro, que será el agente humano (representación del pueblo de Israel) a través del cual será proclamado el mensaje de salvación y se conferirá el Espíritu. Aunque el don del Espíritu en este caso está mediado por un hombre (sin la imposición de manos de Hechos 8,14-17 y 19,1-6) y por eso un hiato temporal separa la oración/sacrificio de la entrega del Espíritu, sin embargo el resultado final es el mismo que en Lucas 1 y Hechos 2: la oración de una persona justa, acompañando al sacrificio de Israel ordenado por la Torá, conduce a la recepción del don del Espíritu Santo.

La inequívoca reaparición de la serie oración/sacrificio/Espíritu en Hechos 10 tiene también implicaciones en nuestra comprensión de Hechos 2. Cuando Pedro entra en casa de Cornelio y proclama a todos los de su casa el mensaje de Jesús, «el Espíritu Santo descendió sobre todos los que oyeron la palabra» (Hch 10,44), y la presencia del Espíritu se manifestó entre ellos hablando en lenguas (Hch 10,46). Esto asombra a los discípulos judíos de Jesús que habían acompañado a Pedro, quienes evidentemente pensaban que el Espíritu solo podía derramarse sobre judíos (Hch 10,45). La respuesta de Pedro es reveladora: «¿Puede alguien negar el agua del bautismo a estas personas que han recibido el Espíritu Santo *como nosotros*?» (Hch 10,47, con énfasis añadido). En otras palabras, Pedro compara la experiencia de Cornelio y toda su casa con la experiencia de la comunidad apostólica el día de Pentecostés. Esta comparación se repite de forma aún más explícita cuando Pedro defiende en Jerusalén su visita a Cornelio y el bautismo de todos los de la casa de este centurión gentil:

> 15 Y cuando comencé a hablar, el Espíritu Santo descendió sobre ellos como lo había hecho sobre nosotros al principio. 16 Y me acordé de la palabra del Señor, de cómo había dicho: «Juan bautizó con agua, pero vosotros seréis bautizados con el Espíritu Santo». 17 Si Dios les concedió el mismo don que nos dio a nosotros cuando creímos en el Señor Jesucristo, entonces ¿quién era yo para estorbar a Dios? (Hch 11,15-17)

Aquí Pedro se refiere al pasado día de Pentecostés, pero también a las palabras de Juan el Bautista. Se establece así en el texto un vínculo del episodio de Cornelio con la recepción del Espíritu en Pentecostés y la figura de Juan el Bautista (y, por tanto, también con la aparición del ángel que anuncia la concepción y nacimiento de Juan en Lucas 1). Establecido este vínculo, está justificado que veamos la serie oración/sacrificio/Espíritu como un paradigma anticipado en el relato lucano de la infancia y puesto en escena y desarrollado en la historia colectiva de los discípulos de Jesús.

Llegados a este punto, podemos apreciar la importancia de establecer el momento del *tamid* en Lucas 1. Si Lucas presenta la ofrenda de incienso de Zacarías como un elemento del *tamid* de la mañana, entonces este episodio prefigura directamente la narración de Pentecostés, que también tiene lugar en el momento del *tamid* matutino. Por el contrario, hay un contraste entre estos dos acontecimientos y el episodio de Cornelio, que ocurre durante el *tamid* de la tarde. Esta pauta refleja una característica de los relatos que ya hemos comentado: la acción divina que sigue a la oración/sacrificio es directa e inmediata en el tiempo, en los casos de Zacarías y la comunidad apostólica; mientras que es indirecta (es decir, mediada por un hombre) y retardada temporalmente, en el caso de Cornelio. Esto parece expresar la opinión de Lucas sobre la distinción entre judío y gentil, que perfila y da forma a la historia de la salvación: Dios actúa primero y de manera directa con el Israel fiel, y luego actúa a través de estos judíos para llevar «luz» a los gentiles. Para el autor del relato de la infancia y Hechos, las dos ofrendas diarias del *tamid* se corresponden con la renovación de Israel realizada en Pentecostés (es decir, en el amanecer de la era mesiánica) y con el llamamiento a los gentiles a través del Israel renovado (es decir, en la tarde de la era mesiánica).

Al mismo tiempo, el autor no espiritualiza tanto el significado de estas costumbres judías ordenadas por la Torá, como para despojarlas de su valor institucional perdurable. Después de recibir el Espíritu en Pentecostés, la comunidad apostólica mantuvo un modelo de vida cotidiana en el que «pasaban mucho tiempo juntos en el templo» (*proskarterountes homothymadon en tō hierō*, Hch 2,46), palabras que recuerdan la descripción de su vida de oración en la habitación superior antes de Pentecostés (*proskarterountes homothymadon tē proseuchē*, Hch 1,14). Se reúnen para orar en el templo, y lo hacen no solo por una cuestión de conveniencia práctica (es decir, porque el templo fuera el único sitio que podía albergar a un grupo tan numeroso), sino por una cuestión de devoción religiosa. Además, no oran solos por su cuenta, sino también como parte de todo el pueblo de Israel. Todo esto se hace evidente en el siguiente incidente que cuenta Lucas: «Un día Pedro y Juan subían al templo a la hora de la oración, a las tres de la tarde» (Hch 3,1). Pedro y Juan suben al monte del Templo a la hora del *tamid* de la tarde, para unir su oración a las ofrendas y oraciones de todo Israel. Esto sugiere que no era solo el templo como lugar, sino también su modelo de culto (conformado por la Torá) lo que atraía a la comunidad apostólica y ordenaba su forma de vida. Las costumbres tradicionales del culto judío se llenan ahora de un nuevo poder y son «suplementadas» en su significación, pero no son anuladas ni sublimadas (es decir, completadas de significado, pero descartadas como prácticas concretas).

Encontramos otra probable alusión a la costumbre de orar en el momento del *tamid* dos veces al día en una frase que se encuentra en el relato de la infancia y en Hechos. El Evangelio presenta a la profetisa Ana, de ochenta y cuatro años de edad, describiéndola como una persona que «nunca salía del templo, sino que adoraba allí con ayuno y oración noche y día [*latreuousa nykta kai hēmeran*]» (Lc 2,37). Se encuentra casi el mismo lenguaje en la defensa de Pablo ante el rey Agripa: «Y ahora estoy aquí en juicio por mi esperanza en la promesa hecha por Dios a nuestros antepasados, una promesa que nuestras doce tribus esperan alcanzar, por la que fervientemente adoran día y noche [*nykta kai hēmeran latreuon*]» (Hch 26,6-7). Pablo caracteriza aquí a los hombres y mujeres justos y devotos de Israel en todo el mundo como adheridos a la misma costumbre ejemplificada por Ana: orar dos veces al día en el momento de la ofrenda del *tamid*. Además, indica que el contenido y el objeto de esta oración es el mismo que se encuentra en las oraciones de Daniel, Zacarías y Ana: rezan por el cumplimiento de la «promesa hecha a nuestros antepasados», es decir, «la redención de Jerusalén» (Lc 2,38).

En este contexto, cabe señalar que el judaísmo rabínico posterior al año 70 decidió que la práctica de ofrecer una oración de súplica ya establecida (es decir, las dieciocho bendiciones, o *shemoneh esreh*) dos veces al día —a la hora del *tamid* de la mañana y de la tarde/noche— debía considerarse más como un mandamiento que como una costumbre encomiable.[32] Según lo ha transmitido la tradición judía, esa oración se centra en «la redención de Jerusalén». De este modo, el pueblo judío cumple lo mejor que puede en la época actual los mandamientos de la Torá que prescriben los deberes de culto diarios de Israel (Ex 29,38-42; Nm 28,1-8). Escribiendo en la época en que el movimiento rabínico (bajo el liderazgo de la dinastía Gamaliel) tomaba tales decisiones, el autor del relato de la infancia y de Hechos expone un fundamento teológico para una práctica similar de la Torá entre los discípulos de Jesús.

Una vez más, encontramos los caracteres relacionados con la Torá de Lucas 1-2 de nuevo en escena y volviendo a representar su papel en capítulos posteriores de la narración lucana. Es difícil negar que estos que aquí encontramos son textos correlacionados intencionadamente.[33]

---

32. Véase Kinzer, *Searching Her Own Mystery*, 128-137.

33. Para una exposición más amplia acerca del *tamid* en Lucas, Hechos y la literatura judía del Segundo Templo, v. Kinzer, «Sacrifice, Prayer, and the Holy Spirit: La ofrenda diaria del tamid en Lucas-Hechos».

La familia de Jesús y la *ekklēsia* de Jerusalén

De los seis personajes principales que rodean al joven Jesús en el relato de la infancia de Lucas, cuatro de ellos son miembros de su familia. Elisabet, esposa de Zacarías y madre de Juan el Bautista, es «pariente» (*syngenis*) de María (Lc 1,36), y María vive con sus parientes de Judea durante los tres últimos meses del embarazo de Elisabet (Lc 1,56; véase 1,36). Solo Lucas nos informa de que el propio Juan el Bautista forma parte de la extensa familia de Jesús, y solo lo sabemos a través del relato de la infancia.

Como hemos visto, Lucas presenta a Zacarías, Elisabet, José y María (junto con Simeón y Ana) como «justos» y «devotos» «según la Torá». En particular, el autor presenta a José y a María obedeciendo mandamientos específicos de la Torá relacionados con la pureza ritual, la circuncisión y la redención del primogénito (Lc 2,21-24). De los dos, María ocupa en escena un lugar central como modelo de obediencia a la Torá por su respuesta fiel al mensaje del ángel Gabriel. Después de que se le dijera que sería la madre del Mesías, María respondió: «Heme aquí, la sierva [*doulē*] del Señor; hágase en mí según tu palabra [*genoito moi kata to rēma sou*]» (Lc 1,38). A diferencia de Zacarías, que, aunque era «justo ante Dios» (Lc 1,6), dudó del mensaje de Gabriel, María adopta una actitud de «sierva» y se pone humildemente a disposición de Dios. De este modo, da muestras del tipo de devoción [*eulabēs*] a Dios que está basada en la fidelidad, sincera e incondicional, a la Torá.

A medida que se desarrolla el relato de la infancia, Lucas vuelve a llamar la atención sobre la respuesta de María a la palabra divina que se le dijo por medio de Gabriel. Cuando María visita a su pariente de Judea, Elisabet, esta proclama: «Y bendita [*makaria*] es la que creyó [*pisteusasa*] que se cumpliría lo que le había hablado el Señor» (Lc 1,45). María es declarada «bendita» (es decir, divinamente favorecida y feliz) porque respondió a la palabra de Dios como sierva fiel de Dios, es decir, con confiada fidelidad (*pistis*). A continuación, María alaba a Dios, «porque ha mirado con favor la pequeñez de su sierva [*doulē*]. De seguro, a partir de ahora todas las generaciones me llamarán bienaventurada [*makariousin*]» (Lc 1,48). Estas palabras aluden tanto a la visita del ángel [esto es, a María como *doulē*] como a la inspirada bendición pronunciada por Elisabet [*makariousin*] posteriormente. Más adelante en la narración, unos ángeles se aparecen a unos pastores en las afueras de Belén, estos luego encuentran a María, José y el recién nacido Jesús, y cuentan lo que habían oído de los mensajeros celestiales acerca del niño. Lucas nos dice que «María atesoraba [*synetērei*] todas estas palabras [*ta rēmata*] y las meditaba en su corazón» (Lc 2,19). Así como María se tomó en serio la palabra (*to rēma*) de Gabriel (Lc 1,38) y se ofreció como sierva para realizarla, de la misma forma recibió y «guardó» (*syn-tēreo*) en su corazón las «palabras» (*ta rēmata*) de esta otra aparición angelical, como confirmación de lo que había oído originalmente.³⁴ De este modo, María demuestra la inclinación a la palabra de Dios que caracteriza al Israel fiel a la Torá.

Hasta aquí el relato de la infancia y su descripción de la familia de Jesús. Para ver cómo este tema se repite más adelante en Lucas y Hechos, comencemos con un breve diálogo entre Jesús y una mujer, que solo se encuentra en Lucas: «Mientras él decía esto, una mujer entre la multitud alzó la voz y le dijo: "¡Bendito [*makaria*] el vientre que te llevó y los pechos que te amamantaron!". Pero él dijo: "¡Benditos [*makarioi*], más bien, son aquellos que escuchan la palabra de Dios y la obedecen [*hoi akouontes ton logon tou Theou kai phylassontes*]!"» (Lc 11,27-28). Esta mujer elogia al maestro y hacedor de maravillas de Nazaret, reconociendo el favor divino mostrado a la mujer que lo dio a luz y lo hizo crecer. A primera vista, parece que Jesús la corrige dando todo el honor a la respuesta obediente a la palabra divina *en lugar de* a la transmisión física de la vida («vientre», «pechos») —como diciendo, en efecto, «No honres a mi madre, sino a los que obedecen la ley de Dios»—. Sin embargo, la *corrección* resulta ser solo un desplazamiento de la razón por la que honrar a María, ya que el versículo 28 alude a la narración de la infancia y a la *bendición* de la sierva-niña que recibió la palabra divina con humildad y fe, y con ello demostró que era digna de ser la madre del Mesías.³⁵ En otras palabras, Jesús está de acuerdo con «la mujer de entre la multitud» en que su madre debe ser vista y honrada como «bendita», pero quiere que el foco se centre menos en la vida corporal que recibió de ella y más en su escucha fiel de la palabra divina, que la hizo digna de conferir esa vida. Aquí María se convierte en la discípula paradigmática, que escucha y cumple la palabra viva de la Torá.

La preocupación de Lucas por presentar a María como una discípula ejemplar se hace evidente en otra historia, que también aparece en Marcos, y en la que se manifiesta la diferente perspectiva de Lucas al comparar las dos versiones de la historia. Tras el relato de la elección de los doce por Jesús (Mc 3,13-19a), y antes de un conflicto entre Jesús y ciertos escribas que le acusan de actuar con poder demoníaco (Mc 3,22-30), Marcos señala brevemente los temores de la familia de Jesús: «Entonces se fue a casa; y la multitud se reunió de nuevo, de modo que ni siquiera podían comer. Al enterarse su familia, salieron a contenerlo, porque la gente decía: "Ha perdido el juicio"» (Mc 3,19b-21). En la narración de Marcos, la familia de Jesús no comprende lo que está haciendo. Puede que no estén de acuerdo con lo que dice la gente, pero

---

34. En Lucas 2,51, María reacciona de la misma forma ante las palabras de su hijo de doce años: «Su madre atesoraba [*di-ēterei*] todas estas cosas [*ta rēmata*; lit., "palabras"] en su corazón».

35. La palabra griega traducida aquí por la NRSV como «obedecer», *phylasso*, aparece a menudo en LXX Proverbios (v. Pr 2,11; 13,3; 16,17; 19,16) en paralela sinonimia con la palabra *tēreo* («guardar»), que Lucas 2,19 emplea en forma compuesta (*syn-tēreo*) para hablar del «atesoramiento» por parte de María de las palabras que había escuchado de los pastores. La propia palabra griega compuesta aparece en Eclesiástico 4,20 como sinónimo de *phylasso*. En otras partes de LXX Eclesiástico, *syn-tēreo* aparece frecuentemente con referencia a la obediencia a los mandamientos o a la enseñanza de Dios (v. Eci 15,15; 35,1; 37,12; 44,20).

quieren que él deje de alimentar el cotilleo de las multitudes. Después de contar el conflicto con los escribas, Marcos vuelve al tema de la familia de Jesús.

> 31 Entonces vinieron su madre y sus hermanos, y estando fuera, le mandaron llamar. 32 Había mucha gente sentada a su alrededor, y le dijeron: «Tu madre, y tus hermanos y hermanas, están fuera, preguntando por ti». 33 Y él respondió: «¿Quiénes son mi madre y mis hermanos?» 34 Y mirando a los que estaban sentados a su alrededor, dijo: «¡Aquí están mi madre y mis hermanos! 35 El que hace la voluntad de Dios es mi hermano, y mi hermana, y mi madre». (Mc 3,31-35)

Marcos ya ha informado a sus lectores de las preocupaciones de la familia de Jesús, y por eso, cuando nos enteramos de que están fuera y quieren hablar con él, suponemos que su propósito es «contenerlo» (Mc 3,21). Jesús responde señalando a sus discípulos («los que estaban sentados a su alrededor») y declarando que ellos son su verdadera familia, pues ellos están haciendo «la voluntad de Dios» (en contraste, aparentemente, con su familia carnal).

La versión de Lucas de esta historia (Lc 8,19-21) difiere de la de Marcos en cinco aspectos significativos. En primer lugar, Lucas suprime los versículos introductorios, que describen los temores de la familia de Jesús y su deseo de «contenerlo». Así, cuando nos enteramos por Lucas de que la madre y los hermanos de Jesús lo buscan, no tenemos razones para sospechar sus motivos. En segundo lugar, aquí Jesús no hace la pregunta «¿Quiénes son mi madre y mis hermanos?». La pregunta en sí misma implica un desafío a la afirmación de su «madre y hermanos» de ser sus verdaderos parientes, y Lucas considera equivocado ese desafío. En tercer lugar, Lucas no introduce la proclamación de Jesús sobre su verdadera familia indicando que lo dijo solo en referencia a «los que estaban sentados a su alrededor» (Mc 3,34). La intención de Lucas es *incluir*, en vez de *excluir*, a los familiares que están fuera de la casa. En cuarto lugar, mientras que Marcos describe a los verdaderos familiares de Jesús como «los que hacen la voluntad de Dios» (Mc 3,35), Lucas los caracteriza como «los que oyen la palabra de Dios y la cumplen (*hoi ton logon tou Theou akouontes kai poiountes*)» (Lc 8,21). Esta frase es casi idéntica a la que aparece en la respuesta de Jesús a la mujer que llama *bendita* a su madre (Lc 11,28: «los que oyen la palabra de Dios y la cumplen [*hoi akouontes ton logon tou Theou kai phylassontes*]»). El propósito de la frase aquí es también casi idéntico al del texto posterior. En quinto y último lugar, los lectores de Lucas se encuentran con esta descripción de la verdadera familia de Jesús en un contexto literario establecido por el relato lucano de la infancia, en el que todos los parientes carnales de Jesús son «justos y devotos», y en el que María, en particular, es el ejemplo, por excelencia, de respuesta a la palabra divina como sierva humilde y fiel (Lc 1,38). El resultado de la redacción que hace Lucas de esta historia es *expandir* el significado de la familia [N. del T.: en las palabras] de Jesús para *incluir* a sus discípulos (en lugar de *excluir* a la familia carnal), y también destacar implícitamente a su madre como modelo a seguir por todos sus discípulos.[36]

La gran consideración de Lucas hacia la madre (y los hermanos) de Jesús también aparece en su versión del fracaso del pueblo natal de Jesús al no recibir su mensaje. En Marcos, los vecinos de Jesús muestran su desprecio por él diciendo: «¿No es éste el carpintero, el hijo de María y hermano de Santiago y de José y de Judas y de Simón, y no están aquí sus hermanas con nosotros?» (Mc 6,3). A pesar de ser palabras de personajes que carecen de credibilidad, Lucas prefiere evitar la más mínima insinuación de que la conexión de Jesús con sus parientes carnales pudiera restar autoridad a sus credenciales mesiánicas. Así, en la versión de Lucas, la gente de Nazaret dice: «¿No es éste el hijo de José?» (Lc 4,22). Como saben los lectores del relato de la infancia (véase también Lc 3,23), Jesús no es, de hecho, hijo de José. Por lo tanto, la única conexión familiar que mencionan estos vecinos es una que los lectores de Lucas saben que es de alcance limitado. Se equivocan al suponer que Jesús es descendencia carnal de José, y se equivocan igualmente en su valoración del lugar de Jesús en el plan divino.

Dado el tratamiento que Lucas da a la familia de Jesús en el relato de la infancia y en el conjunto del Evangelio, los lectores no se sorprenden cuando conocen en Hechos la composición de la comunidad apostólica en Jerusalén después de la ascensión de Jesús, pero antes de Pentecostés: «Todos ellos [es decir, los once apóstoles] se dedicaban constantemente a la oración, junto con algunas mujeres, entre ellas *María, la madre de Jesús, así como sus hermanos*» (Hch 1,14). Si Marcos hubiera escrito una historia de la primitiva comunidad de seguidores de Jesús en la que hubiera aparecido esta afirmación, los lectores estarían desconcertados por la ausencia de una explicación de cómo «la madre de Jesús» y «sus hermanos» habían cambiado de rumbo y llegado a creer en él. Los lectores de Lucas, sin embargo, no perciben tal laguna, pues la familia de Jesús ha sido tratada con honor a lo largo de la narración. Su presencia con los apóstoles en el aposento alto parece tan apropiada como la asociación de María y José con los pastores de Belén y los profetas del templo.[37]

De mayor importancia es que el relato lucano de la infancia y los posteriores episodios evangélicos que se refieren a los miembros de la familia de Jesús anticipan

---

36. Joseph Fitzmyer saca las mismas conclusiones de estos textos: «Lucas ha eliminado toda crítica a la familia de Jesús y escoge a María, su madre, como la oyente ideal de la Palabra de Dios» (*Lucas el Teólogo*, 76).

37. Otra figura que los primeros lectores de Lucas pueden haber reconocido como miembro de la familia de Jesús aparece en el relato de Lucas sobre la resurrección. Cleofás es uno de los dos discípulos que se encuentran con Jesús en el camino de Emaús (Lc 24,18). Richard Bauckham sugiere que este es el hombre al que se hace referencia como «Clopás» en Juan 19,25. Con respecto a este hombre, Bauckham escribe: «Hay [...] poco margen de duda de que es el Clopás al que se refiere Hegesipo como hermano de José y, por tanto, tío de Jesús, y padre de Simeón o Simón, que sucedió a Santiago el hermano del Señor en la dirección de la iglesia de Jerusalén (Hegesipo en Eusebio, *HE* III,11; III,32,6; IV,22,4)» (Bauckham, *Jude and the Relatives of Jesus in the Early Church*, 16). Así, este detalle, aparentemente intrascendente en el relato lucano de la cristofanía de Emaús, puede conectar a la familia de Jesús con las apariciones del Señor resucitado.

la aparición de una figura crucial en Hechos de los Apóstoles, cuyo papel sería inexplicable de otro modo: Santiago, el hermano del Señor. Cuando Pedro se ve obligado a huir de Jerusalén, trata a Santiago como el líder de la comunidad (Hch 12,17). Cuando el Concilio de Jerusalén se reúne para determinar qué mandamientos de la Torá se requerirá cumplir a los gentiles que han creído en Jesús, Santiago tiene la última palabra (Hch 15,13-21). Cuando Pablo llega a Jerusalén en medio de rumores de que está enseñando contra la fidelidad a la Torá entre los judíos de la diáspora, Santiago le ordena que participe en un acto público de piedad conforme a la Torá, como prueba de que los rumores son falsos (Hch 21,18-25).[38] Al explicar a Pablo la necesidad de esta acción, Santiago describe a los miembros de la *ekklēsia* de Jerusalén como «todos celosos de la ley», es decir, de la Torá (Hch 21,20b). Los más celosos de la fidelidad a la Torá podían honrar a Santiago como su líder porque él mismo era considerado un modelo preeminente de ese celo.[39] En este sentido, Santiago continúa la tradición familiar que Lucas retrata tan vívidamente en su relato de la infancia.

La descripción de la *ekklēsia* de Jerusalén que ofrece Santiago —«todos son celosos de la Torá» (Hch 21,20b)— no tiene ningún sentido crítico. Anteriormente, Lucas había contado la controversia surgida en Jerusalén con «algunos creyentes [en Jesús] que pertenecían a la secta de los fariseos» y que, con respecto a los gentiles creyentes en Jesús, sostenían: «Es necesario que se circunciden y se les ordene guardar la ley de Moisés» (Hch 15,5). Aunque Santiago dictamina en contra de la opinión de estos, su juicio está basado en la propia Torá (véase más adelante), y no hay ninguna prueba, en el resto del libro de los Hechos, que sugiera que estos discípulos fariseos de Jesús rechazaran el decreto dictado con su autoridad. Así pues, en Hechos 21, no es que Santiago esté culpando a los miembros de su comunidad, cuyo «celo» considera excesivo; no es que pretenda corregir su visión de la Torá. En vez de eso, lo que Santiago intenta es desmentir un rumor que circula entre ellos acerca de cómo entiende Pablo la fidelidad a la Torá por parte de los discípulos *judíos* de Jesús. La acción que Santiago pide emprender a Pablo tiene el propósito de demostrar que el propio Pablo «guarda [*phylassōn*] la Torá» (Hch 21,24b). Santiago da por sentado que Pablo también es «celoso de la Torá» en su forma de vida, y que los rumores en su contra son falsos.

De hecho, la afirmación «todos son celosos de la Torá» capta bien el retrato que hace Lucas de la familia de Jesús (y de todos los fieles a la Torá de Jerusalén que están a su alrededor), tanto en el relato de la infancia, como en los dos escritos completos de los que ese relato es introducción. Así como María, José, Zacarías, Elisabet, Simeón y Ana son todos «justos» y «devotos» según la Torá, así también lo son los doce, María y Santiago, y toda la *ekklēsia* de Jerusalén. Al igual que estos seis judíos piadosos (y el adolescente Jesús) muestran una reverencia especial por el templo y por los ritos ordenados por la Torá que se realizan en medio de él, también la *ekklēsia* de Jerusalén

---

38. No debemos pasar por alto el tono autoritario del «consejo» que Santiago da a Pablo: «Haz, pues, lo que te decimos» (Hch 21,23a).

39. Para la descripción de Santiago en Hegesipo, v. el capítulo 1, 23-24.

en Hechos hace lo mismo, tanto bajo el liderazgo de los doce (Hch 2,46; 3,1; 5,12; 5,19-21; 5,42; 6,7), como bajo el de Santiago (21,23-24.26). Tal como el relato de la infancia, así también el resto de los dos escritos: las imágenes de la Torá y el Israel fiel a la Torá, tan prominentes en el relato de la infancia, siguen estando en el centro de toda la historia que Lucas narra.

El relato de la infancia y el Pablo de Lucas

En el relato lucano de la primera comunidad de seguidores de Jesús, Santiago y la *ekklēsia* de Jerusalén funcionan como herederos naturales de la devoción a la Torá descrita al principio, en el relato de la infancia. Santiago es un miembro de aquella familia que ocupaba el centro de la escena en los capítulos iniciales de Lucas; y la ciudad santa proporciona el escenario geográfico, tanto para el paradigma inicial, como para su posterior expresión eclesial. Aunque la figura de Santiago y la ciudad de Jerusalén anclan la narrativa eclesial de Lucas, el protagonista destacado de la historia no es Santiago, líder de una comunidad de discípulos judíos de Jesús, sino Pablo, luz de las naciones. Por eso, es significativo que el retrato que hace Lucas de Pablo se ajuste al patrón establecido en el relato de la infancia, tanto como lo hace su propio retrato de Santiago.

Tres prácticas en particular, que enriquecen la atmósfera de observancia de la Torá en el relato de la infancia, se repiten en la narración de Lucas de la historia de Pablo. De forma notoria, cada una de ellas desempeña un papel más importante en la segunda narración que en la primera. En el relato de la infancia, estas prácticas no hacen más que añadirse a la abundancia de imágenes de la Torá; en la historia de Pablo, sin embargo, cada una es fundamental para la trama, y las tres confluyen en uno de sus momentos culminantes. Esto sugiere que Lucas ha compuesto el relato de la infancia de manera que arroje tanta luz sobre la misión de Pablo como la de Santiago; puede incluso sugerir que Lucas pinta su retrato de Santiago para aclarar los objetivos de Pablo.

La primera práctica de la Torá que se menciona en ambos contextos narrativos es el viaje a Jerusalén para una de las tres fiestas de peregrinación. En los primeros capítulos, Lucas habla de la costumbre de José y María de viajar cada año a Jerusalén para la fiesta de la Pascua (Lc 2,41), y luego cuenta un incidente ocurrido en una de esas ocasiones (Lc 2,42-51). A medida que se desarrolla el Evangelio de Lucas, el viaje de Jesús a Jerusalén con sus discípulos para celebrar la Pascua se convierte en el andamiaje en torno al cual Lucas organiza su relato principal (véase Lc 9,51). De la misma forma que Lucas pone al principio de su Evangelio un incidente relacionado con la familia de Jesús y la peregrinación de la Pascua, así también coloca al principio de su historia eclesial un acontecimiento fundacional, que tiene lugar durante la fiesta de peregrinación de Pentecostés (Hch 2,1-5), en que la familia de Jesús también está presente (Hch 1,14). Y, de la misma forma que el viaje de Jesús a Jerusalén para la

Pascua establece la tensión narrativa que alcanzará su clímax en su arresto, juicio y ejecución, igualmente el viaje de Pablo a Jerusalén para Pentecostés funciona de modo similar en Hechos (Hch 20,3-6.13-16.25.36-38; 21,4.10-15). Cuando llega a Jerusalén para la fiesta, inmediatamente Pablo se reúne con Santiago (uno de los «hermanos de Jesús» de Hch 1,14), y este encuentro plantea la cuestión que dominará los últimos ocho capítulos del libro, es decir, la cuestión de cómo ve y entiende Pablo el judaísmo y el pueblo judío. Así, la fiesta de peregrinación de Lucas 2 (con el viaje por la Pascua de José, María y Jesús) se convierte en el modelo en el que se basan las tres historias siguientes (el viaje de Jesús a Jerusalén por Pascua, que culmina con su arresto, juicio, ejecución y resurrección; la observancia de Pentecostés con la experiencia de Hechos 2; y el viaje de Pablo a Jerusalén por Pentecostés, en el que aparece junto a Santiago —miembro también de la familia de Jesús— y que culmina con el arresto, juicio y cautiverio de Pablo en Roma). Es decir: cuatro historias en dos secuencias de dos relatos cada una; ambas secuencias suceden durante distintas fiestas de peregrinación —la Pascua en Lucas y Pentecostés en Hechos—; y en cada secuencia la historia final introduce el drama al que el libro ha conducido.[40]

La segunda práctica de la Torá que se menciona en el relato de la infancia, y que vuelve a salir de forma trascendental en la historia de Pablo, es la costumbre del voto nazareo. Cuando el ángel Gabriel se le aparece a Zacarías en el templo, le da una promesa y dos mandatos: la mujer de Zacarías dará a luz un hijo (Lc 1,13a, la promesa), y Zacarías debe ponerle el nombre de Juan (Lc 1,13b, la primera orden); este hijo será «grande a los ojos del Señor» y estará lleno del Espíritu Santo desde el vientre (Lc 1,15a y 15c, la promesa continúa), y «no debe beber nunca vino ni bebida fuerte» (Lc 1,15b, la segunda orden). La prohibición del «vino y bebida fuerte» era un componente central del voto nazareo (Nm 6,3). Estos votos eran normalmente de duración temporal, pero en circunstancias inusuales algunos individuos se convertían en nazareos de por vida (Jc 13,3-7; véase también Jr 35,1-10).[41] El voto de nazareo imponía a un individuo obligaciones similares a las que constreñían al sumo sacerdote, e impartía a la persona un estatus de santidad, lo cual era apropiado para Juan como alguien lleno del Espíritu Santo desde antes de nacer.

---

40. N. T. Wright minimiza la importancia del enfoque de Pablo con respecto al sábado y a las fiestas judías según Hechos, y piensa que la referencia a Pentecostés puede tener más que ver con las condiciones meteorológicas y de viaje que con la devoción de Pablo a la Torá: «Hechos indica que el propio Pablo estaba al tanto de las fiestas judías, incluidos los días de descanso regulares, pero no está claro si estos se han convertido simplemente en marcadores dentro del año y el cambio de sus estaciones. Es posible que Pablo simplemente quisiera llegar a Jerusalén antes de Pentecostés porque quería hacer una gira rápida y salir hacia Roma, mientras la navegación por el Mediterráneo todavía era segura; en cuyo caso fue decepcionado» (N. T. Wright, *Paul and the Faithfulness of God*, 364). Si Wright hubiera considerado estas referencias en el contexto literario más amplio de Lucas-Hechos y no como incidentes aislados en la vida de Pablo, habría reconocido que, en efecto, está bastante «claro» que el sábado y las fiestas en esta narración funcionan como prácticas básicas de la Torá y no simplemente como «marcadores dentro del año y el cambio de sus estaciones».

41. Acerca de Juan como nazareo de por vida, v. Fitzmyer, *Luke I-IX*, 318-319, 325-326.

Jerusalén crucificada, Jerusalén resucitada

La condición de Juan, como nazareo para toda su vida, prepara al lector para el voto de nazareo temporal que Pablo realiza justo antes de viajar a Jerusalén al final de su segundo viaje misionero (Hch 18,18-23).[42] Igual que en el relato de la infancia, Lucas no utiliza el término «nazareo», pero el lector informado entiende por los detalles del texto que se trata de esta práctica de la Torá. En Lucas 1, el hecho relevante es la prohibición del vino y la bebida fuerte; en Hechos 18, los detalles clave son el «voto» y el corte del cabello de Pablo (v. 18; véase Nm 6,1.5.18). La referencia de Lucas aquí al voto de nazareo de Pablo parece, a primera vista, acorde con la narración y sin mayor importancia. Describe a Pablo como un judío devoto que opta por expresar su fe en formas extraídas de la Torá, pero esto no parece desempeñar ningún otro papel en la narración.

Esta impresión inicial se viene abajo una vez que Pablo llega a Jerusalén para Pentecostés, tras su tercer viaje misionero, y se reúne con Santiago y los ancianos de Jerusalén. En ese momento, Santiago explica el problema que hay que abordar: en la *ekklēsia* de Jerusalén circulan rumores de que Pablo ha estado enseñando «a todos los judíos que viven entre los gentiles a abandonar a Moisés» (Hch 21,21). Santiago sabe que esto es falso, como lo sabe el lector entendido, que acaba de leer sobre el voto nazareo de Pablo y sus esfuerzos por llegar a Jerusalén para Pentecostés.[43] Pero, ¿cómo puede Pablo mostrarlo a los miembros de la *ekklēsia* de Jerusalén, que son «todos celosos de la Torá»? Santiago tiene la solución: «Haz lo que te decimos. Tenemos cuatro hombres que están bajo un voto. Únete a estos hombres, pasa por el rito de purificación con ellos, y paga por el afeitado de sus cabezas. Así sabrán todos que no hay nada de lo que se les ha dicho acerca de ti, sino que tú mismo observas y guardas la ley» (Hch 21,23-24). La solución es que Pablo participe en las ceremonias de conclusión del nazareato de cuatro miembros de la *ekklēsia* de Jerusalén que están completando sus propios votos. Ahora vemos la importancia de que Lucas mencionara antes el voto de Pablo. Un lector que haya oído acerca de esos mismos rumores sobre Pablo que circulaban en aquella época en Jerusalén (virtualmente *todos* los que hayan leído alguna vez Hechos de los Apóstoles) podría pensar que Pablo solo podría cumplir la orden de Santiago dejando claro que rechazaba su propósito declarado de demostrar que es un judío observante de la Torá (en otras palabras, Pablo podría actuar de acuerdo con la dirección de Santiago, pero por razones de conveniencia, más que de principios). Sin embargo, habiendo leído que Pablo había hecho antes un voto de nazareo, en un contexto que no implicaba otro motivo que la devoción a Dios, estamos preparados para creer que participaría sinceramente en los votos de estos

---

42. Véase Fitzmyer, *The Acts of the Apostles*, 633-634.
43. «Dado que Pablo llega a Jerusalén como peregrino para celebrar Pentecostés (v. 20,16), su fácil acomodación a un ritual de purificación no se debe a la política eclesiástica, sino a su concordancia con sus prácticas religiosas como judío devoto» (Wall, *Acts of the Apostles*, 291).

cuatro compañeros judíos, discípulos de Jesús, para dar a conocer a los demás lo que era la simple verdad: es decir, que él también era un judío «celoso de la Torá».[44]

Estas dos primeras prácticas de la Torá —la fiesta de peregrinación y el voto nazareo— confluyen cuando Pablo llega a Jerusalén en Pentecostés tras su tercera expedición misionera y, como veremos, la tercera de las prácticas de la Torá que están en cuestión adquiere importancia en esa misma ocasión: se trata de la circuncisión. El primer capítulo del relato de la infancia de Lucas alcanza su clímax en la circuncisión de Juan (Lc 1,59-79). El segundo capítulo del relato de la infancia se centra en los acontecimientos que tienen lugar en Belén, inmediatamente después del nacimiento de Jesús (Lc 2,1-20), y en Jerusalén varias semanas después, cuando la familia cumple con sus obligaciones de la Torá en el templo (Lc 2,22-39). Después de la revelación dada a los pastores cerca de Belén y antes de los pronunciamientos proféticos de Simeón y de Ana en el templo, en mitad del capítulo de la historia de Jesús niño, Lucas cuenta brevemente la circuncisión del Mesías: «Pasados ocho días, era el momento de circuncidar al niño; y se le llamó Jesús, el nombre dado por el ángel antes de ser concebido en el vientre» (Lc 2,22). No hay visiones celestiales, ni cantos de alabanza en éxtasis, ni profecías agoreras, ni siquiera mención de los que asisten al alegre acontecimiento: el niño es circuncidado (como exigía la Torá) y se le pone el nombre (como ordenó el ángel), y nada más.

La circuncisión vuelve a ser objeto de atención en Hechos, pero ahora es algo más que el trasfondo de grandes acontecimientos externos al rito en sí. Aquí el asunto de la circuncisión se convierte en un importante punto de conflicto, representando, metonímicamente, todo el marco de la observancia judía de la Torá, y dando forma al drama que rodea a la figura de Pablo. Tras el primer viaje misionero de Pablo y Bernabé, a quienes la *ekklēsia* de Antioquía había encargado esta labor (Hch 13,1-3), el autor prepara el escenario para el Concilio de Jerusalén de la siguiente manera:

> 1 Entonces algunos individuos bajaron de Judea [a Antioquía] y enseñaban a los hermanos [gentiles]: «*Si no os circuncidáis según la costumbre de Moisés, no podéis salvaros*». 2 Y después de que Pablo y Bernabé tuvieran no pocas disensiones y debates con ellos, Pablo y Bernabé y algunos de los otros fueron designados para subir a Jerusalén a discutir esta cuestión con los apóstoles y

---

44. N. T. Wright describe la elección que Santiago le planteó a Pablo como una situación sin otra salida, en la que Pablo se vio obligado a elegir la opción menos mala: «"¡Haz esto y sabremos que eres leal a la Torah; no lo hagas y todos creerán que estás en contra de las Escrituras!" Teniendo que hacer frente a esa envenenada y peligrosa segunda alternativa, Pablo elegiría sin dudarlo la primera, pues todo en lo que él creía lo predicaba habiendo asumido que la ley y los profetas se consumaron en el Mesías» (*Paul and the Faithfulness of God*, 1441n113). Esto tiene sentido si uno interpreta las cartas paulinas como lo hace Wright, y luego lee Hechos 21 a la luz de esa interpretación y no a la luz de la narrativa más amplia de Lucas y Hechos. En cambio, si empezamos con Lucas y Hechos y tratamos de entender Hechos 21 en ese contexto, es casi imposible sostener esa lectura. Como señala Robert Wall, «Desde Hechos 16,3 [es decir, la circuncisión de Timoteo] en adelante, el lector de Hechos sabe muy bien que estos informes desfavorables son una patraña [...] Pablo es un judío ejemplar [...] cuidadoso en salvaguardar los valores judíos» (*Hechos de los Apóstoles*, 293).

los ancianos [...] 4 Cuando llegaron a Jerusalén, fueron acogidos por la iglesia y los apóstoles y los ancianos, e informaron de todo lo que Dios había hecho con ellos. 5 Pero algunos creyentes que pertenecían a la secta de los fariseos se levantaron y dijeron: «*Es necesario que se circunciden y se les ordene guardar la ley de Moisés*». (Hch 15,1-2.4-5, énfasis añadido)

El tema en cuestión tiene que ver con toda la Torá y su aplicación a los gentiles que se convierten en discípulos de Jesús. El mandamiento particular de la circuncisión simboliza y resume la cuestión general, ya que estos miembros fariseos de la *ekklēsia* consideran la circuncisión como la puerta de entrada para que los gentiles se unan al pueblo judío. De este modo, estos prosélitos también quedarían sujetos a la Torá en su conjunto. Después de que la cuestión haya sido debatida por los apóstoles y los ancianos, Pedro cuenta su experiencia con Cornelio (Hch 15,6-11), y Santiago emite su decreto que implícitamente rechaza el argumento propuesto por los discípulos fariseos de Jesús respecto a la circuncisión. Lo hace indicando el conjunto limitado de mandamientos de la Torá que incumben a los miembros gentiles de la *ekklēsia* (Hch 15,13-21). En lo que respecta a Hechos de los Apóstoles, la cuestión ha quedado resuelta de una vez por todas.

Pero surge otra pregunta, tanto a los primeros lectores de Hechos como a los de generaciones posteriores: ¿qué pasa con los discípulos judíos de Jesús? ¿Siguen estando obligados a circuncidar a sus hijos y a guardar la Torá? Como ha señalado Michael Wyschogrod, la narración en Hechos 15 da a entender que esta no es una cuestión que los «apóstoles y ancianos» hubieran considerado digna de consideración. ¡*Por supuesto* que los discípulos judíos de Jesús deben circuncidar a sus hijos! Si ese no fuera un deber solemne para todos los judíos, ¿qué sentido tendría discutir si es también un deber para los gentiles?[45] Esta debe ser la opinión de Pedro y Santiago tal y como se describe en Hechos 15, pero ¿qué pasa con Pablo? Los lectores de Hechos han oído hablar de Pablo, e incluso pueden haber leído sus cartas. Es razonable que se pregunten si Pablo discrepó calladamente de Pedro y Santiago en este asunto. Por tanto, es de enorme importancia que el siguiente capítulo de Hechos comience con la circuncisión de Timoteo, hijo de una mujer judía y de un hombre gentil, hecha por Pablo (Hch 16,1-3), y con la transmisión conjunta por parte de Pablo y Timoteo de las resoluciones emitidas por el Concilio de Jerusalén (Hch 16,4).

¿Por qué circuncida Pablo a Timoteo? El autor nos dice que fue «a causa de los judíos que estaban en aquellos lugares, pues todos sabían que su padre era griego» (Hch 16,3). Si Pablo asume el principio de la descendencia matrilineal y considera a Timoteo inequívocamente judío, y si él cree que todos los judíos deberían estar circuncidados, ¿por qué el narrador menciona siquiera los problemas prácticos en las relaciones de Pablo con la comunidad judía, planteados por viajar con un judío

---

45. Wyschogrod, *Abraham's Promise*, 209.

no circuncidado?⁴⁶ Shaye Cohen argumenta que el principio matrilineal todavía no era comúnmente aceptado entre los judíos del siglo I, y por lo tanto el autor considera a Timoteo un gentil.⁴⁷ Pero entonces la circuncisión de Timoteo por Pablo crea un problema de coherencia narrativa, porque las decisiones con la autoridad de los «apóstoles y ancianos» que Pablo y Timoteo están transmitiendo incluyen la disposición de que los gentiles no deben (o, al menos, no necesitan) ser circuncidados. Isaac Oliver ha formulado una tercera postura en respuesta a esta cuestión, y su lectura de Hechos 16,1-4 es muy recomendable. Según Oliver, el estatus de Timoteo, como hijo de un matrimonio mixto, era ambiguo: no era claramente judío (ya que el principio matrilineal no tenía todavía una posición de consenso en todo el mundo judío), ni claramente gentil (ya que al menos algunos judíos probablemente sostenían que una ascendencia matrilineal era suficiente para establecer su estatus judío). Esta ambigüedad causaba problemas a Pablo al reclutar a Timoteo como acompañante para el viaje y compañero para transmitir el decreto apostólico.

> La principal decisión que se había tomado en Jerusalén, según Lucas, era que los gentiles no necesitaban circuncidarse, sino solo observar los mandamientos del Decreto Apostólico. Por supuesto, a ojos de Lucas, esta decisión presupone que los seguidores judíos de Jesús siguen observando la Torá *en su totalidad*, incluida la circuncisión. Un seguidor no circuncidado de Jesús, cuya madre era judía y su padre griego, podría no considerarse el candidato más adecuado para proclamar el Decreto Apostólico. Al contrario, esos ambiguos antecedentes de Timoteo podrían originar más cuestiones *halájicas* y dolores de cabeza: como judío no circuncidado (para los que le hubieran considerado como tal), ¿necesitaba la circuncisión, o no?, ¿podría su condición de no circuncidado implicar que los seguidores judíos de Jesús no tenían que circuncidar a sus hijos, precisamente el rumor que en la época de Lucas se corría sobre las enseñanzas de Pablo (Hch 21,21)? La circuncisión de Timoteo resuelve esta ambigüedad y, al mismo tiempo, permite a Lucas refutar las acusaciones dirigidas contra Pablo sobre su supuesta abrogación de la observancia de la Torá por los judíos. Si el Pablo de Lucas está dispuesto incluso a circuncidar a un *semigentil*, con mayor motivo estaría a favor de la circuncisión de los judíos. La circuncisión de Timoteo proporciona a Pablo

---

46. Aceptando estas premisas, David Rudolph da una respuesta original a esta cuestión: «El contexto literario sugiere que la afirmación explicativa de Lucas ("a causa de los judíos que estaban en aquellos lugares") no significa que el acto de la circuncisión fuera un recurso de conveniencia, sino que el momento de la circuncisión era conveniente [...] Pablo pensaba que el momento óptimo para que Timoteo se circuncidara (para confirmar su identidad de pacto como judío) era antes de visitar su región de origen» (Rudolph, *A Jew to the Jews*, 27). Pero si Pablo consideraba a Timoteo como judío, y si sostenía que todos los judíos debían circuncidarse, ¿por qué se plantea en primer lugar la cuestión del momento? Timoteo debía ser circuncidado inmediatamente para cumplir el mandamiento, y no es necesario dar más razones.

47. Cohen, The Beginnings of Jewishness, 363-377.

una defensa amortiguadora que lo protege de las acusaciones que afirman lo contrario, esto es, que se oponía a los judíos que defendían la Torá.[48]

Así, Oliver sostiene que el autor incluye este incidente de la circuncisión de Timoteo para preparar al lector para la reunión de Pablo con Santiago y los ancianos de Jerusalén. En esa reunión, Santiago informa a Pablo de los rumores que circulan sobre él en la *ekklēsia* de Jerusalén: «Se ha dicho de ti que enseñas a todos los judíos que viven entre los gentiles a abandonar a Moisés, y que *les dices que no circunciden a sus hijos* ni observen las costumbres» (Hch 21,21, énfasis añadido). Para probar que este rumor es falso, Pablo se somete a la indicación de Santiago de participar públicamente en los ritos del templo que celebran el cumplimiento del voto temporal de varios nazareos de la *ekklēsia* de Jerusalén. Así como, antes en la narración, el propio voto nazareo de Pablo demuestra su conformidad con el plan de Santiago y refleja, en vez de encubrir, su idea real de la práctica de la Torá, así también la circuncisión de Timoteo por parte de Pablo demuestra que los rumores sobre él son falsos. Además, el hecho de que ambas prácticas de la Torá (el voto de nazareo y la circuncisión) se anticipen en el relato de la infancia sugiere que las cuestiones que aparecen en Hechos 21 son centrales, y no periféricas, a las preocupaciones del autor en la composición del relato de la infancia y de Hechos de los Apóstoles.[49]

Los discursos de Pablo en los restantes capítulos de Hechos de los Apóstoles respaldan esta visión del propósito de Lucas. Al defenderse de los cargos que han presentado contra él los líderes sacerdotales de Jerusalén —cargos que en efecto reiteran los rumores contados por Santiago— Pablo afirma una y otra vez su fidelidad a la Torá y al pueblo judío.

> Pablo dijo en su defensa: «De ninguna manera he cometido un delito contra la ley [es decir, la Torá] de los judíos, ni contra el templo, ni contra el emperador». (Hch 25,8)

> 4 Todos los judíos conocen mi forma de vida desde mi juventud, una vida transcurrida desde el principio entre mi propia gente y en Jerusalén. 5 Saben desde hace mucho tiempo, si están dispuestos a testificar, que he pertenecido

---

48. Oliver, *Torah Praxis After 70 CE*, 433. Oliver se basa aquí en el trabajo de Matthew Thiessen, que también considera ambigua la condición de judío de Timoteo. Thiessen propone además que el autor de Hechos rechaza la validez de todas las circuncisiones realizadas más allá del octavo día desde el nacimiento, por lo que considera que la circuncisión de Timoteo es problemática incluso si se acepta su condición de judío por motivos genealógicos. Thiessen sostiene que esto es lo que explica la aparente ambivalencia del narrador al relatar el acontecimiento. Véase Thiessen, *Contesting Conversion*, 120-122.

49. En un importante artículo de 1973, titulado «The Circumcised Messiah», Jacob Jervell argumentó de forma convincente la importancia del tema de la circuncisión en el relato de la infancia, y su función literaria de preparación para la circuncisión de Timoteo por parte de Pablo en el libro de los Hechos y para los sinceros esfuerzos de Pablo por refutar las falsas acusaciones mencionadas por Santiago en Hechos 21,21. El artículo se incluyó posteriormente en la colección de ensayos de Jervell, *The Unknown Paul*, 138-145.

a la secta más estricta de nuestra religión y que he vivido como un fariseo. (Hch 26,4-5)

Hermanos, soy fariseo, hijo de fariseos.(Hch 23,6)

Hermanos, aunque no había hecho nada contra nuestro pueblo ni contra las costumbres de nuestros antepasados, fui arrestado en Jerusalén y entregado a los romanos. (Hch 28,17)

Robert Tannehill subraya la conexión entre, por un lado los rumores citados por Santiago en Hechos 21,21 y las acusaciones a las que se enfrenta Pablo en los capítulos posteriores de Hechos, y por otro la forma en que la defensa de Pablo contra estas acusaciones pone de relieve el tratamiento lucano del «problema del judaísmo»:

> La importancia de la acusación contra Pablo [en Hechos 21,21] queda destacada cuando miramos más adelante en la narración. Ciertamente, la iglesia de Jerusalén desaparecerá de la narración después de esta escena, y la acusación de 21,21 puede parecer que desaparece con ella. En realidad, la acusación es absorbida en una acusación mayor que mantiene su importancia en todo el resto de Hechos. Esta acusación procede de los judíos y afirma que Pablo enseña «contra el pueblo y la ley y este lugar (el templo)» (21,28), es decir, que Pablo y su misión son antijudíos. La referencia al templo es reflejo del escenario donde se produce la escena, el templo. *Las referencias al pueblo y a la ley son paralelas a la acusación de 21,21, pues la circuncisión es la marca distintiva de los judíos como pueblo especial de Dios. Abandonarla y abandonar las costumbres mosaicas significa la disolución de los judíos como pueblo separado y único.* La acusación de que Pablo induce a los cristianos judíos a abandonar su forma de vida judía puede desaparecer porque es un aspecto de una cuestión mayor: la actitud de Pablo hacia el judaísmo en general. Esta cuestión mayor no desaparece. Una y otra vez, en los capítulos siguientes, Pablo tratará de convencer a sus oyentes de que es un judío leal y de que su misión no es un movimiento antijudío. Seguirá argumentando su caso en 28,17-20, después de llegar a Roma. La importancia de esta cuestión en Hechos 21-28 es una señal notoria de la importancia que el problema del judaísmo tiene a todo lo largo de Lucas-Hechos [...].[50]

Como tema más destacado de los últimos ocho capítulos de Hechos, la cuestión de la actitud de Pablo hacia el judaísmo es algo que obviamente preocupa al autor. Los rumores que cita Santiago y que más tarde afloran con formas nuevas en boca de los antagonistas sacerdotales de Pablo, probablemente también circulaban entre los posibles lectores del libro. El propósito de defender a Pablo de estas acusaciones da forma a la narración de manera significativa.

---

50. Tannehill, *The Narrative Unity of Luke-Acts*, 2,269-270 (énfasis añadido). Véase también Weatherly, *Jewish Responsibility for the Death of Jesus*, 156-157.

Las tres prácticas de la Torá llevadas a cabo por Pablo que son clave —su viaje a Jerusalén para la fiesta de Pentecostés, su voto de nazareo y la circuncisión de Timoteo— nos dirigen al acto en el templo que Pablo emprende según las directrices de Santiago, y que conduce, en última instancia, a su arresto. Además, el propósito de Pablo al emprender entonces ese acto en el templo define los términos en los que se defiende de sus detractores: él siempre ha sido, y lo sigue siendo ahora, un judío fiel, que observa la Torá y vive con lealtad a su pueblo. Estas tres prácticas de la Torá repiten enfáticamente elementos del relato de la infancia de Lucas que en su ubicación al principio parecían secundarios a los principales acontecimientos que se describían. La peregrinación anual de la familia de Jesús a Jerusalén, la condición de nazareo de Juan el Bautista y las circuncisiones de Juan y Jesús aumentan el peso simbólico de un texto ya cargado de motivos judíos tradicionales, pero no llaman la atención del lector de forma inmediata como algo intrínsecamente importante. Sin embargo, a la luz de la narración paulina que concluye los dos volúmenes de Lucas, los lectores son capaces de darse cuenta, por primera vez, de la importancia de estas tres prácticas particulares mencionadas en la narración de la infancia, y de reconocer, igualmente, cómo la rica imaginería de la Torá de los dos primeros capítulos de Lucas se aplica a la era mesiánica inaugurada por Jesús.

En conclusión, hemos visto que el énfasis en la observancia de la Torá en el relato lucano de la infancia no es una evocación nostálgica del pasado honroso, aunque ya superado, de Israel, sino que establece un paradigma para la enseñanza y la práctica de Jesús y sus discípulos en el futuro inminente. Además, este material no es marginal entre las preocupaciones del autor, sino que desempeña un papel destacado en el desarrollo de la narración. El aprecio que siente el autor por el carácter distintivo del modo de vida judío es testimonio de la importancia, crucial y perdurable, que el pueblo judío tiene en la visión teológica de Lucas.

Textos que presuntamente restan autoridad a la Torá

¿Crítica implícita?

Como se señaló al principio de este capítulo, los comentaristas han asumido tradicionalmente que Lucas y Hechos consideran que la Torá es inaplicable en la nueva era inaugurada por Jesús. Los textos clave a los que se ha recurrido para confirmar esta suposición han sido Hechos 10 (el sueño de Pedro) y Hechos 15 (el decreto del Concilio de Jerusalén). Examinaré estas dos narraciones en las páginas siguientes, pero primero veamos los pasajes que suelen interpretarse como «críticas implícitas» a la Torá.

Ilustrativos de esos pasajes son los textos lucanos antes comentados en los que Jesús *suplementa* la Torá con su llamada al discipulado o con la intensificación de las exigencias de la Torá (por ejemplo, en relación con el divorcio). En su breve libro sobre Lucas y la Torá, S. G. Wilson examina la historia del joven gobernante rico (Lc 18,18-23) y afirma que «en este incidente se expresa una actitud ambivalente hacia la ley».[51] ¿Cuál es la ambivalencia que descubre Wilson? «Por un lado, se citan con aprobación los mandamientos de la ley, como una guía para los que desean heredar la vida eterna; por otro, sin embargo, se da a entender claramente que la ley ha sido suplementada por la enseñanza de Jesús».[52] Pero, ¿debería describirse esto realmente como *ambivalencia*? Como hemos visto, Fitzmyer tiene plenamente en cuenta esta suplementación, pero la considera totalmente compatible con una afirmación incondicional de la Torá: «[Jesús en Lucas] considera la ley y los profetas como normativos, y su predicación del reino es *suplementaria* a ellos».[53] Isaac Oliver adopta la misma perspectiva: «Lo que Israel necesita, a los ojos de Lucas, es un *suplemento* de la Torá (¡no algo que la suplante!) para ayudarle a cumplir su vocación y su destino».[54]

Wilson también argumenta que el Jesús de Lucas hace una «crítica implícita del sábado» al aprobar que se arranque el grano en el día santo y afirmar que «el Hijo del Hombre es el señor del sábado» (Lc 6,1-5).[55] «Como señor del sábado se sitúa por encima de la ley y reclama implícitamente el derecho a definirlo».[56] Jesús reclama, en efecto, tal derecho, pero su autoridad en relación con la Torá no tiene por qué suponer una «crítica implícita» de su carácter normativo o de su valor perdurable. Este hecho queda demostrado por un elemento de la narración que Wilson señala pero interpreta erróneamente:

> En esta conexión es importante observar que la acusación de ilegalidad en 6,2 —«¿Por qué hacen lo que es ilegal [*ouk exestin*] en sábado?»— no se niega, ni se discute. De hecho, el ejemplo de David lo confirma haciendo eco de la acusación, porque él come «lo que no es lícito [*ouk exestin*] comer, salvo para los sacerdotes solamente». La repetición de *ouk exestin* y el hecho de que sea precisamente el elemento de ilegalidad lo que une los dos incidentes, confirman que no se pretende evadir la acusación de ilegalidad, al menos en los términos en que los oponentes de Jesús lo plantean. Cualesquiera que sean las otras ramificaciones que pueda tener la afirmación de que Jesús es el señor del sábado, una queda clara: puede utilizarse para justificar un rechazo de la práctica vigente acerca del sábado.[57]

Wilson subraya con razón la importancia de la repetición de *ouk exestin* y el paralelismo que se establece entre el ejemplo de David y las acciones de sus discípulos. Sin embargo, la conclusión de Wilson no está justificada por sus premisas. Como

51. Wilson, *Luke and the Law*, 28.
52. Wilson, *Luke and the Law*, 28.
53. Fitzmyer, *Luke the Theologian*, 182.
54. Oliver, *Torah Praxis*, 447.
55. Wilson, *Luke and the Law*, 34.
56. Wilson, *Luke and the Law*, 33.
57. Wilson, *Luke and the Law*, 33-34.

indican esas premisas, Jesús reconoce que es generalmente inapropiado arrancar grano en sábado. Lejos de constituir «un rechazo de la práctica vigente acerca del sábado», tal reconocimiento *afirma* esa práctica como normativa. Jesús declara su autoridad cristológica para hacer excepciones a la práctica normativa, tal como lo hizo David en el incidente que Jesús cita como analogía en apoyo de su autoridad (como Hijo prometido de David). Pero aquí la excepción realmente confirma la regla, pues Jesús trata explícitamente su propio acto y el de David como excepciones y no como nuevas normas. El hecho de que los discípulos de Jesús arrancaran grano no suponía un «rechazo de la práctica vigente acerca del sábado», como tampoco el hecho de que David comiera el pan de la presencia supuso un «rechazo» de la práctica del *templo* vigente en su tiempo.[58]

Aunque no restan fundamento explícitamente a ninguno de los mandamientos, dos pasajes de Hechos han sido tratados a menudo por los estudiosos como expresión de una actitud de menosprecio de la Torá. El primero proviene del sermón de Pablo en una sinagoga en Hechos 13: «Sabed, pues, hermanos míos, que por medio de este hombre se os anuncia el perdón de los pecados; por medio de este Jesús todo el que cree queda libre [*dikaioutai*, "justificado"] de todos los pecados de los que no pudisteis ser liberados [*dikaiōthēnai*, "justificado"] por la ley de Moisés» (Hch 13,38-39). A menudo se ha interpretado que esto significa que «la ley de Moisés» *no* proporcionaba ni perdón ni justificación (dos conceptos aquí equiparados), y que, por tanto, la venida de Jesús define una era de gracia en la que la Torá ya no configura la vida cotidiana de Israel. Sin embargo, las palabras mismas no dicen esto, y la visión lucana percibida en otros lugares apunta a una lectura más sutil. William Loader rechaza con razón una polaridad tan estricta: «No dice que antes del evangelio no hubiera perdón, como ha enseñado el cristianismo popular. Más bien habla de *más* perdón del que antes era posible»[59]. Joseph Fitzmyer reconoce aquí otro ejemplo del tema de la suplementación mesiánica de Lucas: «el evangelio que Pablo predica se entiende una vez más como un *suplemento* a la ley [...] De ello no se deduce que la ley haya sido eliminada o que ya no tenga un papel que desempeñar en la devoción judía o judeocristiana».[60]

---

58. También hay que tener en cuenta que el incidente relatado en Lucas 6,1-5 está atestiguado en Marcos y Mateo, y no refleja una perspectiva diferente en Lucas. En el presente capítulo, me he centrado en el material que es exclusivo de Lucas o en la redacción distintiva lucana de material compartido. En el caso de Lucas 6,1-5, la versión lucana (al igual que la de Mateo) suprime la afirmación de Jesús en Marcos: «El sábado fue hecho para el hombre, y no el hombre para el sábado» (Mc 2,27). Es probable que Lucas (al igual que Mateo) suprima este dicho porque piensa que podría interpretarse erróneamente, como dando pie a ignorar las normas habituales del sábado. Es normal que Wilson rechace esta explicación de la supresión [N. del T.: la de Mc 2,27 en Mateo y Lucas] porque, tal como él entiende a Lucas, «apenas coincide con las implicaciones radicales de la narración lucana tal como está» (Wilson, *Luke and the Law*, 34). Sin embargo, Wilson no ha logrado demostrar que tales «implicaciones radicales» existan.

59. Loader, *Jesus' Attitude towards the Law*, 371-372 (énfasis añadido).

60. Fitzmyer, *Luke the Theologian*, 187. También deberíamos admitir la posibilidad de que el «perdón de los pecados» y la «justificación» en este texto tengan un significado corporativo y profético, y —en consonancia con el tratamiento del tema por parte de N. T. Wright— hablen principalmente

El segundo pasaje que a menudo se ha considerado menospreciativo de la Torá proviene del discurso de Pedro ante el Concilio de Jerusalén, en el que argumenta en contra de exigir la circuncisión y la observancia de toda la Torá a los gentiles creyentes en Jesús:

> 8 Dios, que conoce el corazón humano, mostró que los aceptaba [es decir, a Cornelio y los de su casa, todos gentiles] dándoles el Espíritu Santo, lo mismo que a nosotros [es decir, a los judíos que recibieron el Espíritu en Pentecostés]. 9 Sin hacer distinción alguna entre nosotros y ellos, purificó sus corazones por la fe. 10 Entonces, ¿por qué tratáis ahora de provocar a Dios poniendo sobre el cuello de esos discípulos un yugo que ni nosotros ni nuestros antepasados hemos podido soportar? 11 ¡No puede ser! Más bien, como ellos, creemos que somos salvados por la gracia de nuestro Señor Jesús. (NVI Hch 15,8-11)

La purificación del corazón que estos gentiles recibieron cuando Dios les dio el Espíritu Santo es la misma que recibieron los discípulos judíos de Jesús en Pentecostés; y es también idéntica a la que Ezequiel profetizó como esencial para la restauración nacional de Israel (Ez 36,25-27). La alusión aquí a Ezequiel es significativa, pues proporciona una clave para interpretar el significado del «yugo que ni nosotros ni nuestros antepasados hemos podido llevar» (v. 10b). No se trata ni de un ataque al carácter de la Torá como una pesada carga, ni de una afirmación de que todos los judíos como individuos han fallado en el cumplimiento adecuado de sus mandamientos. El propio Lucas contradice esta segunda afirmación en su relato de la infancia, cuando describe a Zacarías y Elisabet como «justos ante Dios, viviendo irreprochablemente según todos los mandamientos y ordenanzas del Señor» (Lc 1,6). Y en cuanto a lo primero, tampoco parece compatible con la actitud de aquellos «miles» de discípulos de Jesús en Jerusalén, «celosos de la Torá» (Hch 21,20); ellos parecían haber abrazado esta supuesta «carga insoportable» con entusiasmo.

La alusión a Ezequiel 36 sugiere que Pedro se refiere aquí al fracaso *colectivo* de Israel en el pasado (es decir, las generaciones de «nuestros antepasados») y en el presente («ni nosotros», es decir, el pueblo judío de nuestra propia generación) para guardar adecuadamente la Torá, *un fracaso colectivo que condujo al exilio del que habla el profeta*. Haciendo frente a esa situación, Dios ha actuado a través del Mesías para derramar el Espíritu Santo; no para liberar a los hijos e hijas de Israel de la carga de la Torá, sino a fin de darles poder para «seguir mis estatutos y cuidarse de observar mis ordenanzas» (Ez 36,27). Al dar el mismo Espíritu a los gentiles creyentes en Jesús, Dios ha mostrado que hay un lugar para ellos dentro de un Israel ampliado, *como gentiles* que guardan esos «estatutos» y «ordenanzas» de la Torá apropiados para ellos. Así, las

---

de la restauración nacional de Israel más que de la salvación de los individuos. Dado que Pablo se dirige a una audiencia de compatriotas judíos en la sinagoga, y dado que los sermones de Pedro a las audiencias judías en Jerusalén tienen el mismo sentido corporativo y profético (por ejemplo, Hechos 3,19-21), esta lectura de Hechos 13,38-39 debería tenerse seriamente en cuenta. Véase Wright, *Jesus and the Victory of God*, 268-274.

palabras de Pedro no son una crítica de la Torá, sino una crítica a Israel, al pasado y al presente, por su respuesta colectiva a la Torá. Como afirma Loader, «es dudoso que Lucas entienda "difícil de soportar" de forma negativa, es decir, como "gravoso". Las exigencias de la Ley deben ser sobrellevadas; Lucas hace que Pedro reconozca acerca de los judíos: no las hemos guardado bien».[61]

Después de negarse a que se exija a los gentiles creyentes en Jesús circuncidarse (es decir, convertirse en judíos) y guardar todas las disposiciones de la Torá que incumben a los judíos, Pedro hace una afirmación que proporciona el fundamento de esta negación: «como ellos, creemos que somos salvados por la gracia de nuestro Señor Jesús» (NVI Hch 15,11). ¿Qué quiere decir el autor cuando habla de «ser salvados»? En los escritos de Lucas, «salvación» (*sōtēria*) y su verbo relacionado (*sōzō*) se refieren a la experiencia proléptica ahora, en este mundo, de la liberación, la curación, la restauración y la renovación que constituyen la bendición escatológica de Israel.[62] El «yugo» que Israel no pudo sobrellevar fue la responsabilidad colectiva de cumplir la Torá *como condición para* recibir esa bendición. Este es el «yugo» que los discípulos judíos de Jesús, celosos de la Torá, intentan imponer a los nuevos discípulos gentiles cuando insisten en que «si no os circuncidáis según la costumbre de Moisés, *no podéis salvaros*» (Hch 15,1). Por tanto, «salvarse» no se refiere aquí a un estatus jurídico especial que da derecho a los individuos a ir al cielo después de la muerte; significa, en cambio, participar *ahora* en la vida escatológica del pueblo de Israel, que recibe la muestra anticipada de su herencia prometida. Pedro rechaza las exigencias de estos líderes contenciosos porque ve una lógica diferente manifiesta en su experiencia con Cornelio (Hch 10) y en el texto profético (Ez 36) por medio del cual interpreta ese acontecimiento. El don del Espíritu confiere el poder salvador de Dios. Ese poder salvador abre el acceso a la bendición escatológica prometida a Israel, purificando el corazón e inspirando la obediencia a los mandamientos, *tanto para los judíos como para los gentiles* (aunque de manera diferenciada). Esta gracia de la salvación se manifiesta en el don del Espíritu Santo como resultado de la obra de Jesús y la respuesta a él con fe.[63]

61. Loader, *Jesus' Attitude towards the Law*, 373. Isaac Oliver comparte esta perspectiva sobre Hechos 15,10, y compara el versículo con otros textos judíos que se escribieron en la misma época: «La referencia de Pedro en Lucas a la Ley como un yugo no es negativa. Culpa a Israel por no cumplir la Ley, no las supuestas y abrumadoras estipulaciones contenidas en la Torá mosaica […] Lucas se une a los autores de *2 Baruc* y *4 Esdras* y a otros pensadores judíos de su tiempo al reconocer que la historia confirma el fracaso colectivo de Israel en el cumplimiento de la Ley de Dios» (Oliver, *Torah Praxis After 70 CE*, 446-447).

62. Para Lucas, la palabra «salvación» no se refiere a una vida futura en el «cielo» para las almas incorpóreas individuales, sino a la restauración completa de Israel y del mundo prevista por Ezequiel, Isaías, Jeremías y las escrituras judías en su conjunto. Lucas suele emplear el término en tiempo pasado o presente en lugar de futuro, pues cree que la bendición escatológica de Israel ya está disponible en forma de semilla en la *ekklēsia* por el don del Espíritu. Véase Fitzmyer, *Luke I-IX*, 222-223.

63. Cabría preguntarse si esta enseñanza de Hechos sobre la obediencia a la Torá como condición para la salvación entra en conflicto con el énfasis del Evangelio de Lucas en la observancia de los mandamientos como camino hacia la «vida». Aunque existe una cierta tensión entre estas dos

Por lo tanto, Hechos 15,10-11 debe leerse en el contexto en el que aparece. No es una crítica de la Torá, sino de la obediencia de Israel a ella; es también una crítica a los judíos que no perciben el estado de necesidad espiritual colectivo de Israel y que, consecuentemente, malinterpretan la relación entre la Torá y el don divino de la bendición escatológica. En consonancia con Ezequiel 36, Lucas ve la vida colectiva de Israel en obediencia plena a la Torá como parte y consecuencia de esa bendición, y no como una condición para su realización.[64] También concibe la obediencia a la Torá como diferenciada en su expresión para judíos y gentiles (que siguen siendo gentiles, aunque estén unidos a Israel).

Estos dos pasajes de Hechos de los Apóstoles, en los que Pablo y Pedro reconocen los límites de la Torá, no plantean ningún desafío a la tesis propuesta en este capítulo. En estos textos, el autor presenta la Torá como subordinada a Jesús y a su obra salvadora, pero sigue defendiendo su autoridad y su papel como pilar de la vida nacional de Israel.

El sueño de Pedro

Habiendo demostrado el enfoque claramente positivo hacia la Torá desplegado en la narrativa general de Lucas y Hechos, y habiendo descartado las afirmaciones sobre su supuesta «crítica implícita», estamos ahora preparados para abordar los dos textos cuya crítica de la Torá es supuestamente explícita.

El primero de ellos se refiere a la visión de Pedro en Hechos 10,9-16 y lo que posteriormente ocurre en la casa de Cornelio (Hch 10,17-48). En su visión,

---

perspectivas, no son incompatibles una vez que se aclaran los conceptos implicados. En primer lugar, el término «vida» en el Evangelio de Lucas se refiere a la recompensa otorgada a los justos en el mundo venidero, y en contexto la cuestión siempre se refiere al destino final de los individuos particulares. En cambio, el término «salvación» en ambos escritos lucanos se refiere a una plenitud restaurada que se experimenta principalmente (o al menos inicialmente) en el mundo presente, y esta plenitud incluye la incorporación a una comunidad en la que reside ahora el poder salvador de Dios. En segundo lugar, cuando la pregunta es «¿qué debo hacer para heredar la vida eterna?» (Lc 10,25; 18,18), la respuesta de Jesús remite al que pregunta a los principios más elementales de la Torá (es decir, el amor a Dios; el amor al prójimo; los Diez Mandamientos) que se aplican por igual a judíos y a gentiles. Cuando la pregunta se refiere a la «salvación», como en Hechos 15, el énfasis recae en la respuesta directa que los interlocutores dan a la persona y la obra de Jesús, y en la insuficiencia de la obediencia integral a la Torá de Israel (que abarca todo el espectro de mandamientos morales y rituales) si no va unida a esa respuesta al Mesías.

64. Como se indicó en la nota anterior y en el capítulo anterior, el autor concibe la «salvación» de Israel como dependiente de su respuesta colectiva a la persona y obra de Jesús. Dado que Jesús es presentado en Hechos como el *profeta-como-Moisés* (Dt 18,15-19) al que la propia Torá manda obedecer (Hch 3,22-23; 7,37), debemos tener cuidado de no exagerar el contraste en estos escritos entre la obediencia a la Torá y la fe en Jesús. En cierto sentido, pues, el autor sí ve la obediencia a la Torá (es decir, la fe en Jesús) como una condición para recibir la «salvación». Él designa este elemento de la obediencia a la Torá como fundamental para que Israel pueda cumplir fielmente todo lo demás. Sin embargo, ese elemento es común a la obediencia a la Torá exigida tanto a judíos como a gentiles. Una vez cumplido este mandamiento de la Torá que se aplica a ambos, los judíos y los gentiles son llamados y equipados para una vida diferenciada de observancia de la Torá.

Pedro contempla una multitud de animales, limpios e impuros según la Torá, y se le dice «Levántate, Pedro; mata y come» (v. 13). F. F. Bruce representa la tradición más antigua de comentarios cuando sugiere que esta visión puede haber recordado a Pedro las palabras de Jesús sobre los alimentos impuros (Mc 7,14-19a): «Esto [es decir, la enseñanza de Jesús registrada en Marcos 7] era en efecto una abrogación de las leyes ceremoniales sobre la comida y muchas otras del mismo carácter, pero no fue hasta mucho más tarde, como resultado de su experiencia en la azotea de Jope, cuando Pedro lo entendió».[65]

Desde que F. F. Bruce escribió estas palabras, el consenso interpretativo que él expresaba se ha deshecho. Si bien aún no lo ha reemplazado un nuevo consenso, la trayectoria de la erudición lucana parece ir en la dirección de una lectura positiva de la Torá en Hechos 10. Isaac Oliver representa esa trayectoria en su forma más reciente y contundente. En su libro de 2013, dedica un capítulo entero al incidente de Cornelio, y ofrece un argumento convincente contra la opinión de que Hechos 10 implica la abrogación de las leyes dietéticas de la Torá.[66] Resumiré los argumentos de Oliver en ocho puntos.[67]

1. La narración destaca la negativa de Pedro a obedecer la directiva celestial «Levántate, Pedro, mata y come», que se le repite tres veces. Pese a tener hambre (v. 10), cada una de las veces Pedro responde con firmeza: «De ninguna manera, Señor, porque nunca he comido nada profano [*koinon*] ni impuro [*akatharton*]» (v. 14). La respuesta de Pedro contrasta con el cumplimiento inmediato por Cornelio de la orden que había recibido en una visión (vv. 1-8). Por lo demás, las dos narraciones son simétricas, y de ahí que lo que destaque sea la diferencia entre las respuestas de Cornelio y de Pedro.[68]

2. A continuación de la triple escena de la visión, la orden y el rechazo, Lucas nos dice que «Pedro estaba muy desconcertado sin saber qué hacer con la visión que había tenido» (v. 17). La perplejidad de Pedro sugiere que él supone que la visión tiene un significado simbólico implícito. No podía significar literalmente «come

---

65. Bruce, *The Book of Acts*, 206. De paso, cabe destacar que el antiguo consenso de los estudiosos del Nuevo Testamento sobre el propio Marcos 7 y la «abrogación de las leyes alimentarias ceremoniales» de ese capítulo ya no se sostiene. Muchos estudios del siglo xxi sostienen convincentemente que el alcance de la crítica de Jesús en ese capítulo es mucho más limitado, y la posición que se defiende mucho menos radical. Para ejemplos de estas investigaciones recientes, v. Kister, «Law, Morality and Rhetoric in Some Sayings of Jesus»; Rudolph, «Jesus and the Food Laws»; Crossley, *The Date of Mark's Gospel*, 183-205; Kinzer, *Postmissionary Messianic Judaism*, 52-58; Furstenberg, «Defilement Penetrating the Body»; y Boyarin, *The Jewish Gospels*, 102-128.

66. Oliver, *Torah Praxis After 70 CE*, 320-364.

67. Esta lista de ocho puntos es un intento por mi parte de extraer los elementos clave de la argumentación de Oliver, que no está ordenada de esta manera. Su tratamiento de Hechos 10 es rico en su marco analítico, en los detalles exegéticos, en el uso de la literatura del segundo templo y en el compromiso con las fuentes secundarias; y el resumen que aquí se ofrece no hace justicia a la convincente fortaleza de sus argumentos.

68. Oliver, *Torah Praxis After 70 CE*, 323-324; 340-341.

alimentos impuros», pues la Torá prohíbe a los judíos actuar de esa manera. Así que el mandato celestial, y su explicación en el versículo 15 («Lo que Dios ha hecho limpio [*ekatharisen*], no debes llamarlo profano [*koinou*]»), debe tener un significado simbólico. Esto encaja bien con el género profético y apocalíptico, en el que las visiones (a menudo con animales) transmiten su mensaje con imágenes vívidas que provocan el desconcierto inicial del vidente y que requieren una interpretación inspirada.[69]

3. Mientras Pedro está dando vueltas en la cabeza a la visión, llegan los mensajeros enviados por Cornelio (v. 17). El Espíritu entonces le habla a Pedro y le dice que «vaya con ellos sin dudarlo» (v. 20). Si antes Pedro se había negado a cumplir la orden dada en la visión, ahora obedece la voz del Espíritu sin queja alguna. La respuesta de Pedro a la guía del Espíritu completa ahora la simetría de las dos visiones, en las que ambos hombres reciben una directriz práctica y ambos actúan según se les indica. La relación entre la orden de la visión de Pedro («Levántate, Pedro, mata y come») y la orden del Espíritu de ir a la casa de un gentil la expresa luego explícitamente Pedro en sus primeras palabras a los reunidos con Cornelio: «Vosotros mismos sabéis que es ilícito [*athemiton*] que un judío visite o se junte con [*kollasthai*] un gentil; pero Dios me ha mostrado que no debo llamar a nadie profano [*koinon*] o impuro [*akatharton*]. Por eso, cuando se me mandó llamar, acudí sin poner objeción» (vv. 28-29). Pedro interpreta aquí que los animales de su visión simbolizan varios grupos de seres humanos: los animales limpios representan a los judíos y los impuros a los gentiles. La orden de «comer» se refería al tipo de interacción social ejemplificada por «comer *con*».[70]

4. Oliver señala que el verbo del versículo 28 traducido como «asociarse con» (*kollasthai*) se refiere a una «asociación e interacción prolongada e íntima» más que a un «contacto superficial y formal»[71]. La cuestión no es si Pedro se puede sentar a la mesa con Cornelio en una ocasión aislada, sino si puede entablar una relación en la que la camaradería en la mesa se convierta en un rasgo de vida normal. Una vez más, vemos que la controversia no tiene nada que ver con la comida *kosher* y no *kosher*, sino que se refiere a las relaciones comunitarias.

5. Cuando Pedro regresa a Jerusalén, recibe críticas por sus acciones en Cesarea. Sus críticos le preguntan: «¿Por qué fuiste a casa de hombres incircuncisos y comiste con ellos?» (Hch 11,3). No lo acusan de violar las leyes dietéticas de la Torá, que sería una acusación mucho más grave. No se centran en *lo que* Pedro comió, sino en *aquellos con quienes* comió.[72]

6. Lucas cuenta el incidente Pedro-Cornelio tres veces (Hch 10,9-48; 11,4-17; 15,7-9). Hay un paralelismo con los tres informes que se dan de la visión de Pablo en el camino de Damasco (Hch 9; 22,6-21; 26,9-20), y con ello se destaca la importancia

---

69. Oliver, *Torah Praxis After 70 CE*, 324; 341-344.
70. Oliver, *Torah Praxis After 70 CE*, 344-345.
71. Oliver, *Torah Praxis After 70 CE*, 358.
72. Oliver, *Torah Praxis After 70 CE*, 362.

del acontecimiento. En ninguno de estos relatos hay la más mínima indicación de que las leyes alimentarias de la Torá hayan sido abolidas o modificadas.[73]

7. Lucas subraya que Cornelio era un gentil justo que amaba al pueblo judío y había adoptado diversas prácticas judías. Un lector informado daría por supuesto que Cornelio está familiarizado con las leyes dietéticas de la Torá y es capaz de valorar la importancia de que un judío entre en su casa. De acuerdo con los principios más elementales de la hospitalidad, Cornelio nunca serviría a Pedro alimentos que requirieran de este su transgresión de los mandamientos de la Torá.[74]

8. La voz celestial que responde a la negativa de Pedro a comer (Hch 10,15) y la interpretación de la visión que Pedro hace más tarde (Hch 10,28; 11,12; 15,8-9), desafían la forma en la que la comunidad de Pedro ha estado «haciendo una distinción» (*diakrinō*) entre las personas que son «limpias» y «santas» (es decir, los judíos) y las que son «impuras» y «profanas» (es decir, los gentiles). Aunque a menudo los comentaristas tratan los dos adjetivos negativos como sinónimos, Oliver sostiene que *akathartos* («impuro») y *koinos* («profano») deberían entenderse como traducciones de las palabras hebreas *tamē* y *chol*. La primera (*akathartos/tamē*) se refiere a la impureza moral (y no ritual) que se deriva de la idolatría, la inmoralidad sexual y el asesinato. Cornelio y otros gentiles que entran en la *ekklēsia* se han arrepentido de estas prácticas gentiles, y por lo tanto ya no deberían ser vistos por los judíos como impuros. El último de los dos términos (*koinos/chol*) se refiere a lo que no ha sido santificado o apartado para Dios. Israel es santo (*kadosh*), y las naciones son *chol* (comunes, profanas). Sin embargo, la recepción del Espíritu Santo por parte de Cornelio y los de su casa demuestra que estos gentiles también han sido santificados y han pasado a formar parte del pueblo santo. Por tanto, los judíos de la *ekklēsia* ya no pueden «distinguirse» (*diakrinō*) a sí mismos de todos los gentiles según estas categorías. Al mismo tiempo, Oliver subraya que las categorías mismas siguen teniendo efecto, y que no son *todos los gentiles*, sino solo los gentiles que entran en la *ekklēsia*, los que ven cambiado su estatus de «impuro» a «puro» y de «profano» a «santo».[75] Además, aunque este cambio del estatus de los gentiles dentro de la *ekklēsia* fue simbolizado en la visión de Pedro por la purificación de los animales antes impuros, no hay ninguna evidencia en la narración de que este cambio simbólico en el estatus de los animales implicara una abolición de las leyes dietéticas de la Torá.[76]

---

73. Oliver, *Torah Praxis After 70 CE*, 325.

74. Oliver, *Torah Praxis After 70 CE*, 337-340, 357, 362.

75. Oliver, *Torah Praxis After 70 CE*, 345-357; 360-362. Oliver también subraya que Pedro solo acepta quedarse en casa de Cornelio después de que estos gentiles hayan recibido el don del Espíritu Santo, y hayan sido así manifiestamente apartados como santos (361-362).

76. Los comentaristas tradicionales han afirmado a menudo que el símbolo y su referente en la visión de Pedro están tan entrelazados que no pueden separarse como ha hecho Oliver. Un ejemplo: «En el marco de la visión es la comida lo que Dios ha limpiado por pronunciamiento del Señor, pero en la narración más amplia son los corazones de hombres y mujeres, incluidos los gentiles, lo que ha limpiado por la fe (v. 15,9). Sin embargo, la limpieza de los alimentos no es totalmente parabólica:

Estos ocho puntos refutan convincentemente la afirmación de que la visión de Pedro en Hechos 10 implica la abolición de las leyes dietéticas de la Torá. Cuando se ve en el contexto más amplio de Lucas y Hechos —en el que la Torá desempeña un papel tan destacado y se afirman repetidamente las costumbres distintivas (*ethē*) del pueblo judío ordenadas por la Torá— este elemento básico de la exégesis tradicional pierde el más mínimo rastro de credibilidad.

El decreto de Jerusalén

El último pasaje que vamos a examinar es especialmente significativo, ya que tradicionalmente se consideró la decisiva «reseña sobre cómo la Iglesia gentil es declarada libre de la Ley»[77], si bien muchos intérpretes recientes consideran que implica exactamente lo contrario. Me refiero a la reseña acerca del Concilio de Jerusalén en Hechos (Hch 15,1-29), y especialmente de su decreto oficial (Hch 15,19-21.23-29). En respuesta a la exigencia de algunos discípulos judíos de Jesús de que todos los gentiles que recibieran el mensaje apostólico deberían circuncidarse y ser instruidos en la observancia de todas las disposiciones de la Torá, el concilio dictaminó que estos gentiles solo debían adherirse a cuatro prácticas concretas: abstenerse de «lo sacrificado a los ídolos, de sangre, de ahogado y de fornicación» (v. 29; véase también v. 20). De acuerdo con las palabras de Conzelmann citadas anteriormente, los comentaristas tradicionales trataron la decisión del concilio como una declaración de independencia de la Torá para la *ekklēsia* (gentil). El llamamiento a evitar los cuatro comportamientos enumerados por el concilio fue considerado como una «recomendación» pastoral destinada a facilitar «la armonía entre judíos y gentiles».[78] En otras palabras: que estas prácticas se transmitieron porque los miembros judíos de la *ekklēsia*, por la fuerza de su educación y su entorno, consideraban que los comportamientos excluidos eran «repulsivos».[79] Así pues, se les estaba pidiendo a los creyentes gentiles en Jesús que soportaran con amor algunos de los escrúpulos excesivos de sus hermanos y hermanas judíos.

Como en tantos otros asuntos, fue Jacob Jervell quien defendió una visión de Hechos 15 discrepante, una visión que ha cobrado un impulso sustancial entre los

---

existe una conexión entre la abrogación de las restricciones alimentarias levíticas y la eliminación de la barrera entre los judíos creyentes y los gentiles, ya que fue en gran medida el hecho de que los gentiles comieran alimentos "impuros" (no *kosher*) según la ley judía lo que hizo que la asociación con ellos fuera una fuente de "contaminación" para los judíos» (Bruce, *Book of the Acts*, 206). Oliver demuestra de manera convincente la falsedad de esta afirmación. La «impureza» de los gentiles no era de carácter ritual, sino moral; no derivaba de los alimentos que comían o de las sustancias que tocaban, sino de las prácticas idolátricas en las que participaban. Richard Bauckham aborda este texto, y sus categorías de *impuro/profano*, de manera muy similar a la de Oliver. Véase su artículo «James, Peter, and the Gentiles».

77. Conzelmann, *Theology of St. Luke*, 212.

78. Marshall, *Acts*, 253, 255.

79. Marshall, *Acts*, 253.

exégetas desde la publicación de su influyente libro sobre Lucas en 1972. Examinando las cuatro prácticas ordenadas por el decreto apostólico, Jervell afirmó que se derivan de los mandamientos que se encuentran en Levítico 17-18 y que se aplican a los «extranjeros que residen entre los israelitas».[80] Cuando Santiago concluye su resolución afirmando «Porque en cada ciudad, durante generaciones pasadas, Moisés ha tenido quienes lo proclamaran, pues se ha leído en voz alta todos los sábados en las sinagogas» (Hch 15,21), el líder de la *ekklēsia* en Jerusalén quiere decir que «todo el que verdaderamente escucha a Moisés sabe que el decreto expresa lo que Moisés exige a los gentiles para que puedan vivir entre los israelitas».[81] Jervell infiere de esto que el significado del Concilio de Jerusalén en relación con la Torá es exactamente lo contrario de lo que se ha pensado habitualmente: «El decreto apostólico obliga a los gentiles a guardar la ley [...] Es falso hablar de los gentiles como libres de la ley. La iglesia, por el contrario, entrega la ley a los gentiles como gentiles. De este modo, Lucas consigue mostrar una completa adhesión a la ley, y también la salvación de los gentiles como gentiles».[82]

En una serie de artículos de investigación exegética, Richard Bauckham ha estudiado las disposiciones del decreto apostólico en detalle.[83] Su cuidadoso análisis apoya la tesis de Jervell de que el decreto apostólico deriva de Levítico 17-18. Basándose en la influyente investigación de Jonathan Klawans sobre las leyes de la pureza, Bauckham identifica estas cuatro prácticas particulares como «las ofensas que son [...] más a menudo consideradas como constitutivas de la impureza moral de los gentiles».[84]

Por lo tanto, el decreto no es una directiva pastoral emitida con el propósito de conseguir que los gentiles puedan vivir en comunidad con los excesivamente escrupulosos judíos, sino más bien una declaración sobre la enseñanza autorizada de la Torá aplicable a esos gentiles: «Tampoco el propósito principal [del decreto apostólico] es permitir la comunión en la mesa entre judíos y gentiles [...] Pero la decisión tomada abordaba en principio la cuestión de la obligación de los cristianos gentiles con la Ley de Moisés. Las cuatro prohibiciones se habrían considerado, en principio, obligatorias para los cristianos gentiles, independientemente de si tenían algún contacto con los cristianos judíos».[85] Esta conclusión ha sido confirmada por muchos exégetas.[86] Lejos de constituir una declaración de independencia de la Torá,

---

80. Jervell, *Luke and the People of God*, 143-144.

81. Jervell, *Luke and the People of God*, 144.

82. Jervell, *Luke and the People of God*, 144.

83. Véase Bauckham, «James and the Jerusalem Church»; «James and the Gentiles (Acts 15.13-21)»; «James, Peter, and the Gentiles»; «James and the Jerusalem Council Decision».

84. Bauckham, «James and the Jerusalem Council Decision», 183. Véase Klawans, *Impurity and Sin in Ancient Judaism*.

85. Bauckham, «James and the Jerusalem Church», 464.

86. Véase, por ejemplo: Juel, *Luke-Acts*, 90, 106-107; Loader, *Jesus' Attitude towards the Law*, 374-375, 378; y el capítulo de Isaac Oliver sobre el decreto apostólico en *Torah Praxis After 70 CE*, 365-398, que merece especial atención.

el decreto apostólico constituye en realidad una demostración decisiva del poder imperecedero de la Torá en la era del Mesías.

Si el Concilio de Jerusalén ratifica la autoridad de la Torá para la vida de los discípulos *gentiles* de Jesús, tanto más lo hace para la vida de los miembros *judíos* de la *ekklēsia*. Como se señaló anteriormente, fue el teólogo judío ortodoxo Michael Wyschogrod quien llegó a esta conclusión exegética, incluso sin tener en cuenta el significado del decreto para los gentiles. Wyschogrod basa su juicio en la naturaleza de la controversia que provocó la convocatoria del Concilio de Jerusalén: «Pero está claro que ambas partes [de la disputa] estaban de acuerdo en que la circuncisión y la obediencia a la Torá seguían siendo obligatorias para los creyentes judíos en Jesús, pues, si no fuera así, difícilmente podría debatirse si la circuncisión y la obediencia a la Torá eran obligatorias para los gentiles».[87] Una vez que se reconoce que el decreto de Jerusalén impone una forma de obediencia a la Torá también a los miembros gentiles de la *ekklēsia*, la conclusión de Wyschogrod se vuelve aún más convincente. Así, cuando Pablo llega a Jerusalén y Santiago le indica que demuestre pública y definitivamente que él mismo observa y guarda la Torá (Hch 21,24), los lectores de Hechos contemplan una escena que no debería sorprenderles. Hechos 21 no hace más que explicitar lo que ya estaba implícito en Hechos 15.

He argumentado que Lucas interpreta la muerte de Jesús como si estuviera soportando la carga del juicio de Israel y como una participación proléptica en el sufrimiento que Jerusalén sufriría a manos de los romanos en el año 70. Cuando se produjo ese acontecimiento, los discípulos judíos de Jesús, observantes de la Torá, dejaron de ser el centro del movimiento y su posición en la *ekklēsia*, ahora dominada por gentiles, se debilitó. El autor/editor de Lucas y Hechos escribe en ese período, y uno de sus propósitos puede ser animar a estos discípulos judíos de Jesús a perseverar en la esperanza. Ahora tienen el privilegio de compartir el sufrimiento expiatorio de su Señor, quien tomó sobre sí el pecado de Israel y su juicio. Pero estos dos libros también dan a entender que la resurrección de Jesús sirve como promesa y garantía de la redención final de Jerusalén. De la misma manera, los discípulos judíos de Jesús observantes de la Torá —ahora en el exilio— pueden mirar con esperanza a un día futuro en el que compartirán la gloria de su Mesías en una Jerusalén renovada. En ese día, también verán la *ekklēsia* renovada junto con Jerusalén, como una comunidad de judíos y gentiles en la que la Torá es honrada y observada de formas diferentes y apropiadas para cada uno de los dos grupos.

En conclusión, no encontramos ningún texto en Lucas ni en Hechos que quite fundamento a la tesis de este capítulo: que, según Lucas, la Torá sigue vigente en la era mesiánica inaugurada por la muerte y resurrección de Jesús, y conserva su importancia como signo fundamental de la elección y vocación de Israel.

---

87. Wyschogrod, *Abraham's promise*, 209.

Conclusión

Hemos abordado el tema de la Torá como una forma de continuar nuestra discusión sobre el pueblo judío, al igual que nuestro tratamiento del templo fue una continuación de nuestra discusión sobre la ciudad y la tierra. Nuestra conclusión aquí es muy parecida a la del capítulo 2: el enfoque lucano de la Torá confirma y refuerza nuestra tesis sobre el enfoque lucano del pueblo judío. Lucas y Hechos afirman la aplicabilidad perdurable de la Torá, y lo hacen de forma que la conexión entre la Torá y la vida nacional judía queda resaltada. Como escribe Jacob Jervell, «Lucas se preocupa por la ley *porque es la ley de Israel* [...] Es significativo que Lucas se preocupe más por los aspectos rituales y ceremoniales de la ley. *La ley no es para él esencialmente la ley moral, sino la marca distintiva entre judíos y no judíos. La ley es el signo de Israel como pueblo de Dios* [...]».[88]

Lucas y Hechos centran su atención en la práctica fiel de la Torá por parte de Jesús y sus discípulos. Al mismo tiempo, el hecho de que Jesús y sus discípulos acepten la autoridad de la Torá implica que la Torá conserva su papel como constitución del pueblo judío en su conjunto. Si la muerte y resurrección de Jesús y el don del Espíritu no han llevado a la *ekklēsia* a una zona escatológica libre de la Torá, entonces ocurre lo mismo con todos los judíos. Además, Hechos de los Apóstoles describe a los fariseos de forma positiva, y da a entender que ellos sustituirán al partido sacerdotal saduceo como fuerza dirigente en el mundo judío posterior al año 70. Pero la autoridad de los fariseos está basada en su estricta adhesión a «nuestra ley ancestral» (véase Hch 22,3; 26,5). El futuro papel de los fariseos y su conexión con la Torá son una señal del perdurable estatus en el pacto del pueblo judío en su conjunto.

Los resultados de este examen de la Torá en Lucas y Hechos también encajan perfectamente con los resultados del capítulo 1 sobre la ciudad y la tierra. Allí vimos que la visión *escatológica* universal de Lucas y Hechos sigue arraigada en las esperanzas nacionales particulares de Israel expresadas en la Torá y ampliadas en los profetas. Lo particular no se ahoga en el océano de lo universal, sino que se eleva y se sostiene como su centro orientador. Aquí hemos visto que la visión *eclesial* universal de Lucas y de Hechos sigue arraigada en la identidad particular de Israel, tal como está definida por la Torá, que es su constitución nacional y su forma de vida. La particularidad del pueblo judío no se pierde nunca, ni siquiera en el horizonte en constante expansión de la *ekklēsia* universal.

Además, la relación entre este capítulo y el que dedicamos al templo va más allá del paralelismo funcional entre la Torá y el templo, en la estructura de nuestro argumento. La Torá y el templo están intrínsecamente conectados entre sí. Una gran parte de los mandamientos contenidos en la Torá se refieren a los ritos del templo, y la destrucción del templo los deja, directamente, inoperantes. Sin embargo, al igual que el monte del Templo sigue siendo un lugar sagrado cuando el edificio del templo

---

88. Jervell, *Luke and the People of God*, 137 (énfasis añadido).

ha desaparecido, así también las distintivas costumbres nacionales judías (*ethē*) de la Torá destacadas en Lucas y Hechos —la circuncisión, el sábado, las fiestas y las leyes dietéticas— siguen definiendo la identidad del pueblo judío, incluso cuando ha cesado el servicio de sacrificios. Esta relación entre la Torá y el templo se refleja también en la forma en que la familia farisea de Gamaliel sigue teniendo autoridad entre el pueblo judío después de que los saduceos, sus colegas en el consejo, hayan desaparecido junto con el edificio del templo que les daba legitimidad sacerdotal.

Así pues, este capítulo sobre la Torá enlaza los tres anteriores y les da una conclusión exegética adecuada. Aquí damos por terminado nuestro análisis compositivo de Lucas y Hechos. Ha revelado mucho sobre el *euangelion* profético y su mensaje acerca del Mesías resucitado; y su relación con el pueblo judío y la tierra prometida. Pero también hace surgir una serie de nuevos interrogantes. ¿Cómo debería afectar esta perspectiva sobre Lucas y Hechos a nuestra lectura de los escritos paulinos? ¿Qué hacemos con una tradición eclesial que no ha absorbido el mensaje de Lucas y Hechos sobre el pueblo judío y la tierra? ¿Qué hacemos con la larga historia del pueblo judío y su tradición? En particular, ¿qué hacemos con los trascendentales acontecimientos de la historia judía en el siglo XX? Estas son las preguntas que nos ocuparán en nuestros capítulos finales.

Capítulo 5

La *boulē* divina y el *euangelion* fracturado

La tesis que he desarrollado y he puesto a prueba a lo largo de los últimos cuatro capítulos trata del contenido del *euangelion* como mensaje acerca de Jesús crucificado y resucitado, y su relación perdurable con el pueblo judío y con la tierra prometida a sus antepasados. Jesús, el rey de Israel, representa y personifica al pueblo y a la tierra de Israel, y realiza en su persona la presencia encarnada de Dios a la que apuntaba el templo de Jerusalén. En su sufrimiento y muerte cargó con el sufrimiento de Israel —pasado, presente y futuro—, pero especialmente el relacionado con el juicio que el pueblo judío sufriría cuarenta años después, a manos de los romanos. Al hacerlo, transformó el carácter de ese sufrimiento, otorgándole un poder redentor que no habría tenido sin su obra expiatoria. Como resultado, el pueblo judío está ontológicamente (aunque todavía no epistemológicamente) unido a Jesús a través de su experiencia del exilio, y su poder renovador se manifiesta en el florecimiento de la vida judía posterior al año 70 d. de C. Además, el Mesías resucitado —que representa y personifica tanto a la tierra como al pueblo— sirve como garantía y poder para la restauración escatológica final de Israel. Esa restauración constituirá el fin definitivo del exilio, estableciendo una Jerusalén renovada como la joya en el corazón de un cosmos renovado. De este modo, el pueblo judío —y la *ekklēsia* unida a él ontológicamente— son redimidos no solo *del* exilio, sino también *por medio del* exilio.

Esto significa que el *euangelion* del Mesías resucitado es, en ciertos aspectos importantes, *un mensaje profético sobre el futuro del pueblo judío*. Es más, el futuro implícito en ese mensaje incluye no solo la restauración escatológica definitiva del pueblo judío, sino también el viaje de ese pueblo por el exilio, que culmina en la restauración. Si esto es correcto, entonces los intérpretes del *euangelion* están obligados a reflexionar teológicamente sobre la historia del pueblo judío.

¿Cómo debería valorar un discípulo de Jesús la historia del pueblo judío y su tradición, que se desarrolló en aparente oposición a las afirmaciones mesiánicas de Jesús? ¿Y qué debemos hacer con la historia de la *ekklēsia* y su tradición, que se desarrolló en aparente oposición a las afirmaciones judías sobre el pacto, la tierra y la esperanza mesiánica? Estas preguntas guiarán nuestras reflexiones en el presente capítulo. En el siguiente, abordaremos cuestiones que tienen que ver con los trascendentales acontecimientos de la historia judía moderna.

Los mismos escritos de Lucas y Hechos de los Apóstoles ofrecen sabios consejos sobre los presupuestos que deberían guiar tal reflexión teológica sobre la historia. En razón de ello, comenzaré hablando de la perspectiva de Lucas y de Hechos respecto a la acción divina en la historia. A continuación, abordaré cuestiones relacionadas con el contexto compositivo y los objetivos de Lucas y Hechos. Estos asuntos pueden parecer en principio tangenciales a nuestros propósitos, pero en realidad son esenciales para conseguir una visión canónica de los patrones por los que se guían la historia judía y la eclesial, y que empiezan a tomar forma en el siglo II. Prestaré especial atención a las preocupaciones del autor respecto a los primeros intérpretes antijudíos de Pablo y la respuesta eclesial a la aparición del judaísmo de influencia farisea. Por último, examinaré brevemente el modo en que la *ekklēsia* y la tradición judía se desarrollaron históricamente en relación una con otra, y en relación con el *euangelion* lucano del Mesías crucificado y resucitado.

Lucas, Hechos y la *boulē* divina

El autor/editor de Lucas y Hechos es un historiador y un teólogo, pero persigue sus objetivos históricos y teológicos de forma integrada: hace su historia como teólogo y su teología como historiador; su fusión de teología e historia expresa sus convicciones sobre la acción de Dios en medio de los asuntos humanos.

La expresión más explícita de estas convicciones dentro de la narración proviene de Gamaliel, el líder de los fariseos. Como se vio en el capítulo 3, el discurso de Gamaliel a sus compañeros del consejo judío desempeña un papel importante en Hechos. El líder fariseo advierte al partido saduceo en contra de la represión a los apóstoles, y basa su advertencia en una convicción teológica: «si este plan (*boulē*) o esta empresa es de origen humano, fracasará; pero si es de Dios, no podréis derribarlos» (Hch 5,38-39). Como ya se ha señalado, en el contexto en que escribe el autor, posterior al año 70, esta afirmación justifica a los apóstoles y a los fariseos, y condena a los saduceos, pues los primeros prosperan ahora, mientras los segundos desaparecen. Pero esta declaración también enuncia una convicción teológica compartida por los apóstoles *y* los fariseos, y negada por los saduceos: que Dios está íntimamente involucrado en los asuntos de la historia humana.[1] Como afirman tanto los apóstoles como Gamaliel, el Dios de Israel tiene un «plan» (*boulē*) o intención para la historia humana, y ese plan se cumplirá a pesar de todos los esfuerzos humanos que se opongan a él.[2]

---

1. Para más información sobre este punto, v. Brawley, *Luke-Acts and the Jews*, 116-117.
2. La palabra griega *boulē* aparece doce veces en el Nuevo Testamento, y nueve de esos doce versículos se encuentran en Lucas y Hechos. [N. del T.: la palabra tiene género femenino en griego; por

Jerusalén crucificada, Jerusalén resucitada

Según Hechos, el contenido revelado de la divina *boulē* constituye la sustancia de lo que Pablo proclama. En el relato lucano del discurso de despedida de Pablo a los ancianos efesios en Mileto (Hch 20,18-35), Pablo afirma solemnemente: «No he rehuido declararos todo el propósito [*pasan tēn boulēn*] de Dios» (Hch 20,27). Haciéndose eco del argumento de Heinz Schürmann, Brevard Childs considera este discurso un «resumen del propósito de Lucas al escribir Hechos».[3] El discurso cumple esta función describiendo la proclamación de Pablo de «todo el propósito de Dios», y presentando esta proclamación como determinante de los parámetros de toda la futura predicación y enseñanza eclesial. Childs y Schürmann interpretan que la expresión *pasan tēn boulēn* significa «la tradición sagrada (*paradosis*) que él [Pablo] había recibido», es decir, el *euangelion* interpretado. Esta lectura solo es sostenible si se entiende «la tradición sagrada» como una revelación del *plan* divino para la *historia* de Israel y del mundo, un plan profético que ha sido inaugurado de forma decisiva pero que aún no se ha realizado plenamente. La *boulē* divina se centra en la muerte, resurrección, ascensión y retorno del Mesías, pero también tiene que ver con la misión en la historia del pueblo judío y de la *ekklēsia*, como comunidades entrelazadas relacionadas con ese Mesías.

En Hechos de los Apóstoles, los intentos humanos de frustrar la *boulē* divina se convierten a menudo en el medio por el cual se realiza. Los discursos de Hechos destacan que el acontecimiento decisivo de este plan se lleva a cabo a través de la malvada acción del consejo judío, entregando a Jesús a las autoridades romanas (Hch 2,23-24; 4,27-28). Ese patrón se convierte en el paradigma del avance de la comunidad y el mensaje apostólico en Hechos: la persecución que sigue a la muerte de Esteban dispersa a los discípulos de Jerusalén y permite a la *ekklēsia* ampliar su misión y su horizonte (Hch 11,19-21); la violenta oposición de Saulo al nuevo movimiento no hace sino convertirlo en un más eficaz heraldo del Mesías, a quien antes perseguía (Hch 22,3-11; 26,4-11); el fracaso de las sinagogas de la diáspora al no acoger el mensaje de Pablo le lleva a realizar una fructífera labor entre los gentiles (Hch 13,45-49; 18,5-11; 28,23-31); y el arresto de Pablo le permite proclamar su mensaje ante una gran audiencia en el templo (Hch 21,37-22,21), ante el consejo judío gobernante (22,30-23,9), ante el rey Agripa (25,23-26,32) y ante los dirigentes de la comunidad judía romana (28,17-28).

En la Torá, la historia de José es la que mejor ejemplifica este modelo de acción divina, en el que Dios actúa de forma redentora *a pesar de*, e incluso *a través de*, las malas acciones de los seres humanos. Por ello, es conveniente que la historia de José ocupe un lugar destacado en el discurso de Esteban ante el consejo judío (Hch 7,9-16). Al igual que Moisés, José sufre la oposición de sus hermanos, solo para ser elevado como su líder y libertador. Esteban narra la historia de José con un lenguaje

---

eso, cuando en esta traducción se usa con determinantes, estos van en femenino.]

3. Childs, *The Church's Guide for Reading Paul*, 228. Véase Schürmann, «Das Testament des Paulus für die Kirche».

que recuerda historias similares en Hechos: así como los hermanos de José estaban «celosos» (*zēlōsantes*) de su hermano (Hch 7,9), así los líderes de la comunidad judía reaccionan con celos hacia los apóstoles (Hch 5,17) y Pablo (Hch 13,44-45); y así como Dios «rescató (*exeilato*)» a José de sus aflicciones (Hch 7,10), así Dios rescató a Pedro (Hch 12,11) y a Pablo (Hch 23,27; 26,16-17). Es significativo que el relato de Esteban sobre la historia de José, al igual que la narración del Génesis que resume, presente un final feliz para los hermanos de José: «En la segunda visita, José se dio a conocer a sus hermanos [...] Entonces José mandó llamar a su padre Jacob y a toda su familia invitándoles a venir a él» (Hch 7,14). Es probable que el autor de Hechos espere que sus lectores recuerden las palabras de José en esta escena del Génesis: «Yo soy vuestro hermano José, a quien vendisteis a Egipto. Y ahora, no os aflijáis, ni os enojéis con vosotros mismos porque me vendisteis, pues Dios me envió aquí antes que vosotros para preservar la vida [...] Así que no fuisteis vosotros los que me enviasteis aquí, sino Dios [...]» (Gn 45,4-5.8). Los hermanos de José buscaron hacer el mal, pero la prevaleciente *boulē* de Dios consiguió el bien, a pesar de sus intenciones malignas (Gn 50,20). De la misma manera, Dios obrará de forma redentora a través de las malas acciones de los líderes del pueblo judío, para traer bendición, no solo a las naciones, sino también al pueblo judío. Aunque Hechos no puede contar ese final feliz como hecho consumado, la narración apunta, más allá de sí misma, a un día venidero en el que José y sus hermanos se reconciliarán.

Lucas y Hechos no presentan una visión automáticamente predestinadora de la acción de Dios en la historia humana. El autor/editor parte de la base de que los seres humanos toman sus propias decisiones y son responsables de ellas (por ejemplo, Hch 24,25). Incluso cuando Dios saca el bien del mal, como en la crucifixión de Jesús, el martirio de Esteban y la destrucción del templo, Lucas y Hechos reconocen el carácter trágico de esos acontecimientos describiendo el intenso dolor humano que los hechos directamente provocan (Lc 23,27; Hch 8,2; Lc 13,34; 19,41-44). Los seres humanos no son marionetas, y la historia no es un espectáculo de títeres en el que una divinidad manipuladora sobrevuela el escenario inmiscuyéndose en los asuntos. Los seres humanos actúan libremente y, a menudo, mal. Lucas y Hechos aceptan este hecho, pero también afirman el poder de Dios para sacar bien del mal, y para llevar a cabo un propósito benéfico a pesar de —e incluso a través de— los trágicos giros y vueltas de la historia.

Si el Dios de Israel es realmente el Señor de la historia, es necesario indagar acerca de «todo el propósito/plan de Dios», tal como se manifiesta en Lucas y Hechos y observando la forma en que se realiza en la historia posterior de la *ekklēsia* y del pueblo judío. ¿De qué manera la historia paradigmática de Jesús de Nazaret y sus primeros discípulos arroja luz sobre la historia posterior de quienes se relacionan con él por la carne y/o por el Espíritu? Antes de plantear esa pregunta, no obstante, indaguemos sobre una historia intermedia y mediadora: ¿qué sabemos de aquel escenario del que emergieron el Evangelio de Lucas y Hechos de los Apóstoles como textos canónicos?

El contexto y los objetivos de Lucas y Hechos

Puede parecer extraño plantear esta cuestión solo después de varios capítulos de exégesis intensiva de estos escritos. ¿Por qué no se aborda este asunto al principio? La respuesta radica en mis presupuestos canónicos. Leí Lucas y Hechos como un teólogo que busca sabiduría divina de fuentes autorizadas, más que como un anticuario que rastrea artefactos antiguos. Para ello, me bastaba con saber que estos dos textos estaban estrechamente relacionados entre sí, que ambos habían sido compuestos en los cien años siguientes a la muerte y resurrección de Jesús, y que han sido considerados canónicos por todos los discípulos de Jesús durante más de dieciocho siglos.

Planteo la cuestión de la fecha y la autoría en este punto, porque ahora estoy hablando de la perspectiva de estos libros sobre el plan divino puesto en acción *en la historia* y de las implicaciones de esa perspectiva para nuestra comprensión teológica de los siglos que siguen a su composición. El autor/editor final de estos escritos se enfrentó a una situación histórica particular, y buscó sabiduría en los acontecimientos pasados de la vida de Jesús y de la *ekklēsia* para poder entender sus circunstancias. No podemos saber con certeza cuáles fueron esas circunstancias, y por tanto todas las propuestas son hipotéticas. (Esa es otra razón por la que he esperado hasta ahora para explorar la cuestión.) A pesar de ello, las pistas que nos proporcionan los propios textos y nuestro conocimiento de la época nos permiten reducir la lista de opciones verosímiles. Al considerar la respuesta del autor/editor a su propia situación histórica, podemos obtener una visión teológica de los acontecimientos históricos que se produjeron posteriormente.

La mayoría de los estudiosos del Nuevo Testamento de finales del siglo XX coincidieron en que Lucas y Hechos fueron escritos por el mismo autor entre los años 80 y 90 de nuestra era. El uso que hace Lucas del Evangelio de Marcos, su preocupación por la destrucción de Jerusalén en el año 70 y la naturaleza de su redacción de Marcos 13,14ss (véase Lc 21,14ss) hacen improbable una fecha anterior para su Evangelio.[4] En el siglo XXI ha cobrado fuerza una hipótesis revisionista, según la cual se realizó una primera edición del Evangelio de Lucas entre los años 80 y 90, pero Hechos de los Apóstoles no se compuso hasta los años 110-120.[5] El autor de Hechos puede haber escrito o no la primera edición de Lucas, pero sin duda fue responsable de una nueva edición que hizo del Evangelio un escrito aún más adaptado para acompañar a Hechos. Esta actividad redaccional incluyó la adición del relato de la infancia (Lucas 1-2) y de material suplementario relacionado con la resurrección (parte de Lucas 24).[6] Un destacado representante de la escuela revisionista sostiene que la controversia marcionista ya había estallado en la segunda década del siglo II, y que Hechos y el

---

4. Sobre Lucas 21,14ss como redacción, posterior al año 70, de Marcos 13,14ss, v. el capítulo 1, 34-37.

5. Véase Pervo, *Dating Acts*; Tyson, *Marcion and Luke-Acts*; y Smith y Tyson, eds., *Acts and Christian Beginnings*.

6. Véase Tyson, *Marcion and Luke-Acts*, 79-120.

Lucas canónico (así denomina él la forma final de ese Evangelio) fueron una respuesta a ese movimiento ultrapaulino.[7]

El debate académico sobre la datación de Hechos no está resuelto, y a lo argumentado en los capítulos precedentes no le afecta su resultado final. Sin embargo, la hipótesis revisionista subraya una preocupación dominante que, independientemente de su cronología, motiva tanto al Lucas canónico como a Hechos: estos escritos pretenden defender el carácter auténticamente judío de la vida y las enseñanzas de Pablo, y afirmar que su visión es común a la de los doce (dirigidos por Pedro) y a la de la familia de Jesús (encabezada por Santiago). Esto explica el carácter apologético de los discursos de Pablo en los últimos capítulos de Hechos, que defienden el legado paulino al tiempo que combaten a sus intérpretes antinómicos y antijudíos. El Pablo de Hechos no muestra ningún desacuerdo con Santiago o Pedro en cuanto a la responsabilidad de los judíos de observar la Torá y enseñar a sus hijos a hacer lo mismo. El propio Pablo observa la Torá, honra la ciudad santa de Jerusalén, adora en su templo, y hace todo esto como una cuestión de conciencia y no de conveniencia. A pesar de estas características del Pablo lucano, sus fructíferos esfuerzos en la diáspora entre los gentiles llevan a muchos judíos, en la narración, a creer que es un apóstata que ya no reconoce la autoridad de las instituciones judías. Aunque Hechos se centra en los malentendidos que sobre Pablo existen entre los judíos *de fuera de* la *ekklēsia*, el autor da a entender que dichos malentendidos también proliferaron *dentro de* la *ekklēsia* (Hch 21,21). De hecho, una lectura antinómica y antijudía de Pablo entre los que se reclamaban herederos del apóstol a finales del siglo I y principios del II puede haber intensificado la reacción hostil de la comunidad judía al movimiento de Jesús. El Libro de Hechos está escrito, en parte, para corregir esa interpretación errónea del legado paulino.

Además, la versión del *euangelion* de Pablo en Lucas, así como su enseñanza sobre la Torá, reproduce la de Pedro y Santiago. Este mensaje profético trata de la restauración definitiva de Israel mediante su Mesías crucificado y resucitado, y de la renovación del mundo que acompañará a la restauración de Israel. El proceso por el que esta restauración y renovación serán realizadas implica, por un lado, un juicio purificador de Jerusalén (la «cruz» que precede a la «resurrección») y, por otro, la ampliación de Israel mediante la adopción, de entre los gentiles, de «un pueblo para su nombre» (Hch 15,14). Los adoptados de entre los gentiles se adhieren al pueblo de Israel, pero están exentos de tener que observar las «costumbres» nacionales de Israel (*ethē*) en todo su alcance. El resultado es una comunidad dual con una constitución bilateral que afecta a ambas partes. Mediante el don del Espíritu Santo, la *ekklēsia* bilateral experimenta prolépticamente las primicias de la herencia escatológica de Israel, y convoca a toda la comunidad de Israel y a los gentiles individualmente al arrepentimiento y a la fe en el Mesías. Al igual que el *euangelion* profético anunciado por Pedro y Santiago, la proclamación de Pablo trata de la «esperanza en la promesa

---

7. Véase Tyson, *Marcion and Luke-Acts*, 24-49.

hecha por Dios a nuestros antepasados, una promesa que nuestras doce tribus esperan alcanzar, por la que adoran fervientemente día y noche» (Hch 26,6-7).

Para mis propósitos, no importa si el autor del Lucas canónico y Hechos prevé proféticamente una futura distorsión ultrapaulina del mensaje y la forma de vida apostólicos, o si responde a un fenómeno de este tipo que ya ha surgido. En cualquier caso, el objetivo principal de sus escritos sigue siendo el mismo: preservar el carácter profético judío tanto de la *ekklēsia* como del *euangelion* del Mesías resucitado que la ha creado.

La mayoría de los estudiosos de Lucas y Hechos continúan afirmando o asumiendo que el autor es un gentil, que se dirige a una audiencia gentil y que la *ekklēsia* que él conoce es abrumadoramente gentil en su composición y forma de vida. Según este punto de vista, el autor/editor trata de preservar la continuidad con la herencia judía en la *ekklēsia* honrando la Biblia judía y presentando el *euangelion* como el cumplimiento de la profecía bíblica, pero no tiene ningún interés en promover comunidades o agrupaciones de discípulos judíos de Jesús que vivan según las costumbres nacionales judías y compartan las esperanzas nacionales judías. Aunque la mayoría de estos estudiosos descartan la atribución tradicional de estos libros al médico gentil que acompañaba a Pablo (Flm 24; Col 4,11.14; 2 Tm 4,11), siguen aceptando la tradición de la autoría gentil.[8] Teniendo en cuenta lo que hemos visto en los capítulos anteriores, ¿está justificada por la evidencia esta posición mayoritaria?

Yo creo que no. Más convincente es la valoración dada por Jacob Jervell en 1980: «No es decisivo si el propio Lucas era judío o gentil de nacimiento. Lo importante es que piensa como un judío cristiano y que utiliza las categorías típicas del cristianismo judío. Y he aquí el punto principal: Lucas concibe el elemento cristiano judío en la iglesia como el centro y el núcleo esencial de la iglesia».[9] El énfasis de Lucas en el destino escatológico de Jerusalén y del pueblo judío —y en la estricta obediencia a la Torá de los héroes judíos de la historia— parece una exageración retórica si el único objetivo es subrayar el valor del pasado judío, sin ninguna consideración ni al presente y ni al futuro judíos. Como observa Robert Wall, «el interés de Lucas por proteger la herencia judía de la fe cristiana no es algo que pudiera del todo esperarse, y debe verse como algo de alguna forma radical, dada la evidencia».[10] Además, ya fueran pocos o muchos, existieron discípulos judíos de Jesús a principios del siglo II. Para ellos, Lucas y Hechos apoyarían el imperativo de mantener una esperanza y un estilo de vida distintivos judíos. Teniendo en cuenta lo que sabemos de autores del siglo II como Ignacio, Bernabé y Justino Mártir, esa habría sido una propuesta muy discutida.

---

8. Ireneo es el primero en asociar estos libros con Lucas. Escribe a finales del siglo II, y no cita autoridades eclesiales anteriores que sirvan de base histórica a su afirmación.

9. Jervell, *The Unknown Paul*, 40, 42-43. El título del capítulo (publicado originalmente en 1980 como ensayo independiente) es «The Mighty Minority», expresión que utiliza para describir a los discípulos judíos de Jesús en la *ekklēsia* que Lucas vive.

10. Wall, «The Acts of the Apostles», 214.

Hasta ahora, hemos considerado asuntos relacionados con la vida judía interna de la *ekklēsia* que parecen haber animado la composición/redacción de Lucas y Hechos. Pero el autor/editor también responde a una realidad judía externa, a saber, un movimiento judío posterior al año 70 influenciado por el remanente de los fariseos. Este factor externo está estrechamente relacionado con la dinámica eclesial interna que impulsa la narración de Lucas. Si bien, por un lado, los fariseos de Lucas y Hechos representan a judíos devotos de *fuera* de la *ekklēsia*, quienes no logran captar el sentido de que Jesús divulgue sus enseñanzas entre aquellos «hijos de Abraham» (Lc 13,16; 19,9) que se hallan en los márgenes de la vida religiosa judía (por ejemplo, las tres parábolas de Lucas 15), por otro lado también representan a judíos devotos *dentro* de la *ekklēsia*, quienes no logran captar el sentido de la divulgación apostólica entre los gentiles que se hallan más allá de esos márgenes (por ejemplo, Hechos 15,5). La presencia de fariseos tanto *fuera* como *dentro* de la *ekklēsia* demuestra que ocupan un lugar especial en el panorama social de Lucas. Se encuentran cerca y a ambos lados del límite indistinto que separa la *ekklēsia* del más amplio mundo judío del que formaba parte: dentro de la *ekklēsia*, los fariseos son aquellos judíos fieles, escrupulosamente preocupados por la tradición de Israel y reacios a adaptarse a las sorprendentes nuevas variaciones iniciadas por el Espíritu Santo; pero fuera de la *ekklēsia*, los fariseos son los judíos más abiertos a Jesús y a los apóstoles, compartiendo con ellos la creencia en la resurrección de los muertos (Hch 23,6-10), la mediación de los ángeles (Hch 23,9) y la acción providencial de Dios en la historia humana (Hch 5,33-39). Gamaliel y compañía siguen en pie fuera de la sala del banquete, pero perdura la esperanza de que entren y se unan a la celebración (Lc 15,25-32).

Como Josefo, que en sus historias tambien asigna un lugar destacado a los fariseos, el autor/editor de Lucas y Hechos configura su narración a la luz de la creciente influencia del legado fariseo en el mundo judío tras la destrucción del templo. Según la tradición judía, el sucesor de Yohanan ben Zakkai, como cabeza del primer movimiento rabínico en el período posterior al año 70, fue otro Gamaliel, nieto de la figura citada por el autor de Hechos con tanto respeto (Hch 5,33-39). A partir de ese momento, el líder o «patriarca» (*nasi*) del movimiento rabínico en la tierra de Israel sería elegido de entre los descendientes de Gamaliel. Entre esos descendientes estuvo Judá el Patriarca (Yehudah Hanasi), autor de la Misná a finales del siglo II. Aunque el primer movimiento rabínico surgió como una coalición, en la que la corriente farisea constituía solo una de sus partes, la tradición farisea desempeñó sin duda un papel muy importante en la formación del judaísmo rabínico.[11]

---

11. La exposición de Jacob Neusner sobre las raíces históricas del movimiento rabínico refleja el consenso académico actual: «El judaísmo rabínico [...] no comenzó en el año 70. Se basó en parte en las enseñanzas y tradiciones de los fariseos, que habían formado una secta dentro del mundo judaico más amplio de la tierra de Israel. *Después del año 70, los fariseos formaron el grupo más influyente* [...] Pero el judaísmo rabínico que estaba naciendo acogió en su seno a un segundo grupo, los herederos y continuadores de los escribas del período anterior al 70 [...] La secta de los fariseos y la profesión de los escribas —junto con los sacerdotes supervivientes que se unieron a ellos— crearon el marco de un

Jerusalén crucificada, Jerusalén resucitada

El autor/editor de Lucas y Hechos reconoce implícitamente, por lo tanto, dos poderosas corrientes religiosas actuando en el momento en que compone sus escritos: la tradición paulina, en ascenso dentro del movimiento de seguidores de Jesús, y la tradición farisaica, que estaba cobrando fuerza en el mundo judío en general. Además, relaciona una con la otra al presentar a Pablo como un orgulloso discípulo de Gamaliel (Hch 22,3) que sigue identificándose como fariseo (Hch 23,6; 26,5). Ya hemos visto cómo el autor de Hechos presenta la misión y la enseñanza de Pablo en armonía con la misión y la enseñanza tanto de Pedro como de Santiago. Ahora vemos que también presenta a Pablo como alguien que tiene mucho en común con un movimiento judío extraeclesial en auge en su época, particularmente en lo que se refiere a la esperanza escatológica judía. La tragedia del año 70 d. de C. ha intensificado el exilio de Israel, pero el poder redentor del Mesías crucificado y resucitado es visible no solo en la *ekklēsia*, sino también en medio de la vida reorganizada de Israel en el exilio.

¿Qué está sucediendo? Yo sugeriría que el autor/editor de Lucas y Hechos evalúa las circunstancias judías y eclesiales de su propia época con una claridad profética. Ve los peligros que plantea una lectura antijudía de Pablo y trata de contrarrestar esas amenazas. También ve las oportunidades abiertas por el movimiento rabínico emergente, y trata de animar a la *ekklēsia* a adoptar la misma actitud hacia ellos que la mostrada por el padre en la parábola de los dos hijos. Además, el autor/editor de Lucas y de Hechos reconoce que las cuestiones del *euangelion* amenazadas por los paulinistas antijudíos son las convicciones mismas que el Pablo lucano comparte con sus compañeros fariseos. Para orientarse adecuadamente en la proclamación del *euangelion*, los discípulos de Jesús puede que eventualmente necesiten mirar fuera de los límites de su entorno eclesial.

En conclusión, podemos afirmar con confianza que el Lucas canónico y el libro de los Hechos se compusieron no más tarde de la segunda década del siglo II, y que un objetivo primordial de estos libros era preservar el carácter judío del *euangelion* frente a una lectura antijudía de las cartas paulinas. La estrategia del autor, para contrarrestar este movimiento real o potencial, implicó un replanteamiento de la figura de Pablo y no un rechazo del legado paulino. Ese replanteamiento llevó a presentar a Pablo como un judío *fariseo* observante de la Torá, llevando a cabo una misión distinta de la de los doce y la familia de Jesús, pero en unidad con ellos en todas las cuestiones de mayor importancia. Además, ese replanteamiento destacaba la posición única de los fariseos como el partido judío externo más cercano a la *ekklēsia*, y apuntaba a un futuro posterior al año 70 en el que la *boulē* divina se revelaría dentro del mundo judío en formas sorprendentes.

---

judaísmo llamado a ocupar el lugar del judaísmo del templo y su culto» (Neusner, *A Short History of Judaism*, 51-52, énfasis añadido).

La historia posterior a Lucas en la perspectiva lucana: comunidad fracturada, *euangelion* fracturado

Aunque el Evangelio de Lucas y Hechos de los Apóstoles alcanzaron estatus canónico en la *ekklēsia*, la interpretación lucana del legado paulino fue recibida solo en parte. Con la ayuda de Lucas y Hechos, la *ekklēsia* resistió el extremo paulinismo antijudío de Marción y sus seguidores, y conservó las escrituras judías como un componente esencial de su canon bíblico. Pero el *euangelion* profético del Mesías resucitado no se conservó en su perfecta integridad.

Además de las escrituras judías, la *ekklēsia* recibió y transmitió: las enseñanzas y la historia del Mesías crucificado y resucitado, Jesús de Nazaret; el llamamiento ampliado a los gentiles a través de sus apóstoles para que se arrepintieran, creyeran en su nombre, se bautizaran y recibieran el Espíritu Santo; una forma de vida basada en la enseñanza apostólica, el compartir y convivir en comunidad, la cena del Señor y la oración (Hch 2,42); y la esperanza de que Jesús regresaría para establecer la plenitud de su reino. La *ekklēsia* guardó este rico tesoro y lo mantuvo a salvo durante generaciones a través de feroces tormentas, y debemos estar agradecidos por su fiel administración.

Pero la *ekklēsia* también perdió de vista otros elementos cruciales del *euangelion* profético. Como se describe en el capítulo 1, pronto descartó la importancia de la Jerusalén terrenal y de la tierra de Israel como lugares judíos sagrados con implicaciones universales. Del mismo modo, negó o restó importancia al estatus de pacto perpetuo y a la vocación sacerdotal del pueblo judío, anulando la Torá como la constitución nacional que define a Israel. Llevando esta hostilidad a los judíos y al judaísmo más allá de sus muros, la *ekklēsia* también suprimió activamente las expresiones distintivas judías dentro de su propia vida, rechazando su carácter bilateral original como comunión de judíos y gentiles.[12] La visión escatológica de la *ekklēsia* se espiritualizó e individualizó tanto, que la esperanza neotestamentaria de una tierra transformada poblada por naciones resucitadas llegó a parecer extraña e inquietante.[13]

Tal como cuentan el Evangelio de Lucas y Hechos de los Apóstoles, el pueblo judío había rechazado o ignorado colectivamente el corazón del *euangelion*, es decir, el mensaje acerca del Mesías crucificado y resucitado. Como resultado, el *eschaton* se retrasó, y el exilio de Israel se intensificó. Sin embargo, a medida que el polvo se fue asentando tras el fracaso de la segunda revuelta judía contra Roma (135 d. de C.), y la dinastía del patriarcado galileo de los Gamaliel crecía en poder e influencia, un extraño fenómeno se hizo gradualmente visible: los mismos elementos del *euangelion* profético que la *ekklēsia* había abandonado se conservaron como componentes centrales de la cosmovisión judía. Guiado en parte por el componente fariseo de su herencia, el movimiento rabínico conservó: la Torá como constitución nacional

---

12. Sobre la historia temprana de esta evolución, v. Kinzer, *Postmissionary Messianic Judaism*, 181-212.

13. Véase Wright, *Surprised By Hope*; Farrow, *Ascension Theology*.

de Israel y guía narrativa de la esperanza escatológica de Israel; la tierra como lugar necesario de redención; la centralidad geográfica y la significación mesiánica de la tierra de Israel, Jerusalén y el monte del Templo; y el vínculo irrevocable entre el Dios de Israel, el Mesías de Israel y los descendientes genealógicos de Abraham, Isaac y Jacob.

No hay nada novedoso en la afirmación de que el pueblo de Dios se fracturó cuando la *ekklēsia* y el pueblo judío se distanciaron. Sin embargo, tradicionalmente se pensaba que esta fractura se produjo por el rechazo judío del *euangelion*. A la luz de los capítulos anteriores, esa suposición ya no parece viable. En realidad, cada colectivo rechazó la parte del *euangelion* profético que el otro preservó. En toda su plenitud e integridad, el mensaje del Mesías de Israel crucificado y resucitado solo se transmite y se recibe en su totalidad a través de ambas comunidades y tradiciones.

Vista desde la perspectiva del *euangelion* profético, la historia del judaísmo posterior al año 70 muestra claros signos de providencial supervisión. El movimiento rabínico indagó acerca de sus propias tensiones internas en los debates anteriores al año 70 entre las escuelas de Hillel y de Shammai. Según parece, en las décadas anteriores a la destrucción del templo, predominaban los shammaítas sobre los hilelitas.[14] Esto es significativo, pues las enseñanzas de Jesús y del apóstol Pablo tienen más en común con la perspectiva de los hilelitas.[15] En la época posterior al año 70, los hilelitas fueron en ascenso, y el movimiento rabínico fue tomando forma bajo la inspiración de unas enseñanzas que estaban más cerca del movimiento creado por Jesús de lo que habría ocurrido en otras circunstancias. De la misma forma que los fariseos se levantaron tras la destrucción del templo mientras los saduceos caían, así los hilelitas ganaron a costa de los shammaitas. En ambos casos fue reivindicado el juicio de Gamaliel sobre la providencia divina.

Como reacción a las dos desastrosas revueltas contra Roma, el movimiento rabínico del siglo II rechazó el entusiasmo apocalíptico y se centró, en cambio, en el cultivo de una vida comunitaria santificada.[16] Esa fue una respuesta sabia y necesaria, que contrarrestó eficazmente los inútiles esfuerzos de la revuelta política por un lado, y las negaciones gnósticas de la bondad de la creación, por otro.[17] Al mismo tiempo,

---

14. Neusner, *From Politics to Piety*, 36-37. Véase Wright, *The New Testament and the People of God*, 194, y *Jesus and the Victory of God*, 378-379. Wright interpreta la controversia entre estas dos escuelas como de naturaleza principalmente política, con los shammaítas favoreciendo la confrontación con Roma y los hilelitas optando por la acomodación. Aunque es verosímil la existencia de tal desacuerdo, las pruebas no justifican la conclusión de que las cuestiones políticas estuvieran en el centro de sus múltiples disputas.

15. Véase Weinfeld, «Hillel and the Misunderstanding of Judaism in Modern Scholarship», 56-70, y Tomson, *Paul and the Jewish Law*, 245-254.

16. «El genio del sistema judaico de santificación, que tomó forma después del año 70 y que alcanzó su plena expresión en la Misná, fue reconocer que el pueblo santo podría reconstruir el Templo en la santidad de su propia vida comunitaria. Por lo tanto, el pueblo tenía que hacerse santo, como el Templo había sido santo» (Neusner, *An Introduction to Judaism*, 162).

17. Sobre el judaísmo misnaico como respuesta al gnosticismo, v. Neusner, *Introduction to Judaism*, 172-174.

el enfoque en la santificación dio lugar a una menor preocupación por la realización mesiánica del propósito divino en la historia de Israel. La retirada de la historia y de la escatología amenazaba con despojar al pueblo judío del tesoro profético depositado en él, un tesoro que llevaba no solo por su propio bien, sino también por el bien de la *ekklēsia* y del mundo. Paradójicamente, fue el triunfo político de la *ekklēsia* en el siglo IV lo que provocó que el movimiento rabínico redescubriera la herencia profética que hasta entonces había descuidado. Esa fue al menos la conclusión a la que llegó Jacob Neusner al comparar el anterior énfasis misnaico en la *santificación* con el posterior énfasis talmúdico en la *salvación* nacional e histórica: «En el Yerushalmi [es decir, el Talmud de Jerusalén] presenciamos en los herederos de la Misná una sorprendente vuelta a las convicciones bíblicas sobre la crucial importancia de la historia en la definición de la realidad de Israel. El gran peso de la profecía, la apocalíptica y la historiografía bíblica, con su énfasis en la salvación y en la historia como indicador de la salvación de Israel, se oponía a la tesis de la Misná sobre lo que realmente importaba».[18] Aunque no se pueda decir que para el pueblo judío el ascenso de Constantino fuera, en modo alguno, una bendición, sí que de hecho contribuyó a la consolidación de la tradición rabínica en una forma que perduraría a lo largo de los siglos y que acabaría enriqueciendo a su antagonista eclesial.[19]

Podría seguir reflexionando sobre el curso providencial de la historia judía, pero lo que se ha dicho es suficiente para dejar claro mi punto de vista. Una vez que se interpreta el *euangelion* profético como una proclamación sobre Jesús *y* sobre el pueblo judío, las marcas de la *boulē* divina en esa historia son fácilmente discernibles. En su resurrección, como primicia del renacimiento escatológico de Israel, Jesús el Mesías establece un vínculo inquebrantable con todo el pueblo judío. Aquellos judíos que no reconocen su soberanía, por consiguiente, no quedan fuera de la carga que él asume. En su muerte en la cruz, Jesús anticipa y soporta sobre sí mismo el castigo que caerá sobre Jerusalén cuarenta años después. De este modo, transforma ese acontecimiento, convirtiéndolo no solo en un castigo por la rebelión de las generaciones pasadas, sino también en un fuego purificador capaz de producir una renovación espiritual. De acuerdo con esto, la destrucción de Jerusalén en el año 70 pone fin al reinado de los aristócratas sacerdotales, a quienes Lucas y Hechos retratan como responsables de la ejecución de Jesús y de la persecución de sus primeros discípulos, y prepara el camino para el dominio de los fariseos bajo el liderazgo general de los descendientes de Gamaliel. La tradición judía se desarrolla providencialmente bajo la autoridad no reconocida del Mesías resucitado, que, como José el hijo de Jacob, actúa para el bien de su familia mientras mantiene oculta su verdadera identidad. En su forma talmúdica madura, esa tradición obtiene su poder de la esperanza en un futuro mesiánico, una

---

18. Neusner, *Introduction to Judaism*, 221-222.

19. De acuerdo con Seth Schwartz, el ascenso de Constantino produjo una amplia gama de efectos positivos no intencionados en la vida del pueblo judío. Véase *Imperialism and Jewish Society 200 B.C.E. to 640 C.E.*

esperanza animada y sostenida por el Mesías velado, cuya resurrección ofrece garantía irrevocable de que un día «restaurará el reino a Israel» (Hch 1,6).

Según esta lectura de Lucas y Hechos y nuestra interpretación teológica de los acontecimientos posteriores de la historia judía y eclesial, solo conocemos al Mesías de Israel crucificado y resucitado en su plenitud indivisa cuando reconocemos su presencia *tanto* en la *ekklēsia como* en el pueblo judío. Del mismo modo, recibimos el *euangelion* profético en su plenitud indivisa solo cuando vemos su verdad transmitida a través de las tradiciones eclesial y judía. La mala noticia es que el *euangelion*, como el propio pueblo de Dios, sufrió una fractura. La buena noticia es que el *euangelion* sigue siendo accesible en su plenitud e integridad, pero solo a través de una asociación restaurada entre los dos fragmentos de esa comunidad fracturada.

Como en la historia paradigmática de José contada por Esteban durante su juicio, y como en muchos incidentes de la narración de Lucas y Hechos, Dios actúa con el material defectuoso que le presentan el error, el fracaso y el pecado humanos, para sacar bien del mal. El pueblo y su mensaje están en fragmentos, pero esos fragmentos han perdurado, y las piezas aún pueden volver a ensamblarse. Es ahora nuestra tarea reparar la vestidura rasgada en trozos y, como imitadores de Dios, mostrar que nosotros también podemos convertir las consecuencias de lo que fue malo en ingredientes de algo que sea bueno.

Conclusión

Sorprendentemente, la tradición religiosa judía es esencial no solo para sostener la identidad del pueblo judío, sino también para completar el *euangelion* de Jesús el Mesías. La preservación del pueblo judío y de la tradición judía son, pues, un regalo de la divina providencia para la *ekklēsia* y el mundo entero.

Pero esta exposición sobre la obra de la providencia divina en la preservación del *euangelion* profético solo trata de historia antigua y de comunidades de fe bíblica rivales, impulsadas por reivindicaciones enfrentadas acerca de esa herencia bíblica. ¿Qué hacemos —si es que algo hemos de hacer— con los extraordinarios acontecimientos en la historia judía moderna producidos, no en el plano del debate religioso, sino en el escenario político, diplomático y militar del mundo secular? La respuesta a esta pregunta ocupará nuestro próximo capítulo.

Capítulo 6

La *boulē* divina y la historia judía moderna

Si el Dios de Israel es el Señor de la historia, uno no puede ser fiel al pacto desatendiendo el reto de buscarle un sentido a esa historia. Esa fue la convicción del autor/editor de Lucas y Hechos, y yo propongo que debería ser también la nuestra. Aunque la interpretación de la acción histórica de Dios en el período posbíblico siempre será provisional y estará abierta al debate, nos encontramos en un terreno más seguro cuando valoramos acontecimientos remotos en el tiempo, como los analizados en el capítulo anterior. Al menos, sus consecuencias a largo plazo ahora son visibles. Es más difícil juzgar el significado de los acontecimientos que aún están frescos en la memoria histórica. Sin embargo, esos acontecimientos son los que nos emplazan a nuestra respuesta más urgente, y por eso debemos hacer cuanto podamos para responder al desafío que representan.

En este capítulo haré una evaluación de dos acontecimientos históricos modernos que pretenden revertir o corregir el estatus en el exilio del pueblo judío y de la *ekklēsia*. Cada uno de ellos está asociado a los rasgos del *euangelion* profético distinguidos en nuestro estudio de Lucas y Hechos, y cada uno se correlaciona de manera sorprendente con el otro. Mi tema principal será el sionismo, que ocupará la mayor parte de este capítulo. Concluiré comentando brevemente un segundo acontecimiento histórico de naturaleza no menos controvertida: el judaísmo mesiánico.

Una valoración teológica del sionismo

Tal como se emplea aquí, el término *sionismo* se refiere a una ideología y a un movimiento que afirmó la prioridad práctica de establecer un «hogar nacional para el pueblo judío» en la tierra prometida a los patriarcas y matriarcas bíblicos.[1] Con el

---

1. Esa expresión está extraída de la Declaración Balfour adoptada por el gobierno británico en 1917. En aquel escrito, dirigido a Lord Rothschild por el Secretario de Asuntos Exteriores británico Arthur James Balfour, se transmite lo siguiente: «Tengo el gran placer de transmitirle, en nombre del Gobierno de Su Majestad, la siguiente declaración de simpatía por las aspiraciones sionistas judías [...] El Gobierno de Su Majestad ve con buenos ojos el establecimiento en Palestina de un hogar

establecimiento del Estado de Israel en 1948, el término hace referencia a una ideología y a un movimiento que considera la realidad de este «hogar nacional» como un componente esencial de la identidad y el destino judíos, y que pretende apoyar y fortalecer la vida judía en la tierra.[2]

En primer lugar, analizaré la relación entre el sionismo y la tradición judía; a continuación, haré una valoración teológica general del sionismo, y concluiré abordando varias preguntas teológicas específicas relacionadas con la situación del Estado judío y sus políticas.

El sionismo y la tradición judía

En el capítulo anterior propuse una valoración teológica general de la tradición religiosa judía desde la perspectiva de Lucas y Hechos. Ahora trato de descubrir hasta qué punto el sionismo muestra signos de continuidad con esa tradición. ¿Fue el movimiento moderno para establecer una comunidad judía autónoma y culturalmente vibrante en la tierra de Israel una rotura radical en las costuras de la historia judía, o la novedad del movimiento se explica solo desde el punto de vista de esa misma historia?

Si uno escucha exclusivamente las voces de sus primeros defensores secularistas y críticos religiosos, se puede concluir que el sionismo rompe decisivamente con la forma de vida judía forjada en el exilio y orientada hacia un horizonte trascendente. Si uno escucha exclusivamente a estudiantes de historia política moderna, se puede concluir que el sionismo no es más que una expresión judía de un fenómeno político europeo del siglo XIX, es decir, el nacionalismo. Todas estas voces merecen nuestra atención, pues revelan aspectos importantes de la realidad del sionismo. Pero solo cuentan una parte de la historia.

Emanuele Ottolenghi capta bien la paradoja inherente a la existencia del judío en la diáspora antes del surgimiento del sionismo:

> Durante siglos, la idea del retorno a la Tierra de Israel en la tradición judía coexistió con una aceptación pasiva del exilio. El anhelo por Sion era fundamental para el judaísmo, y sin embargo no se emprendió ninguna acción colectiva para intentar conseguirlo activamente. Una comunidad judía —aunque pequeña— siempre había existido en Tierra Santa. Algunos judíos de modo individual se trasladaban allí. Y el vínculo con la tierra seguía siendo primordial en la imagen que los judíos tenían de sí mismos. Los judíos se veían a sí mismos no solo como una minoría, sino como una minoría en el exilio. Su vínculo íntimo con la tierra, más que sus creencias y prácticas, fue lo que impidió que se convirtieran en una simple comunidad religiosa. Sin

---

nacional para el pueblo judío [...]». La vaguedad de la expresión «hogar nacional» era una de sus ventajas en 1917: podía referirse a un Estado, pero también a otra forma de existencia nacional.

2. «Ser sionista es estar personalmente comprometido con, o ser leal a, la existencia del Estado de Israel como sistema de gobierno» (Novak, *Zionism and Judaism*, 1).

embargo, a pesar del anhelo por Sion y del sentimiento de desafecto de los países de acogida [...] pocos se trasladaban a Sion.³

Ottolenghi considera a continuación cómo esta paradoja adoptó una nueva forma con el surgimiento del sionismo: «La tradición aflojó su control sobre la identidad judía. Pero el sionismo, aunque rebelándose abiertamente contra la tradición, hizo que el regreso [a la Tierra de Israel] fuera fundamental en la idea de la continuidad judía».⁴ La tensión escatológica que existía anteriormente entre la vida presente en el exilio y la vida futura en Sion se transforma ahora en tensión entre la vida presente en Sion y una vida pasada que anhelaba Sion pero permanecía lejos de ella.

«El anhelo por Sion era fundamental para el judaísmo». Cualquiera que esté familiarizado con la liturgia judía sabe que esto es un hecho. La oración por el regreso de Israel a la tierra de sus antepasados ocupa un lugar central en la *amidá* (que se recita tres veces al día), el *birkat hamazon* (que se recita después de cada comida), la oración mística (conocida como *Lecha Dodi*) que da la bienvenida al Sabbath cada viernes por la noche, las bendiciones después de la lectura semanal de los profetas, y el servicio de bodas judío. El día más triste del año litúrgico judío es el 9 de Av, en el que los judíos recuerdan la destrucción de Jerusalén por los babilonios (en 586 a. de C.) y los romanos (en 70 d. de C.). El Seder de Pascua y el Día de la Expiación concluyen con las mismas palabras eufóricas de esperanza: «¡El próximo año en Jerusalén!».

«Una comunidad judía —aunque pequeña— siempre había existido en Tierra Santa». El primer movimiento rabínico se centró en la ciudad de Yavne, en Judea, después de la destrucción de Jerusalén en el año 70.⁵ Tras la represión romana de la revuelta de Bar Kokhba, los dirigentes rabínicos se trasladaron a Galilea. Allí, Judá el Príncipe editó la Misná (alrededor del año 200), el documento fundacional del judaísmo rabínico. Desde el siglo VI hasta el X, un grupo de eruditos judíos (los masoretas) trabajó en Tiberíades para estandarizar, vocalizar y puntuar el texto bíblico. Así, incluso después de las dos guerras con Roma, la «pequeña» comunidad judía de «Tierra Santa» siguió ejerciendo una influencia significativa en el pueblo judío de todo el mundo.

«Algunos judíos de modo individual se trasladaban allí. Y el vínculo con la tierra seguía siendo primordial en la imagen que los judíos tenían de sí mismos». Los «judíos» que «de modo individual» contemplaron o realizaron el traslado fueron a menudo los gigantes de su generación. Judá Halevi (1075-1141) escribió exquisitos poemas de anhelo por Sion, y realizó su deseo viajando y muriendo allí.⁶ Maimónides (1135-1204) falleció en Egipto, pero pidió que sus restos fueran llevados a la tierra

---

3. Ottolenghi, «A National Home», 56.
4. Ottolenghi, «A National Home», 56.
5. [N. del T.: Yavne = Jamnia]
6. Para más acerca de Judah Halevi, v. Halkin, *Yehudah Halevi*.

y enterrados en Tiberíades. Judá Halevi y Maimónides representaban el ideal judío, que no podía prever ningún futuro final para el pueblo judío que no fuera en la tierra.

«El anhelo por Sion era fundamental para el judaísmo, *y sin embargo no se emprendió ninguna acción colectiva para intentar conseguirlo activamente*» (énfasis añadido). Ottolenghi identifica aquí la paradoja que existe en el centro mismo de la visión que la tradición judía tiene sobre Jerusalén y la tierra de Israel. Los judíos a modo individual expresaban su devoción a Dios «subiendo» a la tierra, pero la comunidad en su conjunto no emprendió ninguna «acción colectiva» para hacer de su futuro último una realidad presente. Para explicar este fenómeno, hay que tener en cuenta las expectativas escatológicas judías tradicionales. Como afirma Israel Yuval, «según el punto de vista tradicional, el Mesías reunirá a los dispersos de Israel dondequiera que se encuentren en el exilio y los devolverá a Sion, tal como liberó a Israel de Egipto cuando aún habitaban en una tierra extraña. El éxodo de Egipto sirve así de modelo tipológico para la futura redención, de lo que se deduce que la redención precederá al regreso a Sion».[7] Este punto de vista encontró su formulación clásica en los escritos de Maimónides: «Tras su manifestación [es decir, la del Mesías] en Palestina, Israel será reunido en Jerusalén».[8] La obligación de esperar la iniciativa divina se ajusta a la orientación penitencial del exilio, común en la tradición. Como señala Ottolenghi, «la tradición judía siempre tuvo una actitud pasiva ante el exilio: se aceptó como un castigo por las transgresiones judías, que solo la intervención divina podía revertir».[9]

¿Se mantuvo estable esta actitud entre los judíos religiosos antes de la era moderna, hasta ser por primera vez rechazada por el sionismo secularista a finales del siglo XIX? Aunque para una simplificación pueda servir un esquema tan sencillo, basado en el conflicto moderno entre judíos religiosos y seculares, sin embargo no sirve para dar cuenta de toda la variedad y alcance de los hechos. Ya en el siglo XIII surge una nueva perspectiva escatológica entre los judíos franceses, cuya expresión literaria inicial se encuentra en un texto titulado *Homilías del Rey Mesías y Gog y Magog*, compuesto por un alumno anónimo del renombrado erudito francés rabí Isaac ben Abraham (Ritzbah).[10] Según este texto, el Mesías solo aparecerá *después* de que la comunidad de estudiantes piadosos de la Torá haya crecido mucho en la tierra de Israel. En ese momento, el Mesías se revelará entre ellos y reunirá a los exiliados judíos que siguen dispersos. Así pues, los judíos no deben esperar a que llegue el Mesías para «subir» a la tierra, pues su manifestación depende de la «acción colectiva» de su regreso al hogar ancestral. Este mensaje no cayó en saco roto. Como señala Yuval, «este llamamiento a preparar la venida del Mesías emigrando a la Tierra de Israel [...] coincide con los informes sobre la inmigración de grupos elitistas de

---

7. Yuval, *Two Nations in Your Womb*, 268.
8. *Epístola a Yemen*, citada por Yuval en *Two Nations in Your Womb*, 269.
9. Ottolenghi, «A National Home», 59.
10. Acerca de este texto, v. Yuval, *Two Nations in Your Womb*, 267-273.

eruditos talmúdicos desde Francia que tuvo lugar a partir de 1211, conocida en las fuentes como la inmigración "de los trescientos rabinos"».[11]

Esta nueva perspectiva escatológica surge en el contexto de las expectativas mesiánicas previstas para el año 1240. Después de que el Mesías no apareciera, el fermento de la anticipación y la inmigración escatológica disminuyó. Sin embargo, algo nuevo se había plantado en el imaginario judío. Lo vemos en el gran comentarista y místico, Nahmánides (1194- 1270), que se trasladó a la tierra de Israel en 1267 y murió allí tres años después. Nahmánides restableció la presencia comunitaria judía en Jerusalén, que había sido diezmada por los cruzados.[12] En sus escritos muestra la nueva orientación de la vida judía en la tierra discrepando de la enumeración hecha por Maimónides de los 613 mandamientos de la Torá. Nahmánides creía que vivir en la tierra de Israel constituía uno de los 613 mandamientos, mientras que Maimónides no había enumerado este deber como un mandamiento en sí. Aunque Nahmánides no hace de esta «acción colectiva» judía una condición previa para la venida del Mesías, sí la establece como un deber del que cada judío debe hacerse cargo.[13]

El papel de la acción individual y colectiva para facilitar la llegada de la era mesiánica adquiere un nuevo significado tras la expulsión de los judíos de España a finales del siglo XV y el traslado de algunos de ellos a la tierra de Israel. De una mujer entre esos sefardíes nacería Isaac Luria (1534-72), un místico establecido en la ciudad galilea de Tzefat (= Safed), que enseñó que la redención del orden divino creado depende de que los judíos emprendan el cumplimiento de los mandamientos con la debida intencionalidad. Según Luria, este objetivo escatológico debe estar en el centro de la vida judía.[14] El misticismo luriano ganó muchos adeptos e inspiró el celo escatológico del rabino italiano Moshé Jaim Luzzatto (1707-47) —poeta, dramaturgo, teólogo y místico— que, como Nahmánides, emigró a la tierra de Israel con su familia y murió allí. El misticismo luriano no se centró específicamente en el mandamiento de vivir en la tierra de Israel, pero allí fue donde se originó este nuevo movimiento místico, creador de un marco conceptual en el que el programa escatológico activo de «Las Homilías del Rey Mesías y Gog y Magog» se hizo coherente con la tradición teológica judía.

El siglo XVIII también fue testigo del nacimiento del movimiento jasídico que, al igual que Luzzatto, se inspiró en las enseñanzas de Isaac Luria. Según Martin Buber,

---

11. Yuval, *Two Nations in Your Womb*, 270.

12. Nahmánides es conocido por su acrónimo Rambán. La sinagoga *Rambán* de la ciudad vieja de Jerusalén lleva su nombre. La comunidad que restableció siguió existiendo hasta la guerra árabe-israelí de 1948.

13. Sobre la crítica de Nahmánides a Maimónides en relación con el mandamiento de colonizar la tierra, v. Novak, *Zionism*, 179-183.

14. Como escribe Gershom Scholem, «El rasgo distintivo del cabalismo luriano era el importante papel que desempeñaba el elemento mesiánico». La escuela luriana «colocó este concepto [de la redención] con todo lo que implica en el centro de la vida y el pensamiento religiosos» (Scholem, *Major Trends in Jewish Mysticism*, 327, 330).

este movimiento estuvo orientado a «la tierra» desde sus inicios.[15] Uno de sus primeros y más importantes líderes, el rabí Menahem Mendel de Vitebsk (1730-88), emigró a Palestina en 1777 con trescientos de sus discípulos. Se instaló primero en Tzefat, la ciudad de Isaac Luria, y más tarde se trasladó a Tiberíades.[16] Este acto comunitario de «subir» a la tierra reproduce la migración de los trescientos rabinos a principios del siglo XIII, e implica una intención escatológica similar.[17]

La inmigración de Menahem Mendel y sus discípulos anticipa un proyecto más ambicioso y de mayores consecuencias iniciado unas tres décadas después por el gran adversario del jasidismo, el Gaón de Vilna (rabí Elías ben Salomón Zalman, 1720-97). Aunque el Gaón se oponía al movimiento jasídico, compartía con sus seguidores la devoción por las enseñanzas de Isaac Luria, especialmente en la forma que fueron transmitidas por Luzzatto. Como señala Yehudah Mirsky, el Gaón «vio en las enseñanzas de Luria y Luzzatto la idea de que la redención podía acelerarse por medios terrenales».[18] Al igual que Luria y Luzzatto, el propio Gaón partió hacia la tierra de Israel, pero no pudo ir más allá de Alemania.[19] Sin embargo, más de quinientos de sus discípulos lograron hacer el viaje, y se convirtieron en la fuerza guía de la comunidad judía en la tierra (el *Old Yishuv*[20]). Mirsky reconoce su importancia:

> El asentamiento moderno en la Tierra de Israel y la implicación religiosa en esa empresa son anteriores a Theodor Herzl y al movimiento sionista en algunas décadas. A diferencia de la inmigración tradicional con el propósito de morir a la sombra de una tierra físicamente seca pero espiritualmente fragrante, los judíos religiosos comenzaron a llegar a principios del siglo XIX *con el propósito expreso de construir instituciones*. Algunos de ellos eran discípulos del Gaon […] El Antiguo Yishuv adquirió su forma moderna en las primeras décadas del siglo XIX con la inmigración de los discípulos continuadores del Gaón de Vilna.[21]

El contraste entre la «inmigración tradicional» y el nuevo tipo de inmigración emprendida por los discípulos del Gaón tiene que ver con sus respectivos propósitos: los últimos «subieron» a la tierra «con el propósito expreso de construir instituciones». En otras palabras, estaban involucrados en una «acción colectiva», como correspondía

---

15. Buber, *Tales of the Hasidim*, 23.
16. Buber, *Tales of the Hasidim*, 24.
17. Scholem sostiene que el jasidismo en conjunto quitó énfasis al carácter escatológico de la cábala luriana. Sin embargo, añade esta nota calificativa: «aunque algunos grupos y dos o tres de sus líderes se trasladaron a Palestina en 1777» (*Major Trends in Jewish Mysticism*, 330).
18. Mirsky, *Rav Kook: Mystic in a Time of Revolution*, 32.
19. Según la leyenda, el Baal Shem Tov tuvo la misma experiencia (Buber, *Tales of the Hasidim*, 23).
20. [N. del T.: antiguo *yishuv* —lit. «antiguo asentamiento»—, período inicial de asentamientos, de inspiración fundamentalmente religiosa, anterior a la primera oleada —*aliyah*— de inmigración sionista en 1882.]
21. Mirsky, *Rav Kook*, 32, 45 (énfasis añadido).]

a la teología escatológica activista que recibieron de Isaac Luria y Moshé Jaim Luzzatto a través de su maestro, el Gaón de Vilna.

La visión implícita que guiaba a los discípulos del Gaón asumió un carácter más programático en los escritos y esfuerzos prácticos del rabí Yehudah Alkalai (1798-1878) y del rabí Zvi Hirsch Kalisher (1795-1874). Ottolenghi reconoce el papel fundamental que desempeñaron, al sentar las bases del sionismo adulto de finales del siglo XIX:

> Ambos [...] llamaron al pueblo judío a iniciar la redención regresando a su tierra ancestral. Ninguno de los dos vio ninguna contradicción entre las expectativas mesiánicas y los empeños humanos activos. Ambos creían que la redención se lograría gradualmente a través de un proceso de retorno colectivo y el reavivamiento de la observancia judía que prepararía el terreno [...]
>
> Ambos pensadores seguían pensando en términos tradicionales, de redención y esperanza mesiánica. Pero su obra, que con autoridad inspiró los primeros esfuerzos de asentamiento judío en la tierra de Israel por parte del movimiento Hibbat Zion en la segunda mitad del siglo XIX, fue decisiva para tender un puente entre tradición y sionismo secular.[22]

Si bien Alkalai y Kalisher proporcionaron este «puente», ellos no fueron sino la culminación de una corriente de pensamiento religioso que tenía sus raíces en el siglo XIII.

El «sionismo cultural» de Ahad Ha'am (1856-1927) se construyó sobre estos cimientos. Aunque descartó las premisas teístas de sus predecesores religiosos, Ahad Ha'am sostenía que una vida judía vibrante en el mundo moderno —y en un futuro «hogar nacional» judío— exigía un compromiso respetuoso con la cultura religiosa judía del pasado. Debido a esta compleja respuesta a la tradición judía, Arthur Hertzberg se refirió a él como «el rabino agnóstico» del sionismo.[23] Jaim Weizmann, el primer presidente del Estado de Israel, fue uno de los discípulos de este «rabino agnóstico». Ahad Ha'am también ejerció una poderosa influencia sobre intelectuales del movimiento sionista, muchos de los cuales (como Martin Buber y Gershom Scholem) reincorporaron el componente teísta en su visión cultural sionista, si bien

---

22. Ottolenghi, «A National Home», 59-60. Véase también Johnson, *A History of the Jews*, 374-375. David Novak considera a Kalisher y Alkalai a través de la lente de las formas mesiánicas del sionismo religioso que se manifestaron después de la creación del Estado de Israel, y por ello critica su visión de la redención como «un lento proceso incremental más que un acontecimiento apocalíptico repentino» (*Zionism*, 234-235). Comparto las reservas de Novak sobre las formas mesiánicas del sionismo religioso que disminuyen la distancia escatológica entre la era actual y la era del Mesías. Sin embargo, me parece excesivo su ataque a toda noción de «proceso redentor» (v. 238-240). Uno puede esperar que el acto final de la redención sea «un acontecimiento apocalíptico repentino» iniciado por Dios y no por los seres humanos —un acontecimiento discontinuo del curso natural de los acontecimientos de esta era— y seguir creyendo que los seres humanos participan en la preparación de su advenimiento.

23. Citado por Levenson, *An Introduction to Modern Jewish Thinkers*, 118.

en forma no *halájica*.²⁴ Incluso el rabí Abraham Isaac Kook (1865-1935), el pensador más influyente en la formación del sionismo religioso, procede de esta corriente cultural sionista. Como señala Yehudah Mirsky, «él [rabí Kook] explora el sionismo únicamente por sus posibilidades culturales, que a su vez están inextricablemente ligadas a la moralidad y la espiritualidad. Sus interlocutores en esto son los sionistas culturales de Ahad Ha-Am, para quienes el espíritu nacional, entendido como conciencia ética, era el rasgo definidor de la identidad judía a lo largo de la historia».²⁵

Aunque existió una tensión considerable entre sionistas culturales y sionistas políticos (como Theodor Herzl y David Ben Gurion), las dos corrientes estaban unidas como componentes integradores del movimiento sionista.²⁶ A diferencia del sionismo cultural y del religioso, que estaban profundamente arraigados en la vida judía tradicional, el sionismo político surgió en gran medida como una respuesta pragmática moderna a la crisis de supervivencia judía en medio de un entorno cada vez más antisemita. El eventual establecimiento y florecimiento del Estado judío es inconcebible sin los esfuerzos de los sionistas políticos, pero tiene una deuda similar con los sionistas culturales, siquiera sea porque a menudo funcionaron en la esfera política como una oposición leal. Es así como encajaron bien David Ben Gurion, primer jefe de gobierno de Israel, sirviendo junto a Jaim Weizmann, su primer presidente.

Viendo toda esta historia, no es de extrañar que la práctica religiosa judía tradicional y el estudio de los textos religiosos judíos tradicionales hayan prosperado en el Israel contemporáneo. Si bien la mayoría de los fundadores fueron «judíos seculares», hoy en día la mayoría de los judíos israelíes ya no se identifican con esa etiqueta.²⁷ Los judíos israelíes hablan y escriben en el lenguaje culto de los clásicos judíos, ordenan su vida pública y privada según el ritmo de las festividades religiosas judías y viven en ciudades con calles que llevan el nombre de Rashi, Maimónides y Judá Halevi. Incluso los que se identifican como «seculares» suelen interesarse por el

---

24. Acerca de las opiniones personales de Scholem sobre estos asuntos (que son menos asequibles en sus escritos que las de Buber), v. Scholem, *On Jews and Judaism in Crisis*, 34-36, 46-48. David Novak ofrece una valoración filosófica crítica del sionismo cultural basada en el laicismo de Ahad Ha'am (*Zionism*, 66-83). El análisis de Novak sobre Ahad Ha'am es sagaz, pero una evaluación completa del sionismo cultural requiere evaluar también su corriente teísta, representada por figuras como Buber y Scholem.

25. Mirsky, *Rav Kook*, 37. Véase también p. 189 sobre el contacto personal de Kook con Gershom Scholem y Samuel Hugo Bergmann. Kook era amigo del novelista y premio nobel S.Y. Agnon, que formaba parte del círculo cultural sionista.

26. Esta tensión está ampliamente estudiada en Hazony, *The Jewish State*. Sin embargo, Hazony es partidario del bando sionista político, y sus afirmaciones sobre los sionistas culturales a menudo son injustas. En contraste con él, David Novak es más crítico con los sionistas políticos que con los culturales (*Zionism*, 50-66). En su opinión, estos últimos tenían al menos «propósitos positivos» que inspiraban su «acción», mientras que los primeros solo tenían «propósitos negativos» que motivaban su «reacción» (50). Al mismo tiempo, Novak ve el Estado de Israel que surgió gracias a sus esfuerzos como un tremendo logro político.

27. Véase Pew Research Center, March 8, 2016, «Israel's Religiously Divided Society», 7.

Talmud, el *midrash*, la cábala o el *jasidismo*. Israel es indudablemente moderno, pero sus vínculos con la vida judía tradicional son múltiples.

A la luz de todo esto, estoy de acuerdo con la conclusión a la que llegó Ottolenghi: «Los judíos acabaron abrazando el sionismo porque reflejaba elementos de identidad anteriores a la reformulación del judaísmo en términos nacionalistas modernos».[28] La contradictoria pasividad, central en la visión religiosa judía tradicional de la tierra, se resolvió gradualmente en muchos sectores a favor de la acción colectiva; y, de igual forma, la contradictoria ruptura radical, central en el primer sionismo secular, se ha resuelto gradualmente en el Israel del siglo xxi a favor de la identificación con el pasado judío. El sionismo es, de hecho, un movimiento claramente moderno, pero también es una expresión de valores, anhelos y sueños utópicos acariciados por los judíos durante milenios.

Valoración teológica general

¿Cuál es la significación teológica del sionismo a la luz del *euangelion* profético descrito en los capítulos anteriores?[29] Ese *euangelion* prevé la restauración escatológica de la vida judía en la tierra de Israel como fruto esencial de la resurrección del rey mesiánico de Israel, que en su persona encarna a su pueblo. Una vez que se da crédito a esta interpretación del *euangelion*, el restablecimiento histórico de la vida nacional judía en la tierra, con Jerusalén como capital, plantea cuestiones teológicas de gran relevancia. ¿Podría ser esta una obra decisiva de la divina *boulē* en la historia, tan fundamental para los propósitos de Dios como el florecimiento de la vida judía bajo los herederos de Gamaliel y la imparable propagación del propio *euangelion*?

Aunque la lectura de Lucas y Hechos ofrecida en los capítulos anteriores apunta a la restauración escatológica de la vida judía en la tierra, no exige estrictamente que se produzca una restauración preliminar antes de la aparición final del Mesías. Se podría afirmar lo que he propuesto y entenderlo de manera similar a lo que fue común en la tradición judía antes de la era moderna: que solo *después* de la venida del Mesías, Israel regresará a la tierra y renovará allí su vida nacional. Sin embargo, ahora que la vida nacional judía en la tierra ha resurgido *antes* de la venida del Mesías, hay que preguntarse si tal acontecimiento histórico se ajusta al *euangelion* profético, aun cuando ese mensaje estrictamente no lo requiera.

---

28. Ottolenghi, «A National Home», 55-56.

29. En *Sionismo y judaísmo*, David Novak analiza el pensamiento sionista desde una perspectiva filosófica y ofrece su propia «nueva teoría» del sionismo, que es teísta, *halájica*, democrática y no mesiánica (es decir, independiente de cualquier pretensión de que el Estado de Israel sea el «principio de la redención»). Simpatizo con su proyecto y con muchas de sus conclusiones. Sin embargo, mi propósito aquí es muy diferente. Reflexiono sobre los acontecimientos históricos que precedieron y siguieron al establecimiento del Estado de Israel, e intento distinguir su significado teológico a la luz de los textos del Nuevo Testamento estudiados en los capítulos anteriores. Mi enfoque no es el sionismo como un conjunto de ideas, sino como un fenómeno histórico concreto.

Jerusalén crucificada, Jerusalén resucitada

Algunos de los textos de Lucas y Hechos que hemos considerado parecen presuponer una forma de vida nacional judía en la tierra anterior al regreso de Jesús. Esto se ve especialmente en aquellos textos cruciales que anticipan (Lc 13,35), describen (Lc 19,28-46) o aluden retrospectivamente (Hch 1,6-12) a la entrada triunfal de Jesús el Domingo de Ramos. En el primero de estos textos, Jesús se lamenta por Jerusalén y concluye su lamento con palabras extraídas del salmo 118: «No me veréis hasta que llegue el momento en que digáis: "Bendito el que viene en nombre del Señor"». Como se ha señalado anteriormente, esto apunta a la propia entrada triunfal (Lc 19,28-46) como un signo tipológico profético, en el que la aclamación entusiasta de Jesús por parte de sus propios discípulos representa la bienvenida que toda la población judía de la ciudad santa —incluidos sus dirigentes— ofrecerá al Mesías resucitado cuando vuelva para redimir a su pueblo. A la luz de Hechos 3,19-21, que hace del arrepentimiento de Jerusalén una condición para la restauración mesiánica, deberíamos ver la disposición de la ciudad a ofrecer esa bienvenida como un catalizador, y no una mera consecuencia, de la aparición del Mesías. El carácter profético del Domingo de Ramos se confirma aún más en el relato de la ascensión de Hechos 1,6-12, en el que se nos da a conocer que Jesús «vendrá de la misma manera que lo habéis visto ir al cielo» (v. 12). Como se ha señalado anteriormente, esto implica que Jesús primero *descenderá* al monte de los Olivos (es decir, al lugar desde el que antes *ascendió*), para realizar en toda su plenitud lo que el signo profético del Domingo de Ramos significaba. La entrada triunfal tipológica comenzó en el monte de los Olivos (Lc 19,29), como indicación de que la entrada triunfal escatológica comenzaría desde el mismo lugar (en concordancia con Zacarías 14,45). Si interpretamos esta profecía de Lucas de forma directa, sugiere que Jerusalén será, en cierto sentido, una ciudad judía *antes* de que Jesús regrese a ella.

Para los discípulos de Jesús que viven después de la creación de un Estado judío en 1948, la cuestión que estamos considerando aquí es inevitable. Estamos ante un hecho político que pide a voces una interpretación teológica. Sin embargo, es sorprendente que esta cuestión primero se convirtiera en un asunto de animada discusión eclesial siglos antes de que el sionismo surgiera como un programa explícito entre los judíos. Gerald McDermott cuenta cómo la tradición teológica protestante angloamericana del siglo XVII comenzó a articular una expectativa escatológica del regreso de los judíos a la tierra.[30] Comentando el libro de Increase Mather *The Mystery of Israel's Salvation* (1669), McDermott afirma que «una de las innovaciones de Mather fue afirmar que los judíos recuperarían su antigua tierra *antes* de convertirse. Sería solo "después de que los israelitas hayan vuelto de nuevo a su tierra" cuando se derramaría sobre ellos el Espíritu Santo».[31] Este punto de vista con el tiempo acabaría generalizándose en los círculos protestantes angloamericanos, e hizo a ese entorno teológico especialmente

---

30. McDermott, «A History of Christian Zionism», 59-61. Véase también Goldman, *God's Country*, 13-16, 28-42.

31. McDermott, «A History of Christian Zionism», 61.

favorable al proyecto sionista una vez que este se puso en marcha en el siglo xix. ¿Fue esta nueva propuesta teológica una aberración o fue una respuesta clarividente a la obra iluminadora del Espíritu Santo? A la luz de nuestra lectura de Lucas y Hechos y de la historia antigua eclesial y judía, esta última alternativa parece, con mucho, la más probable.

Hemos señalado ya cuatro elementos de evidencia, pruebas de peso relevantes para la valoración teológica del sionismo y el Estado judío: 1) la restauración de la vida judía en la tierra de Israel es un componente fundamental del *euangelion* profético; 2) la expectativa de que esta restauración se produjera antes del regreso de Jesús es coherente con la forma en que este tema es tratado en textos clave del Nuevo Testamento; 3) algunos cristianos empezaron a entender que el Nuevo Testamento enseñaba acerca de esa restauración nacional judía siglos antes de que surgiera el movimiento sionista; y 4) el movimiento sionista se origina en parte como una continuación de una trayectoria intrínseca a una tradición religiosa judía, que a su vez estaba providencialmente ordenada por la *boulē* divina. A partir de estos cuatro elementos de evidencia, concluyo que el establecimiento de un hogar nacional judío en la tierra de Israel (es decir, el éxito de la empresa sionista) fue providencialmente ordenado por la divina *boulē*, y constituye un hecho histórico de enorme significación teológica.

Un sombrío quinto factor confirma esta afirmación. El establecimiento del Estado judío se produjo tres años después de la conclusión de la II Guerra Mundial. En los doce años de gobierno nazi, el pueblo judío sufrió la catástrofe más devastadora de su larga historia de persecución y martirio. Uno de cada tres judíos del mundo fue asesinado. Como resultado de este horror moderno, muchos cristianos comenzaron a revisar sus puntos de vista sobre el significado teológico del pueblo judío. Descartando la idea de que el sufrimiento judío pudiera atribuirse únicamente al pecado de los judíos, propusieron que la Shoah —y los siglos de persecución que la hicieron posible— revelaba la inquebrantable conexión entre el pueblo judío y Jesús el Mesías. De forma misteriosa, el pueblo judío era partícipe del sufrimiento de Jesús.[32]

Ya he argumentado que esta perspectiva sobre el sufrimiento y la muerte de Jesús tiene una base firme en el mismo Nuevo Testamento. La cruz de Jesús implica su participación proléptica en los tormentos judíos del año 70 d. de C., de modo que la fe judía mantenida hasta la muerte, en los siglos venideros, pudiera participar retroactivamente en su martirio. Sin embargo, también he argumentado que esta correspondencia dinámica entre Jesús y el pueblo judío requiere igualmente una conexión entre la resurrección de Jesús y la redención nacional de Israel. Si la Shoah revela el vínculo entre el pueblo judío y la muerte de Jesús, entonces el establecimiento

---

32. Para ejemplos de estas perspectivas teológicas, v. Kinzer, *Postmissionary Messianic Judaism*, 226-230. Me refiero a los comentarios de Edith Stein, el papa Juan XXIII, Clemens Thoma, Thomas Torrance y Joel Marcus.

del Estado judío tres años después revela igualmente el vínculo entre la vida nacional judía y la resurrección del Mesías de Israel al tercer día.

Así como «el antisemitismo moderno fue el catalizador del surgimiento del nacionalismo judío, más que su causa», así la Shoah fue el catalizador del establecimiento del Estado judío, más que su causa.[33] Pero fue un catalizador efectivo, y hay algo más que una conexión histórica accidental entre la Shoah y el nacimiento del Estado de Israel en 1948. Así pues, no estamos considerando dos acontecimientos vinculados únicamente por una sucesión temporal inmediata, sino una muerte comunitaria parcial que ayudó a preparar un renacimiento comunitario parcial. Juntos, estos dos acontecimientos hicieron del siglo XX «el siglo más dramático de la dramática historia del pueblo judío».[34] Si entendemos al pueblo judío como objeto continuo de la elección divina, entonces el drama en dos actos de ese siglo no puede ser, teológicamente, insignificante.

Hasta ahora me he centrado en los textos del Nuevo Testamento que tienen un carácter profético y su relevancia en nuestra visión del sionismo y del Estado judío. Por supuesto, estos textos del Nuevo Testamento tienen sus raíces en el Tanaj (es decir, el Antiguo Testamento). Los sionistas cristianos suelen basar sus argumentos en las profecías del Tanaj, y sus oponentes plantean una objeción que merece ser comentada. Como dice Gary Burge, «estos cristianos [sionistas] cometen el error de no puntualizar el tema bíblico indiscutible de que [la] promesa de la tierra está estrictamente ligada a la fidelidad al pacto».[35] Israel tiene «derecho» a la tierra solo mientras permanezca fiel a su Dios. Además, una vez expulsado de la tierra por infidelidad, el regreso de Israel se promete solo a condición de que se arrepienta (Dt 4,26-31; 30,1-5). ¿Surgió el movimiento sionista como expresión de esa renovada fidelidad al pacto? ¿No estuvo este movimiento dominado por judíos seculares que rechazaban la autoridad de la Torá y que a menudo carecían de la más mínima fe en Dios?

Estos críticos del sionismo cristiano tienen razón. La tradición deuteronómica hace de la fidelidad al pacto una condición para la restauración nacional de Israel. Si bien es un error considerar el sionismo como un movimiento estrictamente secular y el Estado de Israel como un Estado estrictamente secular, ninguno de los dos puede considerarse de naturaleza principalmente religiosa. Además, como todos los movimientos y Estados políticos, este movimiento y este Estado pueden ser acusados con razón de actos de injusticia que violan las exigencias éticas del pacto.[36] ¿Restan

---

33. Ottolenghi, «A National Home», 59. Véase también las palabras de Martin Buber in 1946: «El sionismo político moderno [...] solo fue impulsado e intensificado, pero no causado, por el moderno antisemitismo» (Buber, *A Land of Two Peoples*, 181). Sobre la relación teológica entre la Shoah y la creación del Estado de Israel, v. Novak, *Zionism*, 225-249.

34. Shavit, *My Promised Land*, 412.

35. Burge, *Jesus and the Land*, 123.

36. «Los sionistas cristianos que defienden los cumplimientos proféticos en el Israel moderno deben estar igualmente dispuestos a aplicar las exigencias éticas proféticas de estos mismos escritores» (Burge, *Jesus and the Land*, 124).

fundamento estos dos hechos a la afirmación de que el movimiento sionista y el Estado judío manifiestan históricamente la *boulē* divina y se corresponden de alguna manera con las palabras de los profetas de Israel?

Para responder a esta pregunta, es fundamental distinguir dos líneas en la enseñanza profética sobre el regreso de Israel del exilio. Como ya se ha señalado, la línea deuteronómica requiere el arrepentimiento de Israel como condición para su restauración nacional.[37] Sin embargo, otras líneas de enseñanza profética abordan el tema de manera muy diferente. Por ejemplo, en Ezequiel 36, Dios restaura a Israel «por mi santo nombre» y «no por consideración a vosotros, casa de Israel» (vv. 21-23; 32). Dios actúa, no porque Israel haya cumplido una condición del pacto, sino porque el nombre de Dios está irrevocablemente ligado a Israel, y porque el estado de desolación de Israel deshonra el nombre de Dios. Este acto de restauración divina implica, *en primer lugar*, un regreso a la tierra (v. 24) y, *luego*, una transformación interna para que Israel pueda obedecer los estatutos y las ordenanzas de Dios (vv. 25-27) y permanecer en una relación de pacto renovada (v. 28). Aquí, el arrepentimiento de Israel (v. 31) es un *resultado* de la obra restauradora de Dios, no su *condición*. Además, el arrepentimiento de Israel *sigue*, y no precede, a su regreso a la tierra. Un escenario escatológico similar aparece en Isaías 40-66.[38]

Si leemos Lucas y Hechos entendiendo que anticipan el regreso de Israel a su tierra antes de acoger a Jesús con las palabras del Salmo 118,25-26, entonces Lucas y Hechos pueden combinar estas dos líneas de la tradición profética. En primer lugar, Dios actúa (de acuerdo con las enseñanzas de Ezequiel e Isaías) para restaurar parcialmente a Israel en su tierra. Solo después Dios da a Israel un nuevo corazón, para que el pueblo pueda recibir a Jesús, el *profeta-como-Moisés* (Hch 3,22). Este segundo acto redentor abre entonces el camino para la plena restauración de Israel, y de toda la creación con él (Hch 3,19-21).

Desde esta perspectiva, nada nos impide ver el sionismo como una expresión integral, aunque imperfecta, de la *boulē* divina actuando en la historia humana.

Preguntas teológicas específicas

He formulado deliberadamente en términos generales esta conclusión anterior. *Algo* está sucediendo en el movimiento sionista de enorme y positiva trascendencia teológica. Ese *algo* se corresponde *de alguna manera* con el *euangelion* profético. Pero ¿qué significa esto para las cuestiones específicas que los discípulos de Jesús deben

---

37. Esta tradición deuteronómica se encuentra también en textos como Jr 31,18-20.

38. En estos capítulos de Isaías, se describe a Israel en el exilio como un «gusano» (41,14) y como «ciego» (42,16). Como afirma Isaías 44,22: «He barrido tus transgresiones como una nube, y tus pecados como la niebla; vuélvete a mi, porque te he redimido». Aquí la demostración del perdón y la redención divinos actúa como motivación, más que resultado, del arrepentimiento de Israel.

abordar al reflexionar teológicamente sobre los críticos acontecimientos que están teniendo lugar en Oriente Medio?

La forma en que los discípulos de Jesús responden a estas preguntas tiene un profundo impacto en la forma en que responden a esos acontecimientos. La mayoría de los participantes directos en esos acontecimientos de Oriente Medio no son expresamente discípulos de Jesús, y no podemos esperar que el *euangelion* moldee su pensamiento y acciones. Pero los discípulos de Jesús de todo el mundo juegan un papel destacado a la hora de apoyar u oponerse a los diversos cursos de acción adoptados por esos participantes. Por lo tanto, necesitamos saber lo que el *euangelion* profético requiere o permite en relación con estas acciones.

En lo que sigue no estoy defendiendo ningún programa o política particular. Mi objetivo es aclarar los imperativos prácticos, para el siglo xxi, de la enseñanza neotestamentaria identificada en los capítulos anteriores. Solo pretendo definir qué exige ese mensaje con respecto al pueblo judío y la tierra de Israel, y hasta dónde hay margen para tomar decisiones prudentes basadas en la enseñanza ética, que es también fundamental en el *euangelion*.

Abordaré a continuación cinco preguntas específicas.

Pregunta núm. 1: ¿una valoración teológica positiva del sionismo a la luz del euangelion *profético significa que el Estado judío, tal como está constituido actualmente, es el comienzo del orden redimido del mundo?*

Nuestra reflexión teológica sobre estos acontecimientos históricos sugiere que *el renacimiento de la vida nacional judía en la tierra de Israel es una obra divina con profundas implicaciones escatológicas*. Esta conclusión debería ser evidente por la extraordinaria forma en que se desarrolló esta historia y por su relación con el *euangelion* de Lucas. Sin embargo, esto no significa que *el Estado* deba ser considerado exactamente de la misma manera. Considerado como una solución política particular para ordenar la vida nacional judía, el Estado sirve a la nación pero no es idéntico a ella. Es un instrumento, no un fin en sí mismo, y podría adoptar diversas formas y seguir cumpliendo su propósito.

En 1948, los dos rabinos principales del nuevo Estado de Israel compusieron una oración por el Estado que todavía utilizan muchas comunidades judías hoy. Esa oración se refiere al Estado como *reshit tzemichat ge'ulateynu* —traducido literalmente, «la primicia del brote de nuestra redención»—. La palabra hebrea traducida aquí como «brote» alude a textos bíblicos y litúrgicos que hablan del reinado escatológico del Mesías.[39] Hay formas de interpretar esta frase que serían compatibles con el *euangelion* profético. Puede entenderse que el término «Estado» (*medinah*)

---

39. Véase, por ejemplo, la decimoquinta bendición de la oración diaria de la *amidá*: «Que el vástago [*tzemach*] de Tu siervo David florezca pronto [*tatzmiach*], y que su orgullo sea elevado por Tu salvación, pues esperamos Tu salvación todo el día. Bendito seas, Señor, que haces florecer la gloria de la salvación [*matzmiach*]» (Sacks [ed.], *The Koren Siddur: Nusach Ashkenaz*, 124-125).

no se refiere principalmente a una estructura gubernamental, sino al pueblo al que esa estructura sirve, y también a toda la secuencia histórica de eventos mediante los cuales fueron reunidos en la tierra como una comunidad con autogobierno. Estos acontecimientos juntos pueden razonablemente verse como un signo escatológico que manifiesta la fidelidad de Dios a las promesas del pacto y que apunta, más allá de los mismos hechos, a una futura expresión mesiánica de esa fidelidad, que está más allá de lo que es posible imaginar.

Sin embargo, la frase empleada en la oración por el Estado de Israel también puede interpretarse de manera incompatible con el *euangelion*. Esto ocurre cuando el Estado de Israel, como orden político particular, se considera la primera etapa de la redención mesiánica, con el reinado final del Mesías simplemente agregando la piedra angular a una estructura casi completada. Esta forma de ver el Estado judío exagera la continuidad entre este mundo roto y el mundo redimido, entre el Israel de ahora y el Israel de entonces. La venida del Mesías sanará a las *naciones* (Ap 21,24.26; 22,2), pero pondrá fin a los *estados* tal como los conocemos ahora, estableciendo un *reino* en Israel (Hch 1,6).[40]

En este contexto, resulta digna de elogio la aproximación a la realidad del Estado judío hecha por Martin Buber. Antes de 1948, Buber se había alineado con quienes habían argumentado a favor de un Estado binacional, en el que el pueblo judío encontraría un hogar nacional como socio autónomo en un orden político de dos caras judeo-árabe. Disgustado con la forma real que adoptó el Estado de Israel en 1948, lo aceptó, no obstante, como propio: «He aceptado como mío el Estado de Israel, la forma de la nueva comunidad judía que ha surgido de la guerra. No tengo nada en común con esos judíos que imaginan que pueden cuestionar la forma real que ha tomado la independencia judía. El mandato de servir al espíritu debemos cumplirlo en este Estado, empezando a partir de él».[41] Aunque abrazaba el Estado judío, Buber seguía argumentando enérgicamente contra la idolatría de ese Estado. Para él, la visión sionista era fundamentalmente una tarea moral y espiritual encomendada por Dios al pueblo judío, y el establecimiento del Estado ofrecía una nueva y decisiva oportunidad de cumplir esa tarea. El biógrafo de Buber resume su opinión sobre el Estado de Israel de esta forma:

«Todo intento de reemplazar la idea viva de "Sion" mediante el establecimiento de un Estado debe acabar en fracaso», escribió Buber [en 1959]. «El Estado no

---

40. Según David Novak, la noción del Estado como primera etapa de la redención mesiánica también es problemática desde una perspectiva teológica judía tradicional. Véase *Zionism*, 233-240. Novak sostiene que «la tierra de Israel existe para el bien del pueblo de Israel; el pueblo de Israel no existe para el bien de la tierra de Israel […] Del mismo modo, el Estado de Israel existe por el bien del pueblo Israel en la tierra de Israel; el pueblo Israel en la tierra de Israel no existe por el bien del Estado de Israel. Y, lo que es más importante, el pueblo, y por tanto la tierra, y por tanto el Estado, existen todos por causa [en nombre] de Dios» (150, 151). Estoy completamente de acuerdo con la formulación de Novak.

41. Buber, *Land of Two Peoples*, 292-293.

es, como pensó Hegel, la "autodeterminación" del espíritu en la que el hombre, solo, puede tener una existencia racional. Es, en el mejor de los casos, una estructura de soporte que el espíritu emplea en su obra; pero puede también ser un obstáculo». Sion puede crecer a partir de un Estado que sea fiel al espíritu, pero no a partir de uno que lo olvide; salvo que haga memoria y «se convierta». El pueblo necesita la tierra y libertad para organizar su propia vida y poder realizar el objetivo de la comunidad, escribió Buber en *Israel y Palestina*. Pero el Estado como tal es, en el mejor de los casos, solo *un medio* para la meta de Sion, e incluso puede ser un obstáculo para ello si no se mantiene en lo más alto, como misión y tarea, la verdadera naturaleza de Sion. «Sion significa un destino de perfeccionamiento mutuo. No es un cálculo sino un mandato; no una idea, sino una figura oculta esperando ser revelada. Israel perdería su propia identidad si sustituyera [la tierra de] Palestina por otra tierra y perdería su propia identidad si sustituyera Sion por [la tierra de] Palestina».[42]

Buber fue la conciencia profética del movimiento sionista. Su actitud hacia el Estado de Israel producido por ese movimiento tiene tanto poder profético hoy, como lo tuvo hace medio siglo.

Pregunta núm. 2: ¿una valoración teológica positiva del sionismo a la luz del euangelion *profético significa que el Estado de Israel debería conservar la soberanía sobre toda la tierra que ahora controla?*

Si el Estado de Israel fuera la primera etapa de la redención escatológica, destinado a convertirse gradualmente en el reino mesiánico, entonces uno podría argumentar con razón contra cualquier concesión territorial por parte del Estado judío. En ese caso, ceder tierras podría significar retrasar el día de la redención final. Sin embargo, ya he negado tal condición al Estado judío. El Estado de Israel es, en el mejor de los casos, una señal preliminar del reino mesiánico, cuya llegada definitiva romperá el orden de este mundo tal y como lo conocemos.

En efecto, yo diría que el *ethos* sionista de acción colectiva debe complementarse y atemperarse con el *ethos* judío tradicional de confiada expectación. La acción colectiva inspirada ha producido providencialmente un hogar nacional judío en la tierra prometida. Pero la acción colectiva por sí sola no puede iniciar la era mesiánica. A la luz del *euangelion* de la muerte y resurrección de Jesús, se debe sostener que la condición existencial del exilio continúa mientras el pecado y la muerte dominen el orden creado. La vida colectiva del pueblo judío en la tierra de Israel constituye un signo que apunta, más allá del exilio, a un mundo gobernado por el Mesías de Israel resucitado y glorificado; pero el exilio continúa, incluso para los judíos en la tierra. Solo veremos el verdadero final del exilio cuando Dios intervenga de manera extraordinaria y unilateral para rasgar los cielos y transfigurar la forma de este mundo.

---

42. Friedman, *Martin Buber's Life and Work*, 351.

Esa es la perspectiva escatológica del *euangelion* profético.[43] Visto desde este ángulo, el Estado de Israel es libre de hacer concesiones territoriales si determina que tales decisiones favorecerán el bienestar de su pueblo y promoverán el bien de su región. Criterios de prudencia relacionados con la seguridad y otros asuntos pueden hacer que dichas concesiones no sean aconsejables en determinadas circunstancias, pero no se deberían confundir criterios de prudencia con imperativos teológicos.

Pregunta núm. 3: ¿Una valoración teológica positiva del sionismo a la luz del euangelion *profético significa que el Estado de Israel debería conservar la soberanía total sobre Jerusalén como ciudad políticamente unida?*

Como se ha visto en el capítulo 1, el *euangelion* reconoce el vínculo único que une al pueblo judío con la ciudad santa, y anticipa un día escatológico de redención en el que ese vínculo se consumará. Esto significa que los discípulos de Jesús deben resistirse a todo intento de equiparar teológicamente la relación judía con la ciudad con el apego religioso al lugar que tienen cristianos (es decir, discípulos gentiles de Jesús) y musulmanes. Los cristianos están unidos a la ciudad por su relación con Jesús, el Mesías, quien allí padeció, murió y resucitó de los muertos, y a quien la ciudad pertenece en última instancia. Sin embargo, el título bajo el cual murió lo identificó como «el rey de los judíos», y la ciudad le pertenece porque cumple ese papel como Hijo de David resucitado. En consecuencia, los discípulos gentiles de Jesús están vinculados a la ciudad a través del pueblo judío del que Jesús es el soberano. Los musulmanes, por su parte, derivan su devoción a Jerusalén de la tradición que afirma que Mahoma ascendió al cielo en el monte del Templo para recibir la revelación divina. Esta tradición se ganó un lugar especial en la piedad islámica a través de las casas de culto construidas allí para honrar el acontecimiento. Por supuesto, los discípulos de Jesús estarán dispuestos a considerar esta historia como legendaria, pero no pueden negar el apego que ha surgido a raíz de ella. Lo que es crucial para nuestros propósitos es observar que, desde una perspectiva histórica, la historia probablemente surgió porque la tradición islámica primitiva reconocía el lugar como el sitio del templo de Jerusalén, y por lo tanto lo consideró adecuado para tal ascensión.[44] De este modo, la devoción a Jerusalén, tanto musulmana como cristiana, deriva en última instancia de la conexión judía, más fundamental, con el sitio.

Sin embargo, nuestras respuestas a las preguntas 1 y 2 subrayan el carácter preliminar y provisional del Estado judío en relación con el reino mesiánico que aún está por venir. Lo que es cierto de la soberanía del Estado judío sobre la tierra como un todo se aplica también a la soberanía del Estado judío sobre la ciudad santa, que es su

---

43. Esta es también la perspectiva escatológica defendida por el teólogo judío David Novak, una perspectiva que él denomina «mesianismo trascendente» (*Zionism*, 245).

44. Eso no significa que los musulmanes de hoy en día reconozcan generalmente el lugar como antigua sede de un templo judío. Así, el presidente palestino Mahmud Abbas ha declarado con frecuencia que «nunca hubo un templo en el Monte del Templo» (Yossi Alpher, «The Issues the Peace Process Should Avoid», *The Forward*, 29 de julio de 2013).

corazón. Desde luego, cualquier arreglo político sobre Jerusalén debe tener en cuenta el papel único de la ciudad como centro no solo del Estado judío, sino también del pueblo judío en todo el mundo. La administración de la ciudad siempre debe ser tal, que permita que la vida judía prospere en ella y que garantice la libertad de acceso a los lugares sagrados judíos. Cumplidas estas condiciones esenciales, el Estado judío podría negociar cualquier número de posibles acuerdos políticos que fueran compatibles con el mensaje del Mesías resucitado. Los discípulos de Jesús no deberían imponer restricciones teológicas al derecho y al deber del Estado de desarrollar soluciones creativas a problemas políticos y diplomáticos complejos. El *euangelion* profético y el ideal sionista (especialmente en la tradición cultural sionista) tienen en común el imperativo de unir las preocupaciones éticas, como la prioridad de la justicia y la paz, a las preocupaciones nacionales y religiosas. Como sostenía Buber, la «Sion» que animaba la esperanza sionista no era simplemente un lugar, sino también una tarea ética, y el pueblo judío no debería verse obligado a renunciar a esa tarea en nombre de una expresión particular de «soberanía estatal».

En este momento de la historia, es poco probable que el Estado de Israel acepte cualquier acuerdo político que comprometa su soberanía con respecto a Jerusalén. No estoy argumentando en contra de esa posición, ni proponiendo ninguna alternativa concreta. Trato simplemente de definir los límites de las opciones políticas permisibles para quienes están comprometidos con el *euangelion* del Mesías crucificado y resucitado.

Pregunta núm. 4: ¿Una valoración teológica positiva del sionismo a la luz del euangelion *profético significa que el Estado de Israel debería reclamar la propiedad del monte del Templo y tratar de reconstruirlo?*

Todos los judíos consideran el monte del Templo como el lugar más sagrado de la tierra. Durante la mayor parte de los últimos diecinueve siglos, los judíos no han podido rendir culto en el monte mismo, y han expresado su devoción al lugar rezando en el muro occidental de la estructura que soporta el monte. Incluso después de que el Estado judío tomara el control de la ciudad antigua de Jerusalén en 1967, las normas rabínicas prohibían a los judíos visitar el monte del Templo para evitar la profanación involuntaria del lugar sagrado.

Según nuestro estudio del templo en el capítulo 2, los escritos lucanos siguen mostrando reverencia por el monte del Templo. Independientemente de si un templo judío adorna el lugar, este conserva su carácter único como componente central de la visión lucana del cosmos. Así como Jerusalén sigue siendo la ciudad santa, así el monte del Templo sigue siendo lugar santísimo, el santo de los santos.

Por lo tanto, los discípulos de Jesús deberían afirmar la conexión perdurable entre el pueblo judío y el monte del Templo, y defender el derecho de los judíos a rendir culto libremente en el muro occidental.[45] Si bien los cristianos de las épocas romana

---

45. Esto puede parecer una afirmación no controvertida. Que no es así lo demuestra una resolución

y bizantina pueden haber tratado el monte con desdén, viéndolo como símbolo de un pueblo abandonado por Dios, los discípulos de Jesús de hoy deberían mostrar reverencia por el lugar como un símbolo sagrado de un pueblo elegido y amado por Dios, cuya identidad y destino son parte integrante e indispensable del *euangelion*.

Los judíos han creído tradicionalmente que el Mesías reconstruiría el templo, y de ahí que el anhelo judío por el templo estuviera envuelto en un anhelo mayor por la era mesiánica. Los sionistas religiosos creyeron en la acción colectiva para volver a la tierra y remodelar la vida nacional judía, pero seguían asumiendo que el templo solo sería reconstruido por el Mesías. Por ello, en cuanto tenía que ver con la esperanza de un nuevo templo, uno no podía más que rezar y esperar.

Este enfoque es coherente con la orientación del Nuevo Testamento hacia el templo y la era mesiánica. Como muchos judíos del siglo i, los primeros discípulos de Jesús esperaban un futuro templo «no hecho a mano», que descendería del cielo. Para muchos de ellos, ese templo equivalía a toda la creación transformada y llena de la gloria divina. Puede que algunos de ellos esperasen un edificio concreto en una Jerusalén renovada, pero incluso ellos sabían que no sería construido con piedras terrenales por manos de simples judíos.

En la guerra de los Seis Días de 1967, Israel tomó el control de la ciudad antigua de Jerusalén por primera vez en casi diecinueve siglos. Después de ese dramático acontecimiento, algunos israelíes empezaron a pensar que el templo debía reconstruirse ahora, antes de la venida del Mesías.[46] El mismo tipo de acción colectiva que dio lugar al establecimiento del Estado judío y a la unificación de la ciudad de Jerusalén podría dar lugar ahora a la renovación del culto del templo judío. Este programa ha cobrado impulso en los últimos años y, aunque sigue siendo marginal, cuenta con un número creciente de adeptos israelíes.[47]

Por supuesto, este programa también implicaría, probablemente, la destrucción de algunos o todos los lugares religiosos musulmanes que actualmente existen en el monte del Templo. Ese acto deshonraría edificios considerados sagrados por mil millones de musulmanes de todo el mundo, aislaría al Estado judío incluso de sus aliados y provocaría un conflicto violento con los palestinos y otros vecinos musulmanes. Dado que la construcción del templo antes de la venida del Mesías no es un requisito ni en la tradición judía ni en el *euangelion* profético, y dadas las catastróficas consecuencias geopolíticas que produciría, este no es un curso de acción al que los discípulos de Jesús deban dar apoyo ni aplaudir.

---

de la UNESCO del 15 de abril de 2016 en la que se hablaba de «Al-Haram Al Sharif» (el «noble santuario») únicamente como un «lugar sagrado de culto musulmán», y en la que se hacía referencia al muro occidental como «Plaza Al-Buraq» (con «Muro Occidental» mencionado con comillas entre paréntesis). La resolución ignoraba la conexión bíblica entre el pueblo judío y el monte del Templo. Véase http://www.haaretz.com/israel-news/.premium-1.715442.

46. Véase Shavit, *My Promised Land*, 215-217.

47. Véase Miller, «Temple Mount Revival Movement Revels in Crowd-Funded Passover Sacrifice —But at What Cost?», en The Forward, 2 de Mayo, 2016.

No estoy sugiriendo aquí que el culto en el templo en sí mismo sea incompatible con la enseñanza del Nuevo Testamento. Como vimos en nuestro examen del libro de Hebreos en el capítulo 2, el sacrificio en el templo es admisible en la era actual. Los primeros discípulos judíos de Jesús participaban en el culto del templo antes de la destrucción de Jerusalén en el año 70, y no hay razones teológicas convincentes que pudieran impedir a los discípulos judíos de Jesús en nuestros días hacer lo mismo si el templo de Jerusalén existiera. Por lo tanto, no estoy argumentando aquí en contra de la *admisibilidad* del culto en el templo, sino en contra de la *necesidad* o la *sabiduría* de abogar por su restauración antes del regreso del Mesías.

Algunos pueden argumentar que los discípulos de Jesús deben defender la reconstrucción del templo porque el Nuevo Testamento espera que el templo exista en el período inmediatamente anterior al regreso del Mesías. Como se vio en el capítulo 2, Pablo (o uno de sus discípulos literarios) evidentemente tenía esa expectativa (véase 2 Ts 2,1-4).[48] Sin embargo, Pablo aparentemente también creía que el regreso de Jesús era inminente, y no parece saber lo que el autor/editor de Lucas/Hechos sabía: que el templo sería destruido, y la historia de Israel y las naciones continuaría en su ausencia. Dado que los profetas no siempre saben cómo se cumplirán sus palabras, es posible que la referencia de Pablo al templo en la segunda epístola a los Tesalonicenses deba tomarse en sentido figurado. El texto puede apuntar solo a la autoridad que «el inicuo» reclama sobre el pueblo de Dios, y el culto que exige de ellos. Por otro lado, tal vez este texto sí tenga un cumplimiento literal, y el templo sea reconstruido en algún momento. Incluso si ese es el caso, no se deduce que dicha reconstrucción sea intrínsecamente un acto bueno y deseable. Hay muchos acontecimientos que las Escrituras anticipan al final de esta era que pueden ser inevitables, pero que en sí mismos no son buenos, y los creyentes deberían resistirlos en lugar de promoverlos. El triunfo inicial del «inicuo» es en sí mismo el caso más extremo de un evento de este tipo, y (dependiendo de las circunstancias) la reconstrucción del templo podría ser otro.

Aunque el *euangelion* profético no requiere que los discípulos de Jesús aboguen por la reconstrucción del templo, tampoco requiere que se opongan a tal acción. Como se ha señalado anteriormente, las circunstancias en 2018 (al terminar este libro) hacen que la reconstrucción del templo sea una empresa peligrosa y potencialmente desastrosa, que deshonraría a una importante religión mundial y violaría los derechos de sus adeptos. Aunque es difícil imaginar un escenario futuro en el que no sea así, la historia da muchos giros extraños que desafían cualquier intento de hacer un pronóstico. Si las circunstancias cambiaran de tal manera que la reconstrucción del templo fuese una acción moral y prudentemente aceptable, los discípulos de Jesús serían libres de apoyarla. Como ya he dicho, no hay nada en el culto del templo que sea incompatible con las enseñanzas del Nuevo Testamento.

---

48. Véase mi exposición sobre este texto en el capítulo 2, p. 82.

Sin embargo, nuestra esperanza no está puesta en ningún proyecto humano de este tipo, sino en el templo construido sin la ayuda de manos humanas, cuyo lugar santo será la nueva Jerusalén, y cuya gloria llenará todo el cosmos.

Pregunta núm. 5: ¿Una valoración teológica positiva del sionismo a la luz del euangelion *profético significa que los discípulos de Jesús deben apoyar siempre las políticas y acciones del gobierno del Estado de Israel?*

A diferencia de las cuatro preguntas anteriores, la respuesta a esta debería ser obvia: si los discípulos de Jesús no tienen que aprobar cada política o acción emprendida por las autoridades gobernantes de sus propias comunidades eclesiales —lo que ni siquiera los católicos están obligados a hacer—, por supuesto que no tienen que hacerlo tampoco con respecto al Estado judío. Una vez más, si los judíos tradicionales que se consideran sionistas no adoptan esa postura —y ninguno, que yo sepa, lo hace—, ¿por qué deberían hacerlo los discípulos judíos o gentiles de Jesús?

La razón de plantear esta pregunta no es para recibir la esperada respuesta negativa, sino para aclarar la actitud que los discípulos de Jesús deberían adoptar en su valoración moral de la política y las acciones israelíes. Fundamentalmente, esa actitud debe ser de solidaridad con el pueblo, que ha elegido a determinado gobierno en el poder, y cuyo continuado consentimiento le da legitimidad. Un discípulo del Mesías judío no puede adoptar una postura neutral al pensar sobre política de Oriente Medio, manteniéndose equidistante de todos los partidos y sin conceder el beneficio de la duda a ninguno.

En esta fase final de nuestra argumentación, las bases de dicha solidaridad deberían ser evidentes. En primer lugar, todos los discípulos de Jesús —tanto gentiles como judíos— están inextricablemente unidos al pueblo judío como hermanos y hermanas; consecuentemente, lo que está en consideración es la conducta de miembros de la familia, no de extraños. En segundo lugar, los discípulos de Jesús deberían ver la empresa sionista en general como un milagro del Espíritu Santo en la historia, ligado íntimamente al *euangelion* y reflejo de la *boulē* divina: así como no podemos considerar los hornos de Auschwitz sin la cruz del Mesías, tampoco podemos considerar la vida de esta nación sin su resurrección. En tercer lugar, los discípulos de Jesús deberían ser activamente conscientes de que las fuerzas diabólicas cuyas maquinaciones culminaron en la Shoah no han sido proscritas a pesar de sus horrores manifiestos; el espíritu del antisemitismo es idéntico al espíritu del anticristo, y está vivo y en activo hoy con ambos disfraces. No todo el antisionismo sirve como capa, socialmente aceptable, para encubrir el antisemitismo, pero parte de él sí. Este hecho nos motiva aún más a hablar constructivamente, si bien no siempre positivamente, de los frutos inevitablemente ambiguos de la política israelí.

Deberíamos comenzar desde una posición de fe en la obra de Dios en la historia. Como todo gobierno enredado en una maraña de hostilidad y violencia internacional, intercultural, interétnica e interreligiosa, el gobierno de Israel ha cometido, está cometiendo y seguirá cometiendo malas acciones de diversa gravedad. Pero, ¿no es esto un eco de la propia narración bíblica, en la que Dios teje su propio tapiz redentor a partir de nuestras cuerdas deshilachadas y enredadas? Podemos reconocer los errores del Estado judío y orar y trabajar por su corrección, al tiempo que reconocemos nuestra limitada capacidad para distinguir los contornos precisos del designio providencial de Dios en su desarrollo histórico. Al mismo tiempo, estamos llamados a depositar nuestra esperanza en la *boulē* divina, que convirtió el pecado de los hermanos de José en salvación, tanto de la familia de Jacob como de las naciones del mundo.

Conclusión

Dentro del amplio marco de este sionismo eclesial, hay mucho terreno para un fuerte debate y para el desacuerdo sobre los detalles prácticos del conflicto palestino-israelí. Intento proporcionar un conjunto de parámetros teológicos dentro de los cuales puedan tomar su posición partidarios de la derecha, la izquierda y el centro. En otras palabras, el enfoque que aquí se presenta no dicta una postura política concreta al tratar los temas en cuestión. De hecho, el propósito es limitar el impacto de la teología a aquellos aspectos esenciales que dibujan los límites exteriores del discurso. Intento liberar a los participantes en el debate de la pesada carga de los imperativos teológicos, para poner el foco de atención en las consideraciones de prudencia y de ética, cuyo contenido debería ser decisivo para dar forma al argumento. El marco teológico es indispensable, pero todo intento de sacar conclusiones prácticas detalladas de este marco nos aprisiona en una caja dogmática de cuyos juicios inflexibles no podemos escapar, descuidando otras consideraciones urgentes de ética y de prudencia.

Ahora estamos preparados para adentrarnos en nuestro último tema, reflexionando sobre acontecimientos históricos que están íntimamente conectados con el *euangelion* profético.

Una valoración teológica del judaísmo mesiánico

De la misma forma que nuestra discusión sobre Jerusalén y la tierra en el capítulo 1 hizo inevitable la cuestión contemporánea del sionismo, así nuestro tratamiento de la Torá en el capítulo 4 conduce inevitablemente a una consideración del judaísmo mesiánico contemporáneo. La lectura del Nuevo Testamento ofrecida en las páginas anteriores implica que estos dos fenómenos históricos modernos tienen la misma relevancia para el *euangelion*. Si bien esta es, en sí misma, una conclusión un tanto audaz, tengo la intención de proponer aquí una tesis aún más provocativa, a saber: que *el sionismo y el judaísmo mesiánico están vinculados dentro del diseño providencial de Dios*. En apoyo de esa tesis, narraré brevemente la historia del judaísmo mesiánico en relación con la historia del sionismo.

En Lucas y Hechos, Jerusalén, con el monte del Templo en su centro, es la ciudad de Dios y del Mesías. Es el punto más sagrado de la tierra prometida, la parte más preciosa que representa el todo. Pero Jerusalén en Lucas y Hechos es también la ciudad de los judíos fieles a la Torá, comprometidos tanto con Jesús el Mesías como con el pueblo de Israel: Simeón, Ana, José de Arimatea, Santiago el hermano de Jesús, los «miles [...] entre los judíos» que eran «todos celosos de la Torá» (Hch 21,20), estos son los ciudadanos de Jerusalén cuyas vidas representan para Lucas el destino profético de la ciudad. En su narración, prácticamente residen en el templo, y el papel que desempeñan en la *ekklēsia* mundial los hace casi equivalentes al lugar que habitan.

Las guerras judías con Roma a finales del siglo I y principios del II determinaron las líneas básicas de la existencia nacional de Israel en el exilio durante casi dos milenios. Comunidades de judíos siguieron viviendo en la tierra prometida, pero durante siglos Jerusalén estuvo vedada a ellos. Estas mismas guerras también jugaron un papel decisivo en el debilitamiento, y finalmente la destrucción, de la comunidad de discípulos judíos de Jesús —la *ekklēsia ex circumcisione* («la *ekklēsia* de la circuncisión»), en la terminología del período patrístico—. Como se vió después, los «tiempos de los gentiles» (Lc 21,24) supondrían la eliminación de una presencia comunitaria judía visible, no solo en Jerusalén, sino también en la *ekklēsia*. Lamentablemente, la mayoría de los creyentes en Jesús del siglo II, y más allá de este siglo también, celebraron la destrucción tanto de la ciudad santa como de la *ekklēsia ex circumcisione*. No supieron reconocer el comienzo de su propio exilio eclesial. El pueblo judío había sido expulsado de una Jerusalén conquistada por enemigos externos, pero estos cristianos habían avivado las llamas que destruyeron su propia ciudad santa y marcharon voluntariamente al exilio como si estuvieran de vuelta a casa.

Los sufrimientos del exilio fueron muy crueles para los discípulos judíos de Jesús. Como el resto del pueblo judío, habían perdido su amada ciudad y su templo, y habían soportado la humillación nacional. Pero pronto se hizo evidente que también habían perdido tanto su lugar en la comunidad judía como en la *ekklēsia*: para mantener su identidad judía se les exigió renunciar a su fe en Jesús; para mantener su fe en Jesús se vieron obligados a renunciar a su identidad judía y ser absorbidos por la *ekklēsia ex gentibus* (es decir, la *ekklēsia* de las naciones). El que esa *ekklēsia* se decidiera por una existencia sin Jerusalén significó que los discípulos judíos de Jesús que no renunciaron a su fe en él tuvieron que suprimir su conexión intrínseca con la ciudad santa y, en consecuencia, exiliarse de sí mismos.

Habiendo perdido Jerusalén y su hogar nacional en tierra de Israel, el pueblo judío nunca renunció a la esperanza de su futura restauración. Cuando viniera el Mesías, guiaría a su pueblo de vuelta a la herencia prometida. Mientras tanto, los judíos solo podían rezar y esperar.

Por su parte, la *ekklēsia ex gentibus* conservó su propio atisbo de esperanza para el pueblo judío, una esperanza en los márgenes exteriores más que en el centro de la existencia eclesial, pero digna de mención, no obstante: al final de la era, los judíos se «convertirían a Cristo» y entonces Jesús regresaría. Esto significó que la *ekklēsia* nunca perdió del todo la conciencia del estatus de pacto de Israel, único entre las naciones de la tierra. Por supuesto, ese estatus solo podría tener una significación positiva cuando los judíos creyeran en Jesús (y, paradójicamente, renunciaran a su judaísmo). Aun así, esto significaba que el pueblo judío era una parte esencial del plan divino, pues la redención final del mundo y la resurrección de los muertos no podían realizarse sin ellos. Mientras tanto, los judíos vivían bajo una maldición, y lo máximo que podían hacer los cristianos era orar por ellos y esperar.

Ya en los siglos xvii y xviii, algunos cristianos empezaron a concebir que, *antes* del regreso del Mesías, habría un retorno colectivo de los judíos a su tierra ancestral.[49] Estos cristianos se adelantaron uno o dos siglos a su tiempo. De manera similar, a principios del siglo xviii, algunos cristianos pietistas alemanes empezaron a prever el establecimiento de comunidades de discípulos judíos de Jesús que adoptarían los componentes esenciales de un modo de vida judío tradicional.[50] Estos cristianos veían la comunidad de Jerusalén descrita en Hechos de los Apóstoles como un modelo digno de ser emulado por los discípulos judíos de Jesús de los últimos días.[51] También se adelantaron a su tiempo, porque esta visión no cobraría fuerza entre los discípulos judíos de Jesús hasta finales del siglo xix.

La actitud judía en cuanto al exilio no dio un giro decisivo hasta principios del siglo xix, cuando los discípulos del Gaón de Vilna emigraron a Palestina «con el propósito expreso de construir instituciones».[52] En el mismo período, judíos creyentes en Jesús en Inglaterra dieron un paso sin precedentes en toda la era posconstantiniana. Afirmando públicamente el carácter perdurable de su identidad judía y su significado espiritual, comenzaron a crear vínculos entre ellos y con instituciones que pudieran fortalecer esos vínculos. En 1813, cuarenta y un discípulos judíos de Jesús establecieron una asociación en Londres llamada Beney Abraham (Hijos de Abraham). En 1866, nació la Hebrew Christian Alliance, también en Inglaterra.[53] Los participantes en estas organizaciones eran miembros leales de varias iglesias, y no estaban tratando de construir una comunidad eclesial judía distinta. Sin embargo, habían roto con una práctica de muchos siglos de total asimilación judía dentro de la *ekklēsia* gentil.

El sionismo como movimiento adquirió su madurez en las décadas de 1880 y 1890. En 1881 el zar Alejandro II de Rusia fue asesinado, y muchos culparon a los

---

49. Como ya se ha dicho, algunos judíos habían contemplado la misma idea en época medieval, pero esta visión solo perduró, si acaso como una creencia subterránea, en algunos círculos judíos hasta el siglo xix.

50. Rudolph, «Messianic Judaism in Antiquity and in the Modern Era», 25-26.

51. Rudolph, «Messianic Judaism in Antiquity and in the Modern Era», 25-26n18.

52. Mirsky, *Rav Kook*, 32.

53. Esta organización sigue existiendo, ahora bajo el nombre de The Messianic Jewish Alliance. Existen ramas nacionales autónomas de la alianza (como la Alianza británica), así como una rama internacional, fundada en 1925.

judíos de su muerte. Se siguieron los pogromos y la legislación antijudía, y también una emigración masiva. Este período se conoce tradicionalmente como la *primera aliyá*, cuando unos 25000 judíos se dirigieron desde Europa del Este a Palestina. En enero de 1882, se estableció un comité central en Rumania para coordinar el transporte de grupos de judíos a la tierra, y para facilitar su inclusión en asentamientos agrícolas judíos, su nueva morada. El primer asentamiento de este tipo, Rishon Lezion, se fundó ese mismo año. En 1895, Theodor Herzl escribió *El Estado Judío* (publicado en 1896), y en 1897 dirigió el Primer Congreso Sionista en Basilea, Suiza. En estas décadas, el sionismo emergió como un movimiento ya definido, orientado a la fundación de un sistema de gobierno judío distinto en la tierra de Israel.

Uno de aquellos judíos de la Europa del Este que se vio envuelto en los debates sionistas de la década de 1880 fue Joseph Rabinowitz (1837-99). En 1882 viajó a Palestina para investigar si la inmigración colectiva a la tierra podría ser una solución para los males que aquejaban al pueblo judío. Mientras contemplaba la ciudad santa desde el monte de los Olivos (donde Jesús había sido recibido por sus discípulos el Domingo de Ramos), Rabinowitz se convenció repentinamente de que Yeshua Achinu (Jesús, nuestro hermano) era el Mesías, y que solo él podía salvar a Israel.[54] Regresó a Kishinev, en Besarabia, y reunió a un grupo de discípulos judíos de Jesús a los que llamó Beney Israel, Beney Brit Chadashah (Israelitas del Nuevo Pacto), que seguiría las prácticas bíblicas ordenadas por la Torá, como la circuncisión, el sábado y las festividades judías, y —buscando establecer al mismo tiempo relaciones de cooperación con las iglesias cristianas— protegería su autonomía como comunidad judía. El grupo de Rabinowitz en Kishinev no logró obtener la autorización del gobierno para bautizar a personas y establecer una congregación, y no sobrevivió a su muerte en 1899. Sin embargo, este 'israelita del nuevo pacto' tuvo un éxito extraordinario, consiguiendo que su programa tuviera una difusión internacional.[55] Siguiendo sus pasos hubo otros discípulos judíos de Jesús con ideas afines, como Isaac Lichtenstein en Hungría, Theodore Lucky en Galitzia, Mark John Levy en Estados Unidos, Paul Levertoff en Gran Bretaña y Moshe Immanuel Ben-Meir en Israel. Kai Kjaer-Hansen llama a Rabinowitz «el Herzl del cristianismo judío», y el título es acertado. Como resultado de sus esfuerzos, la visión de un sistema de gobierno judío distinto dentro de una *ekklēsia* única, antes inconcebible, se había convertido en un tema de debate

---

54. Kjaer-Hansen, *Joseph Rabinowitz and the Messianic Movement*, 11-22.

55. Rabinowitz viajó a Alemania, Hungría, Inglaterra, Escocia y Estados Unidos, atrayendo la atención allá donde iba (Kjaer-Hansen, *Joseph Rabinowitz*, 75-90, 171-178). Fue incluso objeto de un ensayo del gran filósofo ruso Vladimir Solovyov, que escribió sobre Rabinowitz en 1885. Instando al gobierno ruso a conceder un estatus legal a la naciente congregación de Kishinev, Solovyov escribió: «¿[…] por qué motivos e intereses nuestro gobierno quita la independencia a la comunidad judía que alcanzó a Cristo por su propio y legítimo camino, recibiendo a su Mesías en su tierra nativa, que es también personalmente Su propia tierra nativa, tierra de una tradición histórica de tres mil años?» (Solovyov, *The Burning Bush*, 343).

activo entre los discípulos judíos de Jesús, y también entre los discípulos gentiles de Jesús que trabajaban en las misiones cristianas a los judíos.

A medida que las ideas de Rabinowitz se extendían entre los discípulos judíos de Jesús que simpatizaban con ellas, estos empezaron a usar el término *judío mesiánico* para denominarse a sí mismos, y los antiguos miembros de la Hebrew Christian Alliance reaccionaron ferozmente. En 1917 denunciaron oficialmente el judaísmo mesiánico como una herejía.[56] Esta medida tan severa consiguió retrasar el crecimiento del judaísmo mesiánico durante cinco décadas, pero no pudo destruir la idea que Rabinowitz y otros habían defendido.

Los trascendentales acontecimientos de la década de 1940 unieron al mundo judío en apoyo del naciente sistema político judío, que luchaba por sobrevivir en un Oriente Medio hostil. El mundo hebreo-cristiano experimentó una sacudida similar dos décadas después a raíz de la guerra de los Seis Días. Ese conflicto había comenzado en medio de un temor real de que Israel pudiera ser aniquilado, y había concluido con los judíos volviendo a rezar en el muro occidental. En aquellos días, los discípulos judíos de Jesús compartieron la sensación de asombro que predominó en todo el mundo judío, y muchos ahora empezaron a reconsiderar la «herejía» judía mesiánica, suprimida medio siglo antes. Quizás los discípulos judíos de Jesús necesitaban su propia forma de gobierno eclesial para asegurar su supervivencia y florecimiento, en solidaridad con todos los judíos y especialmente con los de la restaurada mancomunidad judía de Israel. Tras casi dos milenios de exilio, Jerusalén volvía a ser la capital del pueblo judío. ¿No era el momento adecuado para que la *ekklēsia* renunciara a su exilio autoimpuesto y recuperara su propia encarnación comunitaria de la ciudad santa, restaurando la vida judía dentro de sus muros?

Así nació el movimiento judío mesiánico de la década de 1970. Fruto de ello, existen ahora congregaciones y grupos de discípulos judíos de Jesús, que se identifican como judíos y no como cristianos, y que buscan vivir de acuerdo con la Torá.[57] Algunos de ellos incluso abrazan la tradición rabínica como una ayuda indispensable —o al menos valiosa— para dar forma a esa vida.[58] Desde los días estimulantes en que echó raíces por primera vez, el movimiento judío mesiánico ha desarrollado diversas expresiones —algunas de impresionante profundidad teológica y espiritual, otras vergonzosamente superficiales—. De nuevo, el judaísmo mesiánico se asemeja al sionismo por sus frutos mixtos. Pero los errores y fracasos no excluyen los milagros de la providencia divina en la historia. De hecho, como enseñan e ilustran Lucas y Hechos,

---

56. Sobre este conflicto, v. Rudolph, «Messianic Judaism», 26-29.

57. Los judíos mesiánicos se niegan a identificarse como *cristianos* porque ese término connota invariablemente una forma de vida religiosa distinta e incompatible con el judaísmo. No tratan el término con desprecio, sino que lo ven como una designación honrosa apropiada para los miembros de la *ecclesia ex gentibus*.

58. Véase, por ejemplo, el Messianic Jewish Rabbinical Council, del que soy miembro: http://our-rabbis.org/main/.

la fragilidad humana proporciona el material normal sobre el que la providencia hace su obra artesana de redención.

Ni el sionismo ni el judaísmo mesiánico significan el fin decisivo del exilio para el pueblo judío o la *ekklesia*. Aunque la Jerusalén crucificada aún no ha resucitado, los indicios de su gloria escatológica están ahora presentes entre nosotros. Si prestamos atención a esos indicios, el siglo XXI puede aún ser testigo de la recuperación de un *euangelion* integrado, que se fracturó poco después de su proclamación inicial.

Conclusión

El florecimiento del pueblo y la tradición judíos después de la destrucción de Jerusalén fue una poderosa señal de la *boulē* divina actuando en la historia humana. Aunque los desarrollos históricos considerados en el presente capítulo están todavía frescos en nuestra memoria y visión, y sus efectos a largo plazo son inciertos, reflejan la realización del mismo consejo divino. Para los seguidores del *euangelion* profético, cuyos ojos contemplan (aunque sea débilmente) «todo el propósito de Dios», estas realidades históricas señalan el amor inextinguible que el Mesías de Israel resucitado tiene por su pueblo, y su determinación de dar a conocer su gloria a través de ellas. Él habita en su *ekklēsia*, pero también habita de forma oculta entre los de su propia carne y sangre. Solo juntas estas dos comunidades dan testimonio del propósito salvador de Dios para el mundo.

Capítulo 7

El poder integrador del *euangelion* profético

EN ESTE LIBRO HE tratado de entender el *euangelion* del Mesías resucitado como una buena noticia para el pueblo judío y la tierra prometida. En el proceso, he explorado dimensiones del *euangelion* que tradicionalmente se han pasado por alto. Así concebido, el mensaje del Mesías resucitado hace posible una visión eclesial coherente del Israel genealógico que es fiel al testimonio apostólico y sensible a la actuación de la providencia divina en la historia. Al mismo tiempo, este libro plantea nuevas cuestiones en otras áreas teológicas que requieren una profunda exploración. Al abordar esas cuestiones, se revelará el potencial integrador del *euangelion* profético.

En este último capítulo destacaré primero la fuerza integradora de esta perspectiva del *euangelion* en relación con las enseñanzas eclesiales acerca del pueblo judío y la tierra. A continuación, describiré cuatro de los desafíos teológicos que quedan por acometer y sobre los que esta perspectiva pone el foco de atención, y entonces sugeriré algunas directrices que prometen dar frutos en el futuro. Si mi tesis es sólida, debería aportar una mayor coherencia no solo a las enseñanzas eclesiales directamente relacionadas con el pueblo judío y la tierra, sino a todo el ámbito de la reflexión teológica eclesial.

Una visión integrada de Israel con Jesús en su centro

En los capítulos anteriores, he propuesto una visión de Israel centrada en Jesús, que afirma la elección irrevocable del pueblo judío, su vocación sacerdotal a lo largo de la historia, su conexión inquebrantable con la tierra prometida y su rico destino escatológico. Cada uno de estos elementos se integra con los demás, y todo encuentra su centro en el *euangelion* profético del Mesías crucificado y resucitado.

Hemos visto cómo se desarrollaron los primeros puntos de vista eclesiales acerca de la tierra, con la escatología milenaria de Justino e Ireneo provocando la reacción platonista espiritualizada de Orígenes, y culminando en una síntesis sacramental bizantina tras el descubrimiento de la tumba de Jesús. La santidad de la tierra ahora se consideraba un hecho, pero esa santidad no tenía nada que ver ni con el pueblo judío ni con la esperanza escatológica del mundo. Tenía solo que ver con la muerte y resurrección de Jesús, como hechos consumados sin relación alguna con el pueblo judío. Así, la tierra se consideró íntimamente ligada al *euangelion* proclamado por la *ekklēsia*, pero ese Evangelio era un mensaje de una redención ya realizada y no futura.

En el siglo xvii algunos protestantes redescubrieron la conexión escatológica entre la tierra y el pueblo judío. En los siglos siguientes, esta modesta corriente teológica se convirtió en un impetuoso torrente, que alcanzaría su formulación clásica en el dispensacionalismo del siglo xix. Al mismo tiempo, esta tradición perdía de vista la relación sacramental de la tierra con el Mesías y no era capaz de percibir la resurrección de Jesús como fuente de la futura resurrección nacional de Israel. Además, aunque esta corriente protestante recuperó la vocación escatológica del pueblo judío, conservó el habitual descuido o negación eclesial de la vocación sacerdotal del Israel genealógico en la era presente.

El crecimiento del pentecostalismo en el último siglo ha producido nuevos fundamentos teológicos para el sionismo cristiano, con un desplazamiento en el énfasis de la profecía escatológica a la bendición terrenal en esta vida. En esta corriente eclesial, la atención se centra ahora en la promesa de la tierra a Abraham, y en el compromiso divino de Génesis 12,3: «bendeciré a los que te bendigan, y al que te maldiga lo maldeciré».[1] Sin perder la dimensión escatológica, la perspectiva pentecostal recupera el aprecio de la vocación judía en esta era, aunque este aprecio tiene poco contenido teológico sustancioso. Además, la conexión entre el pueblo judío, la tierra y el *euangelion* sigue siendo oscura. La atención se ha desplazado de la profecía escatológica a la promesa abrahámica, pero ni la profecía ni la promesa se conciben centradas en la muerte y resurrección del Mesías de Israel.

A raíz de la Shoah, muchos segmentos de la *ekklēsia* han reconsiderado su tradicional enseñanza de desprecio por el pueblo judío. La Iglesia católica tomó la delantera, declarando en *Nostra Aetate* (1965) que «los judíos siguen siendo muy queridos por Dios, por causa de los patriarcas, ya que Dios no retira los dones que concedió ni la elección que hizo» (Rm 11,28-29).[2] Dejando claro lo que esta declaración implicaba, el *Catecismo de la Iglesia Católica* (1992) afirmaba que «Israel es el pueblo sacerdotal de Dios», y el contexto no deja lugar a dudas de que *Israel* aquí significa «el pueblo judío» (CCC 63).[3] Para disgusto de sus principales interlocutores judíos, la enseñanza católica ha mantenido, sin embargo, su convicción escatológica de que el pueblo judío reconocerá finalmente a Jesús como su Mesías, y que este reconocimiento es una condición esencial para su regreso: «La venida del Mesías glorioso, en un momento determinado de la historia, se vincula al reconocimiento

---

1. Véase Hummel, «The New Christian Zionism».
2. Flannery (ed.), *Documents of Vatican II*, 741.
3. *Catechism of the Catholic Church*, 26. Sobre el contexto y las alusiones textuales, v. Kinzer, *Searching Her Own Mystery*, 49.

del Mesías por "todo Israel"» (CCC 674).[4] Sin embargo, los católicos no han afirmado todavía el vínculo inseparable que une al pueblo judío con la tierra, ni han considerado este vínculo como un 'misterio' escatológico proléptico. También han sido reticentes a la hora de elaborar una teología de Israel basada en la cristología, aunque sus documentos oficiales proporcionan ricos recursos para esa perspectiva.

En los capítulos anteriores he intentado entrelazar todos estos hilos separados, en una visión integrada de Israel en la que Jesús es el centro. Aquí, la muerte y resurrección del Mesías sostiene la santidad actual de la tierra y el pueblo judío, al tiempo que apunta a la realización escatológica, tanto de la tierra como del pueblo, en la santidad de la era por venir. Aquí las sorpresas históricas modernas del sionismo y el judaísmo mesiánico sirven como testigos interconectados del propósito divino para Israel. Aquí la *ekklēsia* gentil no pierde nada de su dignidad, sino que adquiere un sentido más claro de su propio estatus como extensión mesiánica de Israel y participante esencial en la misión de Israel entre las naciones.

Así como Israel proporciona la perspectiva necesaria para interpretar la muerte y resurrección del Mesías, así el propio Jesús proporciona la perspectiva necesaria para interpretar la identidad del pueblo judío y su herencia de la tierra.

Coherencia canónica

¿Demostrará el *euangelion* profético expuesto en los capítulos anteriores la misma fuerza integradora en relación con otras áreas de la reflexión teológica eclesial? ¿Aportará más coherencia a la enseñanza eclesial en su conjunto, o sembrará una confusión teológica general? Para responder a estas preguntas, consideraré cuatro áreas de reflexión teológica y reflexionaré sobre el impacto potencial de mi tesis en cada contexto. Obviamente, estos cuatro temas no agotan las cuestiones que requieren atención, sino que simplemente ilustran lo que se está demandando de entre todo el campo de la enseñanza eclesial.

Comenzaré con el marco bíblico de la teología eclesial. Mi argumentación en los capítulos anteriores se basa en una lectura de Hechos de los Apóstoles y el Evangelio de Lucas. La concentración en estos dos libros del Nuevo Testamento relacionados entre sí viene bien a la orientación compositiva de mi enfoque teológico del texto bíblico, ya que me permite tener en cuenta adecuadamente las sutiles claves literarias empleadas por el autor/editor para transmitir su mensaje. Esto es especialmente importante en el caso de Hechos y Lucas, que en el pasado han sido eclipsados teológicamente por sus imponentes vecinos canónicos.

No obstante, la orientación compositiva es solo el primero de los cuatro aspectos de un modo de lectura teológico descrito en la introducción de este volumen. Debe ser seguido y complementado por una reflexión canónica sobre el texto. Esto implica el estudio, a la luz de Hechos y Lucas, de los libros bíblicos con los que están relacionados,

---

4. *Catechism of the Catholic Church*, 193.

para ver si esos libros pueden interpretarse de manera coherente con lo que hemos propuesto a partir del corpus lucano. Según el principio compositivo, *coherencia* no quiere decir *equivalencia*. No esperamos que diversos autores bíblicos, escribiendo en épocas distintas a públicos distintos y con fines distintos, digan exactamente lo mismo de la misma forma. Pero el modo teológico de lectura que defiendo y practico presupone que los diversos libros del canon bíblico son (como mínimo) compatibles, y (en el mejor de los casos) arrojan luz clarificadora unos sobre otros.

En el caso que nos ocupa, la prueba crucial de nuestra tesis vendrá del estudio de las cartas paulinas. Hechos de los Apóstoles se presenta en parte como una introducción biográfica y una defensa de Pablo. Si se puede demostrar que las cartas paulinas —estudiadas con atención a su propia integridad compositiva— ofrecen una visión del *euangelion*, del pueblo judío, de la Torá y de la tierra de Israel que contradiga mi lectura de Hechos, entonces mi tesis no ha pasado la prueba. Si, por el contrario, se puede argumentar razonablemente a favor de una lectura de las cartas paulinas que sea coherente con lo expuesto en los capítulos anteriores, mi tesis se mantiene firme.

Este proceso de prueba es más fácil de decir que de hacer. De Marción a Agustín, Tomás de Aquino, Lutero y Barth, los intérpretes de Pablo han luchado con los escritos de este y con los de cada uno de ellos. A lo largo de muchos siglos y entre lectores diferentes, ciertas constantes han permanecido en gran medida intactas: la Torá ha sido abolida, el pueblo judío está bajo la ira divina, la herencia escatológica consiste en el cielo o en un universo glorificado (sin ningún significado escatológico conectado con la tierra de Israel), y el *euangelion* concierne al destino eterno de los individuos (o la *ekklēsia*) y no tiene nada que ver con la identidad nacional del pueblo judío. Ante una tradición cultural tan formidable, resulta difícil para cualquier lector plantearse siquiera un modelo alternativo.

Por eso es de destacar que actualmente se esté haciendo una consideración de ese tipo en el mundo académico.[5] Y, dada la importancia del principio relativo al pacto/comunitario en mi modo teológico de leer las Escrituras, y mi convicción de que el pueblo en pacto con Dios incluye tanto al pueblo judío como a la *ekklēsia*, debe aún resaltarse más que eruditos judíos estén ocupando un lugar destacado en esta relectura de Pablo.[6] Estos biblistas judíos, junto a sus colegas gentiles, son partidarios de un modo de interpretación histórico, más que teológico. Así, su crítica a la exégesis eclesial tradicional de Pablo se deriva de las propias cartas, leídas en su contexto histórico (incluyendo su contexto *judío*). Estos estudiosos no parten de un compromiso teológico de leer las cartas paulinas a la luz del texto lucano, que las

---

5. Para conocer estas nuevas y sugerentes interpretaciones de Pablo, véanse dos recopilaciones recientes: Boccaccini y Segovia (eds.), *Paul the Jew: Rereading the Apostle as a Figure of Second Temple Judaism*; y Nanos y Zetterholm (eds.), *Paul within Judaism: Restoring the First-Century Context to the Apostle*.

6. Destacan especialmente los escritos de Mark D. Nanos (por ejemplo, *The Mystery of Romans* y *The Irony of Galatians*), Pamela Eisenbaum (*Paul Was Not a Christian*) y Paula Fredriksen (*Paul: The Pagan's Apostle*).

precede en el canon establecido. Esto da más peso a sus hallazgos desde la perspectiva del principio compositivo de la interpretación teológica.

A diferencia de estos historiadores de literatura antigua, yo sí parto de un compromiso teológico con el canon bíblico. Como quedó dicho en la introducción de este libro, el canon nos habla no solo por su contenido, sino también por medio de su estructura. Dicha estructura probablemente tomó forma en respuesta al canon marcionita, que incluía una versión más corta y desjudaizada del Evangelio de Lucas y diez cartas de Pablo, empezando con Gálatas.[7] En respuesta, la *ekklēsia* desarrolló un canon que comenzaba con el Evangelio de Mateo (y su genealogía judía) y que colocaba Hechos antes de las cartas paulinas (con Romanos, en lugar de Gálatas, a la cabeza). Esta disposición canónica transmitía un mensaje: en lugar de leer las cartas de Pablo como antijudías, el apóstol de los gentiles debía interpretarse de forma coherente con la perspectiva de Pedro, los doce y Santiago el Justo.

Propongo que los lectores eclesiásticos adopten una hermenéutica de sospecha hacia la lectura tradicional de Pablo, que conservó ciertos prejuicios marcionitas y que daba cuenta, de forma inadecuada, del marco teológico lucano inscrito en el canon. Nos quedaría aún por argumentar que las cartas paulinas pueden leerse de forma coherente con las tesis de los capítulos anteriores. La reciente escuela de erudición bíblica 'Paul within Judaism' («Pablo dentro del judaísmo») sugiere que sí se pueden presentar argumentos para demostrar esa coherencia, y señala el camino a seguir en el ámbito de la teología bíblica para quienes quieran poner a prueba la idoneidad de mi interpretación del *euangelion* profético.

Coherencia soteriológica

Los capítulos anteriores han desplegado un *euangelion* profético que vincula la muerte y resurrección de Jesús con el exilio redentor y la restauración escatológica del pueblo judío. Como he señalado en la introducción, no he intentado realizar un estudio exhaustivo del *euangelion* y sus diversas implicaciones. Sin embargo, para que mi propuesta sea plenamente convincente, es preciso demostrar que encaja bien en una visión más amplia de la obra salvadora de Jesús el Mesías.

Aunque no puedo realizar aquí esa tarea, ofreceré algunas sugerencias sobre cómo se podría proceder. Primero consideraré la vida de Jesús y luego su muerte expiatoria. Concluiré reflexionando sobre su resurrección en relación no solo con la soteriología, sino también con la encarnación y la escatología.

---

7. Véase Miller, *How the Bible Came to Be*, 60-83.

La vida de Jesús

El resumen abreviado de Pablo sobre el *euangelion* afirma que «el Mesías murió por nuestros pecados de acuerdo con las Escrituras» (1 Cor 15,3). ¿Qué hay en la muerte del Mesías que le da poder expiatorio? En otro lugar, Pablo conecta la muerte de Jesús con su obediencia, y considera que esa obediencia o su «justicia» es lo que permite a otros llegar a ser «justos»: «Por tanto, así como la transgresión de un hombre llevó a la condenación de todos, así el acto de justicia de un hombre lleva a la justificación y a la vida para todos. Porque, así como por la desobediencia de un hombre muchos fueron hechos pecadores, así por la obediencia de un hombre muchos serán hechos justos» (Rm 5,18-19). Retrocediendo un poco y adoptando una visión más amplia de la obra redentora del Mesías, el apóstol establece esta obediencia mesiánica «hasta la muerte» en el contexto de toda su vida, incluso en su existencia preencarnada «en forma de Dios»:

> [...] aunque era en forma de Dios,
>
> [él] no consideró la igualdad con Dios
>
> como algo de lo que aprovecharse,
>
> sino que se despojó a sí mismo, tomando la forma de un esclavo,
>
> naciendo a semejanza de los hombres.
>
> Y encontrándose en forma humana,
>
> se humilló a sí mismo
>
> y se hizo obediente hasta la muerte,
>
> incluso muerte en una cruz. (Flp 2,6-8)

Fue por la humildad de despojarse a sí mismo y por la obediencia del Mesías, por lo que Dios «lo exaltó» resucitándolo de entre los muertos (Flp 2,9).

Así pues, la muerte expiatoria de Jesús no se puede separar de su vida de obediencia. Esto hace recordar el rico concepto teológico de la 'recapitulación' (*anakephalaiōsis*) desarrollado en el siglo II por Ireneo. David Bentley Hart elabora su propia comprensión de la soteriología sobre la base de este concepto:

> Ireneo describe muy felizmente la lógica necesaria de toda soteriología cristiana. Es porque la vida de Cristo efectúa una inversión narrativa (que desenvuelve el rollo de la historia del pecado y la muerte y reinaugura la historia que Dios cuenta desde antes de la fundación del mundo —la historia de la creación que él, libremente, quiere en sus consejos eternos—) por lo que la vida de Cristo efectúa una restauración ontológica de la bondad de la creación [...] él, quien es desde el principio la cabeza de todas las cosas, recapitula la humanidad por completo, en la forma y la sustancia de una vida entera vivida para el Padre [...][8]

---

8. Hart, *The Beauty of the Infinite*, 324. Hart resume así su visión de la soteriología: «La salvación

Ireneo y Hart presentan la «vida entera vivida para el Padre» de Jesús como una recapitulación de la historia humana. Jesús es el nuevo Adán que devuelve la imagen divina a la humanidad, viviendo como se supone que deben vivir los seres humanos. Su obediencia «hasta la muerte» abre el camino para que «muchos» sean «hechos justos».

Pero el que hace esto es «el Mesías», es decir, el rey de Israel. De acuerdo con ese título, los Evangelios se centran en Jesús menos como el «nuevo Adán» y más como el verdadero Israel. La obra salvífica de Jesús consiste ante todo en su recapitulación de Israel bajo la forma de una vida de verdadera rectitud, es decir, de fidelidad al pacto. Cuando Jesús sufre y muere en la cruz, soportando por adelantado la ira de Roma, a la que su pueblo hará frente una generación más tarde, y adentrándose así en el abismo del exilio de Israel, su acción no es un hecho aislado, sino la culminación de toda una vida. La narración de su vida recibe forma y significado por el modo en que termina, pero ese final solo se puede entender en relación con las decisiones que él ya había tomado, las acciones que ya había realizado, las palabras que ya había pronunciado.

Esto significaba obedecer a Dios en la forma en que Israel siempre debió hacerlo, como muy claramente se ve en el relato de las tentaciones en el desierto (Mt 4,1-11). Jesús responde a Satanás con palabras extraídas del Deuteronomio, un libro que exhorta a Israel, al final de su peregrinaje por el desierto, a ser fiel al pacto y obediente a la Torá, para poder prosperar en la tierra prometida a los patriarcas y matriarcas. Estas tentaciones ofrecen un comentario interpretativo de la forma en que se desarrollará su vida. De manera parecida, la oración de Jesús en Getsemaní ofrece un comentario sobre el significado de su próxima muerte. Cuando Jesús dice «no se haga mi voluntad, sino la tuya», reitera el mensaje transmitido por Israel en el Sinaí: «Haremos todo lo que el Señor ha dicho, y seremos obedientes» (Ex 24,7). A diferencia de Israel en el desierto, él vive esta promesa de manera intachable.

Aunque el papel de Jesús como el que recapitula a Israel merece ser resaltado, esto no debe ser a costa de su recapitulación humana universal. Ireneo y Hart tienen razón al subrayar el modo en que Jesús recapitula la historia humana en su conjunto. Los Evangelios también cuentan esta historia universal, pero lo hacen a un paso de distancia: *Jesús recapitula la historia de Israel, y solo así recapitula la historia humana, pues la vocación de Israel era en sí misma la de la recapitulación universal.* Como sostiene N. T. Wright, Jesús es Adán restaurado *en virtud de* ser Israel restaurado.[9] Si eso es cierto, entonces el énfasis puesto sobre la cristología de Israel en los capítulos anteriores es coherente con el mensaje soteriológico del *euangelion* en relación con la vida de obediencia del Mesías llevada «hasta la muerte».

---

se produce por medio de la recapitulación, la restauración de la imagen humana en Cristo, la imagen eterna del Padre según la cual la humanidad fue creada en el principio […]» (318).

9. Wright considera que esto es cierto no solo para los Evangelios, sino también para el apóstol Pablo. Véase, por ejemplo, «Adam, Israel and the Messiah» en *The Climax of the Covenant*, 18-40.

La muerte de Jesús

El *euangelion* también habla de la muerte del Mesías como un acto expiatorio distinto. Los capítulos anteriores se han centrado en el sufrimiento y la muerte de Jesús como participación redentora en el futuro exilio del pueblo judío. ¿Cómo hacer coherente este aspecto de la muerte de Jesús con el mensaje universal del *euangelion* que se dirige a judíos y gentiles a lo largo de la historia?

La conexión clave entre la cristología de Israel de los capítulos anteriores y una visión más universal de la expiación se puede encontrar en la teología judía del martirio.[10] Ese es el camino que toma N. T. Wright en su lectura de Isaías 52-53 y el uso que se hace de este texto en Daniel, Macabeos y el Nuevo Testamento. Wright describe el martirio de Jesús como la aceptación voluntaria por parte del Mesías de la difícil situación última de su pueblo —el *exilio*— con el fin de promulgar su *restauración* final.[11] Jesús recapitula el sufrimiento más profundo de Israel para llevar a cabo su redención final. Al hacerlo, Jesús cumple la misión salvífica universal de Israel abriendo la puerta a los gentiles para que puedan formar parte del pueblo restaurado de Dios. Al morir por los pecados de Israel, el Mesías (como Israel en un solo hombre) también ha muerto por los pecados de las naciones, pues Israel representa a las naciones como pueblo sacerdotal. Wright resume la lógica de la teología de la expiación de Pablo de esta manera:

> *a*) el plan de salvación para el mundo, que los profetas habían visto como la vocación de Israel, siempre implicaría que Israel (o los mártires justos dentro de Israel) viniera a ser una especie de sacrificio, a través del cual, no solo el propio Israel sino también el mundo entero, sería rescatado de su estado pecaminoso y rebelde; *b*) este fue el sacrificio ofrecido por Jesús, precisamente en su calidad de Mesías representativo de Israel.[12]

He modificado la tesis de Wright haciendo hincapié en la dimensión prospectiva del martirio de Jesús por Israel, más que en su carácter retrospectivo, y poniendo reparos a su afirmación de que el *euangelion* anuncia la restauración de Israel como un hecho ya realizado. Pero la lógica fundamental de su teología de la expiación permanece intacta.

¿Compromete la categoría de martirio el carácter único del sufrimiento y la muerte de Jesús al incluirlo en un género más amplio al que también pertenecen otros? Si Jesús no es sino el mayor de los mártires, la diferencia entre él y sus compañeros de sufrimiento es más de grado que de clase. Una cristología así desharía el tejido de la enseñanza eclesial sobre la obra salvadora de Dios en Jesús. Aunque el Nuevo

---

10. Para profundizar en este tema, v. Williams, *Maccabean Martyr Theology in Paul's Theology of Atonement*.

11. Wright, *The New Testament and the People of God*, 211, 276, 331-332; *Jesus and the Victory of God*, 582-592, 608-609; *Paul and the Faithfulness of God*, 845-846.

12. Wright, *Paul and the Faithfulness of God*, 845-846.

Testamento no presenta a Jesús como el más grande de los mártires, sí lo muestra como el mártir por excelencia: en él, y a través de él, todos los demás mártires ofrecen su testimonio de Dios. No es un ejemplo preeminente de un género, sino el paradigma y la fuente de ese género, quien en sí mismo resume a todos sus demás miembros. Ese es el significado implícito de Hebreos 11-12, que hace una lista de los héroes de la fe que vivieron antes de Jesús (incluidos los profetas que han sufrido y los mártires macabeos [Hb 11,35-38]), y que concluye la lista hablando de Jesús como el «pionero (*archēgos*) y perfeccionador (*teleiōtēs*) de nuestra fe» (Hb 12,2). Él es el principio y el fin de esa gran compañía, que ahora también incluye a los que han venido después de él (Hb 11,40); él es el origen (*archē*) del camino por el que todos caminan y el que los lleva a su destino (*telos*). La diferencia entre Jesús y la «nube de testigos (*martyrōn*)» (Hb 12,1) es, pues, de clase y no de grado. Se asemeja a la diferencia entre un arquetipo platónico y sus expresiones concretas, salvo que *este* arquetipo es tan concreto y particular como los ejemplos que se conforman a su modelo. O, para emplear una metáfora diferente, Jesús es el tema musical y la nube de testigos son sus innumerables variaciones. Así se preserva la singularidad de Jesús, pero también el vínculo que le une a sus compañeros testigos.

Si la obra salvadora de Jesús implica su recapitulación (*anakephalaiōsis*) de Israel, entonces necesariamente conlleva que su vida sea como la de un israelita entre muchos, como un miembro de una *categoría* particular de seres humanos. Si ha de servir como «cabeza» (*kephalē*) de Israel, entonces su vida debe manifestar la plenitud de lo que Israel fue llamado a ser. Esa llamada consiste en una vida de adoración y obediencia que da testimonio de la identidad del Dios que hizo un pacto con Abraham. En un mundo de idolatría y hostilidad hacia ese Dios, ese testimonio implica sufrimiento, o mejor dicho, ese testimonio *toma la forma del sufrimiento*. Se trata de un sufrimiento vicario que posee el poder de soportar el juicio merecido por otros, incluso por aquellos que lo impusieron, venciendo de esta forma la idolatría y trayendo a la amistad con Dios a los que antes eran sus enemigos. Como demuestran el libro segundo de los Macabeos y Hebreos 11, muchos en Israel ya habían aceptado ese llamamiento. Según Hebreos 12, la vida de Jesús, que culmina con su sufrimiento y muerte, resume el testimonio de Israel y lo hace efectivo. También da poder a sus discípulos para recorrer el mismo camino que él recorrió, compartiendo su testimonio de sufrimiento justo.

En la tradición bíblica, el martirio como concepto soteriológico estaba asociado a la tribulación que se esperaba que Israel sufriera inmediatamente antes del «retorno del Señor a Sion». Esto es evidente en Daniel 12,1-3:

> Habrá un tiempo de angustia, como no ha habido nunca desde que las naciones existen. Pero en ese tiempo tu pueblo será liberado, todos los que se hallen escritos en el libro. Muchos de los que duermen en el polvo de la tierra se despertarán, unos para vida eterna y otros para vergüenza y desprecio

eternos. Los sabios brillarán como el resplandor del cielo, y los que guiaron a muchos a la justicia, como las estrellas por los siglos de los siglos.

N. T. Wright muestra cómo Daniel 12 hace uso del lenguaje y el fondo sustancial de Isaías 52-53.[13] También interpreta el texto de Isaías de la misma manera: «El Siervo, actuando en la tribulación y la futura restauración de Sion [...] muere y resucita como ofrenda por el pecado».[14] A la luz de esta tradición bíblica, Wright confirma la forma en que Albert Schweitzer percibe la muerte de Jesús como un martirio expiatorio en el que el Mesías soporta en su propio cuerpo el sufrimiento escatológico de Israel: «Schweitzer vio la expectativa de los "ayes mesiánicos" del segundo templo como la pista vital para que Jesús entendiera, tanto el momento de la historia en el que estaba viviendo, como su propia vocación en relación con ese momento. [...] Schweitzer tenía razón: Jesús creía que los ayes mesiánicos estaban a punto de estallar sobre Israel, y que tenía que asumirlos él mismo, en solitario».[15]

Este nexo entre el martirio y la tribulación arroja nueva luz sobre la muerte de Jesús como participación proléptica en la destrucción de Jerusalén del año 70 y el exilio judío que le sigue. Uno de los rasgos más destacados del discurso escatológico de Jesús en Marcos 13 y Mateo 24 es la forma en que los textos mezclan la referencia a los acontecimientos del 70 con las profecías de la tribulación final. (Lucas 21 los distingue, pero los sigue yuxtaponiendo.) Esto sugiere que los acontecimientos del año 70 anticipan tipológicamente el sufrimiento que precede al «regreso del Señor a Sion». Yo propondría que dicha tipología representa no solo una prefiguración, sino una relación de «presencia real» en la que la realidad escatológica del arquetipo se hace prolépticamente inherente en el tipo. En cierto sentido, Israel experimentó la tribulación final en el año 70 y, en un sentido similar, Jesús experimentó la tribulación final participando prolépticamente en los acontecimientos del año 70 a través de su sufrimiento y su muerte.

Esto es importante para la tesis de *Jerusalén Crucificada*, porque el sufrimiento final de Israel no se ve en la tradición bíblica principalmente como un juicio por sus pecados. En Zacarías 12-14 la tribulación purifica a Israel, pero se hace mayor hincapié en la maldad de las naciones que atacan a Jerusalén. En Daniel 7 no se mencionan los pecados de Israel, sino solo la bestia maligna que «hizo guerra contra los santos» (v. 21). Estas imágenes se repiten en el Apocalipsis de Juan, donde el sufrimiento del pueblo de Dios no se debe a sus pecados, sino a la furia del dragón y la bestia (Ap 12-13). Como se ha visto en los capítulos anteriores de este libro, el sufrimiento de Jerusalén en el año 70 es sin duda descrito en el Nuevo Testamento como un juicio divino. Pero la conexión tipológica con los «ayes mesiánicos» —junto con su papel como vínculo

---

13. Wright, *The Resurrection of the Son of God*, 115-116.
14. Wright, *New Testament and the People of God*, 276
15. Wright, *Jesus and the Victory of God*, 578, 609. Véase también Pitre, *Jesus, the Tribulation, and the End of the Exile*.

entre el martirio de Jesús y esos lamentos— refuerza la función redentora adicional del exilio judío propuesta en los capítulos anteriores.

No estoy proponiendo aquí que la categoría de martirio agote el significado de la muerte de Jesús como «muerte por nuestros pecados». Solo señalo esta categoría como un instrumento fructífero para establecer la coherencia teológica entre la tesis de *Jerusalén Crucificada* y el campo más amplio de la soteriología.

La resurrección de Jesús

«El Mesías [...] resucitó al tercer día de acuerdo con las escrituras» (1 Co 15,4). En los capítulos anteriores se ha presentado esta afirmación como un anuncio profético que confirma la esperanza nacional y territorial de Israel y revela cómo se realizaría esa esperanza. Esto encaja bien con las «escrituras» (como Ezequiel 36 y Oseas 6) que describen la restauración nacional de Israel en términos de resurrección. Además, esto encaja igualmente bien con una interpretación de la muerte del Mesías como martirio expiatorio, pues, como dice N. T. Wright, «La resurrección es la recompensa divina para los mártires; es lo que sucederá después de la gran tribulación»,[16] «[...] los mártires serían resucitados, y todo Israel sería vindicado».[17]

Pero incluso si esta lectura profética de 1 Corintios 15,4 está justificada, seguramente estas palabras del *euangelion* hacen referencia a algo más que la restauración nacional de Israel. ¿Cómo hacer coherente este «algo más» con la esperanza nacional expresada en *Jerusalén Crucificada*?

Aquí es donde nuestro capítulo sobre el templo cobra importancia. Ese capítulo mostró cómo la enseñanza bíblica sobre el templo sostiene, en lugar de debilitar, nuestras conclusiones sobre Jerusalén, la tierra y el pueblo judío. El templo siempre señaló hacia realidades celestiales, cósmicas y escatológicas más allá de sí mismo, pero lo hacía de manera que vinculaba estrechamente esas realidades a la identidad terrenal y encarnada del pueblo de Israel. El templo representaba el papel de Israel como lugar geográfico particular en el que su Dios residía en medio del mundo. Como tal, Israel unía la tierra con el cielo, servía de microcosmos del universo y anticipaba un futuro escatológico en el que toda la creación se convertiría en templo de Dios, con Jerusalén como su lugar santísimo.

---

16. Wright, *New Testament and the People of God*, 331.

17. Wright, *The Resurrection of the Son of God*, 205. Vale la pena citar el contexto más amplio de esta cita: «Pero sigue siendo cierto que la resurrección, en el mundo del judaísmo del segundo templo, tenía que ver con *la restauración de Israel*, por un lado, y con *la nueva vida encarnada de todo el pueblo de YHWH*, por el otro, con estrechas conexiones entre ambos; y que se pensaba en ella como el gran acontecimiento que YHWH llevaría a cabo al final de "la era actual", el acontecimiento que constituiría la "era venidera", *ha'olam haba*. Todo esto estaba concentrado, para muchos judíos, en las historias de los mártires justos, aquellos que habían sufrido y muerto por YHWH y la Torá. Porque YHWH era el creador, y porque era el dios de justicia, los mártires resucitarían, y todo Israel sería vindicado» (énfasis original).

Como hemos visto en nuestra revisión del Evangelio de Juan, Jesús asume el papel del templo al asumir el papel de Israel. La cristología de Israel proporciona la lógica de la cristología del templo. Lo que Juan presenta como la verdad de la encarnación y la vida de Jesús, en otras partes del Nuevo Testamento se muestra principalmente relacionado con la resurrección y el regreso de Jesús: pues Jesús ha resucitado de entre los muertos, su *ekklēsia* —una comunidad de judíos y gentiles que anticipa el Israel ampliado de la era venidera— sirve ahora como expresión intensificada de la presencia divina en medio de Israel y del mundo; pues Jesús ha resucitado de entre los muertos y ha ascendido al cielo desde el monte de los Olivos, podemos confiar en que volverá de la misma forma y establecerá Jerusalén como «la alegría de toda la Tierra» (Sal 48,2); pues Jesús ha resucitado de entre los muertos, esperamos el día en que la gloria del Señor llene la Tierra (Sal 72,19) y Dios sea todo en todos (1 Co 15,28).

De este modo, la profética cristología de Israel de los capítulos anteriores proporciona un marco en el que la divinidad de Jesús, la experiencia de la vida y el culto eclesiásticos, y una visión escatológica cósmica son coherentes con la identidad del pueblo judío como parte de un pacto imperecedero y con su esperanza de resurrección nacional. Además, esta interpretación del *euangelion* también arroja luz sobre el concepto soteriológico tradicional de *theōsis*. La creación solo alcanza su consumación cuando se convierte en un templo para el Dios de Israel, y solo lo hace a través de la encarnación y resurrección del Mesías de Israel. Los seres humanos como individuos solo alcanzan su magnitud plena cuando se unen a ese Mesías por medio de su Espíritu y son «llenos de toda la plenitud de Dios» (Ef 3,19).

Esto no es más que una modesta introducción al proyecto a largo plazo de reflexionar sobre la soteriología del *euangelion* profético de manera que se vincule la restauración nacional de Israel con el alcance más amplio de la acción salvadora del Mesías. Aunque el trabajo es complejo y queda mucho por hacer, la tarea es factible y merece la pena.

Coherencia ética y teopolítica

En los capítulos anteriores, he defendido una interpretación del *euangelion* que hace a su mensaje inseparable de la esperanza en una restauración nacional judía. Además, he dado razones para concluir que el proyecto sionista surgió bajo un impulso divino y merece el apoyo eclesial. Al mismo tiempo, he distinguido entre el sionismo (como programa nacional, moral y espiritual) y el Estado de Israel (como instrumento político, inevitablemente con fallos, de ese programa). Y además, he insistido también en la necesaria distinción entre la realidad actual de la vida nacional judía en la tierra y la restauración escatológica de Israel hacia la que sus gestos apuntan.

Esta interpretación del *euangelion* y su relación con la historia judía moderna plantea importantes cuestiones sobre el mensaje ético y teopolítico de la *ekklēsia*. ¿Es coherente esta visión con la enseñanza de Jesús acerca del reino y el alcance universal del mandamiento del amor? ¿Qué implica esta visión en cuanto al significado teológico y el papel en la gobernanza de las naciones, de los Estados nación, de la tierra y del territorio? En un nivel más concreto, ¿qué estándares éticos deberían emplear los discípulos de Jesús al valorar las acciones del gobierno y el pueblo israelí? Estas son solo algunas de las preguntas que requieren atención.

Nicholas Brown ya ha hecho parte del trabajo duro preliminar en su reciente libro *For the Nation*.[18] Brown reúne los dos temas aquí sugeridos para debate: el *euangelion* como mensaje de restauración nacional judía y las implicaciones éticas de dicho mensaje. En primer lugar, sostiene que los historiadores, los exégetas y los teólogos han pasado por alto la dimensión territorial del mensaje y la misión de Jesús. A continuación, examina el panorama de la enseñanza ética y teopolítica, y concluye que esta enseñanza pierde cuando se descuida la dimensión territorial del *euangelion*. Ampliando su conclusión a todo el ámbito de la teología eclesial, Brown afirma que un *euangelion* con raíces territoriales no solo es coherente con el núcleo de la tradición teológica eclesial, sino que es esencial para ella: «[…] la imaginación teológica cristiana no solo acoge de buen grado, sino que se afirma en la territorialidad de nuestra existencia».[19] En última instancia, esto se debe a la bondad de la creación de la materia y del cuerpo humano, y al papel que ambos desempeñan en el pacto de Dios con Israel: «[…] una interpretación de la proclamación del reino de Jesús sin considerar la tierra no es más defendible teológicamente que una cristología docética, precisamente por la misma razón por la que esta última ha sido rechazada como heterodoxa. Esto se debe a que la insuperable materialidad del pacto de YHWH con Israel presupone y exige que se mantenga la plena corporeidad de ambos».[20]

Si bien la encarnación es importante en todas las áreas de interés de la teología, Brown sostiene que es especialmente importante en el ámbito de la ética. En este sentido, destaca el papel que desempeña la formación del carácter. Brown resume estudios recientes en los que se hace hincapié en que la facultad de actuar según principios morales «depende de que físicamente encarnemos ciertas virtudes morales» y de que lo hagamos «en relación con otros que estén encarnados».[21] A continuación, extiende esta idea al ámbito territorial: «Si se acepta la premisa de que la moralidad cristiana es siempre y necesariamente encarnada, y si de esta afirmación se deduce que la encarnación es en sí misma una modalidad ética cristiana, entonces hay que extrapolar y aplicar también esta misma lógica a la realidad de la territorialidad y admitir que esta también es una modalidad ética cristiana, en la medida en que tanto

---

18. Brown, *For the Nation*.
19. Brown, *For the Nation*, 120.
20. Brown, *For the Nation*, 93. En el original, el nombre divino está escrito completo; de acuerdo con la convención judía, he incluido solo las consonantes transliteradas.
21. Brown, *For the Nation*, 116.

los cristianos como sus prácticas morales encarnadas están siempre territorialmente localizadas».[22]

Al vincular la territorialidad con las enseñanzas del reino de Jesús y su contenido ético, Brown pretende criticar tanto a los antisionistas como a los sionistas maximalistas. Brown está de acuerdo con John Howard Yoder en considerar a Jesús y su mensaje del reino «como la norma de la ética cristiana». Sin embargo, Brown piensa que el énfasis de Yoder en la diáspora y el exilio «desconecta el reino de la tierra de Israel». Brown formula luego una acusación paralela contra los sionistas maximalistas: «[...] lo que hace que los argumentos sionistas cristianos sean problemáticos no es que tomen en serio la conexión de Israel con la tierra, sino que tienden a separar esa conexión de la proclamación del reino por parte de Jesús».[23] En contraste con unos y otros, Brown defiende un *euangelion* que vincula el mensaje del reino de Jesús con el pueblo de Israel, la tierra de Israel y las exigencias éticas de la buena nueva.

Como se señaló en el capítulo 6, la filosofía sionista de Martin Buber ilustra este matrimonio entre renovación nacional y territorial judía, por un lado, y las exigencias éticas del reino de Dios, por otro. Buber consideraba que el Estado de Israel era esencial para la renovación de la vida nacional judía, pero solo como un instrumento subordinado al servicio de ese objetivo superior. De manera similar, el sionismo eclesial no puede centrarse exclusivamente en la tierra, el Estado, la seguridad y la soberanía. También debe reflejar las prioridades éticas y espirituales encarnadas en la persona, la enseñanza y la obra del Mesías crucificado y resucitado.

El libro de Nicholas Brown es en sí mismo solo un compromiso preliminar con este tema. Sin embargo, Brown ha logrado cumplir su objetivo de proporcionar «una base sustancial a partir de la cual sea posible, si no desarrollar un conjunto completamente formulado de prácticas normativas, al menos sintetizar las líneas básicas de un marco normativo a partir del cual se deberían deducir esas prácticas».[24] El trabajo de Brown sugiere que el *euangelion* profético presentado en los precedentes capítulos tiene potencial para dar mucho fruto en el ámbito de la reflexión ética eclesial.

Coherencia misionológica

En los capítulos anteriores se respaldan y se desafían por igual las dos caras del antiguo debate sobre la misión eclesial al pueblo judío. ¿Deben los discípulos de Jesús tratar de «evangelizar» a sus vecinos judíos? ¿Deben apoyar los «esfuerzos misioneros cristianos» destinados a «convertir» a los judíos al «cristianismo»?

Por un lado, *Jerusalén Crucificada* muestra que la identidad y el destino del pueblo judío están ligados a la identidad y el destino de Jesús como el Mesías judío. El llamamiento al Israel genealógico se realizará a través del *euangelion* profético sobre

---

22. Brown, *For the Nation*, 117.
23. Brown, *For the Nation*, 192.
24. Brown, *For the Nation*, 191.

la muerte y resurrección de Jesús, y el regreso de Jesús al monte de los Olivos está supeditado al buen recibimiento oficial comunitario del Mesías por parte de los judíos de Jerusalén. En ese día, la entrada triunfal de Jesús a Jerusalén el Domingo de Ramos, como acto profético simbólico, tendrá su cumplimiento escatológico. Además, este libro aporta evidencia exegética de la importancia teológica de la vida comunitaria judía dentro de la *ekklēsia* del Mesías, y sugiere que la renovación de esa vida en la era moderna debe tratarse como una señal del ordenamiento providencial de la historia por parte de Dios. La *ekklēsia* es, por definición, una comunión de judíos y gentiles, y los judíos eclesiásticos tienen un papel esencial que desempeñar *como judíos*.[25]

Por otra parte, *Jerusalén Crucificada* demuestra que la tradición judía ha conservado elementos esenciales del *euangelion* que la *ekklēsia* abandonó al principio de su existencia. Esa fractura del *euangelion* significó que, durante gran parte de los últimos dos mil años, ha sido imposible para los judíos dar respuesta a todo el mensaje profético del Mesías resucitado entrando a formar parte de la la *ekklēsia*. También implicó que fuera posible dar respuesta a los elementos esenciales del *euangelion* permaneciendo en una comunidad judía que ostensiblemente había rechazado a Jesús. Además, *Jerusalén Crucificada* propone también que el florecimiento de esa comunidad judía bajo la inspiración del judaísmo rabínico debe atribuirse a la providencia divina, y que el proyecto sionista muestra trazas similares de designio providencial. Y, aún más, en mi exposición sobre la respuesta judía a Jesús en Hechos, hice hincapié en su dimensión comunitaria: el significado escatológico de la respuesta colectiva judía a Jesús, combinado con la fractura histórica del *euangelion* profético, sugiere que las consecuencias de la aceptación judía de Jesús como el Mesías pueden tener ahora más que ver con el cumplimiento del destino escatológico de Israel, que con las recompensas individuales en la otra vida. De hecho, se podría inferir razonablemente que los creyentes en Jesús que han rechazado la elección irrevocable y la vocación sacerdotal del Israel genealógico tendrán que responder por ello tanto como los judíos que se han negado a reconocer a Jesús como el Mesías de Israel. En uno y otro caso, es el propio *euangelion* el que ha sido parcialmente negado (y parcialmente afirmado).

¿Qué significa esto para la misión eclesial en relación con el pueblo judío? Al igual que Nicholas Brown señala el camino a seguir en el terreno de la ética, Stuart Dauermann traza un camino misionológico que se ajusta al *euangelion* profético presentado en *Jerusalén Crucificada*. En su reciente libro titulado *Converging Destinies*, Dauermann formula un modelo misionológico que presupone dos proposiciones eclesiológicas: 1) el pueblo de Dios en pacto consiste en «la iglesia de entre las naciones e Israel [...],

---

25. El reciente documento del Vaticano (2015) titulado *Los dones y la llamada de Dios son irrevocables* ofrece una formulación sucinta de este punto: «Es y sigue siendo una definición cualitativa de la Iglesia de la Nueva Alianza que está formada por judíos y gentiles, incluso si las proporciones cuantitativas de cristianos judíos y gentiles puedan dar inicialmente una impresión diferente» (párrafo 43). Para el texto del documento completo, v. http://www.vatican.va/roman_curia/pontifical_councils/chrstuni/relationsjewsdocs/rc_pc_chrstuni_doc_20151201_eb-nostra-aetate_en.html.

vistos como un gran pueblo que vive actualmente en un estado de cisma y destinado a la reconciliación»;[26] 2) la *ekklēsia* es propiamente bilateral en su composición y carácter, una comunidad unida con una doble expresión corporativa: una judía y otra multinacional.[27] El paradigma misionológico que defiende Dauermann posee dos características clave, que se corresponden con estos dos presupuestos eclesiológicos: 1) la «misión de Dios» (*missio Dei*) toma forma corporativa en el mundo a través tanto de Israel (es decir, el pueblo judío) como de la iglesia cristiana (es decir, la «iglesia de entre las naciones»), cada comunidad participa en la obra divina en el mundo de manera distinta y, además, cada comunidad tiene una misión en relación con la otra (así, la misión de la *ekklēsia* en relación con el pueblo judío incluye dar testimonio de Jesús como el Mesías, y la misión del pueblo judío en relación con la *ekklēsia* incluye dar testimonio del significado de la identidad judía del Señor confesado por la *ekklēsia*);[28] 2) La misión de la *ekklēsia* en relación con el pueblo judío tiene un carácter dual, en correspondencia con su propia constitución bilateral.

Sobre este último punto, Dauermann ofrece poca descripción sustancial acerca de la misión de la iglesia de las naciones en relación con Israel. Dedica más atención a lo que denomina «el remanente judío mesiánico» y su misión hacia la comunidad judía en general, una misión que denomina «alcance interno» en contraste con «alcance» a secas, ya que «el remanente judío mesiánico» es parte de Israel y no una rama de la iglesia de las naciones. Para entender lo que Dauermann tiene que decir sobre ese *alcance interno* judío mesiánico, primero tendremos que explicar su interpretación del *euangelion*, la buena noticia que es el mensaje básico encarnado y proclamado por la *ekklēsia* dual.

Dauermann ve la intención nacional del *euangelion* de forma muy parecida a como la he presentado en los capítulos anteriores. Es un mensaje profético que trata del destino escatológico de Israel y que presupone la continuidad del estatus en pacto de Israel como pueblo amado de Dios. A diferencia de este libro, en el suyo Dauermann no intenta mostrar cómo este mensaje profético está enraizado en la proclamación de la muerte y resurrección de Jesús.[29] Se ocupa, en cambio, de ciertos textos clave de los profetas hebreos. En particular, destaca Ezequiel 37,21-28 (que él llama «la agenda de Ezequiel») como un resumen del destino escatológico de Israel que el *euangelion* prevé:

---

26. Dauermann, *Converging Destinies*, 145.
27. Dauermann, *Converging Destinies*, 188-190.
28. Dauermann, *Converging Destinies*, 85.
29. Una limitación inherente a la forma en que Dauermann trata el *euangelion* es que la restauración del pueblo judío podría considerarse una mera consecuencia del mensaje, relevante solo para los judíos, en lugar de un elemento intrínseco de un mensaje que tiene relevancia universal. Esta es una limitación que intento superar en los capítulos anteriores considerando la resurrección del Mesías y la restauración de Israel como dos actos inseparables.

Ezequiel enumera las facetas de la buena noticia en este orden:

- la reunión del [pueblo] judío en nuestra tierra natal, Israel (esto es, la *aliyah*);
- la restauración de la unidad del pueblo de Israel;
- arrepentimiento-renovación de todo el pueblo;
- el Mesías reinando en el centro de este pueblo reunido;
- vivir la Torá como forma de vida comunitaria de este pueblo;
- experiencia nacional de la presencia divina;
- y, por todo lo anterior y a la vista de las naciones, la vindicación del pueblo judío como pueblo de Dios y del Dios de Israel como fiel a sus promesas.[30]

Si bien señala que «Ezequiel sitúa al Mesías en el centro de estas cosas», Dauermann destaca, por otra parte, que el «evangelio» como mensaje para el pueblo judío incluye los siete aspectos de la esperanza de Israel: «Todo el que tenga menos y todo el que contenga otras cosas será, en el mejor de los casos, el evangelio truncado de algún otro».[31]

De esta exposición del «evangelio» de Israel, Dauermann extrae las siguientes conclusiones prácticas que atañen al «alcance interno» de los judíos mesiánicos: 1) los judíos mesiánicos deben ser un signo profético, una demostración y un catalizador de esta visión escatológica en su vida colectiva, lo cual significa: vivir en unidad con todo el pueblo judío, observar la Torá de acuerdo con la tradición judía, experimentar y expresar la presencia del Espíritu de Dios, apoyar la vida judía en la tierra de Israel y, en el centro de todo, seguir y proclamar a Jesús como el Mesías de Israel[32]; 2) los judíos mesiánicos (y se supone que también los cristianos gentiles) deben hablar con valentía de Jesús, pero honrando el pasado y el presente judíos, y centrando la atención en el papel de Jesús como agente de la redención colectiva de Israel, no como el salvador que libra a los individuos del infierno;[33] 3) los judíos mesiánicos deben apoyar y honrar todos los esfuerzos para avanzar en cualquiera de los siete aspectos de Ezequiel 37,21-28, incluso si se persiguen por razones apartadas de la fe en Jesús como el Mesías.[34] Así, la «misión» implica promover no solo a «Jesús», sino toda la «agenda de Ezequiel», en la que Jesús es el corazón, pero no el todo.

Como muestra Dauermann, la misionología toma forma en relación con la eclesiología y el contenido del *euangelion*. Él ha conseguido trazar las líneas básicas preliminares de una misionología que es coherente con la eclesiología propuesta en

---

30. Dauermann, *Converging Destinies*, 164.
31. Dauermann, *Converging Destinies*, 164.
32. Dauermann, *Converging Destinies*, 233-239.
33. Dauermann, *Converging Destinies*, 153-159, 169-170, 181-184, 202-204.
34. Dauermann, *Converging Destinies*, 185, 238, 242.

mis escritos anteriores y con el *euangelion* profético explorado en este libro.[35] Sus esfuerzos demuestran el potencial práctico y creativo de estos nuevos paradigmas teológicos.

Conclusión

Jerusalén Crucificada es un libro sobre el *euangelion*. Trata directamente del significado de la acción salvadora de Dios en la vida, muerte y resurrección de Jesús el Mesías. Sin embargo, la interpretación aquí dada a esa acción salvadora señala su carácter proléptico y profético. Por tanto, *Jerusalén Crucificada* es también un libro sobre escatología. Además, los rasgos proféticos y escatológicos del *euangelion* descubiertos en estos capítulos se centran en el pueblo judío y su relación con la ciudad de Jerusalén y la tierra de Israel. En consecuencia, *Jerusalén Crucificada* es un libro cuyo alcance es ineludiblemente *eclesiológico*: si el *euangelion* salvador es como lo he presentado, y si observamos claves de su intención profética providencialmente codificadas en las extrañas vueltas y revueltas de la historia de los dos últimos milenios, entonces la *ekklēsia* dual —esa comunidad llamada a existir para encarnar y proclamar el *euangelion*— puede redescubrir en esta «buena noticia» para Israel su propia identidad como extensión y compañía de Israel.

Al hacerlo, la *ekklēsia* también aprende una dura lección sobre su carácter fracturado y su historia. La herida es más profunda de lo que en principio se puede imaginar. Hace que las divisiones entre católicos y protestantes, Oriente y Occidente, parezcan superficiales y meramente sintomáticas de un estado subyacente radicalmente peor.

Pero esta dura lección también ofrece esperanzas de recuperación: el aprecio renovado por el rico y polifacético mensaje que le dio origen puede traer consigo una renovación de su propia identidad y su misión. Ella (la *ekklēsia*) es el cuerpo de Jesús, el Mesías de Israel, y como tal vive y sirve fielmente a su Señor solo cuando se relaciona adecuadamente con el Israel por el que, en primer lugar, él murió; y por quien, en primer lugar, él resucitó de la muerte.

La esperanza brota también de un lugar geográfico, un sitio que está indisolublemente ligado a Jesús el Mesías y al Israel por quien, en primer lugar, él murió y ahora vive. El pueblo judío ha perdurado como un solo pueblo a través de siglos de exilio sin perder nunca de vista ese «lugar que el Señor, tu Dios, elegirá de entre todas tus tribus» (Dt 12,5). Antes del año 70, la ciudad santa también representó para los discípulos de Jesús, tanto judíos como gentiles, un centro institucional y un objeto de esperanza mesiánica. Después del año 70, los discípulos gentiles de Jesús miraron a otras ciudades en búsqueda de identidad y orientación —Roma, Alejandría, Constantinopla, Moscú, Canterbury—, pero nunca más recuperaron el lugar único que podía unirlos a todos en amor y anhelo escatológico. En la época

---

35. Véase especialmente Kinzer, *Postmissionary Messianic Judaism and Searching Her Own Mystery*.

bizantina, pareció que Jerusalén podría volver a ganarse los corazones de todos los discípulos de Jesús como único medio geográfico sacramental de su vida, muerte y resurrección; pero se trataba de una ciudad desvinculada del pueblo judío y del reino por venir, acerca del cual los once habían preguntado al Señor resucitado. Las guerras y conquistas que comenzaron en el siglo vii limitaron la influencia institucional de la ciudad dentro de la *ekklēsia*, pero nunca perdió su influencia en la imaginación de muchos de los discípulos de Jesús.

En este libro, la ciudad terrenal de Jerusalén aparece como una realidad proléptica y escatológica inseparable tanto del pueblo judío como del *euangelion* del Mesías resucitado. En este capítulo final, hemos visto cómo la buena noticia de Jerusalén, crucificada y resucitada con su rey, tiene el potencial de integrar las diversas perspectivas de la visión teológica eclesial —canónica, soteriológica, escatológica, ética y misionológica—. Como esperanza a la vez del pueblo judío y de la *ekklēsia*, es también una realidad *eclesiológica* que tiene el potencial de unificar a todo el pueblo de Dios: judíos y gentiles, protestantes y católicos, orientales y occidentales. Su monte santo está destinado a ser una «casa de oración para todos los pueblos» (Is 56,7; Mc 11,17), a la que acudirán todas las naciones (Is 2,2). De la misma forma que los judíos encuentran su hogar espiritual en Jerusalén, también lo encontrarán allí aquellos cuya descendencia de Abraham y Sara es solo por fe y no por genealogía: «Entre los que me conocen menciono a Rahab y a Babilonia, también a Filistea, y a Tiro, con Etiopía: "Este nació allí", dicen. Y de Sion se dirá: "Este y aquel nacieron en ella"» (Sal 87,4-5).

Cuando la *ekklēsia* de las naciones redescubra esta verdad, se unirá al pueblo judío para tomar las palabras del salmista como su propia promesa sagrada: «¡Si me olvido de ti, oh Jerusalén, que se marchite mi mano derecha! Que mi lengua se pegue al paladar, si no me acuerdo de ti, si no pongo a Jerusalén por encima de mi mayor alegría» (Sal 137,5-6).

Bibliografía

Allison, Dale C. Jr.: «Matt. 23:39 = Luke 13:35b as a Conditional Prophecy», *Journal for the Study of the New Testament* 18 (1983), 75-84.

Alpher, Yossi: «The Issues the Peace Process Should Avoid», *The Forward*, July 29, 2013 (https://forward.com/opinion/181261/the-issues-the-peace-process-should-avoid/).

Anderson, Charles P.: «Who Are the Heirs of the New Age in the Epistle to the Hebrews?», en *Apocalyptic and the New Testament: Essays in Honor of J. Louis Martyn* (ed. J. Marcus y M. L. Soards), 255-277, Sheffield (Reino Unido): JSOT Press, 1989.

Armstrong, Karen: *Jerusalem: One City, Three Faiths*, Nueva York: Ballantine, 1996.

Aviam, Mordechai: «Reverence for Jerusalem and the Temple in Galilean Society», en *Jesus and Temple: Textual and Archaeological Explorations* (ed. James H. Charlesworth), 123-144, Mineápolis [MN, Estados Unidos]: Fortress, 2014.

Baltzer, Klaus: «The Meaning of the Temple in the Lukan Writings», *Harvard Theological Review*, 58.3 (1965), 263-277.

Barrett, C. K.: *The Gospel according to St. John*, Filadelfia [PA, Estados Unidos]: Westminster, 1978.

Barth, Karl: *Church Dogmatics IV.4: The Doctrine of Reconciliation* (trad. G. W. Bromiley, reimpr.), Londres: T. & T. Clark, 2010.

Bauckham, Richard: «James and the Gentiles (Acts 15.13-21)», en *History, Literature, and Society in the Book of Acts* (ed. Ben Witherington III), 154-184, Cambridge [Reino Unido]: Cambridge University Press, 1996.

— «James and the Jerusalem Church», en *The Book of Acts in its First Century Setting* (ed. Richard Bauckham), 415-480, Grand Rapids [MI, Estados Unidos]: Eerdmans, 1995.

— «James and the Jerusalem Community», en *Jewish Believers in Jesus* (ed. Oskar Skarsaune y Reidar Hvalvik), 55-95, Peabody [MA, Estados Unidos]: Hendrickson, 2007.

— «James and the Jerusalem Council Decision», en *Introduction to Messianic Judaism: Its Ecclesial Context and Biblical Foundations* (ed. David Rudolph y Joel Willitts), 178-86, Grand Rapids [MI, Estados Unidos]: Zondervan, 2013.

— «James, Peter, and the Gentiles», en *The Missions of James, Peter, and Paul: Tensions in Early Christianity* (ed. Bruce Chilton y Craig Evans), 91-142, Leiden (Países Bajos): Brill, 2004.

— *Jesus and the God of Israel*, Milton Keynes (Reino Unido): Paternoster, 2008.

— *The Jewish World around the New Testament*, Grand Rapids [MI, Estados Unidos]: Baker Academic, 2010.

— *Jude and the Relatives of Jesus in the Early Church*, Edimburgo [Reino Unido]: T. & T. Clark, 1990.

Bibliografía

— *The Testimony of the Beloved Disciple: Narrative, History, and Theology in the Gospel of John*, Grand Rapids [MI, Estados Unidos]: Baker, 2007.
— *The Theology of the Book of Revelation*, Cambridge [Reino Unido]: Cambridge University Press, 1993.
BEASLEY-MURRAY, George R.: *Baptism in the New Testament*, Grand Rapids [MI, Estados Unidos]: Eerdmans, 1973.
BOCCACCINI, Gabriele: *Beyond the Essene Hypothesis: The Parting of the Ways between Qumran and Enochic Judaism*, Grand Rapids [MI, Estados Unidos]: Eerdmans, 1998.
— *Middle Judaism: Jewish Thought 300 B.C.E. to 200 C.E.* Mineápolis [MN, Estados Unidos]: Fortress, 1991.
BOCCACCINI, Gabriele y Carlos A. SEGOVIA (eds.): *Paul the Jew: Rereading the Apostle as a Figure of Second Temple Judaism*, Mineápolis [MN, Estados Unidos]: Fortress, 2016.
BOCK, Darrell L.: *Acts*, Grand Rapids [MI, Estados Unidos]: Baker Academic, 2007.
BORGEN, Peder: «God's Agent in the Fourth Gospel», en *The Interpretation of John* (ed. John Ashton), 67-78, Filadelfia [PA, Estados Unidos]: Fortress, 1986.
BOYARIN, Daniel: *The Jewish Gospels: The Story of the Jewish Christ*, Nueva York: New Press, 2012.
BRAWLEY, Robert L.: *Luke-Acts and the Jews: Conflict, Apology, and Conciliation*, Atlanta [GA, Estados Unidos]: Scholars, 1987.
BROWN, Nicholas R.: *For the Nation: Jesus, the Restoration of Israel, and Articulating a Christian Ethic of Territorial Governance*, Eugene (OR, Estados Unidos): Pickwick, 2016.
BROWN, Raymond E.: *The Gospel according to John I-XII*, Nueva York: Doubleday, 1966.
— *The Gospel according to John XIII-XXI*, Nueva York: Doubleday, 1970.
BRUCE, Frederick F.: *The Book of Acts*, Grand Rapids [MI, Estados Unidos]: Eerdmans, 1988.
BUBER, Martin: *A Land of Two Peoples* (ed. Paul Mendes-Flohr), Chicago [IL, Estados Unidos]: University of Chicago Press, 2005.
— *Tales of the Hasidim*, Nueva York: Schocken, 1991.
BURGE, Gary M.: *Jesus and the Land: The New Testament Challenge to "Holy Land" Theology*, Grand Rapids [MI, Estados Unidos]: Baker, 2010.
CADBURY, Henry J.: *The Making of Luke-Acts*, 1927 (reimpr.), Grand Rapids [MI, Estados Unidos]: Baker Academic, 1999.
CAIRD, George B.: *Saint Luke*, Baltimore (MD, Estados Unidos): Penguin, 1963.
Catechism of the Catholic Church, Nueva York: Doubleday, 1995.
CHANCE, J. Bradley: *Jerusalem, the Temple, and the New Age in Luke-Acts*, Macon (GA, Estados Unidos): Mercer University Press, 1988.
CHARLESWORTH, James H.: «The Temple and Jesus' Followers», en *Jesus and Temple: Textual and Archaeological Explorations* (ed. James H. Charlesworth), 183-212, Mineápolis [MN, Estados Unidos]: Fortress, 2014.
CHILDS, Brevard S.: *The Church's Guide for Reading Paul: The Canonical Shaping of the Pauline Corpus*, Grand Rapids [MI, Estados Unidos]: Eerdmans, 2008.
— *The New Testament as Canon: An Introduction*, Valley Forge (PA, Estados Unidos): Trinity, 1994.
CHILTON, Bruce, y Jacob NEUSNER: *Judaism in the New Testament: Practice and Beliefs*, Nueva York: Routledge, 1995.
COHEN, Shaye J.: *The Beginnings of Jewishness: Boundaries, Varieties, Uncertainties*, Berkeley [CA, Estados Unidos]: University of California Press, 1999.

CONZELMANN, Hans: *The Theology of St. Luke* (trad. Geoffrey Buswell), Filadelfia [PA, Estados Unidos]: Fortress, 1982.

CROSSLEY, James G.: *The Date of Mark's Gospel: Insight from the Law in Earliest Christianity*, JSNTSup 266, Londres: T. & T. Clark, 2004.

DANBY, Herbert: *The Mishnah*, Oxford [Reino Unido]: Oxford University Press, 1933.

DAUERMANN, Stuart: *Converging Destinies: Jews, Christians, and the Mission of God*, Eugene (OR, Estados Unidos): Cascade, 2017.

DUNN, James D. G.: *The Partings of the Ways: Between Christianity and Judaism and Their Significance for the Character of Christianity*, Filadelfia [PA, Estados Unidos]: Trinity, 1991.

EDERSHEIM, Alfred: *The Life and Times of Jesus the Messiah, Vol I*, 1883 (reimpr.), Grand Rapids [MI, Estados Unidos]: Eerdmans, 1971.

— *The Temple: Its Ministry and Services*, 1874 (reimpr.), Peabody (MA, Estados Unidos): Hendrickson, 1994.

EISENBAUM, Pamela: *Paul was not a Christian: The Original Message of a Misunderstood Apostle*, Nueva York: HarperCollins, 2009.

ELIOR, Rachel: *The Three Temples: On the Emergence of Jewish Mysticism* (trad. David Louvish), Oxford [Reino Unido]: Littman Library of Jewish Civilization, 2004.

ESPOSITO, Thomas: *Jesus' Meals with Pharisees and their Liturgical Roots*, Roma: Gregorian Biblical Press, 2015.

EVANS, Craig A.: «Jesus & the Continuing Exile of Israel», en *Jesus & the Restoration of Israel: A Critical Assessment of N. T. Wright's 'Jesus and the Victory of God'* (ed. Carey C. Newman), 77-100, Downers Grove (IL, Estados Unidos): IVP, 1999.

FARROW, Douglas: *Ascension Theology*, Londres: T. & T. Clark, 2011.

FIORENZA, Elisabeth Schüssler: *The Book of Revelation: Justice and Judgment*, Filadelfia [PA, Estados Unidos]: Fortress, 1985.

FITZMYER, Joseph A.: *The Acts of the Apostles*, Nueva York: Doubleday, 1998.

— *The Gospel according to Luke I-IX*, Garden City (NY, Estados Unidos): Doubleday, 1981.

— *Luke the Theologian: Aspects of His Teaching*, Mahwah (NJ, Estados Unidos): Paulist, 1989.

FLANNERY, Austin P. (ed.): *Documents of Vatican II*, Grand Rapids [MI, Estados Unidos]: Eerdmans, 1975.

FOX, Everett: *The Five Books of Moses*, Nueva York: Schocken, 1995.

FREDRIKSEN, Paula: «Judaizing the Nations: The Ritual Demands of Paul's Gospel», en *Paul's Jewish Matrix* (ed. Thomas G. Casey y Justin Taylor), 327-354, Mahwah (NJ, Estados Unidos): Paulist, 2011.

— *Paul: The Pagan's Apostle*, New Haven (CT, Estados Unidos): Yale University Press, 2017.

— *Sin: The Early History of an Idea*, Princeton [NJ, Estados Unidos]: Princeton University Press, 2012.

FRIEDMAN, Maurice: *Martin Buber's Life and Work: The Later Years, 1945-1965*, Nueva York: Dutton, 1983.

FRIEDMAN, Richard Elliott: *Commentary on the Torah*, San Francisco [CA, Estados Unidos]: HarperSanFrancisco, 2001.

FULLER, Michael E.: *The Restoration of Israel: Israel's Re-gathering and the Fate of the Nations in Early Jewish Literature and Luke-Acts*, Nueva York: de Gruyter, 2006.

FURSTENBERG, Yair: «Defilement Penetrating the Body: A New Understanding of Contamination in Mark 7.15», *New Testament Studies* 54 (2008), 176-200.

Bibliografía

Goldman, Samuel: *God's Country: Christian Zionism in America*, Filadelfia [PA, Estados Unidos]: University of Pennsylvania Press, 2018.

Gregory, Andrew F. and C. Kavin Rowe (eds.): *Rethinking the Unity and Reception of Luke and Acts*, Columbia (SC, Estados Unidos): University of South Carolina Press, 2010.

Halkin, Hillel: *Yehudah Halevi*, Nueva York: Schocken, 2010.

Hamm, Dennis: «The Tamid Service in Luke-Acts: The Cultic Background behind Luke's Theology of Worship (Luke 1:5-25; 18:9-14; 24:50-53; Acts 3:1; 10:3, 30)», *Catholic Biblical Quarterly* 65.2 (2003), 216-231.

Haran, Menahem: *Temples and Temple Service in Ancient Israel*, Winona Lake (IN, Estados Unidos): Eisenbrauns, 1985.

Hart, David Bentley: *The Beauty of the Infinite: The Aesthetics of Christian Truth*, Grand Rapids [MI, Estados Unidos]: Eerdmans, 2003.

Hays, Richard B.: *First Corinthians*, Louisville (KY, Estados Unidos): John Knox, 1997.

— «"Here We Have No Lasting City": New Covenantalism in Hebrews», en *The Epistle to the Hebrews and Christian Theology* (ed. Richard Bauckham, Daniel R. Driver, Trevor A. Hart, y Nathan MacDonald), 151-173, Grand Rapids [MI, Estados Unidos]: Eerdmans, 2009.

— *Reading Backwards: Figural Christology and the Fourfold Gospel Witness*, Waco (TX, Estados Unidos): Baylor University Press, 2014.

Hayward, C. T. Robert: *The Jewish Temple: A Non-Biblical Sourcebook*, Londres: Routledge, 1996.

Hazony, Yoram: *The Jewish State: The Struggle for Israel's Soul*, Nueva York: Basic, 2000.

Hummel, Daniel: «The New Christian Zionism», *First Things* 274, June/July 2017, 9-11.

Jenson, Robert W.: «Toward a Christian Theology of Judaism», en *Jews and Christians: People of God* (ed. Carl E. Braaten y Robert W. Jenson), 1-13, Grand Rapids [MI, Estados Unidos]: Eerdmans, 2003.

Jervell, Jacob: *Luke and the People of God: A New Look at Luke-Acts*, Mineápolis [MN, Estados Unidos]: Augsburg, 1972.

— *The Unknown Paul: Essays on Luke-Acts and Early Christian History*, Mineápolis [MN, Estados Unidos]: Augsburg, 1984.

Johnson, Luke Timothy: *The Writings of the New Testament: An Interpretation*, Mineápolis [MN, Estados Unidos]: Fortress, 1999.

Johnson, Paul: *A History of the Jews*, Nueva York: Harper & Row, 1987.

Juel, Donald: *Luke-Acts. The Promise of History*, Atlanta [GA, Estados Unidos]: John Knox, 1983.

Kinzer, Mark S.: «Finding Our Way through Nicaea: The Deity of Jesus, Bilateral Ecclesiology, and Redemptive Encounter with the Living God», en *Searching Her Own Mystery: Nostra Aetate, the Jewish People, and the Identity of the Church*, 216-239, Eugene (OR, Estados Unidos): Cascade, 2015.

— *Postmissionary Messianic Judaism: Redefining Christian Engagement with the Jewish People*, Grand Rapids [MI, Estados Unidos]: Brazos, 2005.

— «Sacrifice, Prayer, and the Holy Spirit: The Daily Tamid Offering in Luke-Acts» en *«Wisdom Poured Out Like Water»: Essays in Honor of Gabriele Boccaccini* (ed. J. Harold Ellens, Isaac W. Oliver, Jason von Ehrenkrook, James Waddell, y Jason M. Zurawski), 463-475, Berlin: de Gruyter, 2018.

— *Searching Her Own Mystery: Nostra Aetate, the Jewish People, and the Identity of the Church*, Eugene (OR, Estados Unidos): Cascade, 2015.

— «Temple-Christology in the Gospel of John», en *Society of Biblical Literature 1998 Seminar Papers, Part One*, 447-464, Atlanta [GA, Estados Unidos]: Scholars, 1998.

KISTER, Menahem: «Law, Morality and Rhetoric in Some Sayings of Jesus», en *Studies in Ancient Midrash* (ed. James L. Kugel), 145-154, Cambridge [MA, Estados Unidos]: Harvard University Press, 2001.

KJAER-HANSEN, Kai: *Joseph Rabinowitz and the Messianic Movement: The Herzl of Jewish Christianity*, Grand Rapids [MI, Estados Unidos]: Eerdmans, 1995.

KLAWANS, Jonathan: *Purity, Sacrifice, and the Temple: Symbolism and Supersessionism in the Study of Ancient Judaism*, Oxford [Reino Unido]: Oxford University Press, 2006.

KOESTER, Craig R.: *The Dwelling of God: The Tabernacle in the Old Testament, Intertestamental Jewish Literature, and the New Testament*, Washington D.C.: Catholic Biblical Association of America, 1989.

KUGEL, James: *The Bible as It Was*, Cambridge [MA, Estados Unidos]: Harvard University Press, 1999.

LADD, George Eldon: *The Revelation of John*, Grand Rapids [MI, Estados Unidos]: Eerdmans, 1972.

LEVENSON, Alan T.: *An Introduction to Modern Jewish Thinkers: From Spinoza to Soloveitchik*, Nueva York: Rowman & Littlefield, 2006.

LEVENSON, Jon D.: *Creation and the Persistence of Evil: The Jewish Drama of Divine Omnipotence*, Princeton [NJ, Estados Unidos]: Princeton University Press, 1988.

— «The Jerusalem Temple in Devotional and Visionary Experience», en *Jewish Spirituality from the Bible Through the Middle Ages* (ed. Arthur Green), 32-61, Nueva York: Crossroad, 1996.

— *Sinai and Zion: An Entry into the Jewish Bible*, Nueva York: Harper & Row, 1985.

LOADER, William: *Jesus' Attitude towards the Law: A Study of the Gospels*, Grand Rapids [MI, Estados Unidos]: Eerdmans, 2002.

LOHFINK, Norbert: *The Covenant Never Revoked* (trad. John J. Scullion), Nueva York: Paulist, 1991.

MAIER, Johann: *The Temple Scroll: An Introduction, Translation & Commentary* (trad. Richard T. White), Sheffield (Reino Unido): JSOT, 1985.

MARSHALL, I. Howard: *Acts*, Grand Rapids [MI, Estados Unidos]: Eerdmans, 1980.

— *The Gospel of Luke*, Exeter (Reino Unido): Paternoster, 1978.

MARX, Dalia: «The Missing Temple: The Status of the Temple in Jewish Culture Following Its Destruction», en *The Presence of the Lost Temple: Report of a Jewish-Christian Dialogue* (ed. Shlomo Tucker y Michael Mulder), 83-108, Amsterdam: Amphora, 2015.

MCDERMOTT, Gerald R.: «A History of Christian Zionism», en *The New Christian Zionism: Fresh Perspectives on Israel and the Land* (ed. Gerald R. McDermott), 45-75, Downers Grove (IL, Estados Unidos): IVP Academic, 2016.

MILGROM, Jacob: *Leviticus 1-16*, Nueva York: Doubleday, 1991.

MILLER, Elhanan: «Temple Mount Revival Movement Revels in Crowd-Funded Passover Sacrifice—But at What Cost?», *The Forward*, 2 May 2016, http://forward.com/news/israel/339759/temple-mount-revival-movement-revels-in-crowd-funded-passover-sacrifice-but/ .

MILLER, John W.: *How the Bible Came to Be: Exploring the Narrative and Message*, Nueva York: Paulist, 2004.

MINEAR, Paul S.: «Luke's Use of the Birth Stories», en *Studies in Luke-Acts* (ed. Leander E. Keck y J. Louis Martyn), 111-130, Nashville [TN, Estados Unidos]: Abingdon, 1966.

Bibliografía

Mirsky, Yehudah: *Rav Kook: Mystic in a Time of Revolution*, New Haven (CT, Estados Unidos): Yale University Press, 2014.

Moffitt, David M.: *Atonement and the Logic of Resurrection in the Epistle to the Hebrews*, Leiden (Países Bajos): Brill, 2013.

Nanos, Mark: *The Irony of Galatians: Paul's Letter in First-Century Context*, Mineápolis [MN, Estados Unidos]: Fortress, 2002.

— *The Mystery of Romans: The Jewish Context of Paul's Letter*. Mineápolis [MN, Estados Unidos]: Fortress, 1996.

— «*New* or Renewed Covenantalism? A Response to Richard Hays», en *The Epistle to the Hebrews and Christian Theology*, ed. Richard Bauckham, Daniel R. Driver, Trevor A. Hart, y Nathan MacDonald, 183-188, Grand Rapids [MI, Estados Unidos]: Eerdmans, 2009.

— y Magnus Zetterholm (eds.): *Paul within Judaism: Restoring the First-Century Context to the Apostle*, Mineápolis [MN, Estados Unidos]: Fortress, 2015.

Neusner, Jacob: *From Politics to Piety: The Emergence of Pharisaic Judaism*, Nueva York: KTAV, 1979.

— *An Introduction to Judaism: A Textbook & Reader*, Louisville (KY, Estados Unidos): Westminster/John Knox, 1991.

— *A Short History of Judaism: Three Meals, Three Epochs*, Mineápolis [MN, Estados Unidos]: Fortress, 1992.

Newman, Carey C. (ed.): *Jesus & the Restoration of Israel: A Critical Assessment of N. T. Wright's 'Jesus and the Victory of God'*, Downers Grove (IL, Estados Unidos): InterVarsity, 1999.

Newsom, Carol: *Songs of the Sabbath Sacrifice: A Critical Edition*, Atlanta [GA, Estados Unidos]: Scholars, 1985.

Novak, David: *Zionism and Judaism: A New Theory*, Cambridge [Reino Unido]: Cambridge University Press, 2015.

Oepke, Albrecht: «Apokathistē[set macron over e]mi, Apokatastasis», en *Theological Dictionary of the New Testament, Vol. 1* (ed. y trad. Geoffrey W. Bromiley), 387-393, Grand Rapids [MI, Estados Unidos]: Eerdmans, 1999.

Oliver, Isaac W.: *Torah Praxis After 70 CE: Reading Matthew and Luke-Acts as Jewish Texts*, Tubinga [Alemania]: Mohr Siebeck, 2013.

Ottolenghi, Emanuele: «A National Home», en *Modern Judaism* (ed. Nicholas de Lange y Miri Freud-Kandel), 54-65, Oxford [Reino Unido]: Oxford University Press, 2005.

Parsons, Mikeal C. and Richard I. Pervo: *Rethinking the Unity of Luke and Acts*, Mineápolis [MN, Estados Unidos]: Fortress, 1993.

Pelikan, Jaroslav: *Acts*, Grand Rapids [MI, Estados Unidos]: Brazos, 2005.

Perrin, Nicholas: *Jesus the Temple*, Grand Rapids [MI, Estados Unidos]: Baker, 2010.

Pervo, Richard I.: *Dating Acts: Between the Evangelists and the Apologists*, Santa Rosa (CA, Estados Unidos): Polebridge, 2006.

Pew Research Center: «Israel's Religiously Divided Society», 8 March 2016, http://www.pewforum.org/2016/03/08/israels-religiously-divided-society/.

Pitre, Brant: *Jesus, the Tribulation, and the End of the Exile: Restoration Eschatology and the Origin of the Atonement*, Grand Rapids [MI, Estados Unidos]: Baker Academic, 2005.

Puskas, Charles B.: *The Conclusion of Luke-Acts: The Significance of Acts 28:16-31*, Eugene (OR, Estados Unidos): Pickwick, 2009.

Ravens, David: *Luke and the Restoration of Israel*, Sheffield (Reino Unido): Sheffied Academic Press, 1995.

RICE, Peter H.: *Behold, Your House Is Left to You: The Theological and Narrative Place of the Jerusalem Temple in Luke's Gospel*, Eugene (OR, Estados Unidos): Pickwick, 2016.

RUDOLPH, David J.: «Jesus and the Food Laws: A Reassessment of Mark 7:19b», *Evangelical Quarterly* 74.4 (2002), 291-311.

— *A Jew to the Jews: Jewish Contours of Pauline Flexibility in 1 Corinthians 9:19-23. Second Edition*, Eugene (OR, Estados Unidos): Cascade, 2016.

— «Messianic Judaism in Antiquity and in the Modern Era», en *Introduction to Messianic Judaism: Its Ecclesial Context and Biblical Foundations* (ed. David Rudolph y Joel Willitts), 21-36, Grand Rapids [MI, Estados Unidos]: Zondervan, 2013.

SACKS, Jonathan (ed. y trad.): *Koren Siddur—Nusah Ashkenaz*, Jerusalén: Koren, 2009.

SALMEIER, Michael A.: *Restoring the Kingdom: The Role of God as the "Ordainer of Times and Seasons" in the Acts of the Apostles*, Eugene (OR, Estados Unidos): Pickwick, 2011.

SANDERS, Ed P.: *The Historical Figure of Jesus*, Nueva York: Penguin, 1993.

— *Jesus and Judaism*, Filadelfia [PA, Estados Unidos]: Fortress, 1985.

SCHIFFMAN, Lawrence H.: «The Importance of the Temple for Ancient Jews», en *Jesus and Temple: Textual and Archaeological Explorations* (ed. James H. Charlesworth), 75-93, Mineápolis [MN, Estados Unidos]: Fortress, 2014.

SCHOLEM, Gershom: *Major Trends in Jewish Mysticism*, Nueva York: Schocken, 1961.

— *On Jews and Judaism in Crisis*, Nueva York: Schocken, 1976.

SCHÜRMANN, Heinz: «Das Testament des Paulus für die Kirche» en *Traditions-geschichtliche Untersuchungen zu den Synoptischen Evangelien*, 310-340, Dussseldorf [Alemania]: Patmos, 1968.

SCHWARTZ, Seth: *Imperialism and Jewish Society 200 B.C.E. to 640 C.E.*, Princeton [NJ, Estados Unidos]: Princeton University Press, 2001.

SCOTT, James M. (ed.): *Exile: A Conversation with N.T. Wright*, Downers Grove (IL, Estados Unidos): IVP Academic, 2017.

SHAVIT, Ari: *My Promised Land: The Triumph and Tragedy of Israel*, Nueva York: Spiegel & Grau, 2013.

SMITH, Dennis E. y Joseph B. TYSON (eds.): *Acts and Christian Beginnings: The Acts Seminar Report*, Salem (OR, Estados Unidos): Polebridge, 2013.

SMITH, Steve: *The Fate of the Jerusalem Temple in Luke-Acts: An Intertextual Approach to Jesus' Laments over Jerusalem and Stephen's Speech*, Londres: Bloomsbury T. & T. Clark, 2017.

SOLOVYOV, Vladimir: *The Burning Bush: Writings on Jews and Judaism* (trad. Gregory Yuri Glazov), Notre Dame (IN, Estados Unidos): University of Notre Dame Press, 2016.

STONE, Michael E. y Matthias HENZE: *4 Ezra and 2 Baruch: Translations, Introductions, and Notes*, Mineápolis [MN, Estados Unidos]: Fortress, 2013.

SULZBACH, Carla: «The Fate of Jerusalem in *2 Baruch* and *4 Ezra*: From Earth to Heaven and Back?», en *Interpreting 4 Ezra and 2 Baruch* (ed. Gabriele Boccaccini y Jason M. Zurawski), 138-152, Londres: Bloomsbury T. & T. Clark, 2014.

SVARTVIK, Jesper: «Reading the Epistle to the Hebrews without Presupposing Supersessionism», en *Christ Jesus and the Jewish People Today: New Explorations of Theological Interrelationship* (ed. Philip A Cunningham, Joseph Sievers, Mary Boys, Hans Hermann Henrix, y Jesper Svartvik), 77-91, Grand Rapids [MI, Estados Unidos]: Eerdmans, 2011.

TANNEHILL, Robert C.: *Luke*, Nashville [TN, Estados Unidos]: Abingdon, 1996.

BIBLIOGRAFÍA

— *The Narrative Unity of Luke-Acts: A Literary Interpretation. Volume One: The Gospel of Luke*, Filadelfia [PA, Estados Unidos]: Fortress, 1986.
— *The Narrative Unity of Luke-Acts: A Literary Interpretation. Volume Two: The Acts of the Apostles*, Mineápolis [MN, Estados Unidos]: Fortress, 1994.
— *The Shape of Luke's Story*, Eugene (OR, Estados Unidos): Cascade, 2005.
TAYLOR, Justin: «Paul and the Jewish Leaders of Rome: Acts 28:17-31», en *Paul's Jewish Matrix* (ed. Thomas G. Casey y Justin Taylor), 311-326, Roma: Gregorian and Biblical Press, 2011.
THIESSEN, Matthew: *Contesting Conversion: Genealogy, Circumcision, and Identity in Ancient Judaism and Christianity*, Oxford [Reino Unido]: Oxford University Press, 2011.
TIEDE, David L.: «Glory to Thy People Israel: Luke-Acts and the Jews», en *Luke-Acts and the Jewish People* (ed. Joseph B. Tyson), 21-34, Mineápolis [MN, Estados Unidos]: Augsburg, 1988.
— *Prophecy and History in Luke-Acts*, Filadelfia [PA, Estados Unidos]: Fortress, 1980.
TOMSON, Peter J.: *'If this be from Heaven . . .': Jesus and the New Testament Authors in their Relationship to Judaism*, Sheffield (Reino Unido): Sheffield Academic, 2001.
— *Paul and the Jewish Law: Halakha in the Letters of the Apostle to the Gentiles*, Mineápolis [MN, Estados Unidos]: Fortress, 1990.
TROBISCH, David: *The First Edition of the New Testament*, Oxford [Reino Unido]: Oxford University Press, 2000.
TYSON, Joseph B.: *Luke, Judaism, and the Scholars: Critical Approaches to Luke-Acts*, Columbia (SC, Estados Unidos): University of South Carolina Press, 1999.
— *Marcion and Luke-Acts: A Defining Struggle*, Columbia (SC, Estados Unidos): University of South Carolina Press, 2006.
— «The Problem of Jewish Rejection in Acts», en *Luke-Acts and the Jewish People* (ed. Joseph B. Tyson), 124-137, Mineápolis [MN, Estados Unidos]: Augsburg, 1988.
VALL, Gregory: «"Man is the Land": The Sacramentality of the Land of Israel», en *John Paul II and the Jewish People: A Jewish-Christian Dialogue* (ed. David G. Dalin y Matthew Levering), 131-167, Nueva York: Rowman & Littlefield, 2008.
VAN BUREN, Paul M.: *A Theology of the Jewish-Christian Reality, Part I: Discerning the Way*, San Francisco [CA, Estados Unidos]: Harper & Row, 1980.
WAINWRIGHT, Arthur W.: *Mysterious Apocalypse: Interpreting the Book of Revelation*, Nashville [TN, Estados Unidos]: Abingdon, 1993.
WALKER, Peter W. L.: *Jesus and the Holy City: New Testament Perspectives on Jerusalem*, Grand Rapids [MI, Estados Unidos]: Eerdmans, 1996.
WALL, Robert W.: «The Acts of the Apostles», en *The New Interpreters Bible, Volume X*, 3-368, Nashville [TN, Estados Unidos]: Abingdon, 2002.
— «A Canonical Approach to the Unity of Acts and Luke's Gospel» en *Rethinking the Unity and Reception of Luke and Acts* (ed. Andrew F. Gregory y C. Kavin Rowe), 172-191, Columbia (SC, Estados Unidos): University South Carolina Press, 2010.
WALTERS, Patricia: *The Assumed Authorial Unity of Luke and Acts: A Reassessment of the Evidence*, Cambridge [Reino Unido]: Cambridge University Press, 2009.
WEATHERLY, Jon A.: *Jewish Responsibility for the Death of Jesus in Luke-Acts*, Sheffield (Reino Unido): Sheffield Academic Press, 1994.
WEINFELD, M.: «Hillel and the Misunderstanding of Judaism in Modern Scholarship», en *Hillel and Jesus: Comparisons of Two Major Religious Leaders* (ed. James H. Charlesworth y Loren L. Johns), 56-70, Mineápolis [MN, Estados Unidos]: Fortress, 1997.

WILKEN, Robert L.: *The Land Called Holy: Palestine in Christian History and Thought*, New Haven (CT, Estados Unidos): Yale University Press, 1992.

WILLIAMS, Jarvis J.: *Maccabean Martyr Theology in Paul's Theology of Atonement: Did Martyr Theology Shape Paul's Conception of Jesus' Death?*, Eugene (OR, Estados Unidos): Wipf & Stock, 2010.

WILSON, Stephen G.: *Luke and the Law*, Cambridge [Reino Unido]: Cambridge University Press, 1983.

WITHERINGTON III, Ben: *The Acts of the Apostles: A Socio-Rhetorical Commentary*, Grand Rapids [MI, Estados Unidos]: Eerdmans, 1998.

WRIGHT, Nicholas Thomas: *The Climax of the Covenant: Christ and the Law in Pauline Theology*, Mineápolis [MN, Estados Unidos]: Fortress, 1993.

— *Jesus and the Victory of God*, Mineápolis [MN, Estados Unidos]: Fortress, 1996.

— *The New Testament and the People of God*, Londres: SPCK, 1992.

— *Paul and the Faithfulness of God*, 2 vols., Londres: SPCK, 2013.

— *Paul: In Fresh Perspective*, Mineápolis [MN, Estados Unidos]: Fortress, 2005.

— *The Resurrection of the Son of God*, Londres: SPCK, 2003.

— *Surprised By Hope: Rethinking Heaven, the Resurrection, and the Mission of the Church*, Nueva York: HarperCollins, 2008.

WYSCHOGROD, Michael: *Abraham's Promise: Judaism and Jewish-Christian Relations* (ed. R. Kendall Soulen), Grand Rapids [MI, Estados Unidos]: Eerdmans, 2004.

— *The Body of Faith: God and the People Israel*, Northvale (NJ, Estados Unidos): Aronson, 1996.

— «Incarnation», *Pro Ecclesia* 2 (1993), 210-217.

YUVAL, Israel Jacob: *Two Nations in Your Womb: Perceptions of Jews and Christians in Late Antiquity and the Middle Ages*, Berkeley [CA, Estados Unidos]: University of California Press, 2006.

Índice de citas de las Escrituras y textos antiguos

BIBLIA HEBREA

Génesis (Gn)

1	65 (n. 25)
1,1-2,3	59
2,8-10	60
12,1.7	19
12,3	237
15,13-14	100
17,14	129
22	57
22,14	56
22,3. 4. 9. 14 (LXX)	100
27,35	93
28,12	93 (y n. 101)
28,17	94
34,13	93
45,4-5.8	199
50,20	199

Éxodo (Ex)

3,12	100
4,22-23	70
12,6	163 (n. 27)
15	67
15,17	57, 101 (y n. 118)
15,17-18	66 (y n. 31) y 75
23,11 (LXX)	152 (n. 19)
24,7	242
25,8	61, 85
25,9	64
25,9.40	59
29,38-42	97, 162, 168
29,39	163 (n. 27)
30,29 (LXX)	90
35-40	59
40,9-10 (LXX)	90

Levítico (Lv)

6,1-7	149
9,24	165
14,1-32	154
17-18	192
23,29	128
23,29	129, 135
24,2.8 (LXX)	161
25,10-13.28.30-31.33.40-41. 50.52.54 (LXX)	152 (n. 19)
27,17-18.21.23-24 (LXX)	152 (n. 19)

Números (Nm)

6,1	176
6,3	175
6,5	176
6,18	176
14,35	131
17,1-11	131
28,1-8	97, 162, 168
28,4.8	163 (n. 27)
28,10.15.23.24 (LXX)	161
36,4	152 (n. 19)

Deuteronomio (Dt)

4,26-31	220
5,14	154
5,14-15	152
5,15	154
6,4-5	147
12,5	89, 253
12,5.11.14.18.21.26	20
15,1-3.9	152 (n. 19)
18	130, 131, 135
18,15	118 (n. 7)
18,15-19	99, 112, 128, 187 (n. 64)
18,19	135
30,1-5	220

Índice de citas de las Escrituras y textos antiguos

31,10	152 (n. 19)	48,2	247
		63,2	104 (n. 124)
Josué (Jos)		68,10 (LXX)	88
18,1	55	72,19	247
		80,9(8)	92 (n. 98)
Jueces (Jc)		84,7	104 (n. 124)
13,3-7	175	87,4-5	254
20,26-28	55 (n. 6)	102,25-26	79
		110	36
1 Samuel (1 Sm)		114,2	62
3,3	55	118	218
4	55	118,25–26	221
4,4	55	118,26	104, 105, 106, 136
5	55	132,11-18	20, 37 (n. 35)
6,1-11	55	137,5-6	254
6,12-20	55		
6,21-7,2	55	**Proverbios (Pr)**	
21,1-9	56	2,11 (LXX)	170 (n. 35)
22,6-23	56	13,3 (LXX)	170 (n. 35)
		16,17 (LXX)	170 (n. 35)
2 Samuel (2 Sm)		19,16 (LXX)	170 (n. 35)
6,2	55		
7,1-2	56	**Isaías (Is)**	
7,12-13	56	2,2	254
		6	43, 96 (y n. 106), 127 (n. 27)
1 Reyes (1 Re)			
8,28-29	57	6,1	58
8,46-53	57	40	126 (n. 24), 127 (n. 25), 127 (n. 26)
2 Reyes (2 Re)		40,1 (LXX)	126 (n. 24)
19,15	55	40,3	125
		40,3-5	62 (n. 17)
1 Crónicas (1 Cr)		40,4-5	125
16,37-40	56	40,5	125, 127
21,15-22,1	56	40,5 (LXX)	126
21,29	56	40,9-11	62 (n. 17)
		40-55	4, 62
2 Crónicas (2 Cr)		40-66	221 (y n. 38)
1,3-6	56	41,14	221 (n. 38)
3	57	42,16	221 (n. 38)
3,1	56	44,22	221 (n. 38)
7,1	165	49	92, 127 (n. 25)
		49,3	92 (n. 97)
Esdras (Esd)		49,3 (LXX)	92
7,6	49	49,5-6	126
		49,5-6a	127
Salmos (Sal)		52	62
2	37	52,7-8.11-12	62
16	36, 37	52,7-12	3
27,4	104 (n. 124)	52,8	5, 14

Índice de citas de las Escrituras y textos antiguos

52,13 (LXX)	92	37,21-28	251, 252
52-53	3, 92, 243, 245	40-48	59
53,1	3	43	105 (n. 126), 137
55,3	37	43,1-7	61, 105
56,6-8	73	43,2	45
56,7	254	44,7-9	61
60,21	131	47,1	90
61	153	47,1-12	60
61,1-2a	152	47,5	60
66	101	47,9.12	60
66,18-23	73, 101		

Daniel (Dn)

1,6	163
2	32 (y n. 27), 66-67
2,21 (LXX)	32
2,34-35	67, 75, 101
2,44-45	75, 101
6,10	57
6,11	57
7	32
7,21	245
9	22, 163
9,12	163
9,17-20	163
9,21	163
9,24	163
9,26	163
9,27	31
11,31	31, 72
12,1-3	244-245
12,11	31, 72

Jeremías (Jr)

6,9	92 (n. 98)
16,15	118
24,6	118
31	78
31,18-20	221 (n. 37)
31,33-34	80
35,1-10	175

Ezequiel (Ez)

1,1-28	61
5,11	61
8,3-4.6	61
8,4	61
8,6	61
8-11	61
9,3	61
9,6	61
10,1-22	61
10,18	104
10,19	61
10,20	61
11	105 (n. 126), 137
11,16	61
11,22-23	107
11,23	45, 61
15,1-6	92 (n. 98)
17,5-10	92 (n. 98)
19,10-14	92 (n. 98)
36	186, 187, 246
36,21-23	221
36,24	221
36,25-27	185, 221
36,27	185
36,28	221
36,31	221
36,32	221
37	4

Oseas (Os)

6	246
6,1-2	4
10,1	92 (n. 98)
11,11 (LXX)	118 (n. 5)
14,8(7)	92 (n. 98)

Joel (Jl)

3,18	60
3,19-20	60

Miqueas (Mi)

6,8	147

Zacarías (Za)

9,9	105
12-14	45 (y n. 43), 245
14	46, 137

ÍNDICE DE CITAS DE LAS ESCRITURAS Y TEXTOS ANTIGUOS

14,1-21	60-61
14,2-5	44-45
14,4	105
14,45	218
14,8	90
14,9.16	46

NUEVO TESTAMENTO

Mateo (Mt)

4,1-11	242
4,12	150
4,13a	150
4,17	150
9,13	148, 150
11,13	144
12,7	150
15,3ss	155 (n. 21)
21,8-9	104
21,9	26
21,10-22,46	26
21,11	104
21,12-16	52
22,35-36	145
23	26
23,37-39	26
23,38	107
24	22, 245
24,1-2	52
27,51	107
27,57	159 (n. 25)

Marcos (Mc)

1,14-15	3, 150
2,17	148
2,27	184 (n. 58)
3,13-19a	170
3,19b-21	170
3,21	171
3,22-30	170
3,31-35	171
3,34	171
3,35	171
6,3	172
7	188 (n. 65)
7,1-23	155
7,5	155
7,6-13	155
7,8	155 (n. 21)
7,14-19a	188
7,19b	155
11,9	104
11,15-18	52
11,17	254
12,28	145
13	31, 245
13,1-2	52
13,14	72
13,14-20	30
13,14ss	200 (y n. 4)
15,38	107

Lucas (Lc)

1	163, 166, 167, 176, 200
1,1-4	12, 142
1,3	9
1,5-6	133 (n. 41)
1,5-23	141
1,6	159, 162, 169, 185
1,7	141, 162
1,8-9	97, 162
1,8-22	95, 164
1,8ss	163
1,9	151 (n. 17), 156, 164 (n. 30)
1,10	97
1,11	162
1,13	162, 175
1,15	162, 175
1,16	141
1,17	162
1,21-22	164
1,33	141
1,36	169
1,38	169, 171
1,41	162
1,44	162
1,45	169
1,48	169
1,54	141
1,55	141
1,56	169
1,59-79	177
1,68	28, 141, 164
1,68-79	28
1,69	36 (n. 32)
1,70	32
1,71.73	32

ÍNDICE DE CITAS DE LAS ESCRITURAS Y TEXTOS ANTIGUOS

1,72	32	5,32	148
1,73	32	5,33-35	48
1,77	32	5,35	48
1,78b-79	164	6,1-5	183, 184 (n. 58)
1,79	32	6,2	183
1-2	29 (n. 24), 137, 142, 154	6,6	151
2	175, 200	6,9	153 (n. 20)
2,1-20	177	6,14	151 (n. 17)
2,19	169	6,20-26	34
2,21-23	157	8,19-21	171
2,21-24	169	8,21	171
2,22	177	9,51	174
2,22-24	141, 156	9,51-18,14	39
2,22-38	141	10,25	187 (n. 63)
2,22-39	177	10,25-28	145, 146 (y n. 11)
2,25	126 (n. 24), 137, 159	10,25-42	147
2,26-27	159	10,28b	145
2,27	141, 156	10,29	147
2,29-32	126	10,37	146
2,29-35	159	10,38-42	147
2,32	127, 141	11,27-28	170
2,34	138	11,28	171
2,34-35	30	11,42	147, 150
2,37	168	12,48b	124 (n. 20)
2,38	29, 36 (y n. 33), 137, 141, 159, 168	12,49-50	35
		13	27, 33, 34, 45, 137
2,39	141, 156	13, 19, 21 y 23	45
2,41	46, 160, 174	13,10	151
2,41-51	141	13,10-17	153-154
2,42	151 (n. 17), 156, 157	13,16	203
2,42-51	174	13,22	40
2,43-49	35	13,31	26 (y n. 16), 133
2,51	170 (n. 34)	13,31-33	25
3,4-6	125	13,31-35	25, 27, 30, 34
3,16	35, 162, 165	13,33	26
3,17	166	13,33-35	27 (n. 19)
3,22	153	13,34	26, 199
3,23	172	13,34-35	26, 103 (y n. 120), 103, 104, 105
4,1	153		
4,14	153	13,35	29, 33, 45, 107, 136 (y n. 45), 137, 218
4,14-15	151		
4,16	151, 157	15	148, 203
4,16b-17	152	15,1	151 (n. 17)
4,21	153	15,2	148
4,22	172	15,7.10	148
4,31	151	15,11-32	134
4,31-37	153	15,13	149
4,33	151	15,25-32	203
5,12-16	154	15,30	149
5,30	148	15,31-32	134

Índice de citas de las Escrituras y textos antiguos

16,13	147	23	108
16,16	3, 143 (y n. 7)	23,27	199
16,16-17	145	23,27-31	25, 27 (n. 19), 29, 33, 34
16,16-18	142	23,31	34
16,17	143, 150	23,44-46	97 (n. 109)
16,17-18	144	23,45	107, 108
16,19-31	144, 146 (y n. 11)	23,50	157, 159
16,29	149	23,51	160
16,29-31	145	23,52-53	160
16,30	149	23,55	157
16,31	118 (n. 7), 149	23,56	152, 157
17,11	40	23,6-12	26 (n. 16)
17,11-13	154	24	108, 200
17,14a	154	24,7	118 (n. 7)
17,15-19	154	24,13-32	145
18,9-14	97 (n. 109)	24,18	172 (n. 37)
18,18	145, 187 (n. 63)	24,21	30
18,18-23	183	24,27	144
18,18-39	146 (y n. 11)	24,41	29
18,33	118 (n. 7)	24,44-45	144
19	27, 33, 34, 45, 108, 136 (n. 45)	24,46	118 (n. 7)
19,1-6	148	24,49	40
19,7	148	24,50-53	97 (n. 109)
19-8	149	24,52	29
19,9	203	24,53	40, 95
19,28-36	104	24,7	118 (n. 7)
19,28-40	136	28,17	151 (n. 17)
19,28-44	14		
19,28-46	218	Juan (Jn)	
19,29	105, 218	1,14	89, 91
19,37	26 (n. 17), 104, 105	1,18	94
19,38	45, 104, 136	1,41	91
19,41-44	25, 27 (y n. 19), 28, 30, 34, 199	1,47	93
19,42	27 (n. 19), 28	1,47-51	94
19,43-44	28	1,49	91, 93
19,44	28, 103, 105	1,51	93, 94 (y n. 101)
19,45-48	52	2,13	88
21	108, 245	2,16	88
21,5-6	52	2,17	88
21,5-36	30	2,19	52
21,14ss	200 (y n. 4)	2,19-21	89
21,20-24	25, 27 (n. 19), 30, 31, 32, 34	2,20	52
21,21	151 (n. 17)	2,21	52
21,23	34	3,11	94
21,24	44, 104, 116, 117, 127, 136, 231	3,32	94
22,1.7-8.11.13.15	46	4	93
		4,5-6	93
		4,7	93
		4,10	93

Índice de citas de las Escrituras y textos antiguos

4,12	93	1	44, 118
4,20-23	88	1,1	9
4,21	90, 91	1,1-3	12
4,22	55, 89	1,6	43, 104, 116, 117,
4,23	90		118 (n. 6), 208, 223
4,25	91	1,6-7	32 (n. 26 y 27), 117
4,25-26	91	1,6-8	40, 46, 113 (n. 1), 136
5,1	88	1,6-11	118 (n. 6)
5,14	88	1,6-12	95, 218
6,46	94	1,7	32, 44
7,14	88	1,8	42
7,28	88	1,9-11	135, 137
7,37b-38	90	1,9-12	44, 45 (y n. 42), 46
7,39	90	1,11	105, 113 (n. 1)
8,20	88	1,12	44, 218
8,38	94	1,13	165
8,59	88	1,14	165, 167, 172, 174, 175
10,22-23	88, 89	1,16	114
10,30	90	1-5	108
10,31-33	90	2	97, 164, 165, 166, 175
10,36	90	2,1	46, 165
11,27	91	2,1-2	165
11,48	52 (n. 2)	2,1-5	174
11,48-52	92	2,2	165
12,13	91	2,3-4	165
13,31-32	92	2,4	165
14,2	88 (n. 89)	2,5	160
14,8-9	94	2,5	42
14,13	92	2,9-11	42
14,17	91	2,15	165
15,1	110 (n. 131)	2,17-18	165
15,1-11	92	2,22	114
16,13	91	2,23-24	198
17,1	92	2,24	118 (n. 7)
17,4	92	2,24-36	116
17,5	94	2,25-36	36-37
18,33	91	2,29	114
18,36	91	2,30-32	118 (n. 7)
18,37	91	2,33	165
18,39	91	2,36	114
19,1-3	91	2,38	165
19,12	91	2,39	114
19,14-16	91	2,41	112
19,19-22	91	2,42	205
19,25	172 (n. 37)	2,46	41, 95, 167, 174
19,34	91	3	118, 132, 135
20,31	91	3,1	95, 97, 164, 168, 174
21,19	92	3,1-10	41
		3,12	114
Hechos (Hch)		3,12-26	118 (n. 6)

Índice de citas de las Escrituras y textos antiguos

3,13	36 (n. 32), 115	7,9-16	198
3,17	114	7,10	199
3,17-21	116	7,11	115
3,19-20	105	7,12	115
3,19-21	32 (n. 26), 117, 118, 135, 136, 137, 185 (n. 60), 218, 221	7,14	199
		7,15	115
		7,15-16	101
3,20	118, 136	7,17	101
3,21	117 (y n.4), 118 (y n. 6), 136	7,17-44	99
		7,19	115
3,22	118 (n. 7), 221	7,36	130
3,22-23	113, 187 (n. 64)	7,37	99, 113, 128, 130, 187 (n. 64)
3,23	113, 128, 129 (y n. 32), 130, 131, 132, 135, 114	7,38	99, 130
		7,38-43	101
3,25	114, 128	7,39	115, 128, 130
3,26	36 (n. 32), 118	7,42	131 (n. 38)
4,10	114	7,43	101
4,1-2	41	7,44	100, 115
4,24-30	113 (n. 1)	7,45	101
4,25	36 (n. 32)	7,45-46	100
4,27.30	36 (n. 32)	7,47	100
4,27-28	198	7,48	100, 101 (y n. 118)
4,36	133 (n. 41)	7,48-50	101
5,12	41, 95, 174	7,51-52	102
5,14-16	112	7,53	99
5,17	199	8	95
5,19-21	174	8,1.4-25	41
5,20-21	41	8,2	33, 160, 199
5,30	115	8,4	96 (n. 106)
5,33-39	33, 132, 203,	8,14-17	166
5,36-37	133	9	189
5,38-39	132, 197	9,1-2	41, 132
5,39	132	9,1-19	119, 121
5,42	41, 95, 174	9,10	41
6,3	114	9,17	161
6,7	112, 133 (n. 41), 174	9,19	41
6,9-12	132 (n. 40)	9,23	119
6,11.13-14	98	9,26-29	41
6,11-14	98	9,28-29	132 (n. 40)
6,12-7,1	132	9,31	112
6,13	99 (n. 114)	10	41, 97, 166, 182, 186, 188 (y n. 67), 191
6,13-14	102, 131		
6,14	155 (n. 21)	10,1-3	166
7	98, 111, 130, 132	10,1-8	188
7,2	114, 115	10,1-48	121
7,3	101	10,2	97, 161, 166
7,4-5	101	10,2-4	164
7,7	100 (y n. 116), 101	10,3-4	161
7,8	99	10,4	166
7,9	199		

Índice de citas de las Escrituras y textos antiguos

10,9-16	187	13,44-45	199
10,9-48	189	13,45	119
10,10	188	13,45-47	120-121
10,13	188	13,45-49	198
10,14	188	13,46	130
10,14ss	155 (n. 21)	13,46-47	126
10,15	189, 190	13,50	119
10,17	188, 189	13-28	12
10,17-48	187	14,4	119
10,20	189	14,15	114
10,22	161	14,15-17	113
10,28	114, 189, 190	15	13, 140, 182, 187 (n. 63), 193
10,28-29	189		
10,30	97, 164	15,1	186
10,30-31	161	15,1-29	191
10,44	166	15,1-2	178
10,45	166	15,2	41
10,46	166	15,4-5	178
10,47	166	15,5	133, 173, 203
10-11	139, 140, 1656	15,6-11	178
11,2	41	15,7	114
11,3	155 (n. 21), 189	15,7-9	121, 161, 189
11,4-16	121	15,8-9	190 (y n. 76)
11,4-17	189	15,8-11	185
11,8	155 (n. 21)	15,10	186 (n. 61)
11,12	190	15,10b	185
11,15-17	167	15,10-11	187
11,19-21	198	15,11	186
11,27-30	41	15,13	114
12,3	119 (n.10)	15,13-21	173, 178
12,11	119 (n. 10), 199	15,14	122 (n. 15), 201
12,17	173	15,19-21	191
12,20-23	119 (n. 10)	15,20	191
13	41, 95, 127, 184	15,21	192
13,1-3	177	15,23-29	191
13,14	151 (n. 15)	15,29	191
13,16	114	16,1-3	178
13,16-41	120	16,1-4	179
13,17	115	16,3	177 (n. 44), 178
13,22-23	37, 116	16,4	178
13,26	114	16,9-10	121
13,32-33	115	16,10-17	12
13,32-34	118 (n. 7)	16,20-21	120
13,32-37	116	17,1-2	151 (n. 15)
13,33	37	17,1b-2	157
13,34	37	17,3	118 (n. 7)
13,35	37	17,5	119
13,38	114	17,22	114
13,38-39	184, 185 (n. 60)	17,22-31	113
13,42-43	120	17,31	118 (n. 7)

ÍNDICE DE CITAS DE LAS ESCRITURAS Y TEXTOS ANTIGUOS

17-18	73 (n. 49)	21,37-22,21	198
18,2	120	21,39	120
18,5-6	119	22,1	114
18,5-7	121	22,3	12, 120, 194, 204
18,5-11	198	22,3-11	198
18,6	120	22,6-16	121
18,8	120	22,6-21	189
18,12	119, 120	22,12	159, 160, 161
18,18	176	22,12-13a	157
18,18-23	176	22,14-15	161
18,22	41	22,17	96
18,24	120	22,18	96 (n. 106)
18,28	119	22,21	96 (n. 106)
19,1-6	166	22,30	119
19,8-10	123 (n. 18)	22,30-23,9	198
20,3	119	23,1	114
20,3-6	175	23,1-9	132
20,5-15	12	23,4-5	133
20,13-16	175	23,5	114, 115
20,16	46, 95, 176 (n. 43)	23,6	12, 37, 114, 134, 181, 204
20,18-35	113 (n. 2), 198	23,6-9	133
20,25	175	23,6-10	33, 203
20,27	198	23,9	133, 203
20,36-38	175	23,12	119
21	173, 193	23,20	119
21,1-18	12	23,27	199
21,4	95 (n. 104), 175	24,5	120
21,10-14	95 (n. 104)	24,9	119
21,10-15	175	24,10-21	113
21,17-23,11	41	24,11-13	96
21,17-25	96	24,12-13	73 (n. 49)
21,18-25	173	24,14	115
21,20	112, 114, 120, 127 (n. 25), 185, 231	24,14-21	12
21,20b	173	24,15.21	38
21,21	155 (n. 21), 176, 179, 180 (y n. 49), 181, 201	24,17	95
		24,17-18	73 (n. 49)
21,23a	173 (n. 38)	24,25	199
21,23-24	174, 176	25,8	12, 96, 180
21,24	193	25,23-26,32	198
21,24b	173	26,2	119
21,26	174	26,4-5	73 (n. 49), 180-181
21,26-27	96	26,4-8	158
21,26-28	96	26,4-11	198
21,27	73 (n. 49)	26,5	12, 194, 204
21,27-29	132 (n. 40)	26,5-7	12
21,27-30	73 (n. 49)	26,5-8.22-23	38
21,28	96, 99 (y n. 114), 181	26,6	115
21,29	73 (n. 49)	26,6-7	38 (n. 37), 168, 202
21-28	181	26,6-8	116
		26,9-20	189

Índice de citas de las Escrituras y textos antiguos

26,12-18	121
26,16-17	199
26,22-23	126
26,23	116
27,1-28,16	12
27,21	114
27,21-26	113
27,25	114
28	43, 127, 127 (n. 26), 127 (n. 27)
28,17	12, 42, 73 (n. 49), 96, 99 (y n. 114), 114, 115, 155 (n. 21), 181
28,17-20	181
28,17-28	198
28,19	119
28,20	38, 116
28,23	121
28,23-31	198
28,24-25	123
28,24-25a	121
28,26-27	127
28,28	121, 122, 125
28,29	121
28,30-31	43
28,31	46

Romanos (Rm)

1,1-4	1, 3
1,16	1
5,18-19	241
9,4	69, 70
9-11	127 (n. 27)
11,28-29	237
11,29	2
12,1	69
15,15-16	69
15,16	71
15,27	69

1 Corintios (1 Co)

6,19-20	69
9,13	71
10	71 (y n. 42)
10,14-21	70
15	4
15,1.3-5	1
15,3	4, 241
15,3-4	4, 6
15,4	246
15,28	247

2 Corintios (2 Co)

6,14-7,1	69

Gálatas (Ga)

1,11-2,14	86
1,13-14	86
4,25	87
4,26	86, 87

Efesios (Ef)

1-3	72 (n. 46)
2,11-22	72 (y n. 47), 73
2,13	72
2,14	73 (y n. 49)
2,17	72
2,17-18	73
2,18	72
2,21-22	72
3,19	247

Filipenses (Flp)

2,6-8	241
2,9	241
2,17	69
4,18	69

Colosenses (Col)

1,19	74 (n. 51)
2,9	74 (n. 51)
4,11	202
4,14	202

2 Tesalonicenses (2 Ts)

2,1-4	228
2,3-4	71, 72

2 Timoteo (2 Tim)

4,11	202

Filemón (Flm)

24	202

Hebreos (Hb)

1,3	76
1,10-11	79
2,5	77
2,5-18	77

Índice de citas de las Escrituras y textos antiguos

2,14	78	Apocalipsis (Ap)	
3,7-4,11	81	1-3	84
4,1-11	77	3,12	85
4,14	76	4,5	82, 84
5,14	80	4,6	82
6,5	78	4,9-11	82
6,19	78	5	83
6,19-20	76, 77	5,6-14	82
7,13-16	76	5,8	82, 83
7,14	77	5,9-14	82
7,16	78	6,9	82
8,2	75, 76	7	85
8,4	76	7,11-12	82
8,13	79 (y n. 65)	7,15	85
9,1	78	8,3-4	82, 83
9,2	78	9,13	82
9,6-10	53, 78	11,1-2	84
9,8	78	11,16-18	82
9,9	78	11,19	82
9,10	78	12,11	83
9,11-12a	75	12-13	245
9,11-14	76	14,1	82
9,12	74	14,17-18	82
9,13-14	77	14,2-3	82
9,23-24	76	15,2	82
9,24	75	15,2-4	82
10,12	76	15,5	82
10,19	73	15,6	82
10,19-22	77	16,7	82
10,36-39	79-80	21,3	85, 89
11	244	21,10	86, 87
11,1	78	21,16	85
11,10	81	21,22	53, 85
11,14-16	81	21,24	223
11,16	81	21,24	223
11,35-38	244	22,2	223
11,40	244		
11-12	244		
12	244	## APÓCRIFOS Y PSEUDOEPÍGRAFOS	
12,1	244		
12,2	244		
12,22	81, 86, 87	2 Baruc	81 (n. 71), 87, 102, 186 (n. 61)
12,23-24	81		
12,24	81	4.1-6	81 (n. 70)
12,37	80	4.2-6	64, 66
13,14	81		
1 Pedro (1 P)		1 Enoc	64
		14.8-25	64
5,13	49	89.36	63 (n. 18)

Índice de citas de las Escrituras y textos antiguos

89.50	63 (n. 18)	4,20 LXX	170 (n. 35)
89.73	63 (n. 18)	15,15 LXX	170 (n. 35)
90.28-37	81	35,1 LXX	170 (n. 35)
		37,12 LXX	170 (n. 35)
2 Esdras		44,20 LXX	170 (n. 35)
10.25-28	81	50,1-24	63

4 Esdras	66, 67, 81 (y n. 71), 87, 102, 186 (n. 71)
10.53-55	66
10.54	66
11.39-40	32
13.6-7, 35-36	67

ROLLOS DEL MAR MUERTO	55 (n. 4)
4Q Florilegium	67
Cánticos del sacrificio sabático	64
La nueva Jerusalén	81 (n. 70)
Rollo del templo	66
29.7-10	65
XXIX,9-10	81 (n. 70)

Jubileos	65
1.17-18.29	65
22.14	68 (n. 38)
29.7-10	65
30.18	64
31.14	64
32.18-19	68 (n. 38)

FILÓN	65, 101
Sobre el cambio de nombres	
81	68 (n. 38)
Sobre la confusión de las lenguas	
146	94 (n. 103)
Sobre la huida y el hallazgo	
205	94 (n. 103)
Sobre las leyes particulares	
I.66-67	65

Liber antiquitatum biblicarum (L.A.B.)	66 (n. 27), 81 (y n. 71), 92 (y n.100), 93, 102
11.15	64
12,8-9	92
19.12-13	66
28,4	92

Macabeos	243
1 Macabeos (1 M)	
1,54	31
2 Macabeos	244

JOSEFO	
Antigüedades de los judíos	
11.2,63	118 (n. 5)
14.4	63 (n. 19)
La guerra de los judíos	24
6.9.3	163 (n. 27)

Sobre el origen del mundo	
105.20-30	94 (n. 103)
Oración de José	94 (n. 103)
Eclesiástico (o Libro de la Sabiduría de Jesús Ben Sirá)	

Índice de citas de las Escrituras y textos antiguos

ESCRITOS RABÍNICOS

Amidá	211, 222 (n. 39)
b. Berajot 26b-27a	165
b. Moed Qatán 28a	129
Birkat hamazon	211
Génesis Rabbah, 68,12	93
Ibn Ezra *(Comentario a)* Gn 17,14	129
Lecha Dodi	211
Maimónides	129
Teshuvá, 8.1	129
Misná	131, 164, 203, 206 (n. 16), 207, 211
m. *Eduyot*, 6,1	165
m. *Ketubot*, 4,6	92
m. *Sanhedrín*	
10,1	131
10,3	131
m. *Taanit*, 4,3	65
m. *Tamid*	
3,2	164
6,3	164
7,1-2	164
Números (Bamidbar) Rabbah, 12,12	64 (n. 22), 83 (n. 73)
Olat Rayah, 1,292	67 (n. 32)
Rabad	129
Rabbi Ishmael *Mekhilta* 10.24-28, 38-43	66 (n. 31)
Rambán (Nahmánides)	213 (n. 12)
(Comentario a) Lev 20,2	129
Rashi	
(Comentario a) b. Shabbat 25a	129
(Comentario a) Ex 15,17-18	66 (n. 31)
Ritzbah, *Homilías del Rey Mesías y Gog y Magog*	212
Sifré Bamidbar (Números), 112	129

PRIMEROS ESCRITOS ECLESIALES

Eusebio *Historia eclesiástica (HE)*	
2.23.5-6	21
2.23.7	21
2.23.16	21
2.23.18	21
2.23.19	21
3.11	172 (n. 37)
3.22.6	172 (n. 37)
3.22.4	172 (n. 37)
Ireneo	202 (n. 8)

Índice de nombres

Aarón: 55 n. 6, 76
Abbas, Mahmoud: 225 n. 44
Abel: 81
Abraham: 19, 20, 28, 51, 56, 67, 99, 100, 102, 106, 111 n. 135, 114, 115, 141, 144, 145, 149, 154, 178, 193, 203, 206, 212, 216, 232, 237, 244, 254
Adán: 242
Agnon, Laureate S.Y.: 216 n. 25
Agripa (rey): 38, 119 n. 10, 126, 158, 168, 198
Agustín de Hipona: 239
Alejandro II (zar): 232
Alkalai, Yehudah: 215 y n. 22
Allison, Dale C., Jr.: 27 y n. 20, 136 y n. 45
Alpher, Yossi: 225 n. 44
Ana: 39, 160, 168, 169, 173, 177, 231
Ananías: 181, 182, 185, 186
Anderson, Charles P.: 74-75 n. 53
Antíoco Epífanes: 31, 89, 90
Apolos: 120, 158
Aquila: 120
Armstrong, Karen: 22 n. 7, 23 n. 11, 24 n. 13
Aviam, Mordechai: 67 n. 34

Balfour, Arthur James: 209 n. 1
Baltzer, Klaus: 45 n. 42, 105-106 n. 126
Barrett, C. K.: 93-94 n. 101
Barth, Karl: 239
Bauckham, Richard: 21 y n. 4-5, 42 y n. 41, 83 y n. 74, 84 n. 80, 85 n. 83, 91 y n. 95, 92 n. 96-97, 117 n. 4, 172 n. 37, 190-191 n. 76, 192 y n. 83-84-85
Baur, Ferdinand Christian: 141 n. 6
Ben-Meir, Moshe Immanuel: 233
Bergmann, Samuel Hugo: 216 n. 25
Bernabé: 41, 120, 177, 202
Boccaccini, Gabriele: 63 n.18, 65 n. 26, 239 n. 5

Bock, Darrell L.: 128 n. 29
Borgen, Peder: 94 y n. 102
Boyarin, Daniel: 188 n. 65
Brawley, Robert L.: 41, 42 n. 40, 124 n. 22, 132 n. 39, 134 y n. 42, 140 n. 5, 197 n. 1
Brown, Nicholas: 248 y n. 18-19-20-21, 249 y n. 22-23-24, 250
Brown, Raymond: 92 y n. 98-99, 93-94 n. 101
Bruce, F. F.: 139 n. 1, 188 y n. 65, 190-191 n. 76
Buber, Martin: 213, 214 n. 15-16-19, 215, 216 n. 24, 220 n. 33, 223 y n. 41, 224 y n. 42, 226, 249
Burge, Gary M.: 220 y n. 35-36

Cadbury, Henry J.: 9 n. 17
Caird, G. B.: 26 n. 17, 143 y n. 8, 150
Cefas (v. t. Pedro): 1
Chance, J. Bradley: 75 n. 54, 151 n.14
Charlesworth, James H.: 71 y n. 44, 72 y n. 45, 85 y n. 83, 96 n. 107
Childs, Brevard S.: 11 y n. 26, 198 y n. 3
Chilton, Bruce: 74 y n. 52, 75, 82 n. 82
Cirilo de Jerusalén: 51
Ciro: 54
Cleofás: 172 n. 37
Clopás (hermano de José): 172 n. 37
Cohen, Shaye J.: 179 n. 47
Constantino: 20, 23, 50, 207 y n. 19
Conzelmann, Hans: 121, 122, 140 n. 4, 141 n. 6, 143 n. 7, 144 n. 9, 191 y n. 77
Cornelio: 41, 97, 107, 113, 114, 121, 122, 161, 162, 166, 167, 178, 185, 186, 187, 188, 189, 190 y n. 75
Crispo: 120
Cristo: (ver) Jesús
Crossley: 188 n. 65

Danby, Herbert: 131 n. 36-37

ÍNDICE DE NOMBRES

Daniel: 31, 32 y n. 27, 57, 66, 67, 72, 75, 101, 163, 164, 166, 168, 243, 244, 245
Dauermann, Stuart: 250, 251 y n. 26-27-28-29, 252 y n. 30-31-32-33-34
David: 1, 20, 36 y n. 32-34, 37 y n. 35, 51, 56, 57, 70, 76, 100, 106, 115, 116, 183, 184 222 n. 39, 225
Dunn, James D. G.: 98 y n. 111

Edersheim, Alfred: 164 n. 30, 165 n. 31
Eisenbaum, Pamela: 69 n. 39, 239 n. 6
Elí: 55, 56, 57
Elior, Rachel: 64 n. 22
Elisabet: 159, 160, 161, 162, 169, 173, 185
Esdras: 49
Esteban: 33, 98 y n. 110-111, 99 y n. 115, 100 y n. 116, 101 y n. 118, 102, 105, 106, 108, 111, 113, 115, 124, 128, 130, 131 y n. 38, 132, 135, 160, 198, 199, 208
Estrabón: 121
Eusebio: 21, 23 n. 9, 172 n. 37
Evans, Craig A.: 47 n. 46
Ezequiel: 20, 30, 39, 45, 59, 60, 61, 62, 81 y n.70, 104, 105 y n. 126, 106, 107, 108, 110, 185, 186 n.62, 221, 251, 252

Félix (gobernador romano): 38
Filón de Alejandría: 65, 68 n. 38, 94 n. 103, 101
Fineas (nieto de Aarón): 55 n. 6
Fiorenza, Elisabeth Schüssler: 84 n. 76
Fitzmyer, Joseph A.: 128 n. 30, 140 n. 5, 144 y n. 9, 159 n. 23, 163 y n. 28, 164, 172 n. 36, 175 n. 41, 176 n. 42, 183 y n. 53, 184 y n. 60, 186 n. 62
Flannery, Austin P.: 237 n. 2
Fox, Everett: 128 n. 28
Fredriksen, Paula: 69 n.39, 70 y n. 41, 71 y n. 43, 239 n. 6
Friedman, Maurice: 56 n. 8, 224 n. 42
Fuller, Michael E.: 29 n. 24, 98 n. 110
Furstenberg, Yair: 188 n. 65

Gabriel: 162, 163, 165, 169, 175
Galión: 120
Gamaliel: 124, 132, 133, 135, 138, 168, 195, 197, 203, 204, 205, 206, 207, 216
Gamaliel II: 133, 205
Gaón de Vilna (v. t. Zalman, Elijah ben Solomon): 214, 215, 232
Gregory, Andrew F.: 9 n. 18
Gurión, David Ben: 216

Ha'am, Ahad: 215, 216 n. 24
Halevi, Judah: 211 n. 6, 212, 216

Halkin, Hillel: 211 n. 6
Hamm, Dennis: 97 n. 108-109, 161 n. 26, 164 y n. 29
Haran, Menahem: 56 n. 7
Hart, David Bentley: 241 y n. 8, 242
Hays, Richard B.: 74-75 n. 53, 77, 78 n. 60, 79 n. 65, 87 y n. 88, 91 y n. 94, 121 n. 12
Hayward, C. T. R.: 64 n. 21, 65 n. 23-24, 66 n. 27, 92 n. 100
Hazony, Yoram: 216 n. 26
Hegel: 224
Hegesipo: 21, 22, 23, 50, 51, 172 n.37, 173 n. 39
Henze, Matthias: 66 n. 30
Herodes Agripa: (ver) Agripa (rey)
Herodes Antipas: 25, 26 y n.16, 33 n. 29, 133
Herodes el Grande: 60, 66, 67, 68, 91, 108
Hertzberg, Arthur: 215
Herzl, Theodor: 214, 216, 233
Hijo (v. t. Jesús): 1
Hijo de David (v. t. Jesús): 37, 116, 184, 225
Hijo de Dios (v. t. Jesús): 23, 90
Hijo del Hombre (v. t. Jesús): 32 n. 26, 84, 92, 93, 183
Hillel: 206
Hummel, Daniel: 237 n. 1

Ignacio: 202
Ireneo: 21, 22, 23, 50, 51, 84, 87, 202 n. 8, 236, 241, 242
Isaac: 19, 56, 99, 100, 106, 115, 206
Isaías: 20, 30, 39, 58, 62, 63, 96 y n. 106, 103, 106, 125, 152, 186 n. 62, 221

Jacob: 19, 93-94 y n. 101, 100, 115, 126, 127, 141, 199, 206, 207, 230
Jenson, Robert W.: 111 n. 135
Jeremías: 30, 39, 79, 186 n. 62
Jerónimo: 22
Jervell, Jacob: 36 n. 34, 127 n. 25, 128 y n. 30, 129 y n. 32, 140 n. 5, 155 n. 21, 180 n. 49, 191, 192 y n. 80-81-82, 194 y n. 88, 202 y n. 9
Jesús (v.t. Hijo, Hijo de David, Hijo de Dios, Hijo del Hombre, Logos, nuevo Adán, [la] Palabra): 1, 2, 3, 4, 5, 6, 10, 12, 13, 14, 15, 16, 19, 20, 21, 22, 23, 24, 25, 26 y n. 16-17, 27 y n. 19-20, 28, 29 y n. 23, 30, 32, 33 y n. 29, 34, 35, 36 y n. 32-33, 37 y n. 36, 38, 39, 40, 41, 43, 44, 45, 46 y n. 45, 47, 48, 49, 50, 51, 52 y n. 2, 53, 69, 71, 72, 73, 75 n. 54, 76, 77, 78, 81, 82, 83, 84, 87, 88, 89 y n. 91, 90 y n. 93, 91, 92, 93-

ÍNDICE DE NOMBRES

94 y n. 101, 95 y n. 104, 96 y n. 106-107, 97 y n. 109, 98, 99, 102, 103 y n. 120-122, 104, 105 y n. 126, 106, 107, 108, 109, 110, 111 y n. 135, 112, 113 y n . 1, 115, 116, 117, 118 y n. 6-7, 119 y n. 9, 120, 121, 122, 124 y n. 22, 127 y n. 26, 128, 130 n. 35, 131, 132, 133, 134, 135, 136 y n. 45, 137, 141, 142, 143, 144 y n. 9-10, 145, 146 y n. 11, 147, 148, 149, 150, 151, 152-153 y n. 20, 154, 155, 156, 157, 158, 159 y n. 25, 160, 165, 166, 167, 168, 169, 170, 171, 172 y n. 36-37, 173, 174, 175, 177, 178, 179, 182, 183, 184-185 y n. 58-60, 186-187 y n. 63-64, 188 y n. 65, 191, 193, 194, 196, 198, 199, 200, 201, 202 y n. 9, 203, 204, 205, 206, 207, 208, 218, 219, 221, 222, 224, 225, 226, 227, 228, 229, 231, 232, 233, 234, 236, 237, 238, 240, 241, 242, 243, 244, 245, 246, 247, 248, 249, 250, 251, 252, 253, 254
Joel: 60
Johnson, Luke Timothy: 73 n. 48
Johnson, Paul: 215 n. 22
José de Arimatea: 124, 157, 159 y n. 25, 160, 231
José (esposo de María): 157, 159, 160, 169, 172 y n. 37, 173, 174, 175
José (hermano de Jesús): 172
José (hijo de Jacob):
Josefo: 24, 25, 63 n. 19, 65, 118 n. 5, 163 n. 27, 203
Josué: 100, 131
Juan (apóstol y evangelista): 10 n. 22, 52 y n. 2, 54, 87, 88, 89 y n. 91, 90, 91, 92, 93-94 y n. 101, 96 y n. 107, 97, 106, 110, 111, 167, 168, 247
Juan (autor de Apocalipsis): 83, 85, 245
Juan de Damasco: 23
Juan el Bautista: 28, 39, 48, 125, 137, 142, 143, 144, 150, 162, 165, 167, 169, 175 y n. 41, 176, 177, 182
Juan XXIII (papa): 219
Judá el Patriarca, Judá el Príncipe (Yehudah Hanasi): 203, 211
Judas el Galileo: 133
Judas (hermano de Jesús): 172
Juel, Donald: 10 n. 21, 128 n. 30, 140 n. 5, 192 n. 86
Justino Mártir: 21, 22, 23, 50, 51, 202, 236

Kähler, Martin: 24 n. 14
Kalisher, Zvi Hirsch: 215 y n. 22

Kinzer, Mark S.: 8 n. 14, 8 n. 16, 30 n. 25, 46 n. 44, 72 n. 46, 87 n. 87, 88 n. 89, 90 n. 92, 97 n. 108, 134 n. 43, 168 n. 32-33, 188 n. 65, 205 n. 12, 219 n. 32, 237 n. 3, 253 n. 35
Kister, Menahem: 188 n. 65
Kjaer-Hansen, Kai: 233 n. 54-55
Klawans, Jonathan: 59 n. 12, 64 n. 22, 65 n. 23, 65-66 n. 26, 67 y n. 32-33, 68 n. 36, 69 y n. 39, 74 n. 52, 81 n. 70, 83 n. 73, 85 y n. 82, 192 y n. 84
Koester, Craig R.: 96 n. 106, 100 n. 116
Kook, Abraham Isaac: 67 n. 32, 214 n. 18 y 21, 216 y n. 25, 232 n. 52
Kugel, James: 94 n. 103

Ladd, George Eldon: 84 n. 79
Lázaro (mendigo): 144, 146 y n. 11, 149
Levenson, Alan T.: 215 n.23
Levenson, Jon D.: 57 n. 9, 58, 59 y n. 10-11 y 13-14-15, 64, 104 n. 124
Levertoff, Paul: 233
Levy, Mark John: 233
Lichtenstein, Isaac: 233
Loader, William: 140 n. 5, 144 n. 10, 146 n. 11, 184 y n. 59, 186 y n. 61, 192 n.86
Logos (v. t. Jesús): 87, 88, 89
Lucas: 17, 25, 29 y n. 23, 31, 33, 35, 36 n. 33-34, 38, 39, 43, 44, 47, 48, 49, 89, 96 n. 107, 97 y n. 109, 98, 101, 102, 103, 104, 105 n. 126, 107, 119, 120, 121, 122, 123 y n.19, 124 n. 22, 126, 127, 128, 134, 136, 137, 143, 144 y n. 9, 147, 148, 149, 150, 151 y n. 15, 152 y n. 18-19, 152-153 y n. 20, 154, 155 y n. 21, 156, 157, 158, 159, 160, 162, 163, 164, 167, 169, 170, 172 y n. 36, 173, 174, 175, 176, 177, 179 y n. 46, 180, 182, 183, 184 y n. 58, 185, 186 y n. 61-62, 187, 188, 189, 190, 192, 193, 194, 198, 200, 202 y n. 8, 231
Lucky, Theodore: 233
Luria, Isaac: 213, 214, 215
Lutero, Martín: 239
Luzzatto, Moshe Chaim: 213, 214, 215

Mahoma: 225
Maier, Johann: 65 n. 26
Maimónides: ′129, 211, 212, 213, 216
Marción: 205, 239
Marcos: 25, 171, 172
Marcus, Joel: 219 n. 32
María (hermana de Marta): 147

Índice de nombres

María (madre de Jesús): 29, 30, 157, 159, 160, 169, 170 y n. 34-35, 171, 172 y n. 36, 173, 174, 175
Marshall, I. Howard: 41 n. 39, 159 n. 24, 163 y n. 28, 164, y 191 n. 78 y 79
Marta: 147
Marx, Dalia: 67 n. 35, 68 y n. 37
Mateo: 144, 147, 155, 184 n. 58
Mather, Increase: 218
McDermott, Gerald R.: 218 y n. 30-31
Melquisedec: 76
Mendel, Menahem: 214
Milgrom, Jacob: 129 y n. 31, 130
Miller, Elhanan: 227 n. 47
Miller, John W.: 240 n. 7
Minear, Paul S.: 141-142 n. 6
Mirsky, Yehudah: 67 n. 32, 214 y n. 18 y 21, 216 y n. 25, 232, n. 52
Moffitt, David M.: 76 y n. 56-57-58, 77 y n. 59, 80 y n. 69, 81 n. 71, 82
Moisés: 38, 49, 56, 59, 64, 66 y n. 28, 70, 76, 81 n. 90, 85, 98, 99, 100, 101 y n. 118, 102, 112, 118 n. 7, 126, 128, 129, 130, 131, 133, 135, 144, 145, 149, 156, 173, 176, 177, 178, 180, 184, 186, 187 n. 64, 192, 198, 221

Nabucodonosor: 54
Nahmánides: 213 y n. 12-13
Nanos, Mark: 80 y n. 67, 86 n. 84, 239 n. 5-7
Natán: 56
Natanael: 93-94 y n. 101
Neusner, Jacob: 74 y n. 52, 75, 82 y n. 72, 203-204 n. 11, 206 n. 14-16-17, 207 y n. 18
Newman, Carey C.: 47 n. 46
Newsom, Carol: 64 n. 21
Novak, David: 210 n. 2, 213 n. 13, 215 n. 25, 216 n. 24 y 26, 217 n. 29, 220 n. 33, 223 n. 40, 225 n. 43
nuevo Adán (v. t. Jesús): 242

Oblías (v.t. Santiago): 21
Oepke, Albrecht: 118 n. 5
Oliver, Isaac W.: 122 n.15, 132-133 n. 40, 140 n. 5, 151 n. 16, 152-153 n. 20, 156, 159-160 n. 25, 179, 180 y n. 48, 183 y n. 54, 186 y n. 61, 188 y n. 66-67-68, 189 y n. 69-70-71-72, 190 y n. 73-74-75, 190-191 n. 76, 192 n. 86
Orígenes: 23, 86, 87, 236
Ornán (o Arauna) el Jebuseo: 56

Ottolenghi, Emanuele: 210, 211 y n. 3-4, 212 y n. 9, 215 y n. 22, 217 n. 28, 220 n. 33

Pablo (v. t. Saulo): 1, 3, 4, 6, 7, 10 y n. 22, 11, 12 y n. 27, 33 y n. 29, 36, 37, 38 y n. 37, 41 y n. 38-39, 42, 43, 46, 49, 69 y n. 39, 70, 71 y n. 42, 72, 73 y n. 49, 75, 80, 86 y n. 84, 87, 95 y n.104, 96 y n. 105-106-107, 99, 112, 113 y n. 2, 114, 115, 119, 120, 121, 122, 123 y n. 18-19, 124, 125, 126, 127 y n. 26-27, 128, 130, 132, 133, 151 n. 15, 157, 158, 160, 168, 173 y n. 38, 174, 175 y n. 40, 176 y n. 43, 177 y n. 44, 178, 179 y n. 46, 180 n. 49, 181, 182, 184, 184-185 n. 60, 187, 189, 193, 197, 198, 199, 201, 202, 204, 206, 228, 239 y n. 5, 240, 241, 242 n. 9, 243
(la) Palabra (v. t. Jesús): 89, 172
Parsons, Mikeal C.: 9 n. 18
Pedro (v.t. Cefas): 1, 10 y n.22, 11, 36, 37, 41, 49, 96 n. 107, 97, 113, 114, 115, 116, 118 y n. 6, 121, 122, 128, 131, 132, 135, 136, 139, 140, 160, 161, 166, 167, 168, 173, 178, 182, 185 y n. 60, 186 y n. 61, 197, 188, 189, 190 y n. 76, 191, 199, 201, 204, 240
Pelikan, Jaroslav: 6 n. 12
Perrin, Nicholas: 66 n. 31, 84 n. 79
Pervo, Richard I.: 9 n. 18-19, 200 n. 5
Pitre, Brant: 245 n. 15
Puskas, Charles B.: 127 n. 26

Rabinowitz, Joseph: 233 y n. 54-55, 234
Rambán (v. Nahmánides)
Rashi: 66 n. 31, 129, 216
Ravens, David: 140 n. 5
Reno, R. R.: 6 n. 12
rey de Israel (v. t. Jesús): 4, 37, 91, 92, 93, 94 y n. 101, 105, 196, 217, 242
Rice, Peter H.: 107 y n. 128, 108 n. 129
Ritzbah (Yitzhak ben Abraham): 212
(lord) Rothschild: 209 n. 1
Rowe, C. Kavin: 9 n. 18
Rudolph, David J.: 179 n. 46, 188 n. 65, 232 n. 50-51, 234 n. 56

Sacks, Jonathan: 67 n. 32, 222 n. 39
Salmeier, Michael A.: 32 n. 27, 100 n. 116
Salomón: 20, 56, 57, 59, 61, 66, 67, 68, 89, 97, 100, 101, 108
Samuel: 55 n. 5
Sanders, E. P.: 52 n. 1, 148 n. 12, 149 n. 13

ÍNDICE DE NOMBRES

Santiago (hermano de Jesús, v.t. Oblías): 10 y n. 22, 11, 21, 24, 50, 95, 120, 172 y n. 37, 173 y n. 38-39, 174, 175, 176, 177 n. 44, 178, 180 y n. 49, 181, 182, 193, 201, 204, 231, 240,
Sara: 51, 111 n. 35, 254
Satanás: 83, 154, 242
Saúl (rey): 56
Saulo (v. t. Pablo): 95, 160, 198
Schiffman, Lawrence H.: 66 n. 29
Scholem, Gershom: 213 n. 14, 214 n. 17, 215, 216 n. 24-25
Schürmann, Heinz: 198 n. 3
Schwartz, Seth: 207 n. 19
Schweitzer, Albert: 245
Scott, James M.: 47 n. 46
Segovia, Carlos A.: 239 n. 5
Shammai: 206
Shavit: 220 n. 34, 227 n. 46
Silas: 41, 120
Simeón: 29, 30, 39, 126 y n. 24, 156, 159, 160, 169, 173, 177, 231
Simón (o Simeón, hermano de Jesús): 172 y n. 37
Smith, Dennis E.: 9 n. 19, 200 n. 5
Smith, Steve: 27 n. 21, 107 n. 128, 108 y n. 130, 136 n. 45
Solovyov, Vladimir: 233 n. 55
Stein, Edith: 219 n. 32
Stone, Michael E.: 66 n. 30
Sulzbach, Carla: 81 n. 71
Svartvik, Jesper: 78 y n. 61-62, 79 y n. 63 y 66, 80 y n. 68
Simeón (v. Simón, hermano de Jesús)

Tannehill, Robert C.: 26 y n. 17, 27 y n. 19, 29 y n. 22-23, 32, 33 y n. 28, 38 n. 37, 100 n. 116, 104 n. 123, 122, 123 n. 16-17-19, 129 n. 32-33, 130, 140 n. 5, 181 n. 50
Taylor, Justin: 127 n. 27
Teodoreto de Ciro: 22
Teófilo: 9, 12, 159
Tertuliano: 87
Teudas: 133
Thiessen, Matthew: 99 n. 115, 152 n. 18, 180 n. 48
Thoma, Clemens: 219 n. 32
Tiede, David L.: 30 n. 25, 128 n. 29, 140 n. 5
Timoteo: 177 n. 44, 178, 179 n. 46, 180 y n. 48-49, 182
Tirano: 123
Tito Justo: 121
Tomás de Aquino: 239

Tomson, Peter J.: 75 n. 55, 79 y n. 64, 84 n. 79, 206 n. 15
Torrance, Thomas: 219 n. 32
Trobisch, David: 10 y n. 22, 11 y n. 23-24
Trófimo el Efesio: 73 n. 49
Tyson, Joseph B.: 9 n. 19, 122 y n. 13-14, 123 n. 19, 141 n. 6, 200 n. 5-6, 201 n. 7

Uzías (rey): 58

Vall, Gregory: 110 n. 131
Van Buren, Paul M.: 7 n. 13

Wainwright, Arthur W.: 84 n. 78
Walker, Peter W. L.: 27 n. 20, 31-32 n. 26, 36 n. 33, 37 n. 36, 41 n. 38, 45 n. 43, 117 n. 4, 124 n. 21
Wall, Robert W.: 11 y n. 25, 140 n. 5, 176 n. 43, 177 n. 44, 202 y n. 10
Walters, Patricia: 9 n. 19
Weatherly, Jon A.: 128 n. 30, 140 n. 5, 181 n. 50
Weinfeld, M.: 206 n. 15
Weizmann, Chaim: 215, 216
Wilken, Robert Louis: 20 y n. 2, 21 n. 6, 22 n. 8, 23 y n. 9-10, 24 y n. 12-13, 86, 87 y n. 85-86
Williams, Jarvis J.: 243 n. 10
Wilson, S. G.: 183 y n. 51-52-55-56-57, 184 n. 58
Witherington III, Ben: 46 n. 45, 96, 99 n. 113, 100 y n. 116-117
Wright, N. T.: 2, 3 y n. 1-2-3, 4 y n. 4-5-6-7-8, 5 y n. 9-10, 6, 17, 20 y n. 3, 24 y n. 14, 25 y n. 15, 26 y n. 17-18, 34, 35 n. 30, 47 y n. 46-47, 48 y n. 48-49, 49, 53 y n.3, 62 y n. 16, 71 n. 42, 74 n. 51, 84 n. 78, 85 n. 83, 102, 103 y n. 119-120-121-122, 104, 105, 106 y n. 127, 134 n. 44, 139 n. 2, 140 n. 3, 143, 175 n. 40, 177 n. 44, 184-185 n. 60, 205 n. 13, 206 n. 14, 242 y n. 9, 243 y n. 11-12, 245 y n. 13-14-15, 246 y n. 16-17
Wyschogrod, Michael: 83 n. 75, 110 y n. 132-133, 111 y n. 134-135, 178 y n. 45, 193 y n. 87

Yohanan ben Zakkai: 92, 203
Yoder, John Howard: 249
Yuval, Israel Jacob: 212 y n. 7-8-10, 213 n. 11

Zacarías (padre de Juan): 28, 29, 30, 97, 156, 159, 160, 161, 162, 163, 164 y n. 30, 165, 166, 167, 168, 169, 173, 175, 185
Zacarías (profeta): 20, 45, 48, 60

ÍNDICE DE NOMBRES

Zalman, Elijah ben Solomon (v. t. Gaón de Vilna): 214
Zaqueo: 148, 149
Zetterholm, Magnus: 239 n. 5
Zorobabel: 60, 101